沙坡头区年鉴

（2024）

中卫市沙坡头区人民政府办公室　编

黄河出版传媒集团
阳　光　出　版　社

图书在版编目(CIP)数据

沙坡头区年鉴. 2024 / 中卫市沙坡头区人民政府办公室编. -- 银川 : 阳光出版社， 2024. 12 -- ISBN 978-7-5525-7755-6

Ⅰ. Z524.34

中国国家版本馆 CIP 数据核字第 2025R18Y36 号

沙坡头区年鉴(2024)　　中卫市沙坡头区人民政府办公室　编

责任编辑　郑晨阳　丁丽萍
封面设计　勉思维
责任印制　岳建宁

黄河出版传媒集团 阳光出版社 出版发行

出 版 人　薛文斌
地　　址　宁夏银川市北京东路 139 号出版大厦(750001)
网　　址　http://ssp.yrpubm.com
网上书店　http://www.shop129132959.taobao.com
电子信箱　yangguangchubanshe@163.com
邮购电话　0951-5047283
经　　销　全国新华书店
印刷装订　宁夏银报智能印刷科技有限公司
印刷委托书号　(宁)0031904
地图审图号　宁 S〔2019〕第 018 号

开　本　880 mm × 1230 mm　1/16
印　张　18.5
字　数　430 千字
版　次　2024 年 12 月第 1 版
印　次　2024 年 12 月第 1 次印刷
书　号　978-7-5525-7755-6
定　价　198.00 元

编撰说明

一、《沙坡头区年鉴(2024)》以习近平新时代中国特色社会主义思想为指导，是由沙坡头区委、区政府主办，沙坡头区政府办公室组织实施，各承编单位共同参与编纂出版的资料性工具书。

二、《沙坡头区年鉴(2024)》所收录的资料上限起自2023年1月1日，下限截至2023年12月31日。为了较完整地保存和积累地方文献资料，对一些史实作了简要的上溯。

三、《沙坡头区年鉴(2024)》主要收集2023年沙坡头区各项事业发展的基本情况。主体内容分为类目、分目、条目三个层次，条目标题采用黑体字并加【 】表示，少数包含多方面内容的条目则在文内用阿拉伯数字序号标示各段内容的主题。全书设沙坡头区综览、大事记、中共中卫市沙坡头区委员会、沙坡头区人民代表大会、沙坡头区人民政府、政协中卫市沙坡头区委员会、纪委监委、民主党派和工商联、群众团体、经济管理、应急管理、法治、人民武装部、农业和农村经济、工业与产业基地建设、交通运输与城乡建设、自然资源和生态环境、社会管理、旅游业、卫生健康、文化 体育 教育、科学技术、乡镇、人物 荣誉、附录等类目。

四、稿件大部分资料由沙坡头区直各部门、各单位、各镇及自治区、中卫市驻沙坡头区有关单位提供，《沙坡头区年鉴》编辑部撰写了部分稿件并统纂全书。因统计时间、口径不同等原因，个别数据在不同稿件中可能不尽一致，敬请读者采用时注意，所有数据，均以沙坡头区统计局资料为准。

五、大事记采用编年体记述法，按月日依次记述，每日大事较多者，用“△”表示。

六、《沙坡头区年鉴(2024)》的编辑出版得到沙坡头区各级各部门和有关单位领导的大力支持，广大供稿人员为此付出了辛勤的劳动，在此一并致以诚挚的谢意。由于编纂经验不足，水平有限，难免有差错和疏漏之处，恳请各级领导和广大读者对我们编辑工作中的错误与疏漏予以指正，并提出宝贵意见。

《沙坡头区年鉴》编辑部

2024年6月

沙坡头区地图

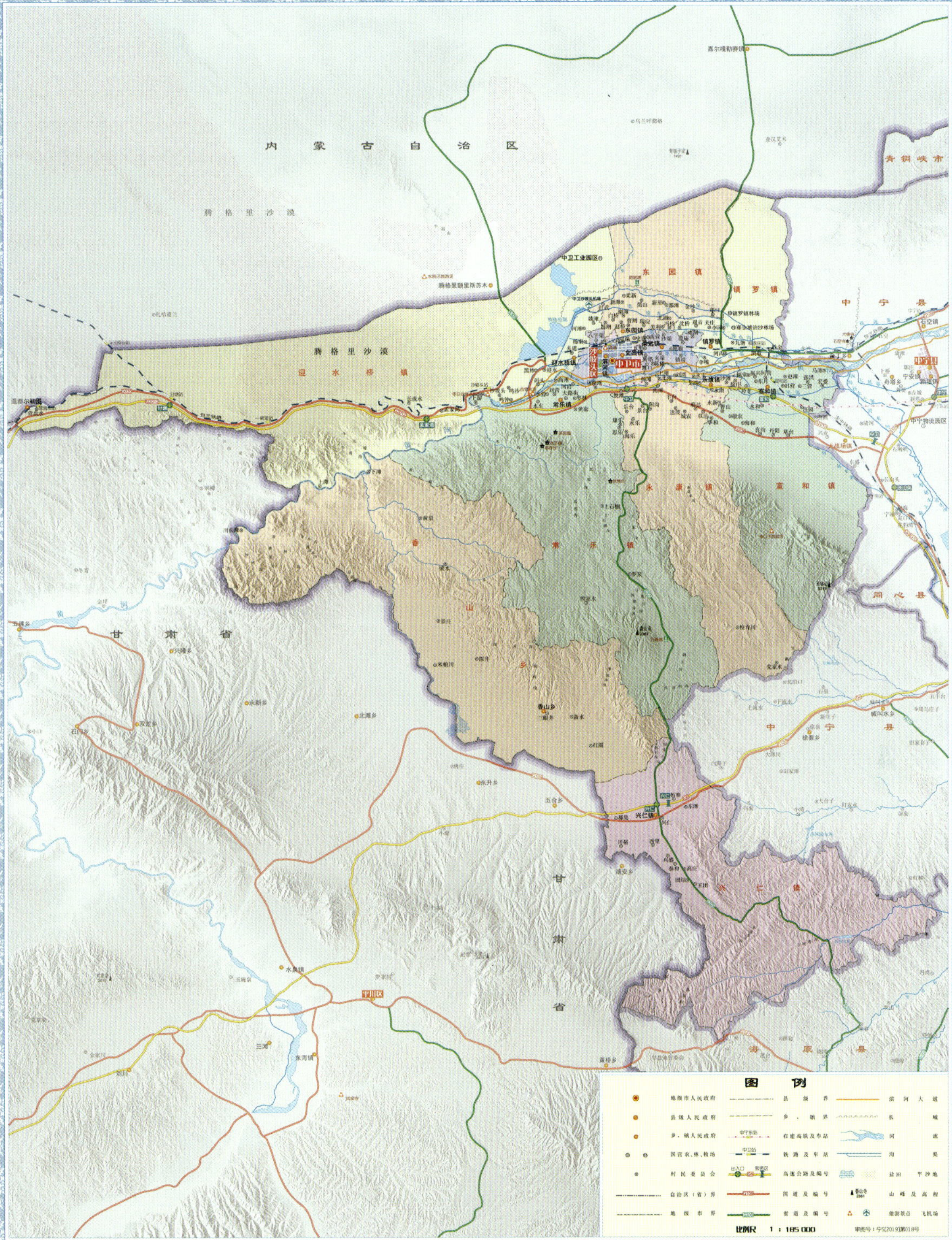

2019年9月

宁夏回族自治区自然资源厅 编制

地图审图号：宁 S〔2019〕第 018 号

宁夏回族自治区自然资源厅 编制

2023 年 4 月 19 日，迎水桥消防救援站挂牌成立

2023 年 5 月 5 日，沙坡头区自媒体协会成立

2023 年 6 月 1 日，沙坡头区疾病预防控制中心（卫生监督所）挂牌成立

2023 年 7 月 27 日，沙坡头区首家双拥主题银行在中卫农村商业银行西街支行挂牌

2023 年 1 月 9 日，东园镇黑山村召开党支部领办合作社分红大会

2023 年 4 月 18 日，常乐镇海乐村与青铜峡市海源包装有限公司签订海乐村吨袋加工项目招商引资合作意向书

2023 年 5 月 8 日，上海纽滋产服企业管理服务有限公司与中卫市泰龙农业科技有限公司举行沙坡头区万亩朝天椒种植项目签约仪式

2023 年 9 月 23 日，沙坡头区第三季度十个重点项目暨中能建牛奶全产业链+新能源一体化示范项目集中开工活动

2023 年 1 月 11 日，沙坡头区政协组织开展“我们的中国梦——文化进万家”剪纸春联荟萃活动

2023 年 1 月 17 日，中卫市文化科技卫生“三下乡”集中示范活动在东园镇瑞应村举行

2023年2月17日,东园镇在新时代文明实践所举办读书分享会

2023年3月8日,东园镇开展"三八"国际妇女节庆祝活动

2023 年 3 月 15 日，东园镇新滩村开展“中华民族一家亲 同心共筑中国梦”主题活动

2023 年 4 月 8 日，沙坡头区医疗健康总院举办第二届应急救护技能大赛

2023 年 5 月 19 日，沙坡头区 2023 年“5·19 中国旅游日”暨乡村亲子文化旅游节启动仪式在迎水桥镇举行

2023 年 7 月 21 日，第三届宁夏美丽乡村休闲旅游精品线路推介活动在迎水桥镇举行

2023 年 8 月 9 日，黄河·梁祝大型交响音乐会在中卫市文化广场举行

2023 年 10 月 10 日，常乐镇举办“以梦执笔 彩绘金秋”秋季村晚专场演出

2023 年 10 月 13 日，宁夏苹果大赛暨沙坡头区乡村文化旅游节开幕仪式在永康镇举行

2023 年 10 月 15 日，中卫市首届“永乐风情”摄影大赛颁奖暨中卫市第二届“游南山永乐·展乡村风情”摄影大赛展览活动启动仪式在永康镇举行

2023 年 10 月 15 日，中卫市文艺下乡演出活动在常乐镇举行

2023 年 12 月 30 日，2024 年"在宁夏 非遗过大年"暨沙坡头区"燃情冬日 拥抱冰雪"冬季文旅消费季活动在迎水桥镇何滩村开幕

2023 年 3 月 2 日，沙坡头区消防救援大队在万达广场举办消防宣传月活动

2023 年 6 月 25 日，沙坡头区自媒体协会宣传推介硒砂瓜

2023 年 9 月 13 日，沙坡头区委网信办在红太阳广场开展网络安全线下宣传活动

2023 年 4 月 25—26 日，沙坡头区委统战部、沙坡头区教育局联合举办中小学生“铸牢中华民族共同体意识”主题演讲比赛

2023年10月19日，广东省清远市委改革办一行六人到中卫市第十一小学调研中卫市沙坡头区“互联网+教育”工作

2023年10月23日，沙坡头区人武部、教育局在中卫市第四中学举行“全国国防教育示范校”授牌仪式

2023 年 11 月 7 日，沙坡头区退役军人关爱青少年志愿服务暨国防教育进校园启动仪式在中卫市第二小学举行

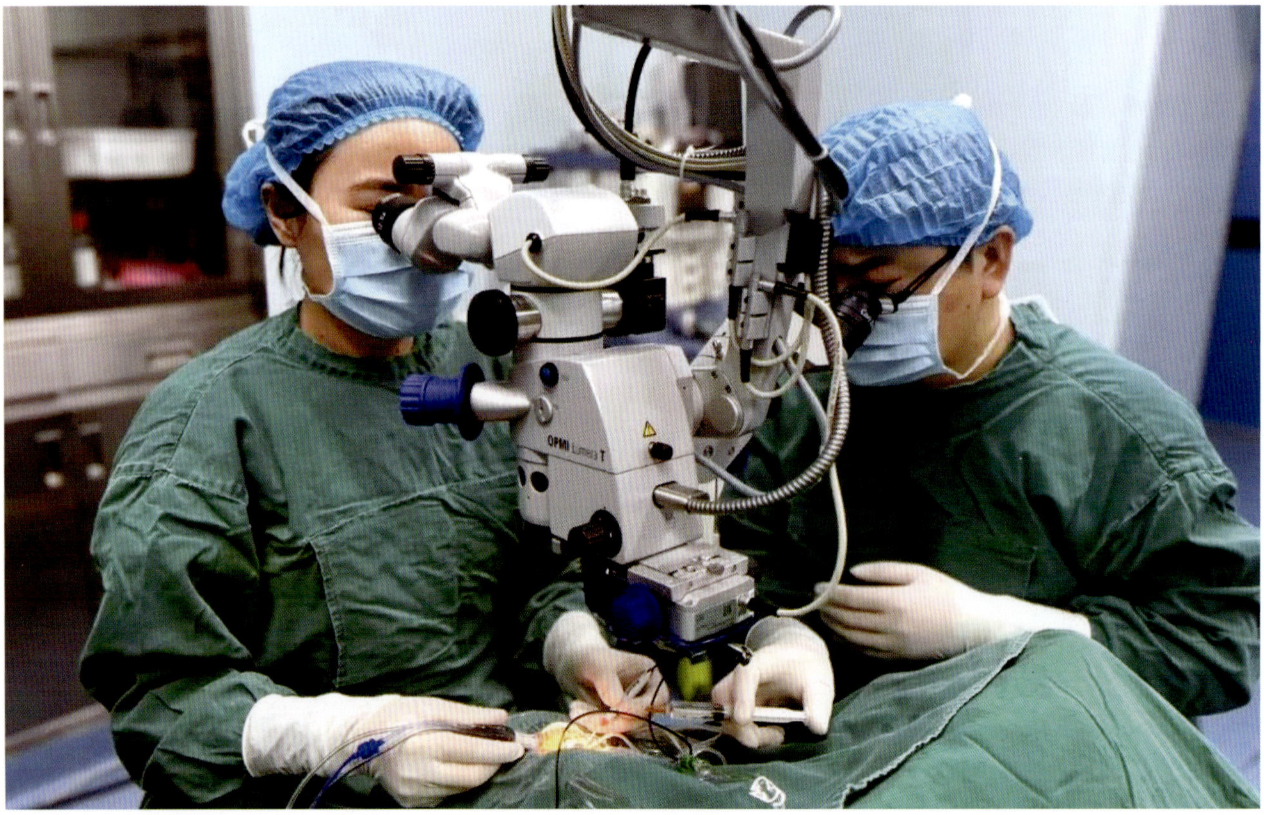

2023 年 5 月 2 日，沙坡头区人民医院成功实施首例眼科微创玻璃体切除、黄斑前膜剥除及视网膜复位手术，填补了中卫地区眼科后节手术空白

东园镇社火表演

环卫工人清除城区积雪

向阳步行街游街表演

迎宾社区春节赠春联活动

永乐村书本子馍馍制作现场

2023年8月27日，迎水桥镇组织开展2023年度防汛救灾应急抢险演练活动

2023年9月1日，东园镇农业综合服务中心联合沙坡头区消防大队深入辖区内供港蔬菜基地生活区及麒麟瓜种植园区开展消防安全知识培训及相关消防器械使用演练

森林草原防灭火装备实操培训

改造中的迎水桥镇日光温室

瑞应村菌菇产业

沙坡头区乡村文化旅游节上参展的苹果

香山乡三眼井村朝天椒种植

永康镇永新村金银花种植基地

目录

沙坡头区综览

大事记

中共中卫市沙坡头区委员会

沙坡头区人民代表大会

沙坡头区人民政府

政协中卫市沙坡头区委员会

纪委监委

民主党派和工商联

群众团体

经济管理

应急管理

法　治

人民武装部

农业和农村经济

工业与产业基地建设

交通运输与城乡建设

自然资源和生态环境

社会管理

旅游业

卫生健康

文化　体育　教育

科学技术

乡　镇

人物 荣誉

附 录

沙坡头区综览

自然人文

【地理环境】 沙坡头区位于宁夏回族自治区中西部,东邻中宁县,南与同心县、海原县及甘肃省靖远县交会,西接甘肃省景泰县,北邻内蒙古自治区阿拉善左旗,为中卫市政府驻地,是中卫市政治、经济、文化中心。地形由西向东、由南向北倾斜,海拔高度1100~2955米。地貌类型分为沙漠、黄河冲积平原、台地、山地和盆地五个较大的地貌单元。其中,西北部腾格里沙漠边缘卫宁北山面积12万公顷,占全市土地总面积的8.1%;中部卫宁黄河冲积平原10万公顷,占全市土地总面积的6.8%;位于山区与黄河南岸之间的台地6万公顷,占全市土地面积的4.1%;南部陇中山地与黄土丘陵面积119.55万公顷,占中卫市土地面积的81%。得黄河之利,市区湖泊湿地错落分布,水域面积达225公顷,占城市建成区的20%,城市建成区绿地率达38.26%,绿化覆盖率达42.47%,森林覆盖率达17.5%。

【自然资源】 沙坡头区东"锁扼青铜",南"对峙香岩",西"爽挹沙山",北"控制边陲"。土地肥沃,物产丰饶,是西北地区重要的商品粮、水产品和设施蔬菜生产基地。域内水资源丰沛,有黄河及其支流长流水、清水河三条主要河流,是水能发电的良好地段,沙坡头水利枢纽工程和大柳树水利枢纽工程建成后,将成为西北地区重要的水电基地。国家重点项目"西气东输"工程横穿全境。矿产资源种类多,开发历史悠久。探明资源储量的矿种主要有煤、铁、铜、金、电石灰岩、石膏、陶瓷黏土、水泥配料用黏土、砖瓦黏土、建筑石料、建筑用砂等,易开发,是宁夏矿产资源丰富的地区之一。

【气候条件】 沙坡头区深居内陆,远离海洋,靠近沙漠,属半干旱气候,具有典型的大陆性季风气候和沙漠气候的特点。春暖迟、秋凉早、夏热短、冬寒长,风大沙多,干旱少雨。因受沙漠影响,日照充足,昼夜温差大,平均气温7.3~9.5℃,年平均相对湿度57%,无霜期158~169天,年均降水量180~367毫米,年蒸发量1729.6~1852.2毫米,全年日照时数3796.1小时。

【历史沿革】 沙坡头区(中卫县)历史悠久,发现有细石器文化遗址,3万多年前就有人类在这里繁衍生息。因其东连陕晋,西通甘新,北抵内蒙古,南达川滇，是丝绸之路边陲要塞；前有黄河之险，后接贺兰之固，扼守宁夏西大门，自古为西北地区兵家必争之重镇。沙坡头区自古倡儒兴学、崇文重道，明清两朝沙坡头区共考取进士 24 人、举人 183 人、贡生 236 人。

据史料记载，沙坡头区（中卫县）春秋时为羌族和戎族杂居地。秦并六国后将沙坡头区（中卫县）纳入版图，属北地郡，自此有 10 代王朝设郡建县。汉属安定郡眴卷县。南北朝时属灵州薄骨律镇。隋属灵武郡丰安县。唐属西会州鸣沙县。宋、辽、西夏时期属西夏应理县。元属宁夏应理州。明废应理州，于建文元年（1399 年）置宁夏中卫指挥使司，属陕西都指挥使，中卫之名由此始。清雍正三年（1725 年）废卫改中卫县，属甘肃省宁夏府。

1933 年，中卫县一分为二，在其东部新置中宁县。1941 年，宁夏省将中卫县香山地区划出，设香山设治局。1945 年，宁夏设置行政专员督察区，中卫属第二督察专员区。不久，香山设治局撤销，并入中卫县；专区也撤销，中卫县直属宁夏省。1954 年，宁夏省撤销并入甘肃省，中卫县属甘肃省银川专区。1958 年，宁夏回族自治区成立，甘肃省银川专区撤销，中卫县直属自治区。1972 年，银南地区成立，中卫归属其管辖。

2003 年 12 月 31 日，国务院批准（国函〔2003〕139 号）撤销中卫县，设立地级中卫市。2012 年 5 月正式设立沙坡头区，以原中卫县行政区划为沙坡头区行政区划。2016 年 8 月 19 日，沙坡头区“四大机关”挂牌成立，以市辖区行政建制模式独立运行，是宁夏最年轻的市辖区，也是中卫市的政治、经济、文化中心。

【行政区划】 沙坡头区总面积 6877 平方公里，辖 10 镇 1 乡 162 个行政村 36 个城镇社区，即文昌镇、滨河镇、迎水桥镇、东园镇、柔远镇、镇罗镇、宣和镇、永康镇、常乐镇、兴仁镇、香山乡。其中，文昌镇辖 18 个社区居委会、8 个村委会；滨河镇辖 15 个社区居委会、13 个村委会；迎水桥镇辖 2 个社区居委会、16 个村委会；东园镇辖 20 个村委会；柔远镇辖 13 个村委会；镇罗镇辖 12 个村委会；宣和镇辖 24 个村委会；永康镇辖 21 个村委会；常乐镇辖 1 个社区居委会、16 个村委会；兴仁镇辖 11 个村委会；香山乡辖 8 个村委会。

【人口发展】 2023 年，沙坡头区常住人口 40.21 万人，其中，城镇常住人口 25.90 万人，乡村常住人口 14.31 万人，常住人口城镇化率为 64.41%。全年出生人口 0.40 万人，人口出生率为 9.94‰；死亡人口 0.29 万人，人口死亡率为 7.20‰；自然增长人口 0.11 万人，自然增长率为 2.74‰。户籍总户数 15.08 万户，户籍总人口 41.67 万人，其中城镇人口 18.53 万人，户籍人口城镇化率 44.47%。

经济发展

【经济运行】 2023 年，沙坡头区实现地区生产总值 254.22 亿元，按不变价格计算，比上年增长 4.0%。其中，第一产业增加值 36.39 亿元，增长 6.4%；第二产业增加值 114.35 亿元，增长 2.8%；第三产业增加值 103.48 亿元，增长 4.2%。三次产业结构占比调整为 14.3∶45.0∶40.7。人均地区生产总值 63153 元，比上年增长 4.0%。

【工业经济】 2023 年，沙坡头区全部工业增加值 98.54 亿元，比上年增长 3.8%，占地区生产总值比重为 38.8%。规模以上工业增加值比上年增长 5.2%。分轻重工业看，重工业增加值比上年增长 5.5%，占规上工业增加值的比重为 94.6%；轻工业增加值比上年下降 0.5%，占规上工业增加值的比重为 5.4%。分经济类型看，国有控股企业增加值比上年增长5.9%，股份制企业增长5.4%，外商及港澳台商投资企业下降14.2%，私有企业增长9.3%。分门类看，制造业增加值比上年增长5.9%，电力、热力、燃气及水的生产和供应业增长9.1%，采矿业下降10.6%。分行业看，化学原料和化学制品制造业比上年增长12.7%，电力、热力生产和供应业增长11.8%，计算机、通信和其他电子设备制造业增长25.0%，非金属矿物制品业增长14.3%，农副食品加工业增长13.9%，黑色金属冶炼和压延加工业增长1.0%。

【现代农业】 2023年，沙坡头区实现农林牧渔业总产值73.77亿元，比上年增长6.6%。粮食生产稳定发展。全年粮食播种总面积27.58万亩，比上年下降0.3%，产量15.79万吨，比上年增长1.3%。其中，秋粮产量15.3万吨，增长2.0%；夏粮产量0.48万吨，下降15.8%。分品种看，水稻产量0.92万吨，下降25.7%；小麦产量0.48万吨，下降15.8%；玉米产量14.14万吨，增长3.8%。畜牧业生产较快增长。年末，沙坡头区生猪存栏25.2万头，增长7%；牛存栏11.26万头，增长8.9%；羊存栏27.04万只，增长0.5%。全年生猪出栏30万头，比上年下降2.8%；牛出栏2.77万头，增长28%；羊出栏27.97万只，增长27.7%。主要农产品供给充足。肉类总产量3.86万吨，增长7.3%；奶产量34.28万吨，增长30.9%；蛋产量3.24万吨，增长6.1%。

【服务业】 2023年，沙坡头区服务业实现增加值103.48亿元，比上年增长4.2%，占地区生产总值比重为40.7%。“大漠味集·向阳街”获评国家级旅游休闲街区、自治区级夜间文化和旅游消费集聚区，沙坡头区入选国家首批文化产业赋能乡村振兴试点，文化和旅游市场服务质量提升经验在全国、全区推广交流；成功举办金蛙国际艺术节、沙漠传奇音乐节、南北长滩梨花节、“坡好吃”美食大赛等特色品牌活动60余场次，打响“有头有尾”文旅品牌，全年接待游客1054万人次，实现旅游收入67.3亿元，有效释放了“以节促游、以节促销、以节促购”乘数效应。

【招商引资】 2023年，沙坡头区实施中部干旱带引水上山、区人民医院迁建等项目116个，完成固定资产投资60亿元，签约落地中能建牛奶全产业链+新能源一体化示范等项目7个，招商引资到位资金151亿元；向上争取各类项目资金42.89亿元，同比增长22.54%；新增国有土地有偿使用收入1.6亿元。

【投资发展】 2023年，沙坡头区固定资产投资（不含农户）比上年下降13.9%。其中县属固定资产投资下降17.8%。分投资主体看，国有投资下降10.7%，民间投资下降17.0%。在县属固定资产投资中，第一产业投资下降79.4%，其中畜牧业投资下降87.1%。第二产业投资下降25%，随着光伏、风电市场的逐步饱和，依靠新能源投资带动增长的优势已弱化。第三产业投资增长3.9%，拉动县属投资增长1.3个百分点。三次产业投资占比为1.1:57.3:41.6。

【项目建设】 2023年，沙坡头区聚焦“六特”产业，立足品种化、品质化、品牌化、全产业链化，投资40亿元实施红圈子205万立方米调蓄水池、苹果产业高效节灌试点等项目33个，改造日光温室1057座，新建高标准农田和现代高效节水农业1.76万亩，培育种植朝天椒、小茴香、藜麦2.12万亩，建成朝天椒初深加工厂3个，宁藜藜麦饲草绿色循环产业示范园加快建设，环香山地区产业发展结构不断优化。聚焦“三融合三提升”，投资148.8亿元，高起点高标准规划建设麦垛山15万头现代化奶牛养殖示范园区，特别是引进中能建投资135亿元实施12万头牛奶全产业链+新能源一体化示范项目，麦垛山正在由“干沙滩”蜕变为“金沙滩”。聚焦“六新”产业，3个风光储项目建成并网，6个风光储项目开工建设，新能源总装机规模达460万千瓦，储能规模达35万千瓦；加快延链补链强链壮链，引进投资10亿元的力印(宁夏)智能板材、投资29亿元的协合新型储能智能制造、投资15亿元的林源全钒液流储能电池等一批新材料、新能源项目落地建设，持续壮大产业集群，着力打造中西部地区“风光水储一体化”的新能源产业集群和国家沙漠光伏大基地。大力实施“四大改造”，完成工业技改项目10个，成功培育入规企业12家、自治区创新型及“专精特新”中小企业23家，全社会R&D经费投入强度达到2.19%。聚焦“六优”产业，持续巩固拓展全域旅游示范区创建成果，实施沙漠主题度假中心、沙坡鸣钟田园综合体提档升级等项目5个，沙漠传奇、钻石酒店建成投运。加快数字信息产业发展，引进美团、金山等5家超算、智算中心，建成投运亚马逊、美利云、三大运营商等14个数据中心，加快推进广电一期、特加森一期等10个数据中心建设，建成全国首个“万卡级”智算基地。

【深化改革】 2023年，沙坡头区纵深推进“放管服”改革，全面加快高标准市场体系建设，企业开办时间压缩至0.5个工作日，47项审批事项“零材料”办理，35项事项“一证(照)通办”，网上可办率达86.76%、不见面率达81%。持续推进“六权”改革，建成水资源监测预警平台，收储闲置用水指标120万立方米，有偿配置118.74万立方米，收缴工业企业用水权有偿使用费1553万元；盘活农村承包地18.84万亩，培育林下经济经营主体60家，办理林权抵押贷款9761万元；完成中卫首笔排污权租赁和抵押贷款，碳排放权和用能权交易管理机制不断完善。“国字号”“宁字号”等10余项试点改革任务全面落实，国资国企和社会保障体制改革持续深化。揭榜领题党建共同体试点发展新型农村集体经济，以全域推行村党支部领办合作社为抓手，打破村域限制，创新党组织设置，将周边村庄“握指成拳”抱团发展，打造8个党建共同体(融合发展区)，覆盖36个村。成立村党支部领办合作社132个，为村集体增收3023万元，带动2万名群众增收2593万元。

社会事业

【生态环保】 2023年，沙坡头区聚焦“双碳”“双控”目标，实施环保技改项目8个，完成农村冬季清洁取暖改造70万平方米、公共建筑节能改造5.9万平方米，环境空气质量不断改善。压紧压实河(湖)长责任制，实施中沟水环境综合治理等工程11个，开工建设兴仁镇污水处理厂，完成沙坡头区第四污水处理厂扩建改造，建成投运永康镇徐庄村等农村污水处理项目4个，农村污水治理率达42.6%，重点入黄排水沟、黄河过境段水质全部稳定达标。强化土壤污染源头管控，扎实做好农业面源、工业固废、生活垃圾污染防治，第二轮中央环保督察反馈信访件全部办结。系统推动生态修复治理，投资2.3亿元实施历史遗留废弃矿山生态修复示范项目6个，86个问题矿山完成生态修复并通过自治区验收。大力实施城乡增绿扩绿工程，全面完成造林绿化项目13个，栽植乔灌木24.5万株，森林面积达77.64万亩，沙坡头区林业和草原局被授予“全国防沙治沙先进集体”。

【城乡建设】 2023年，沙坡头区积极争创全国文明城市，实施房地产开发项目13个，改造提升新花园、金河一期两个老旧小区，棚户区住宅房不动产权证办理率超过60%，完成长城街等3条街道雨污分流和排水主管网改造，新(改)建城市公共卫生间25座，城市基础设施不断完善，居民生活品质大幅提升。实行多元化投入机制，打造宣和镇重点小城镇及何滩村、冯庄村高质量美丽宜居村庄，柔远镇莫楼村成功入选自治区传统村落名录，新(改)建农村卫生户厕2020座。实施中卫黄河大桥旧桥交通导改，改建(造)红油公路等农村公路168.3公里，城乡环卫市场化服务实现全覆盖。沙坡头区荣膺全区农田水利基本建设“黄河杯”竞赛一等奖，荣获“2023中国高质量发展乡村振兴十大示范县”称号。

【居民生活】 2023年，沙坡头区全体居民人均可支配收入25720元，比上年增长6.9%。按常住地分，城镇居民人均可支配收入37799元，比上年增长6.3%；农村常住居民人均可支配收入18003元，比上年增长7.0%。城乡居民人均可支配收入比为2.10，比上年缩小0.01个百分点。

【民生保障】 2023年，沙坡头区坚持在发展中保障和改善民生，聚合财力的85%用于民生支出，承诺的10件民生实事高质量办结。2023年，沙坡头区共有各类救助对象3.7万人，累计核发各类救助资金1.38亿元。为5211名困难群众发放临时救助资金773万元，切实保障了困难群众基本生活。全年共争取民政项目资金1500余万元，实施中卫市沙坡头区(设施)安全及护理能力提升项目、沙坡头区居家适老化改造项目、政府购买养老及社会工作服务项目、“塞上乐龄大学”等项目，夯实民生保障基础。培育创业实体944个，创造新岗位1522个，创业能力培训1420人。农村劳动力转移就业5.6万人，实现工资收入9.7亿元。城镇新增就业4303人，安置公益性岗位395个。城镇登记失业率5.5%。

【教育事业】 2023年，沙坡头区各级各类学校122所，教职工5820人，其中专任教师4726人。深化中小学教师“县管校聘”改革，调配教师231名，选派67名教师开展城乡轮岗交流，22名专业音、体、美教师到农村学校开展走教帮扶活动，促进城乡师资均衡配置。推行“集团化”办学模式，组建中卫四中、中卫七小等教育集团3个，促进学校之间优势互补，充分发挥优质教育的辐射、示范和带动作用。深入推进教育高质量发展，实施九小综合楼、十中等新(改)扩建项目17个，新增学位1620个，学前三年毛入园率、九年义务教育巩固率分别达到97.72%、100%。

【医疗卫生】 2023年，沙坡头区全面推进健康沙坡头区建设，挂牌成立沙坡头区疾病预防控制局、疾病预防控制中心、妇幼保健院，顺利承接文昌、滨河社区卫生服务中心，实施区人民医院迁建、兴仁卫生院医养结合等项目3个，建成自治区、市级重点专科4个，县域内住院量占比达到52.71%，基层诊疗量占比达到62%，居民健康素养水平超过30%，顺利通过国家卫生城市全面复审。

【退役军人事务】 2023年，沙坡头区共有退役军人7647人，各类优抚对象1562人，发放各类抚恤补助资金1092.16万元。完成6名安排工作退役士兵安置任务，接收自主就业退役士兵149人，组织召开退役军人专场招聘会5场、培训班5期；落实退役军人创业担保贷款27笔434万元、税收优惠33.22万元、一次性创业补贴7万元。沙坡头区滨河镇槐树北巷社区退役军人服务站站长潘玉婷荣获全国退役军人服务站“百名优秀站长”称号。

【乡村振兴】 2023年，沙坡头区深入实施“六大提升行动”，严格落实“四个不摘”要求，消除返贫致贫风险80户284人，整合资金1.98亿元实施兴仁镇枸杞示范园、海和村肉羊养殖园区牧光互补等移民致富提升项目25个，实现移民就业2.4万人，带动劳务创收2.65亿元，人均工资性收入同比增长 17.27%。

【社会治理】 2023 年，沙坡头区牢固树立底线思维和红线意识，深入开展安全隐患排查整治专项行动，聚焦“五个重点”“六个环节”，累计排查整治燃气领域各类安全隐患 1.12 万个，完成燃气“三件套”加装 11 万户，回收、报废钢瓶 3.05 万支，立案查处安全生产违法案件 40 起；全面开展危化品、工贸、矿山、自建房等领域安全排查整治，年内未发生较大及以上生产安全事故，成功创建全国首批综合减灾示范县。坚持和发展新时代“枫桥经验”，创建自治区民主法治示范村 4 个，滨河镇“红色物业联盟”管理新模式入选全国“枫桥式工作法”，镇罗派出所获评全国第三批“枫桥式公安派出所”。持续巩固提升民族团结进步示范县创建成果，文昌镇黄河花园社区、中卫九小被评为“全国民族团结进步示范单位”。常态化开展扫黑除恶斗争，严打突出违法犯罪，纵深推进禁毒和反诈，刑事、电诈发案率实现“双下降”，平安沙坡头区建设迈上新台阶。

大事记

1月

3日　沙坡头区委常委、副区长马立明主持召开2023年沙坡头区压砂地种植及退出压砂地利用相关工作推进会。

4日　沙坡头区委副书记、区长，中卫工业园区党工委副书记丁志军主持召开2023年第1次政府常务会议。

10日　沙坡头区委副书记、区长，中卫工业园区党工委副书记丁志军主持召开沙坡头区陈水历史遗留废弃矿山生态修复、麦垛山奶牛养殖园区建设、压砂地退出和高质量发展、污水处理厂建设、冬季清洁取暖项目座谈会。

14日　中卫万达广场盛大开业，填补了中卫无大型商业中心的空白。

17日　沙坡头区委常委、副区长马立明主持召开沙坡头区麦垛山奶牛养殖园区项目(一期)现场考察及座谈会。

20日　沙坡头区委副书记、区长，中卫工业园区党工委副书记丁志军主持召开2023年第2次政府常务会议。

31日　沙坡头区委副书记、区长，中卫工业园区党工委副书记丁志军主持召开沙坡头区冬季清洁取暖工作实施方案专项评审会。

2月

1日　沙坡头区委副书记、区长，中卫工业园区党工委副书记丁志军督导调研2023年重点项目及第一批乡村振兴建设项目，主持召开沙坡头区政府领导班子专题听取2023年项目谋划储备情况汇报会。

2日　国家民委下发通知公布“第十批全国民族团结进步示范区示范单位名单”，文昌镇黄河花园社区荣获“全国民族团结进步示范单位”称号。

△　文昌镇党委在恒祥社区举办成立中卫市沙坡头区网络主播党支部揭牌仪式，市委组织部副部长、市非公有制经济组织和社会组织党工委书记钱建平和沙坡头区委常委、组织部部长祁洋为中卫市沙坡头区网络主播党支部揭牌。

3日　沙坡头区委副书记、区长，中卫工业园区党工委副书记丁志军陪同中卫市市长马洪海调研镇罗镇关庄村乡村振兴工作暨宣讲党的二十大精神。

7日　沙坡头区委副书记、区长，中卫工业园区党工委副书记丁志军到中卫市老中医院调研沙坡头区医院迁建项目推进情况。

△　中卫市副市长马自忠调研沙坡头区压砂地退出和生态修复及春耕备耕工作。

14日　沙坡头区委副书记、区长，中卫工业园区党工委副书记丁志军到永乐村苹果产业园、南山台扬水干渠、海和移民区388国道、中卫七幼、中卫十中督导调研春季植绿增绿及教育基础设施建设项目进展情况。

22日　沙坡头区委副书记、区长，中卫工业园区党工委副书记丁志军主持召开沙坡头区人民医院迁建项目推进会。

3月

2日　沙坡头区委副书记、区长，中卫工业园区党工委副书记丁志军主持召开区政府党组2022年党员领导干部专题民主生活会。

4日　沙坡头区副区长高怀雷主持召开沙坡头区落实食品安全“两个责任”推进会和农村环境卫生市场化运行座谈会。

6—10日　沙坡头区委副书记、区长，中卫工业园区党工委副书记丁志军一行8人赴陕西省、贵州省、重庆市开展招商引资活动，与陕西沃果、林源控股等5家企业开展座谈。

8日　沙坡头区香山乡景庄村首届农民趣味运动会暨“巾帼建功创伟业，创先争优化和谐”庆“三八”国际妇女节活动隆重召开。

10日　沙坡头区东园镇金沙村被评为全国巩固拓展脱贫攻坚成果村级实践交流基地。

13日　沙坡头区委副书记、区长，中卫工业园区党工委副书记丁志军陪同陕西沃果农业科技有限公司董事长王辉一行调研沙坡头区经果林产业发展情况。

16日　沙坡头区委副书记、区长，中卫工业园区党工委副书记丁志军主持召开区政府系统传达学习全国两会精神会议，并主持召开2023年第4次政府常务会议。

17日　沙坡头区委常委、副区长龚涛调研商贸企业食品安全，组织召开3月份经济运行调度会。

20—21日　江苏林源控股集团有限公司来沙考察，并签订全钒液流储能电池产业投资项目合作框架协议。

24日　沙坡头区委副书记、区长，中卫工业园区党工委副书记丁志军主持召开贵州中国辣椒城一行来沙考察座谈会，会上就沙坡头区辣椒产业后续发展事宜做了深入沟通和探讨。

29日　沙坡头区委副书记、区长，中卫工业园区党工委副书记丁志军主持召开沙坡头区城区公共停车场及停车秩序规范管理专项整治座谈会。

30—31日　沙坡头区委书记宗立冬一行4人赴江苏省参加江苏·宁夏经贸合作暨企业家恳谈会。

4月

3日　沙坡头区委常委、副区长龚涛到内蒙古左旗处理新井煤业善后事宜。

4日　沙坡头区委副书记、区长，中卫工业园区党工委副书记丁志军专题调研沙坡头区农副产品产业发展及农副产品“1+X”加工园区项目拟选址情况并主持召开沙坡头区农副产品加工产业发展及农副产品“1+X”加工园区项目座谈会；主持召开沙坡头区文明城市创建城市建成区“厕所革命”座谈会。

6日　沙坡头区委副书记、区长，中卫工业园区党工委副书记丁志军主持召开2023年第5次政府常务会议。

7日　沙坡头区副区长王文忠陪同马自忠副市长调研自建房整治事宜。

10日　沙坡头区委副书记、区长，中卫工业园区党工委副书记丁志军陪同马洪海市长调研督导沙坡头区经济社会发展工作。

11日　沙坡头区委常委、副区长龚涛主持召开沙坡头区2022年“煤改气”清洁取暖改造专题会议。

12日　沙坡头区委副书记、区长，中卫工业园区党工委副书记丁志军主持召开沙坡头区香山兴仁地区压砂地退出和生态修复政策成果巩固暨产业培育发展座谈会会议。

18日　沙坡头区委常委、副区长龚涛调研督办兴仁镇煤改气、污水处理、消防救援站、兴仁商贸中心(惠之家超市)、川裕枸杞烘干项目、林长制落实、兴盛村党支部及产业发展。

21日　沙坡头区委常委、副区长龚涛主持召开沙坡头区2023年四月份经济运行、招商引资及重点项目建设调度会。

24日　沙坡头区委副书记、区长，中卫工业园区党工委副书记丁志军陪同马洪海市长调研督导自治区第十六届运动会暨全区首届残特奥运动会场馆建设等筹备工作。

△　沙坡头区副区长王文忠陪同区委书记宗立冬调研香山兴仁水利工程。

25日　沙坡头区委副书记、区长，中卫工业园区党工委副书记丁志军主持召开2023年第6次政府常务会议。

26日　沙坡头区委常委、副区长徐郑应陪同自治区政协调研组调研2022年黄河流域生态环境警示片披露中卫市沙坡头区寺口风景区内退出矿山未开展生态修复整改落实情况。

28日　沙坡头区总工会与区委组织部、宣传部，区工信和商务局等部门在中卫市沙坡头区紫云新都时尚商业广场联合举办了“浪宁夏·品味道”2023沙坡头区特色美食和文化旅游消费促进、沙坡头区总工会庆“五一”系列活动启动仪式暨宁夏英特嘉实业有限公司联合工会揭牌(集中建会入会、共产党员经营户授牌、全民嗨吃券发放)仪式及首届“沙漠水城—职工食神大赛”。

29日　沙坡头区委常委、组织部部长祁洋在香山乡慰问春耕备耕服务站值守人员。

5月

4日　沙坡头区委副书记、区长，中卫工业园区党工委副书记丁志军陪同自治区党委常委、副主席买彦州一行调研沙坡头区光明乳业生产经营情况。

△　沙坡头区委常委、副区长拜世雄调研滨河社区卫生服务中心和文昌社区卫生服务中心的基本公共卫生服务、中医药服务和服务能力提升等工作。

5日　沙坡头区委副书记、区长，中卫工业园区党工委副书记丁志军主持召开沙坡头区产业高质量发展促乡村振兴座谈会。

6日　沙坡头区委副书记、区长，中卫工业园区党工委副书记丁志军陪同中卫市市长马洪海到宣和镇寺口子矿区督导调研耕地保护、矿山治理和林长制等工作。

7—13日　沙坡头区人大常委会在江西省井

冈山市举办沙坡头区人大代表履职及红色革命教育培训班。

8日 沙坡头区委常委、副区长徐郑应陪同中卫市副市长马自忠调研城市建设项目。

9日 沙坡头区委常委、副区长龚涛主持召开2023年沙坡头区“五好两宜”和美村庄项目申报会。

△ 沙坡头区副区长王文忠陪同中卫市副市长马自忠到南长滩调研黑山峡水利枢纽工程移民搬迁安置工作。

10日 沙坡头区委副书记、区长，中卫工业园区党工委副书记丁志军在宣和镇主持召开沙坡头区2023年第一季度经济形势分析研判调度会。

12日 沙坡头区委常委、副区长拜世雄陪同自治区卫生健康委妇幼处督导出生缺陷儿童救助相关事宜。

15—19日 沙坡头区委书记宗立冬一行5人在福建省开展招商活动，在厦门市思明区举办了“闽宁协作·有头有尾”沙坡头区2023年文旅产业招商引资推介会。

18日 沙坡头区委副书记、区长，中卫工业园区党工委副书记丁志军到香山乡景庄村、深井村，兴仁镇西里村、郝集村专题调研督导朝天椒产业，并主持召开沙坡头区朝天椒产业发展座谈会。

△ 沙坡头区委常委、副区长龚涛主持召开2023年5月份经济运行及重点项目建设调度会。

23日 沙坡头区委副书记、区长，中卫工业园区党工委副书记丁志军主持召开2023年第7次政府常务会议。

24日 自治区党委常委、宣传部部长李金科调研黑山峡水利枢纽工程。

25日 沙坡头区首个新媒体电商孵化基地成立。

26日 沙坡头区委副书记、区长，中卫工业园区党工委副书记丁志军陪同中卫市市长马洪海调研督导河湖长制推进情况以及2023中国宁夏中卫（沙坡头）第十三届丝绸之路大漠黄河国际文化旅游节筹备工作。

△ 中卫市市长马洪海调研水美乡村建设及黄河“清四乱”工作。

30日 沙坡头区委副书记、区长，中卫工业园区党工委副书记丁志军主持召开2023年“鹭岛心·闽宁情”文旅合作交流座谈会。

△ 沙坡头区妇女第二次代表大会隆重召开，来自全区各族各界、各行各业的100名妇女代表出席。沙坡头区委书记宗立冬出席开幕式并讲话，中卫市妇联党组书记、主席刘淑梅到会指导，区领导沈红菊、徐郑应、马晓东、张艳霞出席大会，区总工会代表群团组织向大会致贺词。

6月

1日 沙坡头区委副书记、区长，中卫工业园区党工委副书记丁志军到常乐镇、永康镇实地考察农副产品加工园区选址情况。

6日 沙坡头区委副书记、区长，中卫工业园区党工委副书记丁志军陪同自治区党委常委、组织部部长石岱同志一行在宣和镇海和村开展座谈交流。

7日 沙坡头区委副书记、区长，中卫工业园区党工委副书记丁志军到迎水桥镇实地踏查农副产品“1+X”园区选址情况，并在迎水桥镇主持召开沙坡头区农副产品产业发展座谈会。

8日 沙坡头区委常委、副区长龚涛调研神聚农业、三级物流体系、滨河加油站运营、现代牧业奶牛养殖场扩建项目等。

9日　沙坡头区人民检察院联合沙坡头区妇联在辖区36个社区同步挂牌成立了“美玉家庭教育指导工作分站”，并在沙坡头区滨河镇槐树北巷社区举行了揭牌仪式。

10日　沙坡头区委副书记、区长，中卫工业园区党工委副书记丁志军主持召开沙坡头区生态环保暨“四防”督查领域大起底大排查大整治专题会议。

13日　沙坡头区委副书记、区长，中卫工业园区党工委副书记丁志军陪同中卫市市长马洪海调研督导自治区第十六届运动会暨首届残特奥运动会筹备情况及民生实事人大建议和政协提案办理工作，并主持召开宁夏回族自治区第十六届运动会暨全区首届残特奥运动会沙坡头区执委会。

△　沙坡头区委常委、副区长拜世雄陪同自治区民政厅领导调研未成年人保护工作站建设情况。

15日　沙坡头区委副书记、区长，中卫工业园区党工委副书记丁志军陪同中国水发兴业能源集团有限公司党委副书记、工会主席张超一行实地考察宁夏普天瑞农农业有限公司。

21日　沙坡头区副区长王文忠主持召开沙坡头区2022年度巩固拓展脱贫攻坚成果同乡村振兴有效衔接考核评估反馈问题整改推进会。

△　文昌镇举办铸牢中华民族共同体意识群众教育基地举行开馆仪式暨社区邻里节活动，沙坡头区委统战部、文昌镇部分社区党组织书记、网络主播等共计60余人参加。

22日　沙坡头区委副书记、区长，中卫工业园区党工委副书记丁志军主持召开沙坡头区安委会(扩大)会议。

23日　沙坡头区委副书记、区长，中卫工业园区党工委副书记丁志军安排部署重点领域安全生产专项排查整治行动相关工作，并到宁夏深中天然气开发有限公司、向阳步行街检查安全隐患问题整治工作。

26日　沙坡头区委常委、副区长兰雄陪同杨照明副市长调研宣和中学考点准备情况。

27—28日　沙坡头区总工会第二次代表大会正式开幕，来自沙坡头区各行各业、各条战线的179名工会代表参会。沙坡头区委书记宗立冬，中卫市总工会党组书记、常务副主席张振宇出席大会并讲话。会议由沙坡头区人大常委会党组成员、副主任，总工会党组书记、主席武建国主持。

28日　沙坡头区副区长王文忠陪同中卫市副市长马自忠调研燃气安全工作。

7月

1日　沙坡头区委副书记、区长，中卫工业园区党工委副书记丁志军调研督导重点领域安全生产隐患问题排查整治工作进展情况。

2日　沙坡头区委常委、副区长龚涛主持召开沙坡头区申报自治区乡村振兴示范点建设方案编制相关会议。

3日　沙坡头区委常委、副区长龚涛主持召开重点领域安全生产专项排查整治行动会商研判会议。

5日　沙坡头区副区长王文忠陪同自治区纪委领导调研永康镇苹果产业发展情况。

△　中国共产主义青年团中卫市沙坡头区第二次代表大会在中卫大酒店召开，团市委书记靳军，区委书记宗立冬出席会议并讲话。大会选举产生共青团中卫市沙坡头区第二届委员会委员25人、候补委员10人。

6日　沙坡头区委副书记、区长，中卫工业园区党工委副书记丁志军陪同中卫市市长马洪海督导巩固拓展脱贫攻坚成果同乡村振兴有效衔接考核评估反馈问题整改工作。

9日　沙坡头区委副书记、区长，中卫工业园区党工委副书记丁志军专题调研督导自治区“四防”领域反馈安全问题整改工作。

10日　沙坡头区委副书记、区长，中卫工业园区党工委副书记丁志军调研督导增减挂钩土地复垦、安全度汛、防沙治沙等项目及巩固拓展脱贫攻坚成果同乡村振兴有效衔接考核评估反馈问题整改工作进展情况。

11日　沙坡头区委副书记、区长，中卫工业园区党工委副书记丁志军陪同中卫市市长马洪海调研督导检查城镇燃气安全隐患排查整治情况。

△　沙坡头区委常委、副区长龚涛主持召开“九小”场所、燃气安全、四防督查相关会议，并主持召开重点领域安全生产专项排查整治行动会商研判会议。

13日　沙坡头区副区长王文忠主持召开沙坡头区2022年度巩固拓展脱贫攻坚成果同乡村振兴有效衔接考核评估反馈问题整改工作推进会。

18日　沙坡头区委副书记、区长，中卫工业园区党工委副书记丁志军调研督导“三夏”、高标准农田审计反馈问题整改、硒砂瓜销售、车辆运输安全及防汛抗旱等工作情况。

△　沙坡头区委副书记、区长，中卫工业园区党工委副书记丁志军带队调研并主持召开中部干旱带发展座谈会。

20日　沙坡头区委副书记、区长，中卫工业园区党工委副书记丁志军主持召开区政府2023年第11次政府常务会议、第6次区长办公会议、第8次区政府党组会议、第8次区政府党组理论学习中心组会议。

21日　沙坡头区委常委、副区长龚涛主持召开7月份经济运行调度研判分析会暨经济体制改革专项小组推进会；参加沙坡头区燃气用户免费入户安全检查摸排整改工作调度会。

24日　沙坡头区委常委、副区长龚涛主持召开沙坡头区第三季度重大项目集中开工相关会议。

△　沙坡头区副区长高怀雷主持召开沙坡头区2023年度建设铸牢中华民族共同体意识示范区工作推进会。

△　沙坡头区委常委、政法委书记张赞军走访慰问退役军人及重点优抚对象。

8月

2日　沙坡头区委副书记、区长，中卫工业园区党工委副书记丁志军督导调研镇罗产业基地工业企业安全生产、生态环境保护等工作，并主持召开沙坡头工业企业安全生产、生态环境保护调度会。

8日　沙坡头区委副书记、区长，中卫工业园区党工委副书记丁志军主持召开沙坡头区2023年安全生产工作碰头会。

9日　沙坡头区委副书记、区长，中卫工业园区党工委副书记丁志军主持召开2023年耕地保护暨巩固拓展脱贫攻坚成果同乡村振兴有效衔接督导反馈问题整改（第三次）推进会。

15日　沙坡头区委副书记、区长，中卫工业园区党工委副书记丁志军主持召开第三季度十个重点项目暨中能建牛奶全产业链+新能源一体化示范开工仪式准备工作推进会。

17日　沙坡头区委副书记、区长，中卫工业园区党工委副书记丁志军主持召开黑山峡水利枢纽工程南北长滩移民安置及村落规划推进会。

24 日　沙坡头区委常委、副区长兰雄陪同自治区根治欠薪工作专项督查组督查根治欠薪工作和农民工工作并参加座谈会。

25 日　沙坡头区委常委、副区长拜世雄陪同自治区卫生健康委吕金捍主任调研公立医院高质量发展项目并参加座谈会。

29 日　沙坡头区委副书记、区长，中卫工业园区党工委副书记丁志军主持召开沙坡头区贯彻落实自治区压砂地退出和生态修复政策推进会。

9 月

4 日　沙坡头区委副书记、区长，中卫工业园区党工委副书记丁志军陪同自治区党委常委、常务副主席陈春平常务调研“宁电入湘”沙漠光伏大基地等项目推进情况。

8 日　沙坡头区委常委、副区长拜世雄主持召开 2023 年第三季度安全生产工作推进会暨公立医院改革与高质量发展示范项目攻坚小组第 2 次推进会。

11 日　沙坡头区委副书记、区长，中卫工业园区党工委副书记丁志军主持召开沙坡头区长流水村乡村休闲旅游项目、“沙坡鸣钟田园综合体”乡村旅游示范项目、农副产品“1+X”加工园区项目规划设计评审会议。

△　自治区副主席刘军调研香山乡新水村朝天椒产业基地。

12 日　沙坡头区委副书记、区长，中卫工业园区党工委副书记丁志军调研督导沙坡头水镇经济盘活工作推进情况。

△　文昌镇荣获自治区民族团结进步模范集体荣誉称号。

15 日　沙坡头区委副书记、区长，中卫工业园区党工委副书记丁志军主持召开沙坡头区学习贯彻习近平新时代中国特色社会主义思想主题教育工作会议、沙坡头区组织工作会议。

16 日　沙坡头区委常委、副区长龚涛主持召开政府专题会、沙坡头区第五次全国经济普查和统计基层基础规范化建设工作、沙坡头区 2023 年高质量发展指标体系考核工作推进会。

20 日　沙坡头区委常委、副区长徐郑应主持召开沙坡头苹果电商协调会及沙坡头区耕地非法倾倒垃圾情况摸排调度会。

22 日　沙坡头区委常委、副区长龚涛主持召开第 15 次政府常务会议、沙坡头区 2023 年三季度经济运行调度会议、中秋国庆“双节”期间沙坡头区酒店住宿业约谈告诫暨安全生产会议。

10 月

6 日　沙坡头区人大常委会主任张冠华一行到香山乡指导人大工作。

7 日　沙坡头区委副书记、区长，中卫工业园区党工委副书记丁志军主持召开沙坡头区重大事故隐患专项排查整治 2023 行动推进会议暨自然灾害风险普查评估与区划技术成果审定会议。

△　沙坡头区委常委、副区长徐郑应陪同中卫市市长马洪海调研矿山生态修复项目推进情况，到柔远镇调研产业发展情况。

8 日　沙坡头区委常委、副区长徐郑应陪同国家发改委相关领导调研向阳步行街。

9 日　沙坡头区委副书记、区长，中卫工业园区党工委副书记丁志军专题督导调研高标准农田建设、矿山生态修复项目工作情况。

12 日　沙坡头区委副书记、区长，中卫工业园区党工委副书记丁志军陪同全国综合减灾示范县验收评估组验收。

△ 沙坡头区总工会联合中国邮政储蓄银行中卫市沙坡头区支行在世和广场邮储银行前举行“工会户外劳动者服务站·邮爱驿站”授牌揭牌仪式。

△ 沙坡头区委常委、副区长拜世雄陪同自治区卫生健康委领导调研兴仁镇中心卫生院、兴仁镇村卫生室基本医疗服务能力、乡村医疗卫生服务信息化建设情况、家庭医生签约落实情况等。

20 日 沙坡头区副区长王文忠陪同中卫市副市长康俊杰调研沙坡头区农田水利基本建设情况。

23 日 沙坡头区委副书记、区长，中卫工业园区党工委副书记丁志军专题调研督导城乡环卫市场化服务工作进展情况，主持召开沙坡头区城乡环卫市场化服务工作专题会。

25 日 沙坡头区委副书记、区长，中卫工业园区党工委副书记丁志军专题调研督导沙坡鸣钟田园综合体、宁藜藜麦饲草绿色循环产业示范园区建设等重点项目进展情况。

26 日 沙坡头区委副书记、区长，中卫工业园区党工委副书记丁志军主持召开沙坡头区乡村振兴及北方清洁能源改造工作专题会议。

30 日 沙坡头区委副书记、区长，中卫工业园区党工委副书记丁志军主持召开沙坡头区朝天椒、小茴香产业高质量发展座谈会。

31 日 中国少年先锋队中卫市沙坡头区第二次代表大会在中卫市文脉湖景酒店召开，团市委书记、市少工委主任靳军，区委常委、宣传部部长沈红菊出席会议并讲话。大会选举产生中国少年先锋队中卫市沙坡头区第二届委员会委员 21 人。

△ 沙坡头区区长丁志军调研 2024 年朝天椒产业发展情况。

11 月

2 日 自治区党委常委、政法委书记朱天舒一行到沙坡头区社区矫正中心、镇罗镇综治中心、迎水桥镇鸣钟村调研基层法治工作情况。

△ 沙坡头区委常委、副区长拜世雄陪同市政协主席杨树春对市政协五届二次会议第 30 号提案进行现场督办并参加座谈会。

3 日 沙坡头区委常委、副区长徐郑应陪同中卫市副市长赵会勇调研城市建设项目建设。

5 日 文昌镇东花园社区荣获自治区总工会颁发“自治区级工会爱心托管班”荣誉称号。

5—6 日 沙坡头区委副书记、区长，中卫工业园区党工委副书记丁志军赴北京市开展招商引资活动，与协合新能源集团有限公司签订协合新型储能智能制造产业园投资合作框架协议。

6 日 中卫市沙坡头区委常委、统战部部长穆怀中到黄泉村调研黄泉至陈水道路硬化项目。

9 日 沙坡头区委常委、副区长龚涛主持召开国家国债项目申报工作安排部署会。

△ 沙坡头区委常委、副区长兰雄调研鹤岗公墓基础设施建设情况及常乐镇公益性公墓建设情况。

13 日 沙坡头区委常委、副区长徐郑应组织召开耕地保护、禁牧封育、打击违法盗采矿产资源及土地、山林权改革工作推进会。

△ 中卫市人大常委会副主任、市总工会党组书记、主席陈自强到米粮川村、红圈村调研蓄水池及辣椒仓储中心建设情况。

14 日 沙坡头区委副书记、区长，中卫工业园区党工委副书记丁志军主持召开沙坡头区高标准农田暨农副产品“1+X”加工园区项目规划评审会。

△ 团中央团员和青年主题教育第七指导组

组长吕通义一行3人到沙坡头区调研团员和青年主题教育工作,在滨河镇向阳社区主持召开座谈会。

15日　沙坡头区委副书记、区长,中卫工业园区党工委副书记丁志军陪同自治区主要负责人到中卫恒大都市广场小区二期现场、宣和镇宣和大村庄调研。

20—24日　沙坡头区委副书记、区长,中卫工业园区党工委副书记丁志军一行6人赴广东省、山东省开展招商引资活动,考察华侨城天视文化集团、广州铭星科技有限公司等5家企业,并深入开展座谈。

21日　沙坡头区副区长高怀雷陪同自治区生态环境保护第四服务指导组检查冬春季大气污染防治攻坚工作。

28日　沙坡头区委副书记、区长,中卫工业园区党工委副书记丁志军主持召开沙坡头区苹果产业高质量发展工作座谈会。

29日　沙坡头区委常委、副区长拜世雄主持召开沙坡头区人民医院迁建项目(新建门诊医技综合楼)工作推进会(联席会)会议。

30日　沙坡头区委副书记、区长,中卫工业园区党工委副书记丁志军专题调研督导农副产品"1+X"加工园区选址、高效节水灌溉项目。

12月

1日　沙坡头区委副书记、区长,中卫工业园区党工委副书记丁志军专题调研督导城乡建设用地增减挂钩项目、占补平衡工作建议方案。

2日　沙坡头区成立首个网络主播党支部。

3日　中卫市委常委、政法委书记常虹一行对香山乡综治中心正规化建设情况进行督导检查。

7日　文昌镇黄湾村荣获自治区司法厅和民政厅颁发的"自治区民主法治示范村(社区)荣誉"。

10日　文昌镇双桥村获评"宁夏第一批议事协商示范村(社区)""相约共创美好"优秀村规民约(居民公约)。

△　东园镇谢滩村的村规民约(居民公约)获评自治区优秀村规民约。

12日　沙坡头区委常委、副区长兰雄主持召开根治欠薪冬季专项行动推进会暨城乡居民养老保险征缴工作推进会。

14日　沙坡头区委副书记、区长,中卫工业园区党工委副书记丁志军主持召开政府党组主题教育调研成果交流会。

19日　沙坡头区委常委、副区长徐郑应陪同中卫市委书记张利调研历史遗留废弃矿山生态修复项目。

20—22日　中卫市沙坡头区第二届人民代表大会第四次会议召开。

25日　沙坡头区委常委、副区长龚涛督办镇罗镇、东园镇招商引资、小散乱污整治等重点工作。

△　沙坡头区副区长王文忠陪同中卫市委常委万学道、中卫市副市长康俊杰调研全市巩固拓展脱贫攻坚成果同乡村振兴有效衔接工作。

26日　沙坡头区委常委、副区长徐郑应陪同中卫市副市长赵会勇调研城市建设项目进展情况。

28日　沙坡头区副区长王文忠召开自治区巩固拓展脱贫攻坚成果同乡村振兴有效衔接考核评估工作动员部署会。

29日　沙坡头区委副书记、区长,中卫工业园区党工委副书记丁志军陪同中卫市市长马洪海调研督导沙坡头区岁末年初重要民生商品保供稳价、困难群众生产生活、安全生产等重点工作。

中共中卫市沙坡头区委员会

综　述

【概　况】 2023年，沙坡头区委常委会坚持以习近平新时代中国特色社会主义思想为指导，深入学习贯彻党的二十大和习近平总书记视察宁夏重要讲话指示批示精神，坚决落实党中央决策部署和区、市党委工作要求，主动融入“三区”建设（黄河流域生态保护和高质量发展先行区、乡村全面振兴样板区、铸牢中华民族共同体意识示范区建设）大局，聚焦“五个示范市”（大数据产业中心市和产业升级示范市、铸牢中华民族共同体意识示范市、生态环境保护示范市、宜居宜业宜游示范市、乡村全面振兴示范市）建设目标，团结带领沙坡头区广大干部群众真抓实干、锐意进取，凝心聚力抓产业、办实事、强治理、转作风，干成了一系列标志性、开创性的大事要事，办成了一大批群众难、百姓盼的急事难事，经济社会发展和党的建设各项事业取得新进展。预计实现地区生产总值254.8亿元、同比增长3%，规模以上工业增加值同比增长2%，社会消费品零售总额同比增长1%，地方公共预算收入同比增长13%，城乡居民人均可支配收入分别增长6.5%、7.5%。

【政治建设】 2023年，沙坡头区委常委会坚决维护习近平同志党中央的核心、全党的核心地位，不折不扣贯彻落实党的二十大和习近平总书记视察宁夏重要讲话指示批示精神，及时召开区委二届四次、五次、六次全会，审视分析优势短板，标定完善思路举措，提出了“五大战略”（创新驱动发展战略、产业振兴战略、共同富裕战略、生态优先战略、依法治区战略）、“六个一百”（实施优质项目100个、落实招商引资到位资金100亿元，新增大中新型经营主体和示范性党支部领办合作社100个，解决群众急难愁盼的民生问题等各类民生实事100件，招引培养各类创新技能型人才和优秀干部100名，锻造各领域党建示范品牌100个）工程的奋斗目标，深化拓展了“抓产业、办实事、强治理、转作风”专项行动的现实路径，在对标看齐中提高站位、找准方位、落实到位，确保各项任务举措同党的二十大精神和区、市党委工作要求高度契合。坚决贯彻落实自治区党委巡视工作安排，积极配合、主动接受巡视监督。坚持不懈用习近平新时代中国特色社会主义思想凝心铸魂，扎实开展学习贯彻习近平新时代中国特色社会主义思想主题教育及党的二十大和习近平总书记视察宁夏重要讲话指示批示精神“四大”(大学习、大讨论、大宣传、大实践)活动,严格落实区委常委会“第一议题”制度,先后开展区委理论学习中心组学习15次,专题辅导讲座8场次,示范带动各级党委(党组)理论学习中心组学习540余次,宣讲620余场次、受众6万余人,切实凝聚起建设社会主义现代化美丽新沙坡头区的强大合力。在贯彻执行党中央决策部署上从不打折扣、做选择、搞变通,定期逐项梳理党中央决策部署和区、市党委工作要求,制定印发《2023年全面推进乡村振兴重点工作实施方案》《“十四五”平安沙坡头区建设规划》等文件50余份,细化任务分工、压实工作责任,一条一条抓措施、一件一件抓落实,确保改革发展始终沿着总书记指引的方向和党中央确定的路线阔步前进。健全完善重大决策事项落实情况“回头看”机制,开展重点工作落实等专项监督检查70余次,高标准推动各级各类督查反馈问题整改销号,确保各项工作任务落地落实。

【经济发展】 2023年,沙坡头区全面落实稳增长、稳就业、稳物价系列政策措施,持续深化“政银企”金融改革运行机制,成立中卫市银和融资担保有限公司,累计发放担保贷款900余户2.46亿元,平均担保费率低于5‰,新增退税减税降费3.38亿元。深入开展“消费需求促进年”活动,筹措各类消费奖补资金2000余万元,发放各类政府消费券7.8万余张,组织开展“油”惠万家等促销活动60余场次,带动消费2.5亿元。牢固树立“项目为王”理念,扎实开展“扩大有效投资巩固提升年”和项目“五比”(春比开工、夏比进度、秋比成果、冬比储备、全年比质效)活动,开工建设中部干旱带引水上山等项目116个,完成固定资产投资60亿元,累计外出招商引资107次,签约落地中能建牛奶全产业链+新能源一体化示范等项目7个,到位资金151亿元,向上争取各类资金42.89亿元,同比增长22.54%。

【特色产业】 2023年,沙坡头区大力实施产业振兴战略,制定出台了苹果等特色产业发展扶持政策,改造日光温室大棚1057座,种植蔬菜12.65万亩、硒砂瓜25.93万亩,苹果面积达10万亩。严格落实耕地保护和粮食安全党政同责,粮食产量较上年增长15.99%。积极探索中部干旱带压砂地退出后续产业发展,培育种植朝天椒1.8万亩、小茴香0.32万亩,全力推进麦垛山15万头现代化奶牛养殖示范园区建设,奶牛存栏达到7.5万头,沙坡头梭鲈荣膺“全国名特优新农产品”,镇罗镇荣获全国农业产业强镇。深入实施“四大改造”(结构改造、智能改造、技术改造、绿色改造),实施胜金北拓循环水改造等17个工业技改项目,天祥建材等12家企业成功入规,积极争取自治区分散式风电项目指标211.8MW,力印(宁夏)智能板材生产、宁国运100MW复合光伏等一批新材料、新能源项目落地建设,新能源总装机容量达460万千瓦,储能规模达到35万千瓦。持续巩固全域旅游示范区创建成果,实施沙漠主题度假中心、钻石酒店等项目,策划推介乡村“四时好风光”特色旅游线路18条,构建了“A级旅游景区+旅游拳头产品+乡村旅游”发展格局,举办“星星的故乡·宁夏沙坡头金蛙国际艺术节”、全国大漠毽球邀请赛等知名品牌活动,沙坡头区成功入选国家首批文化产业赋能乡村振兴试点,“大漠味集·向阳街”入选国家级旅游休闲街区、自治区级夜间文化和旅游消费集聚区,累计接待游客1054万人次,实现旅游收入67.3亿元。

【改革创新】 2023年,沙坡头区扎实推进高标准市场体系建设，企业开办工作日缩短0.5天，网上可办率达86.76%、不见面率达81%。全力抓好全国农业社会化服务创新试点县等10余项“国字号”“宁字号”试点改革任务，持续深化国资国企和社会保障体制改革。纵深推进“六权”改革（用水权、土地权、排污权、山林权、用能权、碳排放权改革），建成水资源监测预警平台，收储闲置用水指标120万立方米，收缴工业企业用水权有偿使用费1553万元；修订完善国有农用地管理办法，盘活农村承包地18.84万亩，探索推进国有土地租赁，收取土地租赁费2.02亿元；排污许可证、林权类不动产证发放取得新进展，培育林下经济经营主体60家，办理林权抵押贷款58笔9761万元，完成全区首笔排污权租赁交易。深入实施创新驱动发展战略，加强创新主体培育，新增自治区创新型中小企业18家、“专精特新”中小企业5家，R&D经费投入达到5.53亿元，全社会R&D投入强度达到2.19%。

【**污染防治**】 2023年，沙坡头区有序推进各级环保督察反馈问题整改销号，深入推进秸秆禁烧管控和综合利用、“小散乱污”企业专项整治及重点行业污染物排放综合治理，完成农村冬季清洁取暖改造70万平方米，公共建筑节能改造5.9万平方米，环境空气质量不断改善。严格落实河（湖）长制，常态化开展清“四乱”行动（清理河湖乱占、乱建、乱采、乱堆行动），实施入黄排水沟（中沟）水环境综合治理等项目11个，农村污水处理智慧管理平台建成运行，国控断面水质稳定达到Ⅱ类优。扎实推进农业面源污染防治，加强农药等用品管控力度，畜禽规模养殖场粪污处理设施配套率达99%，粪污综合利用率达94%，残膜回收利用率超过88%。

【**生态治理**】 2023年，沙坡头区顺利完成86个问题矿山生态修复治理，接续推进黄河上游风沙区（中卫）历史遗留废弃矿山生态修复示范工程等6个项目。扎实推进环香山中部干旱带治理，实施峡门供水工程泵站管线消缺改造等6项水利工程，全力保障香山兴仁片区生产生活生态用水，着力改善中部干旱带生态环境面貌。持续开展规模化国土绿化和水土保持行动，实施乌玛高速东段沿线绿化等项目13个，栽植各类乔灌木24.5万株，有效治理水土流失面积20平方公里，森林覆盖率达9.62%，区林业和草原局荣获“全国防沙治沙先进集体”称号。

【**绿色转型**】 2023年，沙坡头区严格落实能耗“双控”制度，积极稳妥推进碳达峰、碳中和，实施大有冶炼15MW余热发电等一批节能改造项目，加快构建固废回收利用等循环经济体系，持续开展节水节地节能行动，完成测土配方施肥农田93万亩，化肥使用量减少5%以上，大幅提升资源集约节约利用效率，不断夯实绿色转型发展基础。全面倡导绿色生活方式，培育绿色消费新模式，成功创建国家级节约型机关10个，绿色低碳逐渐成为社会新风尚。

【**居民就业**】 2023年，沙坡头区大力实施就业优先战略，持续开展“就业创业促进年”活动，扎实做好高校毕业生、退役军人、农民工等重点群体就业，开展职业技能培训4000余人次，举办线上线下招聘活动30余场次，靶向提供岗位1万个，新增城镇就业4300人，农村劳动力转移就业5.6万人。强化就业兜底帮扶工作，开发安置公益性岗位395个，“铁杆庄稼保”参保3.88万人，鼓励龙头企业、合作社等市场经营主体就近吸纳就业，返还稳岗资金1052万元，城镇调查失业率控制在5.5%以内。

【**社会事业**】 2023年，沙坡头区实施七幼、十中等新改扩建项目17个，试点推行集团化办学模式，持续优化教育教学资源布局，学前3年毛入园率达97.72%，九年义务教育巩固率达100%。全面推进健康沙坡头区建设，挂牌成立沙坡头区疾病预防控制局、疾病预防控制中心和妇幼保健院，稳步推进沙坡头区人民医院迁建项目，顺利承接文昌、滨河社区卫生服务中心，建成自治区级重点专科3个，县域内住院量占比及基层诊疗率分别达到72.57%、52.71%。大力推动文化体育事业繁荣发展，持续加强基层文化体育阵地建设，开展各类文化惠民活动300余场次，群众性体育活动参与人数达30万人。

【兜底保障】 2023年，沙坡头区不断完善城乡社会保障体系，医保参保实现"应保尽保"，社会救助实现"应救尽救"，累计核发社会救助资金1.37亿元，切实兜牢困难群众基本生活底线。持续关注"一老一小"群体，两家养老机构实现公建民营模式运营，积极创建自治区优质服务托育机构，文昌镇文昌阁社区荣获"全国示范性老年友好型社区"称号。持续完善未成年人、残疾人等特殊群体社会福利政策，用心用情保护妇女、儿童和残疾人权益，社会整体福利水平不断提升。

【乡村振兴】 2023年，沙坡头区坚决扛起巩固拓展脱贫攻坚成果同乡村振兴有效衔接的重大政治责任，全面完成第五轮45个村135名驻村第一书记和工作队员选派，整合资金1.98亿元实施移民致富提升项目25个，实现移民群众就业2.4万人，脱贫人口人均工资性收入同比增长13.26%，国家、自治区考核反馈问题全部整改到位。大力实施乡村建设行动，高标准建设宣和镇重点小城镇及何滩、冯庄两个高质量美丽宜居村庄，新(改)建农村卫生厕所2020户，农村自来水入户率达98.6%，柔远镇莫楼村入选自治区传统村落名录，沙坡头区荣获2023中国高质量发展乡村振兴十大示范县(区)称号。

【城市品质】 2023年，沙坡头区以创建全国文明城市为抓手，大力实施城市更新改造行动，对金河一期、新花园两个老旧小区和新墩花园、福兴苑等5个社区基础设施进行改造提升，棚户区住宅房不动产权证办理率超过60%。实施中博山水大院三期等房地产项目13个，新(改)建城市公共卫生间25座，建设提升小微公园、体育公园等3个，高标准建成沙坡头区档案馆，城市主次干道亮灯率超过95%，公共停车场节假日免费开放，城市功能更加齐全、服务更加完善、环境更加宜居。

【城乡融合】 2023年，沙坡头区坚持以城带乡、以工促农，统筹规划布局道路、供水、供电、垃圾处理等城乡基础设施，接续完成14个"多规合一"(将国民经济和社会发展规划、城乡规划、土地利用规划、生态环境保护规划等多个规划融合到一个区域上，实现一个市县一本规划、一张蓝图，解决现有各类规划自成体系、内容冲突、缺乏衔接等问题)村庄规划编制，改造提升农村公路168.3公里，优化升级30个村(社区)综合文化服务中心，实施城乡商贸物流配送体系项目11个，成功申报自治区电子商务示范基地两个，城乡环卫市场化服务覆盖率达100%，城乡功能互补、产业互融、发展互促的格局更加完善。稳妥推进南北长滩古村落搬迁复制工作，加快农业转移人口市民化，城镇化率达到63.7%。

【民主法治】 2023年，沙坡头区大力发展全过程人民民主，全面发展协商民主、基层民主，稳步推进国防动员、后备力量和"双拥"共建等工作，不断发展壮大新时代爱国统一战线力量，沙坡头区工商联荣获全国工商联2022年度民营企业劳动关系监测调查工作示范基层单位。顺利召开工代会、团代会和妇代会，工青妇等群团组织桥梁纽带作用有效发挥。一体推进法治沙坡头区、法治政府、法治社会建设，扎实开展“八五”普法，成功打造自治区级民主法治示范村4个、法治社会实践站1个，实现198个村（社区）法律顾问全覆盖。

【安全生产】 2023年，沙坡头区严格落实自治区党委十三届四次全会精神和“1+37+8”系列文件，累计排查整治燃气、危化、工贸等重点领域各类安全隐患1.8万余条，回收报废钢瓶3.05万支，天然气用户“三件套”（燃气报警器、切断装置、金属波纹管）安装率达100%，立案查处安全生产违法案件40起，年内未发生较大及以上生产安全事故。深入实施“安全基层基础年”活动，调整组建乡镇产业基地服务中心，建成兴仁镇消防救援站、沙坡头区应急救援指挥中心，累计完成公共场所二楼逃生通道设置270余个，全国综合减灾示范县创建工作顺利通过国家验收。

【社会治理】 2023年，沙坡头区统筹推进七大领域治理，常态化开展扫黑除恶斗争，纵深推进禁毒和反诈人民战争，依法严厉打击各类违法犯罪，刑事发案、电诈发案分别同比下降14.6%、27.6%，社会治安形势持续向好。坚持和发展新时代“枫桥经验”，建成区、镇（乡）两级标准化综治中心，滨河镇“红色物业联盟”管理新模式入选全国“枫桥式工作法”，镇罗派出所被公安部命名为“枫桥式公安派出所”。扎实推进铸牢中华民族共同体意识示范区建设，成功创建全国民族团结进步示范单位2个、自治区级民族团结进步模范集体两个，切实维护宗教和顺、民族和睦、社会和谐的良好局面。

【基层党建】 2023年，沙坡头区持续深化“一抓两整”（抓乡促村、整乡推进、整县提升）示范县乡创建，整顿提升软弱涣散和重点难点村16个，打造提升基层党建示范点100个，组建党建共同体（融合发展区）8个，三星级及以上示范村党组织达100%，基层党组织政治功能和组织功能不断增强。全面推行村党支部领办合作社发展模式，成立合作社132个，162个村集体经济收入达到1.26亿元，带动群众增收4313万元，党在基层的执政根基不断夯实。深化党建引领城市治理，统筹推进机关、国企、非公企业和社会组织等领域党建，成立4个新业态党支部，打造18个党建引领基层治理品牌，各领域党建工作全面进步、全面提升。

【宣传工作】 2023年，沙坡头区持续开展“清朗”“剑网”等专项行动，在全区范围内率先成立网络主播党支部和自媒体协会。持续壮大主流思想舆论，在各级主流媒体推出主题宣传报道3500余篇，深刻阐释党中央重大决策和区、市党委工作部署，生动反映干部群众的火热实践和精神风貌，正能量更加强劲，主旋律更加高昂。持续深化精神文明创建活动，组织开展传统节日系列活动500余场次，滨河镇槐树北巷社区获评全国“扫黄打非”进基层示范点、官桥村入选“全国最美农家书屋”名单。

【干部人才队伍】 2023年，沙坡头区树立正确选人用人导向，健全完善领导干部能上能下机制，调整优化容错纠错、交流轮岗等各项制度，择优储备年轻干部150人，乡镇、部门领导班子配备35岁以下干部149名、占比36.69%，先后调整重用乡村振兴一线干部67人，晋升职级54人，干部队伍结构不断优化。持续开展干部教育培训，16名选调生到基层一线“揭榜领题”开展国情调研，举办优秀年轻干部集中轮训等各类培训班40余场次，全面提升领导干部工作能力水平。健全完善人才引进培养机制，打造特色产业人才工作站3个，柔性引进各类人才67名，不断厚植人才“沃土”。

【执纪监督】 2023年，沙坡头区圆满完成三轮2个乡镇党委及8个部门党组织的巡察任务，巡察反馈问题整改率达到90%。坚决贯彻落实中央八项规定及其实施细则精神和自治区“八条禁令”，持续加强“一把手”和领导班子监督，扎实开展纪检监察干部队伍教育整顿，有力推进形式主义官僚主义、乡村振兴等8个领域专项治理，处分43人，反腐败斗争压倒性态势更加巩固，风清气正的政治生态逐步形成。

重要会议

【第49次常委会会议】 2023年1月3日召开。研究干部事宜。

【第50次常委会会议】 2023年1月7日召开。传达学习习近平总书记在中共中央政治局民主生活会、全国政协新年茶话会、中央农村工作会议上的重要讲话精神，对爱国卫生运动作出的重要指示精神，二〇二三年新年贺词、给中国东方演艺集团的艺术家们的回信、致《经济日报》创刊40周年的贺信精神，自治区党委常委会会议、自治区党委十三届三次全会暨自治区党委经济工作会议、自治区中央生态环境保护督察整改工作领导小组会议精神，安排部署贯彻落实工作；研究党的建设有关工作（套开区党的建设领导小组2023年第1次会议）；研究区委统战部《关于审定〈自治区第十三次党代会报告涉及统一战线主要任务分工的落实工作方案（送审稿）〉的请示》；研究区政府党组《关于审定〈沙坡头区2023年春节慰问活动方案（送审稿）〉的请示》《关于审定〈规范沙坡头区新能源光伏、风力发电项目用地租赁费标准的通知（送审稿）〉请示》《关于审定〈沙坡头区村党支部领办合作社基金实施方案（送审稿）〉的请示》《关于拨付压砂地面积测绘费用及工作经费的请示》《关于拨付乡镇压砂地退出和生态修复补偿补助资金的请示》等。

【第51次常委会会议】 2023年1月19日召开。传达学习习近平总书记在二十届中央纪委二次全会上、同党外人士座谈并共迎新春时的重要讲话精神，对政法工作作出的重要指示精神，与越共中央总书记阮富仲互致新春贺信，中国共产党第二十届中央纪律检查委员会第二次全体会议精神，中央办公厅《习近平、胡春华同志在中央农村工作会议上的讲话》，全国组织部长会议、全国宣传部长会议、全国统战部长会议、中央政法工作会议精神，全国疫情防控工作电视电话会议、全区疫情防控工作会议、自治区农村地区疫情防控工作推进会精神，自治区两会精神，自治区党委常委会会议暨理论学习中心组学习会精神，梁言顺同志在自治区党委办公厅《紧急信息》（第8期）上的批示精神，听取2023年春节期间安全生产工作汇报，安排部署贯彻落实工作；研究国家安全有关工作（套开区委国安委2023年第1次会议）；研究农业农村有关工作（套开区委农村工作领导小组2023年第1次会议）；研究区委办公室《关于审定〈沙坡头区委常委会2023年度民主生活会方案（送审稿）〉的请示》；研究区纪委监委《关于审定召开中共中卫市沙坡头区第二届纪律检查委员会第三次全体会议的请示》；研究区纪委监委《关于审定〈中共中卫市沙坡头区第二届纪律检查委员会第三次全体会议工作报告（送审稿）〉的请示》；研究干部事宜。

【第52次常委会会议】 2023年2月9日召开。传达学习习近平总书记在中共中央政治局第二次集体学习时、二〇二三年春节团拜会上、学习贯彻党的二十大精神研讨班开班式上的重要讲话精神，中国共产党第二十届中央纪律检查委员会第二次全体会议精神，中央办公厅《党的十九大以来中央巡视工作总结报告》，自治区纪委十三届二次全体会议精神，自治区党委《关于认真学习贯彻习近平总书记重要批示的通知》，自治区党委办公厅《梁言顺、艾俊涛同志在自治区纪委十三届二次全体会议上的讲话和工作报告》，中卫市纪委五届三次全体会议精神，安排部署贯彻落实工作；听取2023年招商引资工作情况暨2023年工作思路及第一季度招商引资工作安排汇报，安排部署下一阶段工作；研究区委办公室《关于审定〈中共中卫市沙坡头区委关于市委常委会以案促改专题民主生活会整改清单的整改方案（送审稿）〉的请示》；研究区委政研室《关于审定〈中共中卫市沙坡头区委员会区人民政府2023年工作要点（送审稿）〉的请示》；听取二届沙坡头区委第二轮巡察情况的综合报告；研究区委巡察办《关于审定〈2023年区委巡察工作组长库、人才库人员名单（送审稿）〉的请示》；研究退役军人有关工作（套开区委退役军人事务工作领导小组2023年第1次会议）；研究区政府党组《关于审定〈沙坡头区2023年压砂地退出和高质量发展工作方案（送审稿）〉的请示》《关于审定实施中卫市沙坡头区麦垛山奶牛养殖园区一期项目的请示》《关于审定实施沙坡头区兴仁镇污水处理厂项目的请示》《关于审定实施沙坡头区永康镇永乐村苹果园高效节灌试点项目的请示》《关于审定实施宣和镇草台村自发移民点道路硬化项目（二期）的请示》《关于审定实施沙坡头区第四污水处理厂扩建项目的请示》《关于审定实施沙坡头区陈水矿区废弃矿山生态保护与修复项目的请示》；研究区委组织部《关于审定设立及调整区直部门（单位）党组（党委）的请示》；研究干部事宜。

【第53次常委会会议】 2023年2月10日召开。研究干部事宜。

【第54次常委会会议】 2023年3月8日召开。宣布市委干部职务任免决定；研究干部事宜。

【第55次常委会会议】 2023年3月10日召开。传达学习中国共产党第二十届中央委员会第二次全体会议精神，习近平总书记在二十届中共中央政治局会议、中共中央政治局常务委员会会议、中共中央民主协商会、中共中央政治局第三次集体学习、中央党校建校90周年庆祝大会暨2023年春季学期开学典礼上的重要讲话精神，对内蒙古阿拉善左旗一露天煤矿坍塌事故、深入开展学雷锋活动作出的重要指示精神，中共中央、国务院《关于做好2023年全面推进乡村振兴重点工作的意见》，国家主席习近平致“中国＋中亚五国”产业与投资合作论坛的贺信、给援中非中国医疗队队员的回信、给希腊学者的复信，全国纪检监察干部队伍教育整顿动员部署会议及李希同志讲话精神、《中共中央关于开展全国纪检监察干部队伍教育整顿的意见》，全区纪检监察干部队伍教育整顿动员部署会议及艾俊涛同志讲话精神、《自治区纪委监委开展纪检监察干部队伍教育整顿实施方案》，全区纠治形式主义官僚主义专项整治部署会、自治区乡村振兴领域腐败和作风问题专项治理部署会、自治区教育领域侵害群众利益不正之风专项治理工作部署会、全区国有企业“靠企吃企”专项治理工作动员部署会、全区粮食购销领域腐败问题再动员再部署工作会议精神，中共宁夏回族自治区纪委办公厅《关于6起形式主义、官僚主义典型问题的通报》，自治区党委常委会会议精神，自治区党委办公厅《关于深入学习宣传贯彻习近平总书记在党的二十大精神研讨班上的重要讲话精神的通知》，陈春平同志在指导沙坡头区委常委会2022年度民主生活会时的讲话精神，安排部署贯彻落实工作；听取区人大常委会、政府、政协、法院、检察院党组2022年工作汇报暨2023年工作思路，安排部署下一阶段工作；研究区人大常委会党组《关于审定〈中卫市沙坡头区人大常委会2023年工作要点（送审稿）〉的请示》；研究区政协党组《关于审定〈中卫市沙坡头区政协常委会2023年工作要点（送审稿）〉的请示》；研究区纪委监委《关于审定〈沙坡头区纪检监察干部队伍教育整顿实施方案（送审稿）〉的请示》；研究区委组织部《关于审定成立沙坡头区城市基层党建引领基层治理领导小组的请示》；研究区政府党组《关于审定〈沙坡头区2023年国土绿化工作方案（送审稿）〉的请示》《关于审定〈沙坡头区苹果产业振兴扶持方案（2023—2025年）（送审稿）〉的请示》《关于审定〈沙坡头区农村"煤改电"清洁取暖工作实施方案（2022年—2023年）（送审稿）〉的请示》《关于审定〈沙坡头区冬季清洁取暖工作实施方案（2022年—2024年）（送审稿）〉的请示》《关于审定沙坡头区2023年第一批乡村振兴项目的请示》《关于审定实施中卫市沙坡头区2023年义务教育薄弱环节改善与能力提升项目的请示》《关于审定实施中卫市第十中学建设项目的请示》《关于审定实施中卫市第七幼儿园建设项目的请示》。

【第56次常委会会议】 2023年3月15日召开。研究干部事宜。

【第57次常委会会议】 2023年3月29日召开。传达学习习近平总书记在中国共产党与世界政党高层对话会上的主旨讲话精神，在参加江苏代表团审议时、在出席解放军和武警部队代表团全体会议时、在十四届全国人大一次会议闭幕会上的重要讲话精神，致中国发展高层论坛2023年年会的贺信，二十届中央第一轮巡视动员部署会精神，中共中央办公厅《关于印发〈中央巡视工作规划（2023—2027年）〉的通知》，自治区党委常委会会议精神，十三届自治区第二轮巡视动员部署会精神，自治区党委办公厅《关于开展全区纪检监察干部队伍教育整顿的实施意见》，全国"扫黄打非"工作会议和全区、全市宣传部长会议精神，安排部署贯彻落实工作；研究区纪委监委《关于审定〈2023年沙坡头区全面从严治党党风廉政建设和反腐败工作主要任务分工方案（送审稿）〉的请示》；研究深化改革有关工作（套开区委全面深化改革委员会第10次会议）；研究审计有关工作（套开区委审计委员会第8次会议）；研究区政府党组《关于审定〈中卫市沙坡头区推行集团化办学（试点）实施方案（送审稿）〉的请示》《关于审定实施沙坡头区滨河全民健身中心市内装修装饰项目的请示》（《关于审定实施沙坡头区2023年兴仁镇东滩村、香山乡红圈村等5个高标准农田建设项目和2023年宣和镇喜沟村、永康镇阳沟村1个现代高效节水农业项目的请示》《关于审定沙坡头区2023年第二批乡村振兴项目的请示》《关于审定实施中卫市沙坡头区涩井沟历史遗留矿山生态保护与修复综合治理项目的请示》《关于审定实施中卫市沙坡头区常乐镇历史遗留矿山生态保护与修复综合治理项目的请示》等；研究干部事宜。

【第58次常委会会议】 2023年4月19日召开。传达学习中共中央政治局会议精神，习近平总书记在二十届中共中央政治局第四次集体学习时、学习贯彻习近平新时代中国特色社会主义思想主题教育工作会议上、视察南部战区海军时、广东考察调研时、参加首都义务植树活动时的重要讲话精神，在中法企业家委员会第五次会议闭幕式上的致辞，自治区党委常委会会议、全区学习贯彻习近平新时代中国特色社会主义思想主题教育工作会议、全区老干部局长会议精神，自治区党委办公厅《印发〈关于大兴调查研究的实施方案〉的通知》《印发〈关于进一步维护全区政治安全工作的意见〉及十大专项行动方案的通知》，研究区委国安办《关于审定〈进一步维护沙坡头区政治安全工作的方案及十大专项行动方案（送审稿）〉的请示》，安排部署贯彻落实工作；听取沙坡头区关于开展贯彻落实习近平总书记视察宁夏重要讲话指示批示精神全面大起底、“回头看”情况汇报，安排部署下一阶段工作；通报2022年度自治区考核沙坡头区效能目标管理情况，研究区委督查检查考核工作领导小组办公室《关于审定2022年度沙坡头区效能目标管理考核结果的请示》，安排部署贯彻落实工作；研究区委办公室《关于审定区委常委工作分工的请示》；研究区委宣传部《关于审定〈沙坡头区党委（党组）理论学习中心组2023年专题学习计划（送审稿）〉的请示》；研究了区委巡察办《关于审定〈二届沙坡头区委第三轮巡察情况的综合报告（送审稿）〉的请示》；研究团区委《关于审定召开中国共产主义青年团中卫市沙坡头区第二次代表大会的请示》；研究区妇联《关于审定召开沙坡头区妇女第二次代表大会的请示》；研究村党支部领办合作社有关工作（套开沙坡头区村党支部领办合作社工作领导小组2023年第1次会议）；研究基层治理有关工作（套开沙坡头区城市基层党建引领基层治理领导小组第一次会议）；研究统战有关工作（套开沙坡头区委统一战线工作领导小组2023年第1次会议）；研究平安建设有关工作（套开平安沙坡头区建设协调小组2023年第1次会议）；研究依法治区有关工作（套开区委全面依法治区委员会第六次会议）；研究区政府党组《关于审定〈2022年沙坡头区部分重点工作、专项工作以奖代补工作情况的通报（送审稿）〉的请示》《关于审定〈沙坡头区教育高质量发展三年行动计划（2023—2025年）（送审稿）〉的请示》《关于审定实施沙坡头区2023年农村公路路况提升工程项目的请示》《关于审定实施宁夏引黄灌区抗旱减灾调蓄工程沙坡头区看透山调蓄水池工程的请示》《关于审定实施沙坡头区兴仁扬黄灌区续建配套与节水改造项目的请示》《关于审定〈中卫市沙坡头区麦垛山奶牛养殖园区一期项目拟回收镇罗镇部分国有草原使用权方案（送审稿）〉的请示》。

【第59次常委会会议】 2023年5月25日召开。传达学习中共中央政治局会议精神，习近平总书记在二十届中央全面深化改革委员会第一次会议、二十届中央财经委员会第一次会议、首届中国—中亚峰会、高标准高质量推进雄安新区建设座谈会、深入推进京津冀协同发展座谈会、考察调研石家庄市、考察调研沧州市时的重要讲话精神，中共中央办公厅《关于深化拓展整治形式主义为基层减负工作的通知》《关于印发〈规范地方党委政策性文件制定工作规定〉的通知》《中央党内法规制定工作规划纲要（2023—2027年）》《关于印发〈领导干部报告个人有关事项规定〉的通知》，中共中央办公厅秘书局印发《习近平在二十届中共中央政治局第四次集体学习时的讲话》，致第四届联合国世界数据论坛、中国与世界知识产权组织合作五十周年纪念暨宣传周主场活动、第32届阿拉伯国家联盟首脑理事会会议、亚洲文化遗产保护联盟大会、“中国式现代化与世界”蓝厅论坛、云南大学建校100周年、康复国际百年庆典的贺信，给海军潜艇部队某艇员队全体官兵、中国农业大学科技小院的同学们、上海市虹口区嘉兴路街道垃圾分类志愿者的回信，中共中央纪委办公厅印发《关于青海省6名领导干部严重违反中央八项规定精神问题查处情况及教训警示的通报》，自治区党委常委会会议精神，全区一季度经济形势分析会精神，自治区党委保密办《关于印发〈雷东生同志在全区保密工作会议上的讲话〉的通知》，安排部署贯彻落实工作；研究区人武部党委《关于审定表彰2022年度民兵工作先进单位和民兵工作先进个人的请示》；研究区委政研室《关于审定〈全面贯彻落实党的二十大精神坚定不移把改革推向前进的实施意见的落实方案（送审稿）〉的请示》《关于审定〈沙坡头区大兴调查研究的实施方案（送审稿）〉的请示》；研究区总工会《关于审定召开沙坡头区工会第二次代表大会的请示》；研究党的建设有关工作（套开沙坡头区党的建设领导小组2023年第2次会议）；研究网信有关工作（套开区委网络安全和信息化委员会第五次会议）；研究区政府党组《关于审定〈沙坡头区城镇居民收入提升行动实施方案（2023—2027年）（送审稿）〉的请示》《关于审定〈沙坡头区"就业创业促进年"活动工作方案（送审稿）〉的请示》《关于审定〈成立中卫市沙坡头区重大项目决策咨询委员会的通知（送审稿）〉的请示》《关于审定〈沙坡头区2023年"八一"建军节慰问活动方案（送审稿）〉的请示》《关于审定〈2023年沙坡头区日光温室维修改造实施方案（送审稿）〉的请示》《关于审定〈沙坡头区2022年"煤改气"清洁取暖改造项目实施方案（送审稿）〉的请示》《关于审定〈沙坡头区建设棚户区改造安置房不动产权证办理方案（送审稿）〉的请示》《关于审定实施中卫市沙坡头区南山台历史遗留矿山生态保护与修复综合治理项目的请示》《关于审定实施中卫市沙坡头区迎水桥镇历史遗留矿山生态保护与修复综合治理项目的请示》《关于审定实施中卫市沙坡头区香山地区历史遗留矿山生态保护与修复综合治理项目的请示》《关于审定实施中卫市沙坡头区城区公共卫生间建设项目的请示》《关于审定实施沙坡头区永康镇城农村苹果园高效节灌试点项目的请示》《关于审定实施沙坡头区2023年度公立医院改革与高质量发展示范项目的请示》《关于审定丁志军同志因公出国的请示》；研究区委组织部《关于审定沙坡头区委管理领导干部2022年度考核等次的请示》《关于审定区总工会等3个群团机构换届人事安排的请示》《关于审定调整区直属机关工作委员会组成人员的请示》。

【第60次常委会会议】 2023年6月22日召开。传达学习习近平总书记对宁夏银川市兴庆区富洋烧烤店燃气爆炸事故作出的重要指示精神，自治区党委常委会会议精神；通报银川市兴庆区富洋烧烤店"6·21"特别重大燃气爆炸事故相关情况，安排部署贯彻落实工作；研究区安全生产委员会办公室《关于审定〈沙坡头区重点领域安全生产专项排查整治行动工作方案（送审稿）〉的请示》。

【第61次常委会会议】 2023年6月26日召开。传达学习习近平总书记在中共中央政治局第五次集体学习时、二十届中央审计委员会第一次会议、二十届中央国家安全委员会第一次会议、文化传承发展座谈会、内蒙古考察、内蒙古调研边境管控和边防部队建设情况、内蒙古自治区巴彦淖尔市考察并主持召开加强荒漠化综合防治和推进"三北"等重点生态工程建设座谈会上的重要讲话精神，对宁夏银川市兴庆区富洋烧烤店燃气爆炸事故作出的重要指示精神，在出席欧亚经济联盟第二届欧亚经济论坛全会开幕式上的致辞，致全球人权治理高端论坛、首届文化强国建设高峰论坛、第十五届海峡论坛、"2023·中国西藏发展论坛"、2023中关村论坛的贺信，给中国美术馆的老专家老艺术家、澳门科技大学师生的回信，自治区党委常委会会议、十三届自治区党委网络安全和信息化委员会第一次会议精神，听取沙坡头区安全生产、生态环境"四防"常态化督查大起底大排查大整治进展情况汇报，安排部署下一阶段工作；研究统战有关工作（套开沙坡头区委统一战线工作领导小组2023年第2次会议）；研究了区政府党组《关于审定〈中卫市沙坡头区招生工作委员会工作方案（送审稿）〉的请示》；研究了区委组织部《关于审定〈沙坡头区2023年“七一”前夕走访慰问活动方案（送审稿）〉的请示》；研究区委组织部《关于审定〈沙坡头区乡镇党委和村“两委”班子届中分析专项考察工作方案（送审稿）〉的请示》《关于审定对马海轮等14名同志连续三年年度考核优秀记三等功的请示》《关于审定政协中卫市沙坡头区第二届委员会委员补选建议人选的请示》《关于审定推荐出席自治区工会第十三次代表大会和中卫市工会第四次代表大会有关候选人预备人选初步人选的请示》。

【第62次常委会会议】 2023年7月6日召开。传达学习中共中央政治局会议精神，习近平总书记在二十届中共中央政治局第六次集体学习时、同团中央新一届领导班子成员集体谈话时的重要讲话精神，对党的建设和组织工作作出的重要指示精神，致“鼓岭缘”中美民间友好论坛的贺信，中国共产主义青年团第十九次全国代表大会开幕会精神，中央办公厅关于印发《习近平总书记在文化传承发展座谈会上的讲话》，自治区黄河流域生态保护和高质量发展先行区建设推进会精神，自治区统计局《关于转发〈国家统计局关于2022年查处的7起重大统计违法案件的通报〉的通知》，安排部署贯彻落实工作；研究安全生产有关工作（套开沙坡头区应急管理委员会2023年第3次会议）；听取2023年上半年投资项目推进情况和招商引资项目进展情况汇报，安排部署下一阶段工作；研究区纪委监委《关于审定〈沙坡头区关于健全惩戒治理防范机制坚决打击政治骗子和政治掮客的实施方案（送审稿）〉的请示》，听取沙坡头区纪检监察干部队伍教育整顿进展情况汇报，安排部署下一阶段工作；研究区委办公室《关于审定拨付沙坡头区2023年深化安可替代所需资金的请示》；研究区委巡察办《关于审定〈沙坡头区巡察整改和成果运用实施办法（送审稿）〉的请示》；研究全民国防教育有关工作（套开沙坡头区全民国防教育工作领导小组2023年第1次会议）；研究禁毒有关工作（套开区禁毒委员会2023年第1次会议）；研究区政府党组《关于审定拨付突发和常态化疫情防控资金的请示》《关于审定拨付沙坡头区乡镇纾困资金的请示》《关于审定拨付乡镇压砂地退出生态补偿资金的请示》《关于审定实施沙坡头区入黄排水沟（中沟）水环境综合治理工程的请示》《关于审定实施沙坡头区2022年农村生活污水处理项目的请示》；研究干部事宜。

【第63次常委会会议】 2023年7月13日召开。研究干部事宜。

【第64次常委会会议】 2023年8月3日召开。传达学习党的二十大报告第六章节“发展全过程人民民主，保障人民当家作主”，《习近平著作选读》第一卷1~5篇（第1~74页）、《习近平新时代中国特色社会主义思想专题摘编》1~2篇（第1~60页），习近平总书记关于国家粮食安全的重要论述，在中央政治局第七次集体学习时、全军党的建设会议上、在全国生态环境保护大会上、在中央财经委员会第二次会议上的重要讲话精神，对网络安全和信息化工作作出的重要指示精神，致全球共享发展行动论坛首届高级别会议的贺信，中共中央办公厅《中办通报（习近平总书记在二十届中央政治局第六次集体学习时的讲话）》，《中国共产党机构编制工作条例》《关于加强机构编制违规违纪违法行为预防教育的实施意见》《宁夏回族自治区事业单位机构编制管理办法（试行）》《中华人民共和国乡村振兴促进法》《乡村振兴责任制实施办法》《宁夏回族自治区乡村振兴责任制实施细则》，全国乡村振兴局长视频会议，中共中央办公厅《习近平、丁薛祥同志在全国生态环境保护大会上的讲话》，2023 年中央农村工作会议精神，2023 年中央一号文件精神、《地方党委和政府领导班子及其成员粮食安全责任制规定》，自治区党委常委会会议精神，自治区巩固拓展脱贫攻坚成果同乡村振兴有效衔接考核评估反馈问题整改工作视频会议精神，梁言顺书记在自治区党委党校主题教育专题党课上的讲话精神，自治区党委常委会会议精神，自治区党委 2023 年第 21 次常委会会议纪要，自治区党委办公厅《关于进一步严肃会风会纪的通知》，自治区党委组织部、党校印发《关于进一步严肃干部教育培训纪律的通知》，自治区党委主题教育领导小组办公室《转发〈关于在主题教育中深入学习领会习近平总书记关于党的建设的重要思想的通知〉的通知》，安排部署贯彻落实工作；听取全区生态环境违法行为专项整治和 2023 年上半年粮食安全责任制落实情况汇报，安排部署下一阶段工作；研究关于召开区委二届五次全会事宜；研究了区委宣传部《关于审定〈2023 年沙坡头区全民国防教育工作要点（送审稿）〉的请示》；研究安全生产有关工作（套开沙坡头区应急管理委员会 2023 年第 6 次会议）；研究经济有关工作（套开沙坡头区 2023 年上半年经济形势分析会）；研究深化改革有关工作（套开沙坡头区委全面深化改革委员会 2023 年第 2 次会议）；研究河湖长制有关工作（套开沙坡头区总河长 2023 年第 1 次会议）；研究区政府党组《关于审定〈中卫市沙坡头区人民政府与中国能源建设集团投资有限公司　四川川能智网实业有限公司投资开发协议（送审稿）〉的请示》《关于审定〈沙坡头区 2023 年中央支持地方公共文化服务体系建设补助资金使用计划（送审稿）〉的请示》《关于审定〈沙坡头区 2022 年度巩固拓展脱贫攻坚成果同乡村振兴有效衔接考核评估问题整改方案（送审稿）〉的请示》《关于审定〈中卫市沙坡头区国家卫生城市复审工作方案（送审稿）〉的请示》；研究区委组织部《关于审定沙坡头区第二批村党支部领办合作社扶持项目的请示》《关于审定〈沙坡头区公开选任村党组织书记和村级事务管理人员人选实施方案（送审稿）〉的请示》。

【第 65 次常委会会议】 2023 年 8 月 18 日召开。听取各组关于《中国共产党中卫市沙坡头区第二届第五次全体会议决议》审议讨论情况的汇报。

【第 66 次常委会会议】 2023 年 8 月 18 日召开。研究干部事宜。

【第 67 次常委会会议】 2023 年 8 月 24 日召开。传达学习《习近平著作选读》第一卷 6~14 篇（第 75~139 页）、《习近平新时代中国特色社会主义思想专题摘编》3~4 篇（第 61~126 页），习近平总书记在二十届党中央第一轮巡视动员工作会议上的重要讲话精神、在首个全国生态日之际作出的重要指示精神、关于巡视工作论述摘编、关于深化机构改革和机构编制工作重要论述，《中国共产党章程》、《中国共产党党内监督条例》、《中国共产党宣传工作条例》应知应会手册（摘编）、《中国共产党巡视工作条例》、《被巡视党组织配合中央巡视工作规定》、《中央巡视工作规划（2023—2027 年）》、《关于被巡视地方和部门（单位）配合自治区党委巡视组开展巡视工作的暂行规定》，地方机构改革工作推进会精神，全国、全区组织工作会议精神，自治区党委常委会会议精神，自治区党委书记专题会议精神，自治区党委办公厅印发《梁言顺、张雨浦同志在全区上半年经济形势分析会上的讲话》《梁言顺、石岱同志在全区组织工作会议上的讲话》《关于深化拓展整治形式主义为基层减负工作的若干措施的通知》，梁言顺书记听取第二轮巡视工作汇报时、在润丰村现场办公时的讲话精神，艾俊涛、石岱在全区巡视巡察工作会议暨十三届自治区党委第三轮巡视动员部署会议上的讲话，十三届自治区党委机构编制委员会第二次会议和全区机构改革动员部署会精神，《中共宁夏回族自治区委员会巡视工作规划（2023—2027年）》《中共宁夏回族自治区委员会巡视工作办法》《关于市县（区）党委建立巡察制度的实施意见》《中共宁夏回族自治区委员会关于加强新时代巡视巡察工作的意见》《宁夏回族自治区巡视整改和成果运用实施办法》《关于被巡视党组织准备工作的意见》，安排部署贯彻落实工作；听取上半年意识形态工作汇报，安排部署下一阶段工作；研究区委统战部《关于审定〈沙坡头区2023年"民族团结进步月"活动实施方案（送审稿）〉的请示》；研究安全生产有关工作（套开沙坡头区应急管理委员会2023年第7次会议）；研究党风廉政建设和反腐败斗争有关工作（套开区党风廉政建设和反腐败斗争工作领导小组会议）；研究基层治理有关工作（套开市域社会治理领导小组2023年第1次推进会）；研究平安建设有关工作（套开平安沙坡头区建设协调小组2023年第2次会议）；研究外事工作（套开区委外事工作委员会第一次会议）；研究林长制有关工作（套开沙坡头区全面推行林长制工作第二次会议）；研究区政府党组《关于审定〈中卫市沙坡头区深化国防动员体制改革实施方案（送审稿）〉的请示》、《关于审定实施中卫黄河大桥旧桥加固改造工程的请示》（听取了重大项目决咨委办公室对黄河大桥旧桥维修加固项目的审查意见）、《关于审定实施沙坡头2023年农村公路安全生命防护提升工程的请示》、《关于审定实施沙坡头区兴仁镇集中供热煤改电项目的请示》；研究区委组织部《关于审定沙坡头区工商联第二届执行委员会主席、常务副主席补选建议人选的请示》；研究干部事宜。

【第68次常委会会议】 2023年9月14日召开。研究区委组织部《关于审定〈沙坡头区深入开展学习贯彻习近平新时代中国特色社会主义思想主题教育的实施方案（送审稿）〉的请示》。研究人才有关工作（套开区委人才工作领导小组2023年第1次会议）；研究审计有关工作（套开二届沙坡头区委审计委员会第二次会议）；传达学习《习近平著作选读》第一卷15~20篇（第140~196页）、《习近平新时代中国特色社会主义思想专题摘编》5~6篇第135~196页），中共中央政治局会议精神，习近平总书记在中非领导人对话会上的主旨讲话、"金砖+"领导人对话会上、新时代推动东北全面振兴座谈会、文化传承发展座谈会上、视察78集团军、黑龙江考察时的重要讲话精神，中央学习贯彻习近平新时代中国特色社会主义思想主题教育工作会议、学习贯彻习近平新时代中国特色社会主义思想主题教育第一批总结暨第二批部署会议精神，中共中央办公厅印发《中办通报（在学习贯彻习近平新时代中国特色社会主义思想主题教育第一批总结暨第二批部署会议上的讲话）》，《中华人民共和国监察官法》《中共中央纪委机关　中共中央组织部　国家监察委员会关于印发〈监察官等级管理办法（试行）〉的通知》，全国网络安全和信息化工作会议，自治区党委常委会会议、自治区党委常委会主题教育专题民主生活会、全区学习贯彻习近平新时代中国特色社会主义思想主题教育第一批总结暨第二批部署会议精神，自治区党委主题教育领导小组办公室《转发〈关于开展第二批学习贯彻习近平新时代中国特色社会主义思想主题教育的指导意见〉的通知》《转发〈关于学习贯彻习近平新时代中国特色社会主义思想主题教育有关问题的答复(十)〉的通知》,全区"六权"改革推进会、全区党委外事办主任会议、全区第九次民族团结进步表彰大会精神,自治区党委办公厅印发《通知(关于紧急信息报送有关标准和时限要求作的规定)》《十三届自治区党委2023年第28次常委会会议纪要》,全区网络安全和信息化工作会议精神,全市学习贯彻习近平新时代中国特色社会主义思想主题教育工作会议精神,安排部署贯彻落实工作;研究区纪委监委《关于审定〈沙坡头区本级和乡镇纪检监察机构开展监察官等级首次确定工作实施方案(送审稿)〉的请示》;研究区委督检考办《关于审定〈2023年度沙坡头区效能目标管理考核方案(送审稿)〉的请示》;研究区政府党组《关于审定〈沙坡头区2022年财政决算草案的报告(送审稿)〉的请示》《关于审定〈2023年沙坡头区财政预算调整方案(送审稿)〉的请示》《关于审定〈中卫市沙坡头区退出国有压砂地土地使用权租赁租金管理办法(送审稿)〉的请示》《关于审定〈沙坡头区"小散乱污"企业突出问题专项整治行动方案(送审稿)〉的请示》《关于审定〈沙坡头区压砂地退出和产业高质量发展三年行动工作方案(送审稿)〉的请示》《关于审定〈沙坡头区2023年度扶持发展新型农村集体经济项目实施方案(送审稿)〉的请示》;研究干部事宜。

【第69次常委会会议】 2023年9月27日召开。传达学习《习近平著作选读》第一卷21~27篇(第197~244页)、《习近平新时代中国特色社会主义思想专题摘编》7~8篇(第205~263页),习近平总书记在浙江考察时的重要讲话精神,对新时代办公厅工作、就推进新型工业化、深入推进自由贸易试验区建设作出的重要指示精神,全国党委和政府秘书长会议精神,中共中央办公厅《关于印发〈深化农村改革实施方案〉的通知》,中国共产党宁夏回族自治区第十三届委员会第五次全体会议公报,自治区党委常委会会议精神,自治区党委办公厅《关于印发〈自治区党委常委会学习贯彻习近平新时代中国特色社会主义思想主题教育专题民主生活会整改清单〉的通知》,市委学习贯彻习近平新时代中国特色社会主义思想主题教育领导小组第一次会议精神,安排部署贯彻落实工作;听取二届区委第四轮巡察情况的报告和当前生态环境保护工作情况汇报,安排部署下一阶段工作;研究安全生产有关工作(套开沙坡头区应急管理委员会2023年第8次会议);研究食药安全有关工作(套开区食品药品安全委员会2023年第1次会议)。

【第70次常委会会议】 2023年10月18日召开。研究主题教育有关工作(套开区委学习贯彻习近平新时代中国特色社会主义思想主题教育领导小组2023年第2次会议);研究党的建设有关工作(套开区党的建设领导小组2023年第3次会议);研究深化改革有关工作(套开区委全面深化改革委员会第12次会议);传达学习《习近平著作选读》第一卷28~33篇(第245~296页)、《习近平新时代中国特色社会主义思想专题摘编》9~10篇(第273~328页),中共中央政治局会议精神,习近平总书记在中共中央政治局第八次集体学习时、江西考察时、庆祝中华人民共和国成立74周年招待会上、进一步推动长江经济带高质量发展座谈会上的重要讲话精神,对宣传思想文化工作、妇女儿童工作作出的重要指示精神,传达学习自治区党委常委会会议、全区党委和政府办公厅(室)工作会议精神,自治区党委办公厅印发《关于认真组织学习自治区党委十三届五次全会讲话及"1+4"系列文件解读说明的通知》《梁言顺在全区党委和政府办公厅(室)工作会议上的讲话》,自治区党委办公厅、人民政府办公厅《关于印发〈宁夏回族自治区市、县(区)党委和政府落实耕地保护和粮食安全责任制考核办法〉的通知》，自治区纪委《关于5起形式主义、官僚主义典型问题的通报》《关于5起违反中央八项规定精神典型问题的通报》，中国共产党中卫市第五届委员会第八次全体会议公报，市委主题教育领导小组办公室《转发〈关于深入学习贯彻习近平总书记有关主题教育最新重要讲话精神的通知〉的通知》，中卫市纪委《关于3起违反中央八项规定精神典型问题的通报》，安排部署贯彻落实工作；研究关于召开区委二届六次全会事宜；研究区委政研室《关于审定〈沙坡头区加强和规范调查研究工作制度（送审稿）〉的请示》；研究团区委《关于审定召开中国少年先锋队中卫市沙坡头区第二次代表大会的请示》；研究区委组织部《关于审定对宣和镇海和村驻村第一书记和工作队员记三等功的请示》；研究干部事宜。

【第71次常委会会议】 2023年10月19日召开。听取各组关于《中国共产党中卫市沙坡头区第二届委员会第六次全体会议公报（讨论稿）》审议讨论情况和宗立冬同志讲话讨论情况的汇报。

【第72次常委会会议】 2023年10月20日召开。研究干部事宜。

【第73次常委会会议】 2023年10月26日召开。研究干部事宜。

【第74次常委会会议】 2023年11月8日召开。传达学习《习近平著作选读》第一卷34~38篇（第297~331页）、《习近平新时代中国特色社会主义思想专题摘编》11~12篇（第335~394页），中共中央政治局会议精神，国家主席习近平在出席第三届“一带一路”国际合作高峰论坛开幕式时的主旨演讲，习近平总书记在主持二十届中共中央政治局第九次集体学习时、在同全国妇联新一届领导班子成员集体谈话时、同中华全国总工会新一届领导班子成员集体谈话时的重要讲话精神，中央金融工作会议精神，中国妇女第十三次全国代表大会精神，中共中央办公厅印发《在同全国总工会新一届领导班子成员集体谈话时的讲话》，自治区党委常委会会议、全区三季度经济形势分析会、黄河流域生态保护和高质量发展先行区建设中卫市2023年第九次推进会暨三季度经济形势分析会精神，自治区党委办公厅印发《会议纪要（2023年31号）》《会议纪要（2023年32号）》《关于6起政治骗子和政治掮客典型案例的通报》，自治区党委办公厅印发《关于深入学习宣传贯彻习近平总书记重要指示精神　紧紧围绕铸牢中华民族共同体意识主线开展系列活动的通知》，安排部署贯彻落实工作；听取自治区党委第一巡视组巡视市委、沙坡区委自查问题和反馈立行立改问题整改情况汇报，安排部署下一阶段工作；听取区委班子成员履行全面从严治党“一岗双责”情况汇报（祁洋、龚涛、徐郑应同志现场汇报，其他班子成员提交书面汇报材料），安排部署下一阶段工作；研究区委巡察办《关于审定〈中共中卫市沙坡头区二届委员会巡察工作规划（2022—2026年）（送审稿）〉的请示》；研究安全生产有关工作（套开沙坡头区应急管理委员会2023年第9次会议）；研究主题教育有关工作（套开区委学习贯彻习近平新时代中国特色社会主义思想主题教育领导小组2023年第3次会议暨工作推进会）；研究区政府党组《关于审定〈沙坡头区2024年压砂地产业高质量发展扶持方案（送审稿）〉的请示》《关于审定〈“沙坡头苹果”“中卫硒砂瓜”品牌升级实施方案（送审稿）〉的请示》《关于审定〈中卫市沙坡头区闲置校产及医卫用房盘活工作方案（送审稿）〉的请示》《关于审定沙坡头区2024年度巩固拓展脱贫攻坚成果和乡村振兴项目库的请示》；研究干部事宜。

【第 75 次常委会会议】 2023 年 11 月 29 日召开。传达学习《习近平著作选读》第一卷 39~44 篇(第 332~383 页)、《习近平新时代中国特色社会主义思想专题摘编》13~14 篇(第 401~462 页),中共中央政治局会议精神,习近平总书记在中共中央政治局第十次集体学习时、中央全面深化改革委员会第三次会议上、北京河北考察灾后恢复重建工作时、亚太经合组织第三十次领导人非正式会议上、金砖国家领导人巴以问题特别视频峰会上的重要讲话精神,对山西吕梁市永聚煤矿一办公楼火灾事故作出的重要指示精神,在美国友好团体联合欢迎宴会上的重要演讲,中央学习贯彻习近平新时代中国特色社会主义思想主题教育领导小组办公室印发《关于认真学习贯彻习近平总书记在北京河北考察灾后恢复重建工作时重要讲话精神的通知》,中共中央办公厅印发《在同全国妇联新一届领导班子成员集体谈话时的讲话》,中央第二轮巡视工作动员部署会精神,全国纪检监察干部队伍教育整顿领导小组办公室印发《关于印发李希同志在全国纪检监察干部队伍教育整顿领导小组第 4 次(扩大)会议上的讲话和刘金国同志的主持讲话的通知》,自治区党委常委会会议精神,全区宣传思想文化工作会议精神,自治区党委办公厅印发《会议纪要(2023 年 33 号)》,自治区纪委办公厅印发《艾俊涛同志在全区纪检监察干部队伍教育整顿工作推进会上的讲话》,自治区党委编办印发《关于转发〈中央编办关于地方机构编制违规违纪典型案件的通报〉的通知》,龚涛同志围绕“中卫市鑫顺发工贸有限公司 7·31 生产安全事故”作检查,听取消防领域安全隐患排查整治工作汇报,安排部署贯彻落实工作;通报自治区党委农村工作领导小组办公室印发《关于沙坡头区农业水价综合改革问题的通报》,听取自治区用水权督查反馈问题整改落实情况汇报,安排部署下一阶段工作;听取 2024 年项目谋划情况汇报(区发改局汇报 2024 年项目谋划整体情况,区工信和商务局、水务局、农业农村局、旅游和文体广电局分别围绕各自领域 2024 年项目谋划情况作现场汇报,区教育局、民社局、自然资源局、住建和交通局、卫生健康局、乡村振兴局分别围绕各自领域 2024 年项目谋划情况提交书面汇报材料),安排部署下一阶段工作;研究主题教育有关工作(套开区委学习贯彻习近平新时代中国特色社会主义思想主题教育领导小组 2023 年第 4 次会议);研究统战有关工作(套开沙坡头区委统一战线工作领导小组 2023 年第 3 次会议);研究网信有关工作(套开区委网络安全和信息化委员会第六次会议);研究区人民政府党组《2023 年沙坡头区预算调整方案(送审稿)》《关于沙坡头区 2024 年度巩固拓展脱贫攻坚成果和乡村振兴第一批项目的请示》《关于对沙坡头区行政物业外包管理项目进行公开招标的请示》《关于调拨宣和镇中心卫生院业务用房的请示》;研究区委组织部《关于沙坡头区第二届人民代表大会代表和常务委员会委员补选建议人选的请示》《关于政协中卫市沙坡头区第二届委员会委员和常务委员会委员补选建议人选的请示》;研究干部事宜。

【第 76 次常委会会议】 2023 年 12 月 6 日召开。研究干部事宜。

【第 77 次常委会会议】 2023 年 12 月 13 日召开。传达学习《习近平著作选读》第一卷 45~50 篇(第 384~459 页)、《习近平新时代中国特色社会主义思想专题摘编》15~16 篇(第 469~527 页)(书面),中央政治局会议精神,习近平总书记在中央经济工作会议上、党外人士座谈会上、深入推进长三角一体化发展座谈会上、上海考察时、视察武警海警总队东海海区指挥部时的重要讲话精神,在第十个国家宪法日之际作出的重要指示精神，自治区党委办公厅《梁言顺、张雨浦同志在全区新型工业化推进大会上的讲话》《梁言顺同志在全区文物工作会议上的讲话》《关于印发〈自治区党委退役军人事务工作领导小组工作规则〉〈自治区党委退役军人事务工作领导小组工作细则〉的通知》《会议纪要(2023 年 34 号)》《会议纪要(2023 年 36 号)》《会议纪要(2023 年 40 号)》，自治区党委办公厅 人民政府办公厅《关于印发〈自治区党委常委会及其委员落实耕地保护和粮食安全责任制职责清单〉和〈自治区政府领导班子及其成员落实耕地保护和粮食安全责任制职责清单〉的通知》，自治区党委办公厅自治区党委退役军人事务工作领导小组办公室《会议纪要(2023 年 1 号)》，听取了耕地保护和粮食安全工作汇报，安排部署贯彻落实工作；研究区委二届七次全会相关事宜；研究了中卫市沙坡头区第二届人民代表大会第四次会议相关事宜；研究政协中卫市沙坡头区第二届委员会第三次全体会议相关事宜；研究宣传有关工作(套开沙坡头区宣传思想文化工作会议)；研究农业农村有关工作(套开区委农村工作领导小组 2023 年第 4 次会议)；研究审计有关工作(套开二届沙坡头区委审计委员会第三次会议)；研究生态环保有关工作(套开区生态环境保护领导小组会议)；研究统计有关工作(套开沙坡头区第五次全国经济普查工作会议)；研究区人民政府党组《中卫市沙坡头区关于深入贯彻落实习近平总书记重要讲话精神推进黄河流域生态保护和高质量发展先行区建设取得新突破的实施方案(送审稿)》《中卫市沙坡头区实施财源建设工程推进沙坡头区经济高质量发展实施方案(送审稿)》《沙坡头区创建国家食品安全示范城市实施方案(送审稿)》《关于实施沙坡头区常乐镇水车泵站迁移改造工程的请示》；研究区委组织部《关于沙坡头区出席中卫市第五届人民代表大会代表补选建议人选的请示》《关于批准白春霞同志辞去中共中卫市沙坡头区第二届委员会委员职务和递补马丽等 3 名同志为中共中卫市沙坡头区第二届委员会委员的请示》。

【第 78 次常委会会议】 2023 年 12 月 15 日召开。听取各组关于《在中国共产党中卫市沙坡头区第二届委员会第七次全体会议上的报告》《中共中卫市沙坡头区委员会关于免去白春霞同志区委委员的决定(草案)》《中共中卫市沙坡头区委员会关于递补马丽等 3 名同志为中共中卫市沙坡头区第二届委员会委员的决定(草案)》《中国共产党中卫市沙坡头区第二届第七次全体会议决议(讨论稿)》审议讨论情况的汇报。

【第 79 次常委会会议】 2023 年 12 月 18 日召开。研究主题教育有关工作(套开区委学习贯彻习近平新时代中国特色社会主义思想主题教育领导小组 2023 年第 5 次会议)；研究中卫市沙坡头区第二届人民代表大会第四次会议、政协中卫市沙坡头区第二届委员会第三次全体会议有关人员名单相关事宜。

【第 80 次常委会会议】 2023 年 12 月 27 日召开。传达学习《习近平著作选读》第一卷 51~56 篇(第 460~504 页)、《习近平新时代中国特色社会主义思想专题摘编》17~18 篇(第 537~581 页)，习近平总书记在中共中央纪念毛泽东同志诞辰 130 周年座谈会上、中共中央政治局学习贯彻习近平新时代中国特色社会主义思想主题教育专题民主生活会上、中央农村工作会议上、广西考察时的重要讲话精神，对甘肃临夏州积石山县 6.2 级地震、低温雨雪冰冻灾害防范应对工作作出的重要指示精神，中共中央办公厅印发《蔡奇同志在文化遗产保护传承座谈会上的讲话》，中央学习贯彻习近平新时代中国特色社会主义思想主题教育领导小组办公室《关于5起整治形式主义为基层减负优劣典型的情况通报》，中国共产党宁夏回族自治区第十三届委员会第六次全体会议暨自治区党委经济工作会议精神，自治区党委常委会会议、第六次全区妇女儿童工作会议精神，自治区党委办公厅《会议纪要(2023年37号)》《会议纪要(2023年38号)》《印发〈关于深入学习宣传贯彻习近平文化思想开创新时代新征程全区宣传文化工作新局面的意见〉的通知》，自治区党委办公厅、人民政府办公厅《印发〈关于严格耕地保护落实党政同责的实施意见〉的通知》，自治区中央生态环境保护督察整改工作领导小组办公室《会议纪要(2023年1号)》，安排部署贯彻落实工作；听取二届区委第五轮巡察情况的报告、2023年区委巡察工作汇报，安排部署下一阶段工作；研究区政府党组《宁夏森沃农业科技有限公司产业园提质增效实施方案(送审稿)》。

组织工作

【干部选拔任用】 2023年，沙坡头区深入贯彻新时代党的建设总要求，认真落实全国全区组织部长会议精神，聚焦知事识人，强化选拔任用，共调整使用干部3批118人次，晋升职级3批108人次。积极探索“三位一体”政治素质考察新机制，对375名班子成员全覆盖开展政治素质正反向测评，围绕班子建设开展6次专项考察。持续实施优秀年轻干部培育“薪火计划”，将150名优秀年轻干部纳入后备力量储备库进行动态管理，对17名表现优秀的库管干部提拔任用，对20名干部晋升职级。实施干部交流“源泉工程”，对13名领导干部进行任职型交流，对10名政法机关干部进行结构型交流，对12名年轻干部进行培养型交流，有效促进“内循环”畅通。

【干部教育培训】 2023年，沙坡头区印发《2023年沙坡头区干部教育培训项目计划》，举办沙坡头区科级领导干部学习贯彻党的二十大精神等培训班40期、培训4300余人次，选派63名领导干部参加上级部门培训15期，推动16名领导干部和优秀年轻干部“上讲台”。创新建立“区级领导旁听点评”制度，邀请14名区级领导深入培训小组旁听年轻干部发言，设立干部教育培训“红黑榜”。持续深化“一线工作法”，择优24名年轻干部到乡镇交流任职，分批次选派乡镇从事应急管理工作的年轻干部到应急管理局跟班学习，下沉120名年轻干部到压砂地退出种植片区进村入户宣讲政策。

【干部监督管理】 2023年，沙坡头区评定科级领导干部“好”等次342名，对排名“末三位”的26名领导干部发函提醒，倒逼干部主动担当作为。常态化开展“组织部长谈心谈话日”活动，以年轻干部座谈会为契机，听取62名领导干部和普通干部在思想、学习、生活中存在的问题以及对组织部门的意见建议。实行“城区乡镇交流”机制，为4名长期在黄河以南片区乡镇工作的领导干部解决“进城”问题。认真落实“三个区分开来”，对3名从领导岗位退下来的不适宜担任现职干部纳入后续跟踪管理名单，对影响期满后表现优秀的5名领导干部重新识别重用。开展干部人事档案专审工作，完成270卷档案专审认定，实现公务员专审全覆盖。实时更新数字档案750卷，不断提高数字档案利用率。

【基层组织建设】 2023年，沙坡头区扎实开展村级组织后备力量储备培养计划，储备村级后备力量917名，以宣和镇为试点，明确5项基本标准，划定9条负面情形，为2025年换届选举夯实基础。重点关注50名优秀村党组织书记，跟踪培养229名“80后”村干部，对发展村级集体经济成效突出的66名村干部现金奖励21.14万元。认真落实农村党建“一抓两整”责任机制，建立村（社区）党组织“分级提升”建设机制，在文昌镇、柔远镇先行先试。盯抓整顿软弱涣散村党组织3个，点对点指导争创夹道村、沙渠村等党建示范点。大力实施“三新”领域党建夯基扩面行动，指导新成立美团党支部，组织网络主播开展村党支部领办合作社之行活动。制定村党支部领办合作社示范社评比方案，推动4家商超与4个村达成合作意向，抓稳抓实11个乡镇137个村144个村党支部领办合作社赋能提质。持续探索党建共同体（融合发展区）建设，指导东园镇韩闸村、谢滩村、新滩村抱团发展设施韭菜，兴仁镇兴盛村、团结村、泰和村3个村抱团发展小茴香种植，不断巩固深化党建共同体（融合发展区）建设质效。设立沙坡头区党建引领基层治理协调机制，印发工作规则，召开协调机制第一次全体会议，部署推进2024年党建引领基层治理工作。主动延伸社区服务触角，推动党群服务阵地向社区网格、住宅小区、商圈市场下移，依托辖区公共用房、物业办公场地、闲置房屋资源建设党群服务站8个和面向新就业群体免费开放的暖心驿站17处。实施社区治理“金点子”微小型公益创投项目，以滨河镇试点探索发展社区经济，推进社区托育服务、社区食堂、社区助学自习室等服务业态，实现社区治理从“输血”到“造血”的功能转变。加强社区物业党建联建，引入15家物业企业承接56个无人管理小区，组织开展“星级楼道评选”活动，打造紫荆花城、长河小区、江元隆府等12个党建引领“红色物业”示范点，将瑞丰家园、香山名邸等小区业主满意度不高的物业企业清理淘汰出市场，评选出宁夏江元物业服务有限公司等10家优秀物业企业、正丰香格里等5个“美好家园”小区、20名“最美物业人”。

【人才队伍建设】 2023年，沙坡头区统筹谋划党管人才新途径，科学编制《沙坡头区“十四五”期间人才发展规划》，实施专业技术人员“青蓝计划”，明确乡村人才振兴任务清单28条。成立中卫市沙坡头区重大项目决策咨询委员会，建立沙坡头区应急管理、心理咨询、重大决策咨询等专家库，吸纳各领域专家160余名。春节期间为70余名沙坡头区籍在外优秀人才邮寄新春贺卡、发送电话短信慰问，提升在外人才感召力。聚焦重点产业领域，特邀国家苹果产业技术体系首席科学家马锋旺等4名专家、师生团队赴沙坡头区观摩调研，举办沙坡头区苹果产业高质量发展人才论坛等座谈交流活动4次。以农民培育为重要抓手，结合特色产业发展累计培育高素质农民1万余人次，举办“三农”干部大轮训6场培训800余人次。借助第二批医疗“组团式”帮扶7名专家力量，带动开展新技术新业务24项，培育骨干人才50余名，新设重症医学科、眼视光中心等填补地区空白，由帮扶专家牵头，联合沙坡头区医疗健康总院举办沙坡头区医疗高质量发展学术论坛等学术活动10余次，不断加强医院学科建设、完善医疗人才梯队。坚持人才下沉、科技下乡服务“三农”的理念，将沙坡头区223名科技特派员安排在农业科技创新、特色产业发展和乡村振兴工作一线，实施科技特派员创业服务项目16个，“三区”人才专项43个，联系指导产业发展200余次，解决困难问题150余条。选派67名教师开展城乡交流轮岗，21名音、体、美专业教师到农村学校开展走教帮扶，50名医疗专业技术骨干到乡镇卫生院坐诊，22名基层医生到二级医疗机构跟班学习，建强乡村公共服务人才队伍，为全面推进乡村人才振兴筑牢根基。打造永康镇永乐村沙坡头苹果产业人才工作站、滨河镇城北村颐恒人才工作站等人才载体，构建资源整合、互联互通、精准对接、协作联动的柔性引才网络，将高校专家教授、业内高级工程师等57名优秀人才纳入专家库，为人才干事创业搭建平台、开展技能培训、提供人才服务。租赁村集体企业公寓20套，为沙坡头区引进15名急需紧缺人才提供人才公寓，实现村集体经济收入和优化人才服务的双提升。

宣传工作

【概　况】 2023年，沙坡头区坚持以习近平新时代中国特色社会主义思想为指导，深入学习宣传贯彻习近平文化思想，认真贯彻落实全国、全区、全市宣传部长和宣传思想文化工作会议精神，突出学习宣传贯彻党的二十大精神主题主线，自觉担当“举旗帜、聚民心、育新人、兴文化、展形象”使命任务，确保宣传工作正能量充沛、主旋律高昂，为沙坡头区经济社会发展提供坚强思想保证、强大精神力量和有利文化条件。

【理论学习】 2023年，沙坡头区委宣传部坚持把学习贯彻习近平新时代中国特色社会主义思想、习近平总书记视察宁夏重要讲话指示批示精神作为首要政治任务，严格落实《沙坡头区党委（党组）理论学习中心组学习实施办法》，通过集中学习、研讨交流、专题辅导讲座、理论征文等方式，丰富党委（党组）理论学习中心组学习和干部理论学习，切实提高学习针对性和实效性。2023年，共组织开展区委理论学习中心组学习16次，交流研讨8次28人次，专题辅导讲座8场次；乡镇、部门开展党委（党组）理论学习中心组学习540余次、干部理论学习2600余次；巡听旁听15个部门（单位）理论学习中心组学习。

【理论宣讲】 2023年，沙坡头区委宣传部坚持分层宣讲、分类指导，常态化长效化开展党的二十大精神和自治区党委十三届四次、五次全会精神等宣讲活动，制定印发《“感恩总书记　奋进新征程”习近平新时代中国特色社会主义思想宣讲方案》，明确宣讲主题、宣讲单位，扎实组织好主题教育宣讲工作。积极统筹“塞上之光”“老兵红色”“塞上巾帼”等宣讲资源，开展对象化、分众化、互动化、通俗化宣讲活动。利用抖音“邻里佳音”共享直播间、“云宣讲”专栏等线上宣讲形式，以身边事教育身边人、以小切口讲述大道理，推动党的创新理论走深走实。共开展“感恩总书记　奋进新征程”、党的二十大精神、深化学习贯彻习近平新时代中国特色社会主义思想暨习近平总书记视察宁夏重要讲话指示批示精神等宣讲活动620余场次，受众6万余人。持续开展习近平新时代中国特色社会主义思想“七进”和学校“三进”活动320余场次。积极组织开展朔方人文科学大讲堂沙坡头区分讲堂讲座10场次。组织领导干部撰写理论文章21篇、调研报告11篇，在自治区《党风廉政建设》杂志上稿1篇。征集“全国纪念毛泽东同志诞辰130周年学术研讨会”论文13篇。举办第五届基层理论“微宣讲”暨“学讲话　悟思想　见行动　当先锋”活动，推动理论宣讲走深走实。举办第四届“学习强国”学习平台达人挑战赛。沙坡头区委宣传部获评2022年度宁夏“学习强国”学习平台宣传推广工作先进单位，沙坡头区镇罗农文旅融合示范园被命名为宁夏社科普及教育基地。推进申报的《美玉工作室：将思政工作融入未成年人司法保护》案例入选中国政研会2023年度基层思想政治工作优秀案例。

【新时代文明实践中心建设】 2023年，沙坡头区新时代文明实践中心（所、站）制定“五有”标准工作清单，实行“双文融合”模式，整合乡村振兴体验中心、地名文化馆等资源，完善理论宣讲、教育、文化、科技与科普、健身体育五大服务平台建设,不断规范新时代文明实践中心(所、站)运行管理。依托新时代文明实践所(站)打造各具特色的乡风文明积分制载体,不断激发群众参与文明实践的热情,以"小积分"撬动"大文明"。2023 年,辖区共有 151 个新时代文明实践所(站)建立乡风文明积分制。沙坡头区落实奖补激励政策,对重点打造的 20 个示范点给予倾向性资金支持,17 个"爱心超市"给予激励性资金补助。实践活动丰富活跃。全年拓展培育新时代文明实践基地 14 个,成立光影沙坡头区志愿服务队,举办各类新时代文明实践培训班 12 期,开展各类活动 1.2 万余场次,开展安全宣传志愿服务 1000 余场次。

【新闻宣传】 2023 年,沙坡头区委宣传部与新华社、《宁夏日报》、宁夏电视台、中卫市新闻传媒集团深度合作,给中央、自治区、中卫市媒体平台供稿 7700 余篇,在中央、自治区、中卫市媒体上稿 3500 余篇,播出《沙坡头新闻》200 余期,《中卫日报——沙坡头区周刊》75 期,宁夏日报专版发布 6 期,编辑"沙坡头区发布"微信公众号 2000 余条,《魅力沙坡头》客户端 4400 余条,在抖音、快手、视频号等新媒体平台发布短视频 2700 余条。利用"沙坡头发布"公众号开设专栏 110 余个。录制新年贺岁祝福短视频 10 期,开设"文化进万家"系列非遗短视频 30 余期,录制云宣讲、云访谈、专访 100 余期。节假日期间制作并发布"浪宁夏·品味道"等短视频 40 余期。受邀在环球时报活动现场播放沙坡头区产业振兴亮点聚焦专题片。抢救性拍摄完成《穿越时空 传承经典》沙坡头区"非物质文化遗产"名录。邀请中央、自治区、中卫市等 50 多家新闻媒体对"南北长滩黄河梨花节""自治区第十六届运动会""星星的故乡·宁夏沙坡头金蛙国际艺术节""2023 年宁夏苹果大赛暨沙坡头区乡村休闲文化旅游节"等进行宣传报道,掀起网上热潮。其中"星星的故乡·宁夏沙坡头金蛙国际艺术节"荣登央视综艺频道《文化十分》,曝光量破亿,进一步擦亮"星星的故乡"文旅 IP。为深入展示黄河流域生态保护和高质量发展的成果成效,联合央广网特别推出《风起黄河》大型融媒报道,展现沿黄各省区生态美、产业兴、百姓富的生动景象。

【国防教育】 2023 年,沙坡头区召开全民国防教育工作领导小组 2023 年第 1 次会议,研究部署全民国防教育相关工作。建成全民国防教育一条街和沙坡头区雷锋少年军校,进一步推动军校共建、军民融合发展。围绕"赞颂党的光辉 汇聚强军力量"等主题,结合实际,丰富活动形式,灵活组织宣讲报告、知识竞赛、文艺演出、书画展览、电影展映、军事日等主题实践活动 300 余场次,营造浓厚的全民国防教育氛围。开展全民国防教育主题宣讲活动和国防形势政策报告会 9 场次。精心谋划沙坡头区"全民国防教育日"活动,打造"1+X"品牌(全民国防教育一阵地,党旗下重温入党誓词、瞻仰照片追忆革命先烈,以及聆听全民国防教育形势政策报告会、宣讲会、观看主题电影等多种形式)。开设"全民国防教育"专栏,推送相关稿件 300 余篇。在重要时间节点开展"进军营、悟军魂"等群众性实践活动 750 余场次,组织各级党组织观看《决胜时刻》《最可爱的人》等红色主旋律影片和军旅题材影片 70 余场次,推动全民国防教育成为广大干部群众的"抢修课"。

【社会主义核心价值观建设】 2023 年,沙坡头区委宣传部贯彻落实《新时代公民道德建设实施纲要》《新时代爱国主义教育实施纲要》,利用阅报栏、文化长廊、新时代文明实践等阵地广泛开展社会主义核心价值观活动 700 余场次。

【先进典型选树】 2023 年,沙坡头区委宣传部坚持常态化开展“我推荐我评议身边好人”、宁夏好人等各级各类先进典型的选树宣传活动。推荐上报“我推荐我评议身边好人”“宁夏好人”“第九届全国道德模范”、自治区“新时代好少年”候选人25人,其中1人荣登“中国好人榜”,3人被评为“宁夏好人”、1人被评为“全国岗位学雷锋标兵”、2人被评为中卫市“新时代好少年”,持续开展“记录最美榜样　讴歌时代先锋——最美沙坡头区人”系列宣传40期。

【创建第七届全国文明城市】 2023年,沙坡头区全面贯彻落实2023年创建全国文明城市推进会部署要求,召开创城工作推进会、调度会、督办会、调研督办会等,成立区级领导挂帅的3个督导组、1个督办组、1个工作纠治组,2023年共下发督办通知单48个,工作提示单33个,督办整改问题7560个。对标《全国文明城市测评体系》,对沙坡头区20个类型256个测评点位开展实地模拟测评和入户模拟问卷调查,有效推进第七届全国文明城市创建工作提质上档。

【移风易俗】 2023年,沙坡头区召开移风易俗工作安排部署会、业务知识培训会,通过村民微信群、宣传栏、宣传海报等宣传阵地开展“五大文明行动”宣传教育,设置“一宴一席”等公益广告1000余幅,开展沙坡头区移风易俗主题文化作品征集活动,征集移风易俗主题文化作品15个,制作《整治婚丧陋习　推进移风易俗》短视频、公益广告30余个,并充分利用沙坡头区发布、文明沙坡头区及魅力沙坡头客户端等新媒体平台广泛推送,累计浏览量1万余次。

【扫黄打非】 2023年,沙坡头区召开2023年“扫黄打非”工作推进会暨业务知识培训会,提升领导干部工作水平。在重要时间节点,结合安全生产大排查大整治专项行动,开展文化市场专项检查11次。积极申报文昌镇文昌阁社区、滨河镇向阳社区作为第七批全国“扫黄打非”进基层示范点。滨河镇槐树北巷社区获评第六批全国“扫黄打非”进基层示范点,滨河镇官桥村获评全国最美农家书屋。

统战工作

【概　况】 2023年,沙坡头区委统战部有3个民主党派组织,即民革沙坡头区工委、民盟沙坡头区委会、民进中卫总支,共有在册会员356人,下设19个支部。沙坡头区总人口39.9万人,少数民族人口3.68万人,占总人口的9.2%。

【民族工作】 2023年,沙坡头区委统战部坚持以铸牢中华民族共同体意识为主线,以“党员干部培元固本、青少年学生夯基育苗、各族群众凝心聚魂”工作为抓手,把铸牢中华民族共同体意识贯穿党的民族工作各领域全过程。高标准建成常乐镇、文昌镇等铸牢中华民族共同体意识教育场馆基地、宣传教育阵地140余处,邀请专家学者围绕民族理论政策等进行集中授课,创新开设“区委统战部周动态”专栏26期、“书记谈2023年铸牢中华民族共同体意识这么干”访谈专栏12期,推动铸牢中华民族共同体意识宣传教育实现全覆盖。积极争取少数民族发展项目资金269万元,实施宣和镇草台村道路硬化项目,切实推动少数民族发展项目资金真正实现改善民生、凝聚人心。深入推进铸牢中华民族共同体意识“八进”活动,立足区域特色、实际禀赋,创新培育“幸福新墩石榴红”“凝心聚力　和气致祥”等30个亮点品牌,形成“一行业一特色、一领域一品牌”。依托各类传统节日,扎实举办群众性文体活动,融入长城、黄河等文化元素和沙漠、枸杞等地域特色,创新打造和推广“红石榴”拟人化的IP形象“圆圆梦梦”,丰富地域文化内涵。开展网络知识竞答、全民诗词挑战赛、旗袍大赛、“石榴籽杯”科技创新大赛、征文大赛等主题活动200余场次，参与人数57万余人次，同时，充分借助“民族团结进步月”，创新制作《中华民族一家亲》《强国有我》等优秀网宣作品，点击量超过500万次，发送民族团结进步知识短信15万条，以文化浸润各族群众心灵，以活动促进各民族广泛交往交流交融。沙坡头景区入选国家民委“三项计划”试点项目和全国文化和旅游标准化示范典型经验名单，实现“文旅+交往交流交融”。

机构编制

【新增机构】 2023年，沙坡头区委编办组建国防动员工作机构，推动沙坡头区国防动员工作高质量发展。组建沙坡头区动物疾病预防控制中心，加挂动物卫生监督所牌子。重新印发《中卫市沙坡头区农业综合行政执法大队机构编制方案》和《中卫市沙坡头区动物疾病预防控制中心机构编制方案》，从体制上完善基层动物疫病防控体系。在沙坡头区农业技术推广服务中心，加挂植保植检中心牌子，在乡镇农业综合服务中心加挂植保植检站牌子，从体制上完善基层农业农村制度体系建设，保障“三农”工作在基层顺利开展。设立中卫市第十三小学，加挂“中卫市沙坡头区特殊教育资源中心”牌子，全面促进沙坡头区教育事业健康发展。

【调整机构设置】 2023年，沙坡头区委编办将工业信息化和商务局所属副科级全额预算事业单位工业和信息化服务中心（乡镇产业基地服务中心）名称变更为“沙坡头区乡镇工业产业基地服务中心（信息化和商务服务中心）”，在原有6名全额预算事业编制的基础上核增5名全额预算事业编制，所需编制在沙坡头区内部调剂。

【职能调整】 2023年，沙坡头区委编办协调中卫市自然资源局向沙坡头区派驻工作人员，主要负责沙坡头区范围内土地、矿产资源和测绘管理领域的行政执法工作，强化了辖区国土执法力量，加大查处力度，有效遏制各类违规违法行为，进一步提升沙坡头区自然资源领域执法效能。增加区综合执法局城市停车场管理职能，进一步规范城市内机动车辆停放、改善市内交通状况，有效提升辖区城市化管理水平。强化重点领域工作职能，增加工信局工业行业安全生产监督管理职能，立足源头预防，做到关口前移，切实将安全生产行业及属地监督管理责任落到实处，根据机构改革职能职责划转情况，指导非涉改单位重新制定“三定”方案，结合2023年银川“6·21”重特大爆炸事故，将梳理出的安全生产137条和环保工作171条职责全部纳入乡镇、部门“三定”规定中，兜牢中央两条底线工作责任。

【编制资源配置】 2023年，沙坡头区委编办对发改、工信、自然资源、综合执法局等15个部门（单位）开展机构编制使用效益评估，共发放调查问卷275份，个别访谈150人次，收集7大类问题，50余条意见建议。评估采取“面上听、逐项查、现场看、深入访、综合评”，对被评估单位作出客观评价，及时向被评估单位反馈评估报告，建立评估问题整改清单，被评估单位均于11月底进行整改，并长期坚持。通过评估，为新一轮地方机构改革提供依据。制定印发《沙坡头区〈关于加强机构编制违规违纪违法行为预防教育的实施意见〉的分工方案》，不断健全完善机构编制法规制度体系建设，强化基层领导干部对机构编制法规制度深入人心。出台《沙坡头区行政事业单位编制动态调整方案》。强化编制部门统筹力度，围绕中心，服务大局，动态管理，从职能单一的部门划出编制，向重点领域补充。年内共向工业和信息化、自然资源、应急管理等部门增加9名事业编制。

政策研究

【全面深化改革】 2023年，区委改革办充分发挥统筹协调、督促落实作用，筹备召开区委深改委会议、“六权”改革现场推进会等会议7次，制定印发《沙坡头区委全面深化改革委员会2023年工作要点》等文件，举办改革培训班1期，累计开展调研督查7次，印发督查通报3期，全力打通重点改革落地落实“最后一公里”。加大重点领域改革典型经验挖掘整理力度，编辑印发《沙坡头区全面深化改革信息》36期，挖掘总结改革典型案例200余篇，其中《“六权”改革“点金”黄河之滨　沙坡头区借改革春风破局蝶变》等100余篇信息在《经济日报》《宁夏日报》等中央、自治区级主流媒体刊登。纵深推进“六权”改革，建成水资源监测预警平台，征收工业企业用水权有偿使用费1553万元；2023年完成农村承包地确权662户8456.04亩，协调化解398宗农村宅基地历史遗留问题并确权；大力发展林下经济，培育林下经济主体60家，办理林权抵押贷款7笔1252万元，促成山林权线上交易1宗40.39亩，全力推动完成全区首笔排污权租赁交易。抓实抓细“国字号”“宁字号”10项试点改革任务，纵深推进国资国企、经济体制等重点领域改革，推动各领域改革任务落地见效。

【调查研究】 2023年，区委政研室印发《沙坡头区大兴调查研究的实施方案》《沙坡头区加强和规范调查研究工作制度》等文件，明确“四套班子”、区级领导和各乡镇、各部门(单位)年度调研课题。围绕“六权”改革、农村环卫市场化改革等方面，深入一线开展调查研究，形成《关于沙坡头区农业用水权改革推进情况的调研报告》等高质量调研报告5篇，编辑印发《决策参考信息》4期。

【以文辅政】 2023年，区委政研室紧盯区委重大部署安排，顺利完成区委、区政府2023年工作要点等综合性文稿，认真撰写材料30余篇，高质量撰写、理论文章等，其中《踔厉奋发　勇毅前行　奋力谱写沙坡头区高质量发展新篇章》等3篇理论文章在《共产党人》《宁夏工作研究》上刊登。

网络安全和信息化管理

【概　况】 2023年，网络安全宣传周期间，组织各乡镇、部门分管领导及业务干部参加由自治区党委网信办举办的线上培训班，授课内容涵盖网络安全、数据安全相关政策法规、防护知识、应急处置等方面，有效提升领导干部网络安全意识和防护技能。2023年，沙坡头区委网信办下设事业单位沙坡头区网络安全应急与监控举报中心，共核定编制8名，行政编制5名，事业编制3名。主要承担网络宣传、依法管网治网、网络安全保障等工作。2023年，以落实党委(党组)网络安全责任制为抓手，紧盯区委、区政府各项工作任务，围绕中心、服务大局，在用网、建网、管网上展现担当作为，为沙坡头区经济社会事业发展提供网信支撑。

【组织领导】 2023年，网信委召开工作会议两次，审定《沙坡头区2023年网信工作要点》《沙坡头区弘扬主旋律传播正能量宣传推介中卫主题活动实施方案》等重要文件3个，做到行有方向、干有目标、抓有举措。认真贯彻落实《党委(党组)网络安全工作责任制实施办法》等，年内对12个部门、乡镇党委(党组)进行巡查，确保责任落实到位。建立“三级联动”机制，联合印发工作机制及控制，强化预警信息通报、会商研判、联动处置。建立《沙坡头区重点涉网管理部门网络综合治理权责清单》，明确涉网单位职责任务，形成管网治网合力。

【网络宣传】 2023年，网信办统筹属地政务新媒体做好党的创新理论网上宣传阐释，转载推送各类稿件45篇，浏览量23万人次。结合端午、中秋等传统节日，动员政务新媒体、自媒体达人创作推出各类网宣作品690余个，阅读量350万人次。组织开展弘扬主旋律传播正能量宣传推介中卫宣传活动10场次，"感恩奋进 '卫'来可期"网络活动获评优秀图文8个、优秀账号3个，"网络中国节 我在宁夏晒月亮"活动推荐上报作品获全区第一名。在自治区率先成立网络主播党支部和自媒体协会，指导协会会员围绕区委和区政府中心工作开展主流宣传，培育"宁夏丹丹""睿智聚英"等骨干网络名人，持续制作推出接地气的短视频作品，有效扩大宣传覆盖面。

【网络安全保障】 2023年，网信办要求相关部门党委（党组）从严管理自建系统、网站，共开展网络安全检查3次，下发督办通知14个，形成技术监测报告12个，发现弱口令、存储信息未加密等问题21类，已完成整改。举办网络安全宣传周活动，其间开展网络安全业务培训，不断提升全民特别是领导干部网络安全防护意识及技能。印发《沙坡头区电脑主机终端安全解决方案》，要求各乡镇部门在非涉密终端安装EDR系统，提升安全防护水平。安装EDR系统的部门（单位）42个，覆盖率76%。

【网络综合治理】 2023年，网信办开展"清朗""净网""扫黄打非"治理等专项行动，不间断监测、巡查属地政务微博、微信公众号、网站、网络短视频，建立网络安全台账。共开展人工巡查4次，交叉互检两次，攻防演练1次，处置涉赌网站5个，受理并处置互联网违法与不良信息举报3起。对11个重点部门网络安全工作进行检查，发现责任落实不到位、制度不健全、防护措施不够等问题21类，高危漏洞453个，已分别反馈至各单位并督促整改。

沙坡头区人民代表大会

综　述

【概　况】 2023 年，中卫市沙坡头区人大常委会共筹备召开人民代表大会 1 次，常委会会议 7 次，主任会议 13 次，听取、审议“一府两院”工作报告 41 项，开展视察、执法检查、专题调研 11 次，依法作出重大事项决议决定 8 项，督办代表意见建议 34 件、民生实事 10 件。依法任免国家机关工作人员 45 人次，接受辞去区人大常委会委员职务 2 人次、市五届人大代表职务 6 人次、区二届人大代表职务 8 人次；依法补选区人大常委会委员 3 人次、市五届人大代表 10 人次、区二届人大代表 15 人次。

【代表人数】 自治区人大常委会确定沙坡头区第二届人民代表大会代表名额 223 名，截至区二届人大常委会第十三次会议前，实有代表 211 名，出缺 12 名。由滨河镇前锋村、宜居社区选区选出的区二届人大代表马丽（女），柔远镇冯庄村选区选出的区二届人大代表张振宇，宣和镇镇机关、驻建单位、林昌村、宣和村选区选出的区二届人大代表周晓梅（女，回族），兴仁镇东滩、拓寨村选区选出的区二届人大代表马千笑（回族）4 名代表因工作调动，向区人大常委会提交了辞去区二届人民代表大会代表职务的请求；镇罗镇凯歌村选区选出的区二届人大代表张秉文，永康镇机关单位、学校、永南村选区选出的区二届人大代表拓兆涛两名代表因个人原因，向区人大常委会提交了辞去区二届人民代表大会代表职务的请求。区二届人大常委会第十三次会议接受了他们的辞职请求，根据代表法有关规定，马丽（女）、张振宇、周晓梅（女，回族）、马千笑（回族）、张秉文、拓兆涛的代表资格终止。区二届人大常委会第十三次会议后，沙坡头区第二届人民代表大会实有代表 205 人。由驻地部队选区选出的区二届人大代表魏建明、中卫市工业园区选区选出的区二届人大代表熊昌武因工作变动调离沙坡头区，根据代表法有关规定，魏建明、熊昌武的代表资格自行终止；由东园镇金沙、郑口村选区选出的区二届人大代表白春霞、永康镇永康村选区选出的区二届人大代表罗永乐因工作调动，向区人大常委会提交了辞去区二届人民代表大会代表职务的请求，区二届人大常委会第十四次会议接受了他们的辞职请求，根据代表法有关规定，白春霞、罗永乐的代表资格终止。区二届人大常委会第十四次会议后，沙坡头区第二届人民代表大会实有代表201人。12月16日，沙坡头区文昌镇中央、自治区、市属机关企事业单位东选区，中卫市工业园区选区，滨河镇槐树北巷社区选区，滨河镇前锋村、宜居社区选区，柔远镇冯庄村选区，镇罗镇凯歌村选区，常乐镇大路街村选区，永康镇机关单位、学校、永南村选区，永康镇永康村选区，宣和镇何营村选区，宣和镇曹山村、曹山小学、敬农村选区，香山乡红圈、新水村选区，香山乡梁水、黄泉村选区，兴仁镇郝集村选区，补选孙杰、徐林、卢红伟、张世海、朱菁、武勇、刘芳、孙金鑫、欧阳龙、段立武、徐郑应、周龙、张赞军、王生盼、严学武为沙坡头区第二届人民代表大会代表。经区人大常委会代表资格审查委员会审查，认为在补选沙坡头区人大代表工作中提名酝酿代表候选人的程序、投票方式以及当选的法定票数等方面均符合法律规定，提请确认孙杰、徐林、卢红伟、张世海、朱菁、武勇、刘芳、孙金鑫、欧阳龙、段立武、徐郑应、周龙、张赞军、王生盼、严学武的沙坡头区人大代表资格有效。区二届人大常委会第十五次会议确认以上15名沙坡头区人大代表资格有效，沙坡头区第二届人民代表大会代表实有216名。

【决定重要事项】 2023年，区人大常委会依法作出的重要决议、决定：中卫市沙坡头区人民代表大会常务委员会关于批准2022年财政决算的决议；中卫市沙坡头区人民代表大会常务委员会关于批准调整2023年沙坡头区财政预算的决议；中卫市沙坡头区人民代表大会常务委员会关于接受蔡波、马蕾、刘帮林、张秉文辞去中卫市第五届人民代表大会代表职务请求的决定；中卫市沙坡头区人民代表大会常务委员会关于接受马丽、张振宇、周晓梅、马千笑、张秉文、拓兆涛辞去沙坡头区第二届人民代表大会代表职务请求的决定；中卫市沙坡头区人民代表大会常务委员会关于接受白春霞、罗永乐辞去沙坡头区第二届人民代表大会代表职务请求的决定；中卫市沙坡头区人民代表大会常务委员会关于批准调整2023年沙坡头区财政预算的决议；中卫市沙坡头区人民代表大会常务委员会关于接受张志军、陆宝明辞去中卫市第五届人民代表大会代表职务请求的决定；等等。

【视察检查调研】 2023年，区人大常委会共组织开展视察、检查、调研活动11次：关于沙坡头区农业重点产业发展情况的调研；关于沙坡头区巩固拓展脱贫攻坚成果同实施乡村振兴战略有效衔接情况的视察；关于沙坡头区2023年重点项目建设情况的视察；关于沙坡头区贯彻实施《区人大常委会关于深入开展第八个五年法治宣传教育的决议》情况的执法检查；关于沙坡头区基础教育质量提升行动实施情况的视察；关于沙坡头区二届人大三次会议代表建议办理情况的视察；关于沙坡头区重点产业发展，助力巩固拓展脱贫攻坚成果同乡村振兴有效衔接的问题与对策的调研；关于持续改进沙坡头区基层治理工作的问题与对策的调研；关于沙坡头区贯彻实施安全生产“一法两条例”的执法检查；关于沙坡头区奶产业标准化、规模化、集约化高质量发展分析的调研。

【代表意见建议办理】 2023年，沙坡头区人大常委会交由区政府主办的人大代表建议共34件，截至年底，已办结32件，办结率94.12%，跨年办理2件，已答复34件，答复率100%。

【人事任免】 2023年，沙坡头区人大常委会先后依法任免国家机关工作人员45人次，接受辞去区人大常委会委员职务2人次、市五届人大代表职务6人次、区二届人大代表职务8人次；依法补选区人大常委会委员3人次、市五届人大代表10人次、区二届人大代表15人次。第二届人民代表大会常务委员会第十次会议于2023年3月3日通过，任命李昱臻为中卫市沙坡头区人民检察院副检察长；第二届人民代表大会常务委员会第十一次会议于2023年5月5日通过：决定任命拜世雄、兰雄为中卫市沙坡头区人民政府副区长，孙金鑫为中卫市沙坡头区人民政府办公室主任，张守戈为中卫市沙坡头区农业农村局局长，朱政祖为中卫市沙坡头区科学技术局局长，万静为中卫市沙坡头区旅游和文化体育广电局局长，决定免去吴佳伟的中卫市沙坡头区人民政府办公室主任职务、赵峰的中卫市沙坡头区农业农村局局长职务、阿莲的中卫市沙坡头区旅游和文化体育广电局局长职务、张守戈的中卫市沙坡头区科学技术局局长职务；任命唐燕妮为中卫市沙坡头区监察委员会副主任、严建农为中卫市沙坡头区监察委员会委员，免去唐燕妮的中卫市沙坡头区监察委员会委员职务、吴全旺的中卫市沙坡头区监察委员会副主任职务、杨茗的中卫市沙坡头区监察委员会委员职务；任命王小勇为中卫市沙坡头区人民法院副院长，陈永贤为中卫市沙坡头区人民法院民事审判第二庭庭长，曾美静为中卫市沙坡头区人民法院立案庭庭长、审判委员会委员，蒲茜淞为中卫市沙坡头区人民法院行政审判庭庭长，安治超为中卫市沙坡头区人民法院执行局局长、审判委员会委员，苟飞飞为中卫市沙坡头区人民法院执行局副局长，宝亮为中卫市沙坡头区人民法院柔远法庭庭长、审判委员会委员，张梅、马小英、孙瑞鑫、赵鑫、曹俊、李姗姗、马建勇为中卫市沙坡头区人民法院审判员；免去王小勇的中卫市沙坡头区人民法院民事审判第二庭庭长职务，蒲茜淞的中卫市沙坡头区人民法院执行局局长职务，安治超的中卫市沙坡头区人民法院执行局副局长职务，罗满仓的中卫市沙坡头区人民法院副院长、审判委员会委员职务，王希刚的中卫市沙坡头区人民法院行政审判庭庭长职务；任命李昱臻为中卫市沙坡头区人民检察院检察员、检察委员会委员。第二届人民代表大会常务委员会第十四次会议于2023年11月21日通过：决定免去房国元的中卫市沙坡头区自然资源局局长职务；免去金勇、宋建喜、刘琦的中卫市沙坡头区人民法院审判员职务；免去李昱臻的中卫市沙坡头区人民检察院副检察长、检察委员会委员、检察员职务，免去杜新麒、李荣霞的中卫市沙坡头区人民检察院检察委员会委员职务，免去王加军、马静洁的中卫市沙坡头区人民检察院检察员职务。9月26日，第二届人大常委会第十三次会议通过，接受马丽、张振宇、周晓梅、马千笑、张秉文、拓兆涛辞去沙坡头区第二届人民代表大会代表职务的请求，根据选举法有关规定，马丽、张秉文同志的区二届人大常委会委员职务相应终止；接受蔡波、马蕾、刘帮林、张秉文辞去中卫市第五届人民代表大会代表职务的请求。11月21日，第二届人大常委会第十四次会议通过，接受白春霞、罗永乐辞去沙坡头区第二届人民代表大会代表职务的请求。12月22日，第二届人民代表大会第四次会议补选万吉华、朱菁、刘芳为中卫市沙坡头区第二届人民代表大会常务委员会委员。

【代表工作】 2023年，沙坡头区人大常委会建立健全代表工作机制，辖区内五级人大代表混编代表活动小组100个，组织代表开展“主题学习日”活动10期600场次、“两代表一委员”联合接待日活动5期55场次、代表联系群众活动120场次、集中走访联系代表活动11场次。开展“护安全促发展”主题实践系列活动，组织四级人大代表开展安全生产“一法两条例”执法大检查，发现7大类180多个问题，汇聚了抓安全生产的人大力量。首次开展代表述职活动，271名县乡两级代表向选民述职。组织人大代表、乡镇人大主席和人大工作者外出参加履职培训、实地考察观摩学习4次280余人。为人大代表征订《中国人大》《宁夏人大》等人大业务书刊1000余份，发放交通通信补贴22.56万元，为54名无固定收入代表购买100万元的人身意外伤害保险，及时向代表提供区人大常委会公报，充分运用微信工作群、人大微信公众号向人大代表传递工作信息、制度法规、人大工作动态，夯实人大代表履职基础。表彰先进人大代表活动小组11个、优秀人大代表23名、提出高质量建议人大代表9名。组织开展代表建议视察活动两次，召开代表建议督办会议两次，紧盯产业发展、乡村振兴、民生热点等关键领域，将"沙坡头区人民医院迁建项目""实施城乡公益性公墓建设"等10件建议作为常委会领导重点督办的建议，以点带面推动人大代表建议办理工作，解决一批代表关注、群众关心的实际问题，建议办结率94.12%，代表满意率100%。表彰高质量办理代表建议部门和乡镇5个。

【宪法宣誓】 2023年3月3日，区二届人大常委会第十次会议任命的1名国家机关工作人员在沙坡头区六楼东会议室进行任职宪法宣誓。5月5日，区二届人大常委会第十一次会议任命8名国家机关工作人员在沙坡头区六楼东会议室进行任职宪法宣誓。

重要会议

【第二届人民代表大会第四次会议】 2023年12月20—22日，中卫市沙坡头区第二届人民代表大会第四次会议在中卫宸宇红宝宾馆召开，大会实出席代表197人，会期3天。会议听取和审议中卫市沙坡头区人民政府工作报告；审查和批准中卫市沙坡头区2023年国民经济和社会发展计划执行情况与2024年国民经济和社会发展计划草案的报告，批准中卫市沙坡头区2024年国民经济和社会发展计划；审查和批准中卫市沙坡头区2023年预算执行情况和2024年预算草案的报告，批准中卫市沙坡头区2024年预算；听取和审议中卫市沙坡头区人大常委会工作报告、中卫市沙坡头区人民法院工作报告、中卫市沙坡头区人民检察院工作报告；依法补选万吉华、朱菁、刘芳为中卫市沙坡头区第二届人民代表大会常务委员会委员。

【二届人大常委会第十次会议】 2023年3月3日，中卫市沙坡头区第二届人大常委会第十次会议召开。区人大常委会主任张冠华，副主任赵艳忠、马晓东、韩进军、武建国及委员共22人（请假8人）出席会议。张冠华主持会议。会上学习《宁夏回族自治区建设黄河流域生态保护和高质量发展先行区促进条例》、党的二十大报告中习近平总书记关于"发展全过程人民民主，保障人民当家作主"的重要论述、自治区十三届人大一次会议及中卫市五届人大二次会议精神；听取区人民政府关于区人大常委会视察沙坡头区美丽乡村建设行动实施情况提出意见建议研究办理情况的报告、区人大常委会检查沙坡头区贯彻实施《宁夏回族自治区促进民族团结进步工作条例》情况提出意见建议研究办理情况的报告，并进行满意度测评；书面听取区人民政府关于沙坡头区2022年环境状况和环境保护目标任务完成情况的报告；评议区农业农村局工作；审议修订《中卫市沙坡头区人民代表大会常务委员会工作评议办法》；通报区二届人大常委会第九次会议关于区二届人大一次会议代表意见建议办理情况、专项报告测评及对政府组成部门的测评结果;审议《中卫市沙坡头区人大常委会2023年监督工作计划(审议稿)》《中卫市沙坡头区人大常委会2023年代表工作计划(审议稿)》《中卫市沙坡头区人大常委会2023年法律学习工作计划(审议稿)》等,审议人事任命案。

【二届人大常委会第十一次会议】 2023年5月5日,中卫市沙坡头区第二届人大常委会第十一次会议召开。区人大常委会主任张冠华,副主任赵艳忠、马晓东、韩进军、武建国及委员共29人(请假1人)出席会议。张冠华主持会议。会上学习《中华人民共和国民法典》和全国两会精神,听取区人民政府关于"林长制"落实情况的专项工作报告并进行满意度测评,听取和审议区人民政府关于2022年度政府债务管理和风险防范情况的报告,审议《关于修订中卫市沙坡头区人民代表大会常务委员会工作评议办法的决定(草案)》和《中卫市沙坡头区人大常委会2023年工作要点(审议稿)》,评议区民社局工作,依法任免区"一府一委两院"国家机关工作人员。

【二届人大常委会第十二次会议】 2023年7月26日,中卫市沙坡头区第二届人大常委会第十二次会议召开。区人大常委会主任张冠华,副主任赵艳忠、马晓东、韩进军、武建国及委员共26人(请假4人)出席会议。张冠华主持会议。会上学习《中华人民共和国乡村振兴促进法》,听取区人民政府关于沙坡头区农业重点产业发展情况报告、巩固拓展脱贫攻坚成果同乡村振兴有效衔接情况报告、2023年重点项目建设情况报告及区人大常委会相关调研、视察报告,听取和审议区人民政府关于中卫市沙坡头区2023年上半年国民经济和社会发展计划执行情况报告、2023年上半年预算执行情况报告、区人民法院关于人民法庭工作情况报告及区人民检察院关于公益诉讼检察工作报告,听取区政府组成部门2023年上半年工作报告,听取区人民政府关于区人大常委会调研沙坡头区创建"全国综合减灾示范县"工作提出意见建议办理情况报告,区卫健局、住建和交通局关于落实区人大常委会工作评议整改情况报告,并进行满意度测评,评议区工信和商务局工作。

【二届人大常委会第十三次会议】 2023年9月26日,中卫市沙坡头区第二届人大常委会第十三次会议召开。区人大常委会主任张冠华,副主任赵艳忠、韩进军、武建国及委员共25人(请假5人)出席会议。张冠华主持会议。会上学习《中华人民共和国安全生产法》《宁夏回族自治区人民代表大会常务委员会关于加强安全生产工作监督的决定》《宁夏回族自治区人民代表大会常务委员会关于加强经济工作监督的决定》《宁夏回族自治区人民代表大会常务委员会关于推动加快建设铸牢中华民族共同体意识示范区的决定》,听取和审议区人民政府关于安全生产问题隐患排查整治情况报告、2022年财政决算草案报告、2022年本级预算执行和其他财政收支情况的审计工作报告、2023年预算调整方案的议案、区人大常委会财经委相关审查报告、"法检"两院2023年上半年工作情况报告、区人大代表资格审查委员会关于沙坡头区第二届人民代表大会代表变动情况的报告,听取区农业农村局落实区人大常委会工作评议整改情况报告并进行了满意度测评,评议区自然资源局工作,审议了辞职案。

【二届人大常委会第十四次会议】 2023年11月21日,中卫市沙坡头区第二届人大常委会第十四次会议召开。区人大常委会主任张冠华,副主任马晓东、韩进军、武建国及委员共25人(请假3人)出席会议(区人大常委会委员马丽、张秉文因辞去区二届人大代表职务,委员职务相应终止)。张冠华主持会议。会上学习《中华人民共和国水法》，听取和审议区人民政府关于沙坡头区基础教育质量提升行动实施情况、贯彻实施《区人大常委会关于深入开展第八个五年法治宣传教育的决议》情况、2022年度国有自然资源资产管理情况、国有资产管理情况的综合报告和区人大常委会2023年规范性文件备案审查工作情况报告、区人大常委会代表资格审查委员会关于沙坡头区第二届人民代表大会代表变动情况的报告；听取区人民政府落实区人大常委会审议政府债务管理和风险防范情况审议意见情况、区民社局落实区人大常委会工作评议整改情况报告，并进行满意度测评；评议区水务局工作，审议人事免职案和辞职案。

【二届人大常委会第十五次会议】 2023年12月18日，中卫市沙坡头区第二届人大常委会第十五次会议召开。区人大常委会主任张冠华，副主任赵艳忠、马晓东、韩进军、武建国及委员共24人（请假3人）出席会议（区人大常委会委员魏建明因工作变动调离沙坡头区，委员职务自行终止）。张冠华主持会议。会上学习《中华人民共和国环境保护法》，听取和审议区人民政府关于2023年度环境状况和环境保护目标任务完成情况、2023年沙坡头区预算调整方案的议案（第二次）、2022年度沙坡头区本级预算执行和其他财政收支审计查出问题整改落实情况的报告、区人大常委会财政经济工作委员会关于2023年沙坡头区预算调整方案（第二次）的审查报告、区人大常委会代表资格审查委员会关于补选代表的代表资格审查报告，听取区政府组成部门2023年度工作完成情况报告并进行满意度测评，审议关于修订中卫市沙坡头区人民代表大会常务委员会听取和审议专项工作报告及满意度测评试行办法的决定（草案）、人事免职案、辞职案、中卫市沙坡头区第二届人大常委会第十五次会议补选中卫市第五届人民代表大会代表办法（草案）、区人大常委会《关于召开中卫市沙坡头区第二届人民代表大会第四次会议的决定（草案）》，补选中卫市第五届人民代表大会代表。

【二届人大常委会第十六次会议】 2023年12月19日，中卫市沙坡头区第二届人大常委会第十六次会议召开。区人大常委会主任张冠华，副主任赵艳忠、马晓东、韩进军、武建国及委员共25人（请假2人）出席会议。张冠华主持会议。会上学习《中华人民共和国行政复议法》，听取和审议区人民政府关于区二届人大三次会议代表建议办理情况的报告并进行满意度测评，审议中卫市沙坡头区第二届人民代表大会第四次会议方案、会议议程（草案）、会议日程（草案）、各项名单（草案）及会议有关草案、中卫市沙坡头区人大常委会工作报告（稿）、中卫市沙坡头区第二届人民代表大会第四次会议选举办法（草案）。

沙坡头区人民政府

综　述

【概　况】 2023年，沙坡头区坚持以习近平新时代中国特色社会主义思想为指导，深入学习贯彻党的二十大精神和习近平总书记视察宁夏重要讲话指示批示精神，坚决落实自治区、市党委和政府及区委各项决策部署，坚持稳中求进工作总基调，完整、准确、全面贯彻新发展理念，统筹发展和安全、发展和环保、发展和民生，全力以赴稳经济、保增长、促发展，实施了一批事关长远的重大项目，提升示范了一批优势明显的特色产业，办成了一批增进民生福祉的实事好事，全面建设社会主义现代化美丽新沙坡头区迈上新台阶。

【经济发展】 2023年，沙坡头区出台5.14亿元的特色产业扶持政策，新增退税减税降费3.38亿元，政策红利持续转化为经济发展的质效显著增强。坚持项目建设和招商引资双轮驱动，实施中部干旱带引水上山、区人民医院迁建等项目116个，完成固定资产投资60亿元，签约落地中能建牛奶全产业链+新能源一体化示范等项目7个，招商引资到位资金151亿元；向上争取各类项目资金42.89亿元，同比增长22.54%；新增国有土地有偿使用收入1.6亿元。预计实现地区生产总值254.8亿元，同比增长3%；规模以上工业增加值同比增长2%；社会消费品零售总额同比增长1%；地方公共预算收入同比增长13%；城乡居民人均可支配收入分别增长6.5%、7.5%，经济运行稳中见韧、进中提质。

【特色农业】 2023年，沙坡头区聚焦“六特”产业，立足品种化、品质化、品牌化、全产业链化，投资40亿元实施红圈子205万立方米调蓄水池、苹果产业高效节灌试点等项目33个，改造日光温室1057座，新建高标准农田和现代高效节水农业1.76万亩，农业产业发展基础更加稳固。种植硒砂瓜25.93万亩、蔬菜12.65万亩、苹果10万亩、枸杞8.7万亩，粮食产量较上年增长15.99%。以前所未有的力度和超常规的举措推进中部干旱带产业高质量发展，培育种植朝天椒、小茴香、藜麦2.12万亩，建成朝天椒初深加工厂3个，宁藜藜麦饲草绿色循环产业示范园加快建设，环香山地区产业发展结构不断优化。聚焦“三融合三提升”，投资148.8亿元，高起点高标准规划建设麦垛山15万头现代化奶牛养殖示范园区，特别是引进中能建投资135亿元实施

12 万头牛奶全产业链 + 新能源一体化示范项目，麦垛山正在由“干沙滩”蜕变为“金沙滩”。

【新型工业】 2023 年，沙坡头区聚焦“六新”产业，3 个风光储项目建成并网，6 个风光储项目开工建设，新能源总装机规模达 460 万千瓦，储能规模达 35 万千瓦；加快延链补链强链壮链，引进投资 10 亿元的力印（宁夏）智能板材、投资 29 亿元的协合新型储能智能制造、投资 15 亿元的林源全钒液流储能电池等一批新材料、新能源项目落地建设，持续壮大产业集群，着力打造中西部地区“风光水储一体化”的新能源产业集群和国家沙漠光伏大基地。大力实施“四大改造”，完成工业技改项目 10 个，成功培育入规企业 12 家、自治区创新型及“专精特新”中小企业 23 家，全社会 R&D 经费投入强度达到 2.19%。

【现代服务业】 2023 年，沙坡头区聚焦“六优”产业，持续巩固拓展全域旅游示范区创建成果，实施沙漠主题度假中心、沙坡鸣钟田园综合体提档升级等项目 5 个，沙漠传奇、钻石酒店建成投运，“大漠味集·向阳街”获评国家级旅游休闲街区、自治区级夜间文化和旅游消费集聚区，沙坡头区成功入选国家首批文化产业赋能乡村振兴试点，文化和旅游市场服务质量提升经验在全国、全区推广交流；成功举办金蛙国际艺术节、沙漠传奇音乐节、南北长滩梨花节、“坡好吃”美食大赛等特色品牌活动 60 余场次，打响“有头有尾”文旅品牌，全年接待游客 1054 万人次，实现旅游收入 67.3 亿元，有效释放了“以节促游、以节促销、以节促购”乘数效应。加快数字信息产业发展，引进美团、金山等 5 家超算、智算中心，建成投运亚马逊、美利云、三大运营商等 14 个数据中心，加快推进广电一期、特加森一期等 10 个数据中心建设，建成全国首个“万卡级”智算基地。

【深化改革】 2023 年，沙坡头区纵深推进“放管服”改革，全面加快高标准市场体系建设，企业开办时间压缩至 0.5 个工作日，47 项审批事项“零材料”办理，35 项事项“一证（照）通办”，网上可办率达 86.76%、不见面率达 81%。持续推进“六权”改革，建成水资源监测预警平台，收储闲置用水指标 120 万立方米，有偿配置 118.74 万立方米，收缴工业企业用水权有偿使用费 1553 万元；盘活农村承包地 18.84 万亩，培育林下经济经营主体 60 家，办理林权抵押贷款 9761 万元；完成中卫首笔排污权租赁和抵押贷款，碳排放权和用能权交易管理机制不断完善。“国字号”“宁字号”等 10 余项试点改革任务全面落实，国资国企和社会保障体制改革持续深化。

【城乡融合发展】 2023 年，沙坡头区积极争创全国文明城市，实施房地产开发项目 13 个，改造提升新花园、金河一期两个老旧小区，棚户区住宅房不动产权证办理率超过 60%，完成长城街等 3 条街道雨污分流和排水主管网改造，新（改）建城市公共卫生间 25 座，城市基础设施不断完善，居民生活品质大幅提升。实行多元化投入机制，打造宣和镇重点小城镇及何滩村、冯庄村高质量美丽宜居村庄，柔远镇莫楼村成功入选自治区传统村落名录，新（改）建农村卫生户厕 2020 座。实施中卫黄河大桥旧桥交通导改，改建（造）红油公路等农村公路 168.3 公里，城乡环卫市场化服务实现全覆盖。沙坡头区荣膺全区农田水利基本建设“黄河杯”竞赛一等奖，荣获“2023 中国高质量发展乡村振兴十大示范县”称号。

【生态治理】 2023 年，沙坡头区聚焦“双碳”“双控”目标，实施环保技改项目 8 个，完成农村冬季清洁取暖改造 70 万平方米、公共建筑节能改造 5.9 万平方米，环境空气质量不断改善。压紧压实河(湖)长制责任,实施中沟水环境综合治理等工程11个,开工建设兴仁镇污水处理厂,完成沙坡头区第四污水处理厂扩建改造,建成投运永康镇徐庄村等农村污水处理项目4个,农村污水治理率达42.6%,重点入黄排水沟、黄河过境段水质全部稳定达标。强化土壤污染源头管控,扎实做好农业面源、工业固废、生活垃圾污染防治,第二轮中央环保督察反馈信访件全部办结。系统推动生态修复治理,投资2.3亿元实施历史遗留废弃矿山生态修复示范项目6个,86个问题矿山完成生态修复并通过自治区验收。大力实施城乡增绿扩绿工程,全面完成造林绿化项目13个,栽植乔灌木24.5万株,森林面积达77.64万亩,沙坡头区林业和草原局被授予“全国防沙治沙先进集体”。

【社会民生】 2023年,沙坡头区坚持在发展中保障和改善民生,聚合财力的85%用于民生支出,承诺的10件民生实事高质量办结。深入实施“六大提升行动”,严格落实“四个不摘”要求,消除返贫致贫风险80户284人,整合资金1.98亿元实施兴仁镇枸杞示范园、海和村肉羊养殖园区牧光互补等移民致富提升项目25个,实现移民就业2.4万人,带动劳务创收2.65亿元,人均工资性收入同比增长17.27%。织密兜牢民生保障网,新增城镇就业4300人,农村劳动力转移就业5.6万人,城镇调查失业率控制在5.5%以内。深入推进教育高质量发展,实施九小综合楼、十中等新(改)扩建项目17个,新增学位1620个,学前三年毛入园率、九年义务教育巩固率分别达到97.72%、100%。全面推进健康沙坡头区建设,挂牌成立沙坡头区疾病预防控制局、疾病预防控制中心、妇幼保健院,顺利承接文昌、滨河社区卫生服务中心,实施区人民医院迁建、兴仁卫生院医养结合等项目3个,建成自治区、市级重点专科4个,县域内住院量占比达到52.71%,基层诊疗量占比达到62%,居民健康素养水平超过30%,顺利通过国家卫生城市全面复审。着力提升公共文化服务水平,开展各类文化惠民活动300余场次,精心承办宁夏回族自治区第十六届运动会暨首届残特奥运动会赛事11项,揽获金银铜牌37枚,荣膺宁夏回族自治区第十六届运动会优秀赛区、体育道德风尚奖。

【基层社会治理】 2023年,沙坡头区牢固树立底线思维和红线意识,深入开展安全隐患排查整治专项行动,聚焦“五个重点”“六个环节”,累计排查整治燃气领域各类安全隐患1.12万个,完成燃气“三件套”加装11万户,回收、报废钢瓶3.05万支,立案查处40起安全生产违法案件;全面开展危化品、工贸、矿山、自建房等领域安全排查整治,年内未发生较大及以上生产安全事故,成功创建全国首批综合减灾示范县。坚持和发展新时代“枫桥经验”,创建自治区民主法治示范村4个,滨河镇“红色物业联盟”管理新模式入选全国“枫桥式工作法”,镇罗派出所获评全国第三批“枫桥式公安派出所”。持续巩固提升民族团结进步示范县创建成果,文昌镇黄河花园社区、中卫九小被评为“全国民族团结进步示范单位”。常态化开展扫黑除恶斗争,严打突出违法犯罪,纵深推进禁毒和反诈斗争,刑事、电诈发案率实现“双下降”,平安沙坡头区建设迈上新台阶。

【政府自身建设】 2023年,沙坡头区扎实开展学习贯彻习近平新时代中国特色社会主义思想主题教育,深入推进“抓产业、办实事、强治理、转作风”专项行动,持续深化政府格局化、制度化工作体系,建立“红”“黄”旗考评机制,“干与不干、干多干少、干好干坏”不一样的工作导向更加鲜明。深入开展法治政府建设“八大提升行动”,顺利通过“八五”普法规划中期评估验收。严格执行民主集中制，自觉接受人大及其常委会法律监督、政协民主监督和社会舆论监督，办理人大代表建议34件、政协委员提案48件，政府系统务实担当、干事创业的氛围更加浓厚。严格落实中央八项规定及其实施细则精神，深入开展纠治形式主义官僚主义专项整治，清廉沙坡头区建设持续引领清廉政府建设。

重要会议

【第1次常务会议】 2023年1月4日，沙坡头区区长丁志军主持召开2023年沙坡头区人民政府第1次常务会议。学习《宁夏回族自治区安全生产条例》。传达学习中共中央政治局会议、中央经济工作会议、中央农村工作会议、国务院常务会议、自治区第十三届委员会第三次全体会议暨党委经济工作会议、自治区党委常委会、自治区政府第142次、143次、144次常务会议、市委经济工作会议暨黄河流域生态保护和高质量发展先行区建设中卫市2022年第十次推进会议精神，市委常委会会议精神、中卫市第五届人民代表大会第二次会议、政协中卫市第五届委员会第二次会议、沙坡头区第二届人民代表大会第三次会议、政协中卫市沙坡头区第二届委员会第二次全体会议精神。审定《沙坡头区2023年春节慰问方案（送审稿）》《沙坡头区2023年“春节不打烊　在沙过大年”活动实施方案（送审稿）》《沙坡头区新能源光伏、风力发电项目用地租赁费标准（送审稿）》《沙坡头区村党支部领办合作社基金实施方案（送审稿）》和《沙坡头区村党支部领办合作社基金管理办法（试行）（送审稿）》。研究农业农村局关于拨付畜禽医疗废弃物集中收集处置费用有关事宜、关于整合使用沙坡头区2022年粮食高质高效（覆膜保墒增粮）项目资金有关事宜、关于拨付压砂地面积测绘费用及工作经费有关事宜、关于拨付乡镇压砂地退出和生态修复补偿补助资金有关事宜、关于拨付宁夏奶业科创中心运营费用有关事宜，水务局关于拨付宁夏水投中卫水务有限公司2022年度农村饮水安全工程维修养护资金有关事宜、关于拨付沙坡头区峡门水库大坝除险加固及峡门供水工程泵站管线消缺工程第一笔设计费用有关事宜、关于拨付37处小型集中供水工程运行管理评价费及续签管理合同有关事宜；研究区委组织部关于申请拨付“学前教师”“城乡社区”“司法协理”基层服务专项计划人员补贴资金有关事宜；研究永康镇关于拨付永康镇黄河河道及滩地被占问题清理整治工作资金有关事宜。审定《进一步落实关心关爱医务人员工作方案（送审稿）》；研究区卫生健康局关于为沙坡头区人民医院采购重症监护室设备有关事宜、关于为基层医疗机构采购煎药机有关事宜；研究区公安分局关于拨付中卫市公安局文昌派出所改造项目资金有关事宜；研究宣和镇关于拨付宣和镇集中供暖运行补助资金有关事宜、兴仁镇关于划拨兴仁镇集镇供热站维修运行资金有关事宜；研究中卫市玉龙水电建筑安装有限公司关于增加注册资本金用于收购大地牧业公司股权有关事宜、中卫市鑫沙建设有限公司关于向中卫市银和融资担保有限公司投资有关事宜。

【第2次常务会议】 2023年1月20日，沙坡头区区长丁志军主持召开2023年沙坡头区人民政府第2次常务会议。学习《社会救助暂行办法》。研究沙坡头区疫情防控有关工作。传达学习全国疫情防控工作电视电话会议、自治区疫情防控工作会议精神。听取沙坡头区近期疫情防控工作汇报。通报沙坡头区城乡居民医保缴费和疫苗接种督查情况。安排部署近期疫情防控工作。传达学习梁言顺同志在自治区党委办公厅《紧急信息》(第8期)上的批示精神,听取沙坡头区"1·15"较大道路交通事故处置情况汇报,安排部署有关工作。研究区农业农村局关于实施中卫市沙坡头区麦垛山奶牛养殖园区一期项目有关事宜、关于拨付沙坡头区农文旅融合提升区段项目资金有关事宜。审定《沙坡头区2023年压砂地退出和高质量发展工作方案(送审稿)》《沙坡头区"十四五"退役军人服务和保障规划(送审稿)》。研究住建和交通局关于核拨沙坡头区2022年农村低收入群体危房改造补助资金有关事宜、关于实施沙坡头区第四污水处理厂扩建项目有关事宜,乡村振兴局关于实施宣和镇汪园村蛋鸡养殖园区改造提升建设项目有关事宜、关于实施宣和镇草台村自发移民点道路硬化项目(二期)有关事宜、关于实施永康镇永乐村苹果园高效节灌试点项目有关事宜。研究永康镇关于拨付2021年秋季205省道沿线苗木栽植管护资金有关事宜。研究区自然资源局关于实施沙坡头区陈水矿区废弃矿山生态保护与修复项目有关事宜。研究兴仁镇关于实施兴仁镇污水处理厂建设项目有关事宜。研究区卫健局关于调拨业务用房有关事宜。

【第3次常务会议】 2023年2月21日,沙坡头区区长丁志军主持召开2023年沙坡头区人民政府第3次常务会议。学习《宁夏回族自治区建设黄河流域生态保护和高质量发展先行区促进条例》。研究沙坡头区生态环境保护工作(套开沙坡头区生态环境保护工作推进会议)。传达学习自治区中央生态环境保护督察整改工作领导小组会议精神和中卫市生态环境保护工作调度会议精神。通报环保督察转办件反馈问题整改情况、2022年及2023年当前空气环境质量、当前大气污染防治攻坚面临的问题,安排部署下一步工作。传达学习习近平总书记在中共中央政治局第二次集体学习上、学习贯彻党的二十大精神研讨班开班式上的重要讲话精神,国务院常务会议,自治区政府第1次、第2次常务会议,市政府第二次全体(扩大)会议精神。通报城乡居民医保缴费和疫苗接种督查反馈问题整改情况,安排部署有关工作。研究住建和交通局关于拨付2022年下半年无物业住宅小区引入物业服务财政补助资金有关事宜、关于拨付沙坡头区农村生活垃圾处理费用有关事宜、关于拨付中卫市第三污水处理厂集污管网项目房屋征收相关费用有关事宜。审定《沙坡头区农村"煤改电"清洁取暖工作实施方案(2022年—2023年)(送审稿)》《沙坡头区冬季清洁取暖工作实施方案(2022年—2024年)(送审稿)》《沙坡头区2023年国土绿化工作方案(送审稿)》《沙坡头区苹果产业振兴扶持方案(2023—2025年)(送审稿)》《沙坡头区落实食品安全"两个责任"实施方案(送审稿)》。研究乡村振兴局关于审定沙坡头区2023年第一批乡村振兴项目有关事宜、关于拨付2022年度生态移民富民增收产业奖补资金有关事宜。研究教育局关于设立中卫市第十三小学暨核定编制和领导班子职数有关事宜、关于实施中卫市第十中学建设项目有关事宜、关于实施中卫市第七幼儿园建设项目有关事宜、关于实施中卫市沙坡头区2023年义务教育薄弱环节改善与能力提升项目有关事宜、关于拨付2022年学前教育保教费有关事宜。研究卫健局关于报废原中卫市中医医院房屋构筑物有关事宜。研究永康镇关于拨付2021年秋季205省道沿线苗木栽植管护资金有关事宜。研究政府办公室关于拨付工作经费有关事宜。

【第4次常务会议】 2023年3月16日,沙坡头区区长丁志军主持召开2023年沙坡头区人民政府第4次常务会议。学习《中华人民共和国审计法》,

传达学习自治区党委审计委员会第九次会议、全区审计工作会议精神。传达学习中央一号文件、国家乡村振兴局一号文件、自治区党委农村工作会议精神、全区民营经济高质量发展暨营商环境全方位提升推进大会、全市各县（区）重大项目调度会议精神。传达学习习近平总书记对河南安阳市凯信达商贸有限公司火灾事故、内蒙古阿拉善左旗一露天煤矿坍塌事故作出的重要指示精神，李克强对全国安全生产电视电话会议作出的批示精神，全国应急管理工作会议精神，张雨浦在全区安全生产电视电话会议上的讲话精神，国务院安委会全体会议精神，听取2023年沙坡头区安全生产工作汇报，安排部署下一步工作。听取沙坡头区2022年度法治政府建设工作报告，安排部署下一步工作。审定《“醉美南长滩　共赴梨花约”中卫市第十七届南北长滩黄河梨花节活动方案（送审稿）》《沙坡头区城市更新三年行动实施方案（2022—2024年（送审稿）》《中卫市沙坡头区推行集团化办学（试点）实施方案（送审稿）》《沙坡头区2023年度苹果人工辅助授粉技术示范推广项目实施方案（送审稿）》。研究旅游和文体广电局关于实施沙坡头区滨河全民健身中心室内装修装饰项目有关事宜。研究农业农村局关于实施沙坡头区2023年兴仁镇东滩村、香山乡红圈村等5个高标准农田建设项目和2023年宣和镇喜沟村、永康镇阳沟村1个现代高效节水农业项目有关事宜，关于拨付中卫市沙坡头区麦垛山奶牛养殖园区10千伏供电工程林草评等费用相关事宜。研究乡村振兴局关于审定沙坡头区2023年第二批乡村振兴项目有关事宜。研究教育局关于移交中卫市沙坡头区迎水桥镇姚滩学校土地、房屋、构筑物等资产有关事宜。研究区自然资源局关于拨付2022年水田种植水稻农业补贴费用有关事宜、关于实施中卫市沙坡头区涩井沟历史遗留矿山生态保护与修复综合治理项目有关事宜、关于实施中卫市沙坡头区常乐镇历史遗留矿山生态保护与修复综合治理项目有关事宜。

【第5次常务会议】 2023年4月6日，沙坡头区区长丁志军主持召开2023年沙坡头区人民政府第5次常务会议。学习《中华人民共和国预算法》。传达学习李强总理在国务院第一次全体会议上的讲话精神，《关于在全党大兴调查研究的工作方案》文件精神，自治区政府第7次、第8次常务会议精神。通报沙坡头区城乡居民医保缴费和疫苗接种督查情况，安排部署有关工作。审定《2022年沙坡头区部分重点工作、专项工作以奖代补资金工作情况的通报（送审稿）》《沙坡头区财政衔接推进乡村振兴补助资金管理办法（送审稿）》《沙坡头区2023年富民增收产业扶持方案（送审稿）》《沙坡头区教育高质量发展三年行动计划（2023—2025年）（送审稿）》《沙坡头区推进人民调解员、律师、法律工作者参与化解信访事项暂行办法（送审稿）》《沙坡头区政策性农业保险工作补充实施方案（送审稿）》《关于进一步加强沙坡头区重大政府投资项目全过程跟踪审计的通知（送审稿）》《沙坡头区“扩大有效投资巩固提升年”活动实施方案（送审稿）》《中卫市沙坡头区项目“五比”活动实施方案（送审稿）》《中卫市沙坡头区麦垛山奶牛养殖园区一期项目拟回收镇罗镇部分国有使用权方案（送审稿）》。研究教育局关于中卫市特殊教育学校增挂中卫市沙坡头区特殊教育资源中心牌子有关事宜、关于变更学校机构名称有关事宜、关于划拨中卫市第十三小学校园文化建设资金有关事宜、关于申请划拨2019年幼儿园建设项目结转资金及“互联网＋教育”部分采购项目质量保证金有关事宜。研究司法局关于实施沙坡头区青少年法治教育实践基地项目有关事宜。研究区住建和交通局关于实施沙坡头区2023年农村公路路况提升工程项目有关事宜、关于实施沙坡头区2023年农村公路交通安全隐患治理工程项目有关事宜、关于购置农村公路养护车辆有关事宜。研究水务局关于实施宁夏引黄灌区抗旱减灾调蓄工程沙坡头区看透山调蓄水池工程有关事宜、关于实施沙坡头区兴仁扬黄灌区续建配套与节水改造项目有关事宜、关于开展沙坡头区北干渠和南干渠水资源论证有关事宜。研究区综合执法局关于实施沙坡头区美利广场改造项目有关事宜、关于报废沙坡头区城市公共事业管理所环卫作业车辆有关事宜。

【第6次常务会议】 2023年4月25日，沙坡头区区长丁志军主持召开2023年沙坡头区人民政府第6次常务会议。学习《中华人民共和国国家安全法》。研究沙坡头区廉政工作。传达学习二十届中央纪委二次全会、国务院第一次全体会议、国务院第一次廉政工作会议、自治区纪委十三届二次全会、自治区政府第一次廉政工作会议、市政府廉政工作会议、市纪委五届三次全会精神、全国春季农业生产工作会议、全区春季农业生产工作电视电话会议、中卫市政府第48次常务会议精神，听取沙坡头区春季农业生产工作情况汇报，安排部署下一步工作。听取听取麦垛山奶牛养殖园区项目工作专班工作进展情况、协合新型储能智能制造产业园工作专班工作进展情况、全钒液流储能电池生产和全钒液流共享储能电站项目工作专班工作进展情况、万亩朝天椒种植工作专班工作进展情况汇报。听取沙坡头区筹备自治区第十六届运动会暨全区首届残特奥运动会工作汇报，安排部署下一步工作。审定《沙坡头区“就业创业促进年”活动工作方案(送审稿)》《沙坡头区城镇居民收入提升行动实施方案(2023—2027年)(送审稿)》《打造“深化乡村地名服务　点亮美好家园”试点实施方案(送审稿)》《沙坡头区坟墓迁移工作实施方案(送审稿)》《中卫市沙坡头区用水权收储与交易管理办法(送审稿)》《中卫市沙坡头区人民政府关于保留、废止和失效行政规范性文件的决定(送审稿)》《中卫市沙坡头区2023年度重大行政决策事项目录(送审稿)》《沙坡头区2023年农村“厕所革命”实施方案(送审稿)》《2023沙坡头区麦后复种大豆暨玉米大豆带状复合种植实施方案(送审稿)》《关于成立中卫市沙坡头区重大项目决策咨询委员会的通知(送审稿)》《沙坡头区农副产品加工园区项目实施方案(送审稿)》《中卫市沙坡头区2023年消费需求促进年活动实施方案(送审稿)》《沙坡头区2022年“煤改气”清洁取暖改造项目实施方案(送审稿)》《落实2022—2023年度中央财政支持沙坡头区公立医院改革与高质量发展示范项目绩效目标重要措施和责任分工方案(送审稿)》。研究综合执法局关于实施中卫市沙坡头区城区公共卫生间建设项目有关事宜。研究卫健局关于拨付医务人员临时性工作补助资金有关事宜、关于实施沙坡头区2023年度公立医院改革与高质量发展示范项目有关事宜。研究永康镇关于实施沙坡头区永康镇城农村苹果园高效节灌试点项目有关事宜、关于实施沙坡头区永康镇永乐村乡村旅游基础设施2023年以工代赈项目有关事宜。研究自然资源局关于增加沙坡头区2023年度苹果人工辅助授粉技术示范推广项目实施面积有关事宜、关于拨付2021年度沙坡头区国土变更调查工作经费有关事宜。研究兴仁镇关于解决兴仁镇2017年土地流转费有关事宜。研究区旅游和文体广电局关于解决自治区第十六届运动会沙坡头区承办项目和参赛项目经费有关事宜。研究东园镇关于拨付中卫市沙坡头区东园镇美丽小城镇项目工程费用有关事宜。研究区创城办公室关于拨付2023年创建全国文明城市测评经费有关事宜。

【第7次常务会议】 2023年5月23日，沙坡头区区长丁志军主持召开2023年沙坡头区人民政府第7次常务会议。学习《宁夏回族自治区旅游条例》。传达学习习近平总书记在广东考察时的重要讲话精神，在河北雄安新区考察并主持召开高标准高质量推进雄安新区建设座谈会时的重要讲话精神。传达学习中共中央政治局会议、全区一季度经济形势分析会议、自治区政府第10次常务会议、先行区建设中卫市2023年第三次推进会暨一季度经济形势分析会议精神。听取北方清洁能源改造专班工作进展情况，安排部署下一步工作。研究沙坡头区退役军人事务工作(套开沙坡头区双拥工作领导小组2023年第一次会议)。审定《沙坡头区2023年"八一"建军节慰问活动方案(送审稿)》《中卫市沙坡头区商业网点"十四五"布局规划(送审稿)》《2023年沙坡头区日光温室维修改造实施方案(送审稿)》《中卫市沙坡头区创新开展2023年度农业保险试点方案(送审稿)》《沙坡头区建设棚户区改造安置房不动产权证办理方案(送审稿)》《沙坡头区2023—2025年"富民贷"工作方案(送审稿)》及《沙坡头区"富民贷"合作协议(送审稿)》。研究自然资源局关于审定沙坡头区集体建设用地定级与基准地价制订成果有关事宜、关于实施中卫市沙坡头区南山台历史遗留矿山生态保护与修复综合治理项目有关事宜、关于实施中卫市沙坡头区迎水桥镇历史遗留矿山生态保护与修复综合治理项目有关事宜、关于实施中卫市沙坡头区香山地区历史遗留矿山生态保护与修复综合治理项目有关事宜。研究住建和交通局关于实施沙坡头区2023年村道安全生命防护工程项目有关事宜、关于明确中卫高铁站市政配套污水处理厂、第四污水处理厂运维费用有关事宜。研究柔远镇关于实施莫楼村传统历史文化名村建设项目有关事宜、关于解决柔远镇沙渠村产业发展项目资金有关事宜。研究民社局关于实施中卫市沙坡头区(设施)安全及护理能力提升项目有关事宜。研究区水务局关于实施沙坡头区2023年度山洪灾害防治非工程措施项目有关事宜、关于拨付沙坡头区南山台电灌站机电设备更新改造工程建设管理费有关事宜。研究区卫健局关于实施沙坡头区人民医院重症医学科医疗设施设备采购项目有关事宜。研究香山乡关于拨付压砂地退出和生态修复工作经费有关事宜。研究市场监管分局关于拨付沙坡头区分局专项业务费用和食品安全工作经费有关事宜。研究旅游和文体广电局关于实施2023年沙坡头区体育场地设施补短板暨城乡体育"康乐角"工程项目有关事宜。

【第8次常务会议】 2023年6月20日，沙坡头区区长丁志军主持召开2023年沙坡头区人民政府第8次常务会议。学习《中华人民共和国预防未成年人犯罪法》。研究沙坡头区经济工作(套开沙坡头区2023上半年经济形势分析研判调度会)。传达学习长沙"4·29"特别重大居民自建房倒塌事故责任严肃查处结果，国务院安委会《关于进一步强化安全生产责任落实　坚决防范遏制重特大事故的若干措施》、自治区《关于进一步加强全区安全生产工作的若干措施》及《中卫市贯彻落实国务院安委会安全生产十五条的若干措施》，听取区应急管理局汇报沙坡头区2023年上半年安全生产工作，安排部署下一步工作。传达学习习近平总书记在内蒙古巴彦淖尔考察时的重要讲话精神，黄润秋同志来宁调研重点生态环境问题整改时的讲话精神，自治区党委常委会会议、市委专题会议、市政府专题会议精神。听取沙坡头区水系连通、水美乡村建设工作进展情况，黄河滩地抢种、乱种整治工作进展情况，农村“煤改电”工作进展情况汇报，并安排部署下一步工作。审议《中卫市沙坡头区国家卫生城市复审工作方案（送审稿）》《关于成立中卫市沙坡头区招生工作委员会的方案（送审稿）》《沙坡头区“十四五”特殊教育发展提升行动实施方案（送审稿）》《2023年沙坡头区部分农村小规模学校及学区优化布局调整方案（送审稿）》《沙坡头区2023年学前教育综合奖补资金发放实施方案（送审稿）》《“星星的故乡·宁夏沙坡头金蛙国际艺术节”项目推进工作方案（送审稿）》《2023年中国毽球公开赛暨宁夏中卫市沙坡头区第二届全国沙漠毽球邀请赛活动方案（送审稿）》《2023年中央支持地方公共文化服务体系建设补助资金使用计划（送审稿）》《中卫市沙坡头区地质灾害防治规划（送审稿）》《沙坡头区帮扶车间管理扶持方案（送审稿）》《沙坡头区2023年衔接资金安置脱贫人口村级公益性岗位就业实施方案（送审稿）》《沙坡头区2023年硒砂瓜营销工作方案（送审稿）》《沙坡头区2023年度优质粮食工程实施方案（送审稿）》《关于进一步完善沙坡头区城市社区专职工作者队伍建设的实施方案（送审稿）》。研究教育局关于实施中卫市沙坡头区2023年义务教育学校基础设施维修改造项目有关事宜、关于拨付寄宿制临聘人员工作经费有关事宜。研究区旅游和文体广电局关于解决北长滩村搬迁复制项目前期设计服务费有关事宜。研究关于拨付《宣和镇天景山地区矿山环境修复治理方案》编制费用有关事宜。研究区委编办关于调整《沙坡头权力清单》《沙坡头区乡镇赋权清单》《沙坡头区乡镇行政执法事项清单》《沙坡头区县乡“属地管理”事项主体责任和配合责任清单》有关事宜。研究财政局关于拨付突发和常态化疫情防控资金有关事宜、关于拨付沙坡头区乡镇纾困资金有关事宜。研究生态环境分局关于实施沙坡头区2022年农村生活污水处理项目有关事宜。研究农业农村局关于拨付乡镇压砂地退出生态补偿资金有关事宜。研究住建和交通局关于实施迎水桥镇何滩村、柔远镇冯庄村高质量美丽宜居村庄建设项目有关事宜，关于承接沙坡头区农村生活垃圾填埋场、垃圾中转站有关事宜，关于拨付麦垛山奶牛养殖园区项目（一期）配套道路建设项目资金有关事宜。研究水务局关于解决沙坡头区麦垛山奶牛养殖园区项目（一期）供水工程资金计划有关事宜、关于实施沙坡头区入黄排水沟（中沟）水环境综合治理工程有关事宜。研究常乐镇关于拨付常乐镇重点工程项目周边环境卫生整治资金有关事宜。研究区委组织部关于拨付沙坡头区各乡镇村干部体检经费有关事宜、关于拨付沙坡头区各机关事业单位2023年在编在岗人员体检费有关事宜。研究区委办公室关于拨付沙坡头区2023年深化安全替代所需资金有关事宜。

【第9次常务会议】 2023年6月22日，沙坡头区区长丁志军主持召开2023年沙坡头区人民政府第9次常务会议。传达学习习近平总书记对宁夏银川市兴庆区富洋烧烤店燃气爆炸事故作出的重要指示精神，自治区党委常委会会议精神，安排部署有关工作。审议《沙坡头区重点领域安全生产专项排查整治行动工作方案（送审稿）》。

【第10次常务会议】 2023年6月30日，沙坡头区区长丁志军主持召开2023年沙坡头区人民政府第10次常务会议。研究沙坡头区安全生产隐患排查整治工作（套开沙坡头区安委会2023年第四次全体〈扩大〉会议），传达学习6月29日国务院常务会议、自治区党委2023年第20次常委会会议、自治区政府第17、18次常务会议精神及市安委会2023年第四次全体（扩大）会议精神。应急管理局通报自治区“四防”督导组反馈问题整改情况，汇报重点行业领域专项排查整治行动开展情况、存在问题和下一步措施；听取各乡镇、相关部门（单位）汇报。住建和交通局汇报城镇燃气安全隐患排查整治工作进展情况、存在问题和下一步措施。市场监管分局汇报液化气瓶监管及“双阀”液化气瓶停用更换工作情况、存在问题和下一步措施。生态环境分局汇报自治区“四防”督导组反馈问题整改情况、存在问题和下一步措施。消防救援大队汇报九小场所消防安全专项整治和人员密集场所疏散逃生通道专项治理情况、存在问题和下一步措施；文昌镇、滨河镇汇报辖区安全隐患排查整治情况、存在问题和下一步措施。

【第11次常务会议】 2023年7月20日，沙坡头区区长丁志军主持召开2023年沙坡头区人民政府第11次常务会议。学习《中华人民共和国消防法》《城镇燃气管理条例》。传达学习习近平总书记对防汛救灾工作作出的重要指示精神，梁言顺调研中部干旱带生态保护和防灾减灾工作时的讲话、自治区党委常委会会议、张雨浦调度检查防汛备汛工作时的讲话、自治区政府第20次常务会议精神，全区燃气用户全覆盖免费入户安全检查通知，张利暗访督导中卫工业园区安全生产工作和城乡接合部安全隐患排查整治工作时的讲话、中卫市政府第55次常务会议精神，听取全区重点领域安全生产隐患问题排查整治工作、燃气用户免费入户安全检查工作、液化石油气钢瓶隐患排查整治及回收工作、“九小”“三合一”场所消防安全专项整治和人员密集场所疏散逃生通道专项治理工作及文昌镇、兴仁镇重点领域安全生产隐患问题排查整治工作进展情况汇报，安排部署相关工作。传达学习习近平总书记关于国家粮食安全的重要论述及中央农村工作会议、中央一号文件精神，《地方党委和政府领导班子及其成员粮食安全责任制规定》，梁言顺调研“三夏”工作时的讲话、自治区政府第19次常务会议精神，听取沙坡头区2023年上半年粮食安全责任制落实情况汇报。审议《中卫市沙坡头区2023年上半年国民经济和社会发展计划执行情况的报告（送审稿）》《沙坡头区2022年度巩固拓展脱贫攻坚成果同乡村振兴有效衔接考核评估问题整改方案（送审稿）》《沙坡头区2023年脱贫人口稳岗就业暨重点群体培训实施方案（送审稿）》《深入推进沙坡头区城市社区物业党建联建共建美好家园三年行动方案（送审稿）》《中卫市沙坡头区国有农用地管理办法（送审稿）》《沙坡头区专职人民调解员管理办法（送审稿）》。研究住建和交通局关于核拨沙坡头区2022年抗震宜居农房改造补助资金有关事宜、关于明确中卫高铁站市政配套污水处理厂、第四污水处理厂运维费用有关事宜。研究自然资源局关于实施宁夏中卫市黄河流域规模化防沙治沙2023年中央财政国土绿化试点示范项目——沙坡头项目区项目有关事宜。研究水务局关于实施沙坡头区河湖健康评价及健康档案项目有关事宜。研究柔远镇关于解决设施蔬菜大棚园区基础设施配套工程2023年以工代赈项目资金有关事宜。研究宣和镇关于实施2023年重点小城镇建设项目有关事宜。研究镇罗镇关于实施普天瑞农集约化育苗中心配套设施建设项目有关事宜。研究旅游和文体广电局关于沙坡头区组队参加2023年全区青少年锦标赛有关事宜。研究卫健局关于拨付沙坡头区人民医院2022年度疫情期间职工基础绩效和年度考核补助资金有关事宜。研究区公安分局关于划拨安防设施建设经费有关事宜、关于拨付中卫市公安局柔远派出所办公用房改造项目资金有关事宜。研究综合执法局关于调整沙坡头区城市协管员工资有关事宜。研究区政府办公室关于采购公车服务平台公务车辆有关事宜。

【第12次常务会议】 2023年7月25日，沙坡头区区长丁志军主持召开2023年沙坡头区人民政府第12次常务会议。通报黑龙江省齐齐哈尔市第三十四中学体育馆坍塌事故、甘肃省张掖市山丹大佛寺火灾事故情况，安排部署有关工作。审议《中卫市沙坡头区人民政府、中国能源建设集团投资有限公司、四川川能智网实业有限公司投资开发协议(送审稿)》。

【第13次常务会议】 2023年8月14日，沙坡头区区长丁志军主持召开2023年沙坡头区人民政府第12次常务会议。学习习近平法治思想核心要义。传达学习中央政治局会议、全区上半年经济形势分析会、自治区政府第24次常务会议、黄河流域生态保护和高质量发展先行区建设中卫市2023年第六次推进会暨上半年经济形势分析会精神，通报2023年上半年经济运行情况。研究沙坡头区安全生产工作。传达学习习近平总书记在全国生态环境保护大会上的重要讲话精神，自治区党委常委会会议，自治区政府第23次常务会议精神，听取沙坡头区2023年生态环境保护工作汇报。传达学习《中华人民共和国乡村振兴促进法》《乡村振兴责任制实施办法》，全国乡村振兴局长视频会议、自治区巩固拓展脱贫攻坚成果同乡村振兴有效衔接考核评估反馈问题整改工作视频会议精神，通报自治区第一督查组督导调研情况，安排部署下一步工作。通报沙坡头区2023年10件民生实事和二届人大三次会议代表建议及区政协二届二次会议委员提案办理情况。审议《沙坡头区行政许可事项清单(送审稿)》《沙坡头区完整社区建设试点工作实施方案(送审稿)》《沙坡头区宣和镇集镇煤改气项目实施方案(送审稿)》《黑山峡水利枢纽移民搬迁及古村庄复制工作实施方案(送审稿)》《沙坡头·沙漠传奇后"世"代音乐节暨沙舟回响音乐旅行嘉年华活动方案(送审稿)》《中卫市沙坡头区深化国防动员体制改革实施方案(送审稿)》。研究住建和交通局关于实施中卫黄河大桥旧桥加固改造工程有关事宜、关于实施沙坡头2023年农村公路安全生命防护提升工程有关事宜、关于实施沙坡头区文昌阁、东方红社区服务站新建项目有关事宜、关于实施沙坡头区完整社区建设试点项目有关事宜、关于明确沙坡头区文昌阁、东方红社区服务站新建项目及沙坡头区完整社区建设试点项目捐赠有关事宜、关于实施沙坡头区兴仁镇集中供热煤改电项目有关事宜。研究旅游和文体广电局关于发行沙坡头区职工康养卡有关事宜。研究镇罗镇关于实施沙坡头区镇罗镇设施蔬菜大棚园区基础设施配套工程2023年以工代赈示范项目有关事宜。研究农业农村局关于调拨沙坡头区草原防火库及其物资设备有关事宜。研究水务局关于实施沙坡头区2023年农村供水工程维修养护项目有关事宜、关于实施沙坡头区涩井沟安全度汛工程有关事宜。

【第14次常务会议】 2023年9月8日，沙坡头区区长丁志军主持召开2023年沙坡头区人民政府第14次常务会议。传达学习习近平总书记在听取新疆维吾尔自治区党委和政府、新疆生产建设兵团工作汇报时的重要讲话精神，中共中央政治局会议、国务院第二次全体会议、自治区人民政府第二次全体(扩大)会议精神。学习《中国共产党巡视工作条例》《被巡视党组织配合中央巡视工作规定》。专题学习自治区党委十三届四次全会安全生产"1+37+8"系列文件。研究沙坡头区"两大任务"工作(套开2023年招商引资和争取资金"两大任务"推进会)，通报沙坡头区2023年1—7月份招商引资和争取项目资金"两大任务"工作开展情况，并通报各乡镇和部门任务完成情况。审议《沙坡头区“小散乱污”企业突出问题专项整治行动方案（送审稿）》《沙坡头区压砂地退出产业高质量发展实施方案（送审稿）》《香山乡辣椒分拣仓储中心建设实施方案（送审稿）》《沙坡头区2023年度扶持发展新型农村集体经济项目实施方案（送审稿）》《沙坡头区城镇燃气安全专项整治工作方案（送审稿）》《沙坡头区农村住宅建筑节能改造项目实施方案（送审稿）》《沙坡头苹果电子商务运营服务方案（送审稿）》《中卫市沙坡头区退出国有压砂地土地使用权租赁租金管理办法（送审稿）》《2023年沙坡头区财政预算调整方案（送审稿）》《沙坡头区2022年财政决算草案的报告（送审稿）》《沙坡头区城乡供水水质提升专项行动实施方案（2023—2025年）（送审稿）》。研究农业农村局关于拨付2022年沙坡头区病死动物无害化处理补助资金有关事宜、关于实施沙坡头区武装部书香军营建设项目有关事宜。研究住建和交通局关于实施沙坡头区孟北路水毁修复工程有关事宜。研究区自然资源局关于开展中卫市沙坡头区“多规合一”实用性村庄规划编制工作有关事宜。研究财政局关于调整使用以前年度地方政府新增债券资金有关事宜。研究宣和镇关于变更调整沙坡头区宣和镇宣和村美丽宜居村庄建设项目基础设施工程建设内容和资金来源有关事宜。研究区消防救援大队关于解决兴仁镇消防救援站办公设施等资金有关事宜。研究教育局关于招聘2023年“学前教师”基层服务专项计划人员有关事宜。

【第15次常务会议】 2023年9月22日，沙坡头区委常委、副区长龚涛主持召开2023年沙坡头区人民政府第15次常务会议。传达学习自治区安委会第六次全体（扩大）会议暨防汛抗旱指挥部工作会议、中卫市安委会2023年第六次全体（扩大）会议精神，专题学习自治区党委十三届四次全会安全生产“1+37+8”系列文件。研究沙坡头区抗震救灾工作（套开沙坡头区抗震救灾指挥部工作会议）。审议《2022年度沙坡头区本级预算执行和其他财政收支情况的审计结果报告（送审稿）》《沙坡头区高标准农田建设审计反馈问题整改方案（送审稿）》。研究区财政局关于清算沙坡头区机关事业单位退休人员奖励性补贴有关事宜。

【第16次常务会议】 2023年9月27日，沙坡头区区长丁志军主持召开2023年沙坡头区人民政府第16次常务会议。传达学习习近平总书记在浙江、黑龙江考察时的重要讲话精神及习近平总书记对新时代办公厅工作作出的重要指示精神。学习《中华人民共和国行政复议法》。传达学习自治区党委十三届五次全会精神，专题学习自治区党委十三届四次全会安全生产“1+37+8”系列文件。研究沙坡头区“六权”改革工作。研究沙坡头区秋冬季农田水利基本建设工作。研究沙坡头区安全生产工作（套开沙坡头区安委会2023年第八次全体会议），学习《宁夏回族自治区火灾事故调查处理规定》文件精神，听取沙坡头区创建全国综合减灾示范县工作进展情况汇报，审议《沙坡头区安全生产工作日常考核办法〈试行〉（送审稿）》《关于成立沙坡头区安全生产重点行业领域专业委员会的通知（送审稿）》《沙坡头区安委会各成员单位安全生产四类清单（送审稿）》，龚涛同志安排部署2023年中秋、国庆“双节”期间安全生产工作。审议《中卫市沙坡头区激励大学毕业生参军入伍措施（送审稿）》《沙坡头区液化石油气用户“三件套”加装工作方案（送审稿）》《沙坡头区2023年脱贫劳动力一次性交通补贴实施方案（送审稿）》《中卫市沙坡头区关于开展用能权有偿使用和交易改革提高能源要素配置效率的实施方案（送审稿）》《宁夏森沃农业科技有限公司产业园提质增效实施方案(送审稿)》。研究住建和交通局关于实施沙坡头区液化石油气用户燃气安全设施加装项目有关事宜。研究司法局关于招募2023年“司法协理”基层服务专项计划人员有关事宜、关于拨付司法协理员工作经费有关事宜。

【第17次常务会议】 2023年10月18日,沙坡头区区长丁志军主持召开2023年沙坡头区人民政府第17次常务会议。传达学习习近平总书记关于推进新型工业化重要指示精神及全国新型工业化推进大会、自治区政府第29次常务会议、自治区推进新型工业化重点企业座谈会精神。传达学习习近平总书记对新时代办公厅工作作出的重要指示精神及全国党委和政府秘书长会议、自治区党委和政府办公厅(室)工作会议精神,安排部署贯彻落实意见。学习《质量强国建设纲要》《宁夏回族自治区禁毒条例》。传达学习《自治区党委办公厅　人民政府办公厅关于进一步严格财政支出管理决定落实过紧日子要求的通知》精神,安排部署有关工作。传达学习梁言顺在自治区党委十三届五次全会上的讲话精神、雷东生对自治区生态文明建设“1+4”系列文件起草情况的总体说明,市委五届八次全会精神;专题学习自治区党委十三届五次全会生态文明建设领域“1+4”系列文件精神。专题学习自治区党委十三届四次全会安全生产“1+37+8”系列文件精神。研究沙坡头区2024年项目谋划有关事宜。传达学习《宁夏回族自治区法治政府建设指标体系》《关于推进法治政府建设“八大提升行动”实施方案的通知》《关于加强行政复议行政应诉工作的意见》;审议《沙坡头区关于推进法治政府建设“八大提升行动”的任务分工方案(送审稿)》《沙坡头区关于进一步加强合法性审查工作的实施方案(送审稿)》《沙坡头区行政调解职责清单(送审稿)》《沙坡头区行政审批中介服务事项清单2023年版(送审稿)》《沙坡头区2023年学前教育改革发展资金暨教师待遇保障资金分配实施方案(送审稿)》。研究自然资源局关于开展中卫市沙坡头区兴仁镇兴仁村等3个村庄规划(第五批)编制和常乐镇康乐村(含黄套村、思乐村、海乐村)村庄规划修编工作有关事宜。研究中卫市玉龙水电建筑安装有限公司关于对香山供水公司注册资本减资有关事宜、关于处置低效无效固定资产有关事宜。研究区工信和商务局关于拨付2023年沙坡头区促消费活动经费有关事宜。研究区卫健局关于调拨宣和镇中心卫生院业务用房有关事宜。研究水务局关于实施沙坡头区香山乡压砂地退出产业结构调整配套一期项目有关事宜、关于实施沙坡头区永康镇党家水校育川农村人饮应急水源工程有关事宜、关于拨付宁夏引黄灌区抗旱减灾调蓄工程沙坡头区看透山调蓄水库工程等2项工程森林植被恢复费及草地补偿费有关事宜、关于拨付自治区第一次全国自然灾害综合风险普查水旱灾害部分(沙坡头区)项目经费有关事宜、关于拨付宁夏水投中卫水务有限公司2023年度农村饮水安全工程维修养护资金有关事宜。

【第18次常务会议】 2023年11月2日,沙坡头区区长丁志军主持召开2023年沙坡头区人民政府第18次常务会议。学习《中华人民共和国传染病防治法》《中共中央办公厅　国务院办公厅关于进一步加强矿山安全生产工作的意见》。专题学习自治区党委十三届五次全会生态文明建设领域“1+4”系列文件精神、自治区党委十三届四次全会安全生产“1+37+8”系列文件精神。研究2023年沙坡头区前三季度经济运行工作。审议《沙坡头区义务教育控辍保学管理办法(送审稿)》《中卫市沙坡头区闲置校产及医卫用房盘活工作方案(送审稿)》

《“沙坡头苹果”“中卫硒砂瓜”品牌升级实施方案（送审稿）》《沙坡头区2024年压砂地产业高质量发展扶持方案（送审稿）》。研究教育局关于拨付校车专用服务费用有关事宜、关于实施学生食堂改造提升项目有关事宜。研究乡村振兴局关于沙坡头区2024年度巩固拓展脱贫攻坚成果和乡村振兴项目库有关事宜。研究农业农村局关于香山乡、常乐镇、永康镇、宣和镇4个乡镇退出国有压砂土地进行流转种植小茴香、朝天椒有关事宜。研究住建和交通局关于实施沙坡头2023年农村公路安全生命防护提升工程（二期）项目有关事宜。研究卫健局关于拨付2023年育儿补贴金有关事宜。

【第19次常务会议】 2023年11月16日，沙坡头区区长丁志军主持召开2023年沙坡头区人民政府第19次常务会议。传达学习习近平总书记对妇女儿童工作的重要指示精神，习近平总书记同全国妇联新一届领导班子成员集体谈话时的重要讲话精神，第七次全国妇女儿童工作会议精神、中央金融工作会议、自治区党委常委会会议、全市2024年项目谋划推进会议、市政府第66次常务会议精神。学习《宁夏回族自治区乡村振兴促进条例》。专题学习自治区党委十三届五次全会生态文明建设领域“1+4”系列文件精神。研究安全生产领域重点工作。审议《沙坡头区各乡镇、各部门（单位）新增安全生产工作职能职责（送审稿）》《沙坡头区各乡镇、各部门（单位）新增生态环境保护工作职能职责（送审稿）》《沙坡头区乡镇赋权清单（2023年版）（送审稿）》《沙坡头区乡镇行政处罚裁量基准指导规则（送审稿）》《沙坡头区餐饮经营场所“瓶改管”工作实施方案（送审稿）》《中卫市沙坡头区2022年度国有自然资源资产管理情况专项报告（送审稿）》《中卫市沙坡头区2022年度国有资产管理情况综合报告（送审稿）》《2023年沙坡头区预算调整方案（送审稿）》。研究区委编办关于调整沙坡头区乡镇权力清单有关事宜。研究乡村振兴局关于2024年度巩固拓展脱贫攻坚成果和乡村振兴第一批项目有关事宜。研究区应急管理局关于拨付安全生产排查整治相关经费（第一批）有关事宜。审议《沙坡头区柔远镇冯庄村（含镇靖村）“多规合一”实用性村庄规划（2022—2035年）（送审稿）》等14个村庄规划。研究水务局关于拨付沙坡头区小型集中供水工程运行管理经费有关事宜。研究兴仁镇关于拨付2023年集中采暖费用有关事宜。研究区政府办公室关于对沙坡头区行政物业外包管理项目进行公开招标有关事宜。研究综合执法局关于拨付区城市公用事业管理所城市环卫运行欠账资金有关事宜。

【第20次常务会议】 2023年12月7日，沙坡头区区长丁志军主持召开2023年沙坡头区人民政府第20次常务会议学习《宁夏回族自治区消防安全责任制实施细则（修订稿）》。传达学习习近平对宣传思想文化工作重要指示精神，习近平总书记考察上海时的重要讲话精神，深入推进长三角一体化发展座谈会精神，全国宣传思想文化工作会议、全国文物科技工作会议精神，自治区文物工作会议、自治区党委专题会议、自治区常务会议精神，中卫市宣传思想文化工作暨文物工作会议、市政府第68次常务会议精神。专题学习自治区党委十三届五次全会生态文明建设领域“1+4”系列文件精神。听取区政府办公室关于2023年沙坡头区人大代表建议、政协委员提案及10件民生实事办理情况汇报。审议《政府工作报告（送审稿）》《沙坡头区创建国家食品安全示范城市实施方案（送审稿）》《沙坡头区2023年国民经济和社会发展计划执行情况与2024年国民经济和社会发展计划（草案）的报告（送审稿）》《中卫市沙坡头区关于深入贯彻落实习近平总书记重要讲话精神推进黄河流域生态保护和高质量发展先行区建设取得新突破的实施方案(送审稿)》《中卫市沙坡头区实施财源建设工程推进沙坡头区经济高质量发展实施方案(送审稿)》《中卫市沙坡头区2023年预算执行情况和2024年预算草案的报告(送审稿)》《2022年度区本级预算执行和其他财政收支审计查出问题整改情况的报告(送审稿)》《沙坡头区滨河全民健身中心运营方案(送审稿)》。研究发改局关于拨付沙坡头区农副产品“1+X”加工园区专项规划编制费用有关事宜。研究财政局关于动用2023年财政预备费有关事宜。研究乡村振兴局关于拨付沙坡头区宣和镇兴海村2022年度土地培肥改良以奖代补资金有关事宜。研究中卫市鑫沙建设有限公司关于终止沙坡头区现代化生态灌区合同节水管理特许经营项目及核拨相关费用有关事宜。研究水务局关于实施沙坡头区常乐镇水车泵站迁移改造工程有关事宜、关于拨付沙坡头区兴仁扬黄灌区续建配套与节水改造项目征(占)地及附着物补偿费用有关事宜、关于开展沙坡头区重点用水企业水效评价有关事宜。研究常乐镇关于拨付刘升贤蓄水池、泵房等设施补偿资金有关事宜。研究区退役军人事务局关于拨付因公牺牲军人马欢遗属一次性抚恤金有关事宜。研究教育局关于拨付2023年农村地区中小学冬季取暖费有关事宜。

政务服务

【概　况】 宁夏政务服务“一张网”汇集事项915项，网上可办事项846项，网上可办率为92.45%，不见面审批事项756项，不见面率82.62%。

【优质服务】 2023年，沙坡头区政务服务中心大力推行全区乡镇(街道)“一窗受理”系统应用，将60项便民服务事项集中到乡镇便民服务中心受理，着力解决群众办事“多头跑”的问题。

【一网通办】 2023年，沙坡头区“一网通办”办件量4.5万余件，电子证照入库量1.7万余件，“好差评”服务评价8.4万余条，好评率100%。

政府信息公开

【主动公开】 2023年，政务公开办主动公开发布信息31226条，其中政府网站发布7344条，政务新媒体发布23882条。主动公开2023年新制定的行政规范性文件14条、规划信息10条、国民经济和社会发展统计信息56条、财政预决算信息274条、重大建设项目信息196条、区政府常务会议信息17条、意见征集公告30条、人大代表建议及政协委员提案复函63条，法定主动公开内容全面公开到位。发行《沙坡头区政府公报》4期，公开以区政府和区政府办公室名义印发的文件123个，发布解读材料124条，政策性文件解读比例达到100%。公开答复网民留言41条、领导信箱207件，回应公众关注热点或重大舆情16次。

【依申请公开】 2023年，政务公开办共受理政府信息公开申请件36件(自然人申请34件，法人或其他组织申请2件)，办结35件(予以公开10件，部分公开6件，不予公开3件，无法提供15件，其他处理1件)，结转下年度继续办理1件。因政府信息公开产生行政诉讼1件，结果维持1件。

【政府信息管理】 2023年，政务公开办公开发布等工作流程，深化“公文公开—政策解读”协同机制，实现重大行政决策、行政规范性文件、重要政策性文件的“应公开尽公开”和“应解读尽解读”。切实加强政府门户网站和政务新媒体信息内容管理，坚持发布前“三审三校”，严抓信息审核；发布后5分钟内回看，确保发布准确；实行24小时巡检，及时发送预警信息，第一时间进行甄别整改。全面清理沙坡头区与上位法不一致、不协调、不适应的规范性文件及政策性文件，决定废止规范性文件1件、政策性文件16件，宣布失效规范性文件22件、政策性文件1件。建立沙坡头区行政规范性文件目录，集中规范公开现行有效的区政府行政规范性文件36件，乡镇部门行政规范性文件13件。

【公开平台建设】 2023年，政务公开办升级政府网站，新开设5个专题专栏，完成适老化、无障碍功能改造。区政府网站累计浏览量近200万次。开发建设沙坡头区村务公开小程序，规范化新改建村务公开栏161个，通过线上线下齐发力，推动村级事务信息公开。印发《关于开展政务新媒体清理整治工作的通知》，关停群众关注度低、公开质效欠佳的政务新媒体3个，新增备案政务新媒体1个。完善以“沙坡头区政府网”为龙头的政务新媒体矩阵运行水平，全区政务新媒体联动发布机制初步形成，全年共组织联动转载发布重大信息23次。2023年，政务新媒体累计关注量近9万人次。

【监督保障】 2023年，政务公开办组织46名学员赴重庆市渝中区学习政务公开先进经验做法，邀请市政府政务公开办公室负责同志开展专题辅导培训，实现“区级+部门+乡镇”人员全覆盖，进一步提高政务公开领导干部业务能力水平。制定政务公开考核细则，将政务公开工作列入年度效能目标考核范围，着力推动各项工作落实；坚持每季度检查通报，印发检查通报4期，年中进行实地业务检查指导1次，并将全年检查通报情况作为效能目标考核打分依据，充分发挥监督机制的刚性约束作用。2023年沙坡头区未发生因政府信息公开问题的责任追究情况。在区政府门户网站首页和微信公众号设置“沙坡头区政务公开社会评议调查问卷”，畅通群众发表意见建议渠道，充分保障人民群众的监督权。

【重点领域信息公开】 2023年沙坡头区印发“十四五”规划文件6个，聚焦“六新六特六优”产业发展，印发《构建沙坡头区农业产业高质量发展“十大体系”》《2023年沙坡头区奶产业高质量发展工作方案》《沙坡头区苹果产业振兴扶持方案(2023—2025年)》等重要文件；开设招商引资专栏，发布招商政策、招商动态等信息8条，积极营造高质量发展良好氛围。链接自治区人社厅“2023年‘就业创业促进年’活动”专栏，并制定印发《沙坡头区“就业创业促进年”活动工作方案》，促进高质量充分就业；通过“沙坡头区社会保障局”“沙坡头区退役军人事务局”等政务新媒体账号做好就业帮扶、技能培训、公益性岗位等政策及服务发布信息32条；组织开展“金蛙国际艺术节”“朝天椒产业发展”“美丽乡村旅游精品线路”推介会及沙坡头区重大项目建设开工仪式，发布文旅产业发展信息90余条。建立法治政府建设专栏，内容发布采用司法局、政府办公室双部门联审机制，确保公开信息规范化和准确性；加大司法行政信息公开，及时发布“双随机、一公开”行政执法以及普法、法律服务方面信息163条；深化公共财政事权信息公开，发布单位预算、决算、行政事业性收费目录清单等信息282条；开设2023年政府工作报告专栏，归集公开政府工作报告，各乡镇、各部门(单位)按季度公开本级政府工作报告重点任务、民生实事办理情况。

【政策公开服务】 2023年，沙坡头区依法编制沙坡头区重大行政决策事项目录，通过政府网站及时向社会公开，并发布意见征集同步对政策草案进行解读，引导公众发表意见建议参与决策。完善公文公开源头管理，科学界定公开属性，持续推动应公开尽公开。围绕"卫沙政规发"和"卫沙政办规发"，建立行政规范性文件库，显著标识有效性或有效期，并建立健全行政规范性文件及时归集和动态更新工作机制。立足达到"政策+解读+办事"的综合解读服务目标，年内共制作发布文件图解79个、视频动画解读11个、文字解读32个、媒体解读2个，录制"政策公开讲"访谈节目19期，进一步提高政策解读质效，确保人民群众看得见、听得懂、好理解。印发《关于组织开展"政策找人、政策找企业"活动的通知》，持续推动政策个性化、主动化供给，组织"政策进社区""政策进楼宇""政策进园区"等定向推送活动10余次；编印《沙坡头区促进中小微企业发展有关政策汇编》，实现"政策找人、政策找企业"。

【公众参与和政民互动】 2023年，政务公开办统筹做好12345热线、网民留言等政民互动渠道的日常维护，严格落实办理时限，一般信件5个工作日内办结，2023年按时办结市民热线5850件，网民留言41件。加强对全区政府信息依申请公开工作的指导，解答相关部门单位依申请公开件处理疑问10余次。同时，针对涉及多个部门和单位的信息公开申请，开展部门联动研究会商，并按时、按程序予以答复。制定2023年"政府开放月"活动方案，发放政务公开宣传品3.2万余件，组织开展活动23场，邀请企业和群众代表500余人"零距离"体验政府工作。

【政务公开规范化建设】 2023年，政务公开办立足"数字乡村"建设，融合沙坡头区文旅元素，开发建设沙坡头区村务公开小程序，规范化新建村务公开栏86个，标准化改建村务公开栏75个，依托全区村务公开基准目录(标准版)，指导各镇村主动公开党务、村务、财务信息。严格落实网络意识形态工作责任制，加强政府网站和政务新媒体内容管理，做好日常巡查与维护；贯彻落实《政府网站发展指引》要求，改造完成政府网站适老化和无障碍浏览功能；按照"专栏姓专"的工作定位，调整优化政府门户网站栏目结构，设置政府工作报告、法治政府建设等专题，提升网站规范性和便民性；规范办理"我为政府网站找错"网民留言答复1条。常态化开展政府系统网络工作群排查清理2次。

信　访

【概　况】 2023年，沙坡头区始终坚持以习近平新时代中国特色社会主义思想为指导，深入贯彻党的二十大精神，学习贯彻习近平总书记关于加强和改进人民信访工作的重要思想，紧紧围绕党和国家工作大局，忠诚履行为民解难、为党分忧的政治责任，全面落实"135"施工路线图，主题教育走深走实，信访问题源头治理深入推进，《信访工作条例》有效落实，机关党的建设和干部队伍建设持续加强，推动沙坡头区信访工作高质量发展，全力服务沙坡头区经济社会发展，有效维护社会安全稳定。

【信访宣传】 2023年，沙坡头区制定印发《关于开展信访工作条例+落实年活动的实施方案》《组织开展〈信访工作条例〉实施一周年宣传日活动》《开展〈信访工作条例〉实施一周年主题宣传活动》，广泛开展《信访工作条例》学习宣传活动，全方位营造学习宣传的浓厚氛围。全年组织各乡镇、部门共召开党委(党组)、理论学习中心组、干部集中学习会议专题学习80余次，转载宣传1000余次，开展条例进乡村、进社区等活动60余次，发放资料20000余份，悬挂横幅、电子屏、宣传海报210余条，政策咨询服务1000余人次，开展《信访工作条例》专项检查1次，通报1次，推动《信访工作条例》宣传学习走深走实。

【制度建设】 2023年，沙坡头区严格落实领导坐班接访制度。每天保证一名区级领导及部门负责人在信访大厅接访，共有24名区级领导、36名部门负责人坐班接访350余次。制定印发《沙坡头区推进人民调解员、律师、法律工作者参与化解信访事项暂行办法》等。

【社会风险隐患排查化解】 2023年，沙坡头区依据自治区信联办《关于开展信访问题源头治理三年攻坚行动实施方案》，重点围绕婚姻家庭、情感纠纷、邻里争执、债务纠纷等突出的矛盾纠纷，充分发挥网格管理作用，深入开展社会风险隐患排查化解整治活动。

政协中卫市沙坡头区委员会

综 述

【概 况】 2023年,沙坡头区政协常委会坚持以习近平新时代中国特色社会主义思想为指导,深入贯彻落实中央政协工作会议和习近平总书记视察宁夏重要讲话指示批示精神,坚持党的领导、统一战线、协商民主有机结合,在服务大局中找准坐标,在推动发展中主动作为,以良好精神面貌、饱满履职热情、务实工作作风,全力以赴在“抓产业 办实事 强治理 转作风”的火热实践中履职尽责、贡献力量。

【理论武装】 2023年,沙坡头区政协常委会落实理论学习“第一议题”制度,采取参加主题教育读书班系统学,研学必读书目原原本本学,关注最新理论及时跟进学,参加“沿着总书记足迹 感悟思想伟力”实践活动学用结合研讨学,围绕最新重要论述联系实际专题学,并结合区情实际,开展“树立正确政绩观 践行‘四下基层’ 高质量发展中如何作为”等专题大讨论,举办“感恩总书记 奋进新征程”理论大宣讲和“牢记总书记嘱托 铸牢中华民族共同体意识”政协委员“大讲堂”活动,实现理论宣讲辅导学。始终把政治建设摆在首位,把对党忠诚作为最重要的政治品格,团结教育引导各族各界代表人士在政治立场、政治方向、政治原则、政治道路上始终同党中央保持高度一致,切实筑牢信仰之基、把准前行之舵、高扬信仰之帆。把学习宣传贯彻党的二十大精神作为统揽各项工作的总纲,通过政协党组中心组学习、主席会议集体学习、常委会法制讲座、专题学习研讨、专题党课和党支部“三会一课”、主题党日等形式,开展“学习贯彻习近平总书记关于加强和改进人民政协工作的重要思想”宣讲活动,深入学习贯彻中央和各级党委政协工作会议精神。认真贯彻落实自治区政协主席陈雍来沙调研精神,注重深层调研,推进协商计划,切实把履职重点放在党委重大事项的对策研究上,放在改革发展稳定深层次问题破解上,放在人民群众关心关注的热点难点问题解决上,真正把“为群众做了多少好事实事作为检验政绩重要标准”的要求落实到协商工作之中。坚决贯彻各级党代会重大部署,做到政协的一切工作在党的领导下开展,一切重要活动围绕党的中心任务进行,一切重要安排报区委审批后实施。扎实落实自治区党委十三届四次、五次全会精神，印发“安全生产年”活动方案，倡议委员参与安全生产工作，开展安全生产常态化民主监督，举办消防安全和生态环保政策解读专题讲座，班子成员指导包抓镇村（居）开展安全生产大排查、生态环境大整治、生态修复大推进、文明城市大创建，在为期4个月的安全生产和生态环保大排查、大整治中，共排查整改各类问题隐患900余条，此项工作被自治区政协办公厅通报表扬，呈送的“加强餐饮油烟管理”和“盘活利用闲置校产”民情专报获自治区党委主要领导批示。通过服务中心、落实部署和有效工作，体现了政协在急难险重、关键时刻的担当作为。

【协商议政】 2023年，沙坡头区政协常委会立足“党政所想、形势所需、群众所盼、政协所能”，紧盯沙坡头区高质量发展规划，从大局着眼、小事着手，围绕促企业发展、强教育医疗、抓民生保障等关注点协商确定六大协商议题，精准选好课题，精心制定协商活动方案，既对标中央精神，又结合沙坡头区实际，走好履职“最先一步”。同时，在“专”出特色、“专”出质量、“专”出水平上下功夫，充分发挥专门协商机构作用，打造符合实际的协商议政载体，构建形成以全委会协商为龙头，以专题议政性常委会、调研协商座谈会、对口协商恳谈会、有事好商量等为常态的协商议政格局，以“解民之所需、政之所困”的情怀，把脉问诊找症结，对症下药开良方，为助推区委和区政府各项重大决策的落实搭好协商平台。推进环香山压砂地生态修复、安全生产、巩固拓展脱贫攻坚成果同乡村振兴有效衔接反馈问题整改等工作。认真履行河湖长职责，每月及时开展包抓河湖的巡查，督导河道治理工作。督促柔远镇做好黄河文化集市（莫楼）项目筹备、场地置换等工作。督导自治区党委十三届四次、五次全会精神贯彻落实情况及常乐胜境项目招商及推进。指导永康镇永新村完善2023年移民致富提升方案、谋划乡村振兴和党支部领办合作社运行工作，协调建设永新小学综合楼、村庄生产路硬化等。围绕“后疫情时代如何促进中小企业健康发展”和“农村医疗卫生体系建设”开展专题议政性常委会会议协商，提出8个方面25条意见建议；围绕“农村闲置宅基地盘活利用情况”和“推进中部干旱带高效节水农业设施建设助推产业发展”开展调研协商，提出7个方面14条意见建议。围绕“‘抓办强转’专项行动落实情况”和“振兴苹果产业”开展监督性视察，提出9个方面17条意见建议。围绕“小区停车位的管理和使用”“四季鲜市场南大门外东侧打造标准化‘三集中’区”“对红油公路进行修缮和加强管护”“优化农村闲置教育资源”等开展对口协商活动。

【建言献策】 2023年，沙坡头区政协常委会围绕区委二届四次全会作出的重点部署，对标“五大战略”，紧盯“六个一百”，围绕“促进中小企业健康发展”和“加强农村医疗卫生体系建设”召开专题议政性常委会会议，委员们提出破解发展瓶颈、推动民营经济和医疗卫生事业高质量发展的7个方面24条意见建议；围绕“推进环香山地区高效节水农业设施建设　助推产业发展”深入协商，提出加快高效节水灌溉示范工程建设、科学配置水资源、优化种植结构、着力培育后续产业等建议，报送的“对银行不合理规定应予及时规范和纠治的建议”被全国政协采纳，“在中部干旱带推广软体集雨水窖技术的建议”获自治区政协主要领导和自治区政府分管领导批示；围绕“盘活利用农村闲置宅基地和闲置农房”召开调研协商会，就健全机制、搭建平台，强化服务、统筹推进，立足优势、试点先行等提出意见建议；围绕“振兴苹果产业”开展监督性视察，全力促进苹果产业提质增效。

【民主监督】 2023年，沙坡头区政协常委会坚持把协商民主贯穿于民主监督全过程，邀请区委和区政府分管领导通报全区经济发展形势、医疗卫生事业发展情况，搭建知情明政平台，引导委员进一步把握经济走势、增强发展信心，助推民生保障有力、经济回升向好；组织委员依法参加区委和政府组织的调查、检查、听证等活动，依章听取组织、发改、卫健等21个部门工作推进情况通报，依规民主评议区司法局效能及行风建设，帮助查找短板、解决问题、改进工作；走访联系民营企业，组织开展重点项目建设、社会治理成效及“数字宁夏 美丽中国”等季度观摩活动；探索“课题式”民主监督，聚焦衣食住行、文教医旅、“抓办强转”等群众关心关注的要事，以政协提案、社情民意、大会发言等形式及时反映群众诉求，推进成果转化。着力推动提案质量、办理质量、服务质量同向发力，力促50件“民生清单”提案取得办理成效。通过深度调研，“有效解决国道G338线部分路段车辆通行缓慢问题”和“关于调整规模养殖辅助设施用地相关政策的建议”等关乎民生及经济社会发展的意见建议搭上“直通车”，通过自治区“12345”平台转相关厅局办理。坚持民心所向、政协所往，坚持说得对、议得准、讲得透，瞄准“小区停车难”“规范流动商贩经营”“加快农村电商发展”等适时发生的热点话题，用好话语权，做到言为民所建、策为政所献、利为民所谋，用心用情推动解决群众牵肠挂肚的事。

【服务社会】 2023年，沙坡头区政协常委会先后建成民革界别、张翠燕委员等7个委员会客室，赵建军、王朝武、曹慧萍等委员会客室的特色活动深得自治区政协领导的肯定。组织医药卫生界别委员赴帮扶村（社区）开展“义诊送健康”“情暖重阳节”活动，提供诊疗服务150余人次，发动委员为滨河镇瑞丰、阳光、新墩花园社区“老饭桌”和慈爱康复中心、长友敬老院等8家单位捐助米面油菜4.5万元；广泛发动经济界、工商界委员帮助兴仁镇、香山乡和永康镇销售硒砂瓜、辣椒、蔬菜等农产品。做实做细对口协商、有事多商量等“微协商”品牌，引导委员下沉一线、走进村企，围绕群众思想认识的困惑点、利益冲突的交织点、现实矛盾的多发点，与群众面对面畅所欲言，更好地解疑释惑、协调关系，理顺情绪、化解矛盾，推动政协协商与基层协商有效衔接，促进社会更加和谐稳定。

【文史资料整理】 2023年，沙坡头区政协常委会深学细研习近平文化思想内涵实质，深究文史工作薄弱根源，拜访看望老专家、老学者和文史收藏者，征集到行业志手稿5卷110万字、地方文史资料70余万字、学校史料10卷30余万字，征集各行各业老照片4万余张。编撰出版了50万字的《沙坡头区政协志》和15万字的《沙坡头区文史资料》第二辑（文旅专辑）。加强与宁夏电视台的合作，制定了《口述中卫》策划实施方案，以文、物、景为类别，通过3大主题、25集选题，对“老中卫”的人文历史、物产风物、多元文化进行讲述宣介，着力提升沙坡头区知名度和美誉度。倾力打造“书香政协”履职品牌，建成兼具“思想引领、凝聚共识、协商议政、沟通联络、委员履职、读书分享”六大功能的“政协书苑”新阵地，切实强化阵地功能，着力唱响沙坡头区好声音，弘扬克难奋进正能量，汇聚团结拼搏大合力。

【招商引资】 2023年，沙坡头区政协常委会坚持以商招商、出门招商、请商来访等方式，积极主动牵线搭桥助力招商引资，先后到山东、河南、内蒙古等地开展招商活动，邀请西安西电集团、北京山海文旅、内蒙古古道农业公司、浙江正泰数字能源、宁夏红山河食品公司、佛山微宿科技有限公司等企业来沙考察，并召开古村落开发与保护、农业特色产品种植与加工、新能源项目投资座谈会，力促3.5亿元分散式风力发电项目、农村屋顶光伏项目、太空舱制造项目落地沙坡头区。一年来，累计开展招商引资活动17次，收集招商信息线索30余条，力促3.5亿元分散式风力发电项目、农村屋顶光伏项目、太空舱制造项目落地。

【调查研究】 2023年，沙坡头区政协常委会把“四下基层”作为破茧成蝶、打通服务群众“最后一公里”的突破口，依托11个三级委员联络站，认真落实委员下访制度，围绕“六大提升行动”、压砂地生态修复、农文旅融合发展等难题，深入村队社区、田间地头、企业车间，访农家、听民声，手握真情、脚沾泥土，开展联动调研、蹲点调研，直插现场“解剖麻雀”，把情况摸细、把问题找准、把建议提实，做到调查不深不协商、研究不透不议政。一年来，班子成员共下基层175次、蹲点调研12天，帮助解决问题42个，为民办实事好事18件。先后组织各类调研、视察18次，观摩4次。

【民主评议】 2023年7—9月，区政协组织部分政协委员，利用3个月时间，对区司法局效能及行风建设工作开展民主评议。经测评，区司法局效能及行风建设为“满意”等次。

【提案督办】 2023年，区政协二届一次会议共收到提案145件，立案59件，超出事权范围转交上级12件，转为社情民意信息41件，转交“两办”提案50件(其中遴选重点提案10件)，与区政府办定期进行督办。区政协主要领导带队对10件重点提案逐一进行了现场督办，办结率96%、办复率100%。

【社情民意】 2023年，区政协提案和委员联络委共收到委员提交社情民意信息112件，采用82件，其中向自治区政协上报13件(采用7件)，向中卫市政协上报19件(采用6件)，向区委和政府上报50件(反馈47件)。围绕“延长怀远早市、沙渠桥头晚市开放时间”“在G338（沙坡头区段)沿线学校门口道路安装减速带及交通安全标志牌”“福润苑南区流动商贩纳入便民菜市场经营管理”“加快农村电商发展”等方面开展“有事好商量”，形成并上报社情民意信息8篇。

【专题宣讲】 2023年，区政协党组书记、主席冯玉森到永康镇永新村围绕《习近平谈治国理政》第四卷和党的二十大精神进行专题宣讲，在滨河镇新墩花园社区以“习近平总书记关于加强和改进人民政协工作的重要思想”为题进行宣讲，在永康镇以“牢记总书记嘱托　走好新的长征路——在主题教育中扎实践行习近平总书记视察宁夏重要讲话指示批示精神”为主题，讲授“感恩总书记　奋进新征程”专题党课。

【季度观摩】 2023年，区政协按照年度工作安排，每季度确定不同主题和观摩点，组织委员进行观摩学习。一季度，以“后疫情时代如何促进中小企业健康发展”为主题，于3月9—10日组织35名政协委员和机关干部先后深入宁夏科豪陶瓷公司、光明牧业、中卫市阳光沐场农牧有限公司等16个调研点，通过实地察看、听取汇报、座谈交流、专题协商等方式，进行专题调研观摩，并召开专题座谈会；二季度，以“重点项目建设情况”为主题，于6月9日组织50名政协委员和机关干部先后到宁夏阜民丰牧业奶牛养殖场、香山乡、宣和镇等8个观摩点开展并召开座谈会，听取意见建议；三季度，以“委员提案办理情况”为主题，于8月10日组织提案委员实地到迎水桥镇卫生院、沙坡头新镇浮雕保护传承基地、中卫市第十二小学、黑山村和文昌镇金河小区一期老旧小区改造等调研相关提案办理情况；四季度，以“数字宁夏·美丽中国”为主题，于10月25日组织30名政协委员和机关干部到宁夏地质博物馆、宁夏广电网络点公司数字展览馆等观摩学习。

【委员讲堂】 2023年，区政协打造7个委员会客室，定期举办委员大讲堂活动，发挥三级政协委员联络室、委员会客室作用。李小刚委员以“全面建设社会主义现代化国家的政治宣言和行动纲领”为主题，对党的二十大精神进行全面系统的宣讲；张志斌委员围绕“铸牢中华民族共同体意识、推进新时代民族工作高质量发展”进行宣讲；区政协提案和委员联络委负责人围绕《中华人民共和国民法典》进行宣讲。全年共开展委员大讲堂7期，举办9期委员阅读分享活动，参与并受益委员300余人次。

【委员培训】 2023年5月22—26日，区政协组织40名政协委员和机关干部开展“乡村振兴与产业发展”专题培训班，银川市委党校教授沈国琴就黄河流域生态保护和高质量发展进行专题讲座。参训委员先后深入固原市黄铎堡镇湖羊养殖园区、三营镇安和村肉牛养殖园区等22个观摩点进行观摩教学并召开座谈会，18名政协委员进行交流分享。8月20—25日，在河南省举办“传承红色精神助力乡村振兴”专题培训班，邀请河南省孔留根教授、红旗渠灌区管理处副处长周锐常分别就“从中国共产党人的精神谱系中汲取乡村振兴力量”“红旗渠精神及其时代价值”开展了专题讲座，参训委员先后深入河南省开封市廉政警示教育基地、林州市郭亮村等教学点进行观摩学习。

【对外交流】 2023年4月11日，云南省楚雄市政协党组副书记、副主席王崇福一行考察学习沙坡头区民族团结进步示范区创建等工作，区政协副主席梁清江陪同调研；4月14日，自治区政协调研组对沙坡头区“国土绿化、荒漠化治理”进行督查调研，副区长高怀雷、区政协副主席梁清江陪同调研；4月26日，自治区政协副主席王和山一行就“矿山修复治理、创建国家公园”工作进行专题调研，区政协主席冯玉森、副区长徐郑应陪同调研；6月16日，自治区政协主席陈雍一行到沙坡头区调研指导政协工作，市政协主席杨文生、沙坡头区政协主席冯玉森陪同调研，并就沙坡头区政协近年来工作开展情况及“政协书苑”建设情况作现场汇报；6月27日，广西壮族自治区东兴市政协副主席邓立强一行就沙坡头区民族教育发展工作进行考察学习，区政协副主席张艳霞陪同考察；7月5—6日，自治区政协常委、人口资源环境委员会驻会副主任王杨宝一行就住房和就业救助群体情况方面的先进经验进行考察调研，区政协副主席张艳霞陪同考察；7月8日，广东省政协副主席王学成一行就推动提案工作高质量发展等进行考察；7月21日，湖北省政协副主席张柏青一行及自治区政协考察组一行就沙坡头区“国家公园建设”进行调研考察，沙坡头区政协副主席何建忠陪同考察；7月28日，山东省临清市政协主席秦荣菊一行观摩考察社区治理先进经验，区政协副主席张艳霞陪同考察；8月4日，山西省政协副主席李正印一行及自治区政协考察组一行就黄河流域生态保护等进行考察调研，区政协副主席何建忠陪同考察；12月28日，自治区政协副主席马秀珍一行到沙坡头区调研指导政协工作，并参加中卫市“七病”医防一体化暨心脑血管疾病综合防控惠民工程启动仪式，实地调研区政协委员民营企业——天康口腔医院运营情况，市政协副主席冯忠铁、区政协主席冯玉森陪同调研并参加座谈会。

【能力建设】 2023年，沙坡头区政协常委会发扬政协读书学习的优良传统，把提高思想理论素养作为“两支队伍”建设的主要抓手，举办为期21天的“乡村振兴与产业发展”和“传承红色精神　助力乡村振兴”专题培训班,开展“抓产业　办实事　强治理　转作风”和“推进生态文明　建设美丽沙坡头区”等4期主题读书分享活动,持之以恒做好常委会前“讲法”、一线履职中“普法”和委员线上每日“学法”、每月“考法”活动,连续推送委员学法卡片640期2150条、比赛竞答1660人次。组织委员和机关干部赴廉政教育基地和黄湾村党员教育课堂开展“沿着总书记足迹　感悟思想伟力”活动,持续加强理论武装,提高委员们在政治上全局上审视、思考、分析问题的素养和能力。坚持激励约束并重、服务管理并行,修订委员履职赋分考核办法(试行),向委员及其所在单位通报履职情况3次,并将委员全部编入专委会,增强委员的组织归属感和履职责任感。

【综合保障】 2023年,政协办公室起草总结汇报材料100余篇,制发各类文件100余份,承办各类会议80余次,统筹服务保障14次,考察学习24次。牵头抓好主题教育,开展观摩学习、党性教育活动6次,主题宣传宣讲18次,完成问题整改5条,开展廉政警示教育、案例教学4次。扎实开展“四大活动”,深入推进“抓办强转”专项行动,打造完善“政协书苑”并投入使用。围绕4个主题开展读书分享活动9次;协助排查整改安全生产隐患问题900余条;协助处级领导落实好党支部领办合作社、“六大提升行动”、压砂地生态修复。

重要会议

【二届三次全体委员会议】 2023年12月19日至21日,中国人民政治协商会议中卫市沙坡头区第二届委员会第三次全体会议在中卫金庭酒店会议中心举行。大会应到委员157人,实到147人,区政协主席冯玉森代表政协中卫市沙坡头区委员会常务委员会向大会做工作报告;沙坡头区政协副主席张艳霞向大会做提案工作情况报告;区委书记宗立冬出席会议并讲话,区委副书记、区长丁志军等区级领导到会祝贺,听取大会发言,参加分组讨论。会议听取并审议通过沙坡头区政协常委会工作报告和提案工作情况报告,审议通过区政协2024年协商民主工作计划和提案审查情况的报告。委员们列席沙坡头区第二届人民代表大会第三次会议,听取并讨论沙坡头区人民政府工作报告和其他报告。会议补选5名常务委员会委员。

【二届十次常委会会议】 2023年2月24日,二届十次常委会会议在区行政中心六楼东会议室召开,区政协主席冯玉森主持会议。会上,邀请陈颐萱律师专题讲解《宁夏建设黄河流域生态保护和高质量发展先行区促进条例》;集中学习习近平总书记在学习贯彻党的二十大精神研讨班开班式上的重要讲话、同党外人士座谈会及全国政协举行新年茶话会精神;学习中央1号文件、中央经济工作、农村工作会议和全国、全区统战部长会议及自治区、中卫市两会精神;通报政协中卫市沙坡头区二届二次会议提案及重点提案交办工作情况;审议区政协委员履职考核办法(试行)和区政协常委会2023年工作要点及工作责任分工。

【二届十一次(专题议政性)常委会会议】 2023年4月10日,二届十一次(“后疫情时代促进中小企业健康发展”专题议政性常委会)常委会会议在区行政中心六楼东会议室召开,区政协主席冯玉森主持会议。会上,邀请魏慧茹律师专题讲解《宁夏回族自治区优化营商环境条例》;集中学习习近平总书记在全国两会期间的重要讲话精神,梁言顺、张雨浦同志在自治区民营经济高质量发展暨营商环境全方位提升推进大会上的讲话精神;区委常委、副区长兰雄通报后疫情时代沙坡头区促进中小企业健康发展工作推进情况，区政协副主席何建忠通报协商报告形成情况；对协商报告开展协商讨论和审议；审议有关人事事宜。

【二届十二次常委会会议】 2023年7月4日，二届十二次常委会会议在区行政中心6楼东会议室召开，区政协主席冯玉森主持会议。会上，举办“关于执行工作中的法律法规”专题讲座；集中学习习近平总书记近期有关重要讲话精神，全国及自治区政协有关会议精神，梁言顺、张雨浦同志在自治区重点项目建设视频调度会和一季度经济形势分析会上的讲话精神；听取区纪委监委、区委宣传部等6个部门工作推进情况通报；审议《关于沙坡头区农村闲置宅基地和闲置农房盘活利用情况的调研报告》及区政协委员增补事宜。

【二届十三次(专题议政性)常委会会议】 2023年9月15日，区政协“加快产业转型促进乡村振兴”专题议政性常委会会议在区行政中心6楼东会议室召开，区政协主席冯玉森主持会议。区委、区政府分管领导，区委组织部等部门及8个乡镇负责人列席会议。会议举办《中华人民共和国乡村振兴促进法》专题讲座；集中学习习近平总书记近期重要讲话精神和中央、全国政协有关工作及乡村振兴工作会议精神；通报沙坡头区加快产业转型促进乡村振兴工作推进情况；审议《沙坡头区加快产业转型促进乡村振兴专题协商报告》。

【二届十四次常委会会议】 2023年12月6日，二届十四次常委会会议在区行政中心6楼东会议室召开，区政协主席冯玉森主持会议。会上，举办民法典专题讲座；集中学习习近平总书记论发展社会主义民主政治精神、《中国人民政治协商会议章程》和全区政协秘书长和办公厅(室)主任会议精神、自治区党委十三届五次全会、中卫市委五届八次全会和沙坡头区委二届六次全会精神；审议《关于中部干旱带高效节水农业设施建设助推产业发展情况的调研报告》《关于沙坡头区政协委员民主评议区司法局效能及行风建设工作情况的报告》；听取区政协各委室2023年工作总结暨2024年工作思路汇报、政协中卫市沙坡头区第二届委员会第二次全体会议以来委员提案办理情况的通报；审议《政协中卫市沙坡头区委员会2023年协商民主工作计划执行情况报告》《政协中卫市沙坡头区委员会2024年协商民主工作计划》；审议召开二届三次全体会议有关事宜和委员补选事宜。

【二届十五次常委会会议】 2023年12月20日，二届十五次常委会会议在中卫金庭酒店召开，区政协主席冯玉森主持会议。会议审议沙坡头区政协2024年协商民主工作计划、二届三次全体会议政治决议、常委会工作报告的决议、提案工作报告的决议和提案审查情况的报告；审议二届三次全体会议选举办法、补选常务委员会委员候选人建议名单及总监票人、监票人建议名单。

【二届十六次常委会会议】 2023年12月21日，二届十五次常委会会议在中卫金庭酒店召开，区政协主席冯玉森主持会议。会议审议沙坡头区政协二届三次全体会议政治决议、常委会工作报告的决议、提案工作报告的决议和提案审查委员会提案审查情况报告。

【二届十七次常委会会议】 2023年12月21日，二届十七次常委会会议在中卫金庭酒店召开，区政协主席冯玉森主持会议。会议听取选举情况汇报；宣布常务委员会委员选举结果。

专门委员会

【提案和委员联络委员会】 2023年，政协二届二次会议以来共征集提案145件，立案59件，转交“两办”提案50件。遴选重点提案10件。共征集上报社情民意信息112件，被采用81件；撰写投送宁夏政协履职通各类业务工作信息12篇，被《华兴时报》采用5篇。采取书面督办、“对口”督办、现场督办等方式对提案办理情况进行督办；举办3期委员培训学习班。举办“委员大讲堂”7期。

【经济委员会】 2023年，经济委员会围绕“关于后疫情时代促进中小企业健康发展”开展专题议政性协商，形成协商报告；围绕“振兴苹果产业”开展监督性视察，形成了视察报告。针对“农村电商发展方面存在问题”组织委员开展“有事好商量”协商议事活动，提交社情民意信息1篇。围绕“红油公路进行修缮和加强管护方面的问题”开展对口协商，形成社情民意信息。

【教科文卫体委员会】 2023年，教科文卫体委员会组织部分政协委员围绕“加强乡村医疗卫生服务体系建设”开展专题调研协商，提出意见建议12条；就“健全完善G338沿线学校门口道路交通安全标志和相关安全设施”开展“有事好商量”协商议事活动；围绕“学校闲置资源未充分有效利用问题”进行对口协商；组织开展“校园安全”民主监督和下基层送健康义诊活动；积极做好文史资料工作，并编写了《2022年沙坡头区政协年鉴》和《自治区政协年鉴（沙坡头区篇）》，完成《沙坡头区政协志》的编撰出版工作。

【社会治理委员会】 2023年，社会治理委员会组织部分政协委员围绕“农村闲置宅基地盘活利用情况”开展专题调研，共提出意见建议18条并形成调研报告；围绕“怀远路便民市场增设晚市”开展“有事好商量”协商议事活动，提出建议两条；针对“城区公共停车位的管理和使用”现状进行对口协商，提交社情民意3篇；组织部分政协委员利用3个月时间对区司法局效能及行风建设工作开展民主评议。完成44篇15万余字的《沙坡头区文史资料》第二辑（文旅专辑）的征集、整理、编印等工作。坚持常态化开展委员线上“学法”活动，共推送线上普法卡片637期2151条，委员讲法5次。组织网上普法知识竞赛12次，合计1666余人次参加。完成了政协二届三次全体会议期间会务保障等服务工作。开展了3期委员集中学习和阅读分享活动。提交大会发言3篇，提交社情民意信息23篇均被采用。

纪委监委

综　述

【主题教育】　2023年，沙坡头区纪检监察机关坚持不懈用习近平新时代中国特色社会主义思想凝心铸魂，严格执行“第一议题”制度和“双随机”学习交流机制，扎实开展“四大”活动，召开纪委常委会、理论学习中心组集体学习45场次，跟进传达学习习近平总书记视察宁夏重要讲话指示批示精神，交流研讨110余人次。持续深化党性教育和纪律教育，班子成员带头讲专题党课、作廉政教育报告13场次，开展“进军营”和红色教育等主题实践活动，不断擦亮绝对忠诚的政治底色。牵头抓好主题教育整改整治，督促梳理整改突出问题419个，统筹推进“8+1”专项整治，推动解决人民群众反映强烈的“办证难”“看病难”等问题，以实绩实效推动主题教育走深走实。建立教育整顿边学习、边整改、边提升工作机制，严格落实“四必谈”要求，对照“六个是否”开展自查自纠6轮次，自查问题610余个，逐人制定问题清单、同步推进整改。统筹开展违规办案、案件质量问题等5个专项整治，建立健全人员管理、案件移送、办案安全等制度28项，推动严管严治常态长效。高质高效抓好上级督导反馈问题整改，制定整改措施241条，整改率达100%，得到中央、自治区督导组充分肯定。沙坡头区教育整顿工作在全区获评优秀等次。

【整肃纪律作风】　2023年，沙坡头区纪检监察机关全面清仓起底党的十八大以来纪检监察干部问题线索43件，对照“五个是否”“五个有无”精准自查研判，均维持原处理意见；教育整顿期间新受理问题线索3件，组织处理3人，给予党纪处分1人并调离纪检监察队伍，干部队伍实现思想重建、作风重振、形象重塑。

【执纪监督】　2023年，沙坡头区纪检监察机关对压砂地退出种植、农村户厕改造、村党支部领办合作社等乡村振兴重点任务落实情况跟进监督，督促整改问题71个，组织处理33人次。聚焦耕地保护责任落实不到位、违规占用耕地等问题开展专项监督，问责处理5人，督促整改违法图斑243个，倒逼耕地保护政治责任落到实处。聚焦重点领域安全隐患排查整治开展监督检查，严格落实干部“调”“究”机制，约谈提醒38人次，问责处理5人。配合自治区党委第一巡视组工作，积极整改自查问题15个，从严监督各级党组织抓好巡视反馈问题整改，办结巡视移交信访件35件，办结率85%。探索运用“三单两谈一报告”工作机制加强对“一把手”和领导班子监督，组织各级党组织“一把手”认真开展述责述廉，发送履责提醒单949份，提醒事项6974项，约谈提醒53人次，问责处理7人，对42名权力集中资金密集资源富集领域主要负责人提醒谈话，使“关键少数”明责尽责、知廉守廉。

【惩治腐败】 2023年，沙坡头区纪检监察机关共依规依纪依法受理信访举报286件，处置问题线索227件，初核146件，立案46人，给予党纪政务处分53人，组织处理47人，采取留置措施2人，移送检察机关审查起诉2人，收缴违规违纪资金91.5万元。坚持以案促改、促建、促治，深挖案件暴露出的思想教育、权力监管、制度落实、体制机制等方面问题，针对性制发纪检监察建议24份，推动整改民生、养老等领域问题31个，修订完善制度7项，督促发案单位召开处分决定宣布会、以案促改专题民主生活会（组织生活会）、警示教育大会53场次，查处一案、警示一片、治理一域的综合效应持续显现。深入推进新时代廉洁文化建设，以“4+7+N”活动为载体，开展“领导干部廉政警示教育周”活动，举办“清风扬正气·廉洁在我心”主题演讲比赛活动，打造东园镇白桥村家风馆，依托中卫市全面从严治党教育基地、滨河镇廉政警示教育厅等本土资源，分级分类组织1.2万余人接受警示教育，5000余人参加“党纪法规在我心”线上知识测试，有力促进党员干部明理铸魂、明纪崇廉、明责促行。

【作风建设】 2023年，沙坡头区纪检监察机关坚决贯彻落实中央八项规定及其实施细则精神，严格执行自治区“八条禁令”，坚持逢节必提醒、必督查、必通报，重要节点推送廉洁过节提醒、电子廉政专刊，开展纪律作风专项督查4轮次，严肃查处享乐主义、奢靡之风问题8起，处理处分9人，坚决斩断自由风及腐败链条。严肃整治党员干部酒（醉）驾及背后的“四风”问题，处分17人，通报曝光典型案例12起，持续释放一抓到底、一刻不松的强烈信号。全面梳理形式主义、官僚主义33项具体表现，精准有力开展专项整治，督促各级党组织自查整改问题7919个，健全完善制度160项，约谈提醒“躺平式”干部27人，严肃查处不担当、不作为等作风问题16件，处理处分29人。开展“清风进民企”廉洁教育系列活动，组织辖区民营企业家接受警示教育，引导民营企业守法经营。召开优化营商环境座谈会，选取10家民营企业作为营商环境监督联系点，常态化监督惠企政策落实、深化“放管服”改革、监管执法、服务企业等情况，及时收集解决营商环境相关问题，推动政商交往亲而有度、清而有为。

【专项治理】 2023年，沙坡头区纪检监察机关部署开展乡村振兴领域腐败和作风问题专项治理，聚焦政策帮扶、责任落实、项目管理、资金使用等关键环节强化监督，督促行业部门、乡镇自查整改问题150个，推动确权登记扶贫项目资产2043个、盘活低效扶贫项目资产3个，办结2021年以来乡村振兴领域问题线索60件，处理处分38人，保障惠民惠农政策真正惠及群众。深入开展教育领域侵害群众利益不正之风专项治理，紧盯维护教育公平、教育项目、资金管理等重点环节，督促自查整改问题155个，处置问题线索11件，处理处分5人，不断优化教书育人环境。扎实开展国有企业“靠企吃企”专项治理，持续深化粮食购销领域腐败问题专项整治，配合开展医药领域腐败问题集中整治，督促行业部门自查整改问题106个，立案2人，建章立制94项，推动行业风气持续向好。开展重复举报治理和业务范围外信访事项化解专项活动，梳理典型重复举报6件，化解率83%。深化群众身边腐败和不正之风专项整治，受理侵害群众利益问题线索123件，处理处分26人，督促行业部门办结群众反映问题588件，运用“监督一点通”平台公开惠民政策补贴等4400余项，访问量525万余人次，高效办结投诉举报51件，办结率达100%，群众合理诉求得到有效解决。

【党风廉政建设】 2023年，沙坡头区纪检监察机关坚决扛起全面从严治党协助职责和监督责任，明确党风廉政建设和反腐败工作任务，加强政治生态分析研判，提升信访举报、党风政风监督工作分析质量，积极为区委主体作用发挥提供有效载体。开展党风廉政建设责任制落实情况监督检查，下发督查通报、工作督办函88份，督促整改问题280余个，严肃查处管党治党责任落实不力问题5个，问责处理7人，推动“两个责任”贯通协同、一体落实。

【纪律建设】 2023年，沙坡头区纪检监察机关强化经常性纪律教育，推动各级党组织把党章党规党纪作为必修课，常态化开展任前谈话、廉政谈话110人次，教育引导党员干部切实把纪律规矩铭记于心、落实于行。强化对党员干部经常性监督，动态更新领导干部廉政档案，审慎回复党风廉政意见1368人次，提出暂缓或否定性意见11人次。坚持惩前毖后、治病救人，精准运用“四种形态”批评教育帮助和处理干部220人次，第一、第二种形态占比89.5%，实现由惩治极少数向管住大多数有效拓展。严格落实“三个区分开来”，回访教育受处分党员干部60人次，对处分期满表现优秀的干部及时向组织推荐，旗帜鲜明为担当者担当、为负责者负责。

【政治巡察】 2023年，沙坡头区纪检监察机关全面贯彻巡视工作方针，修订二届区委巡察工作五年规划，组织开展4轮对16个乡镇、部门党组织的常规巡察和52个村（社区）党组织“乡村一体巡”，发现“四个聚焦”方面突出问题983个，提交专题报告7份，移交问题线索5件，推动解决立行立改事项47件，清退违规发放资金14万元。大力推行“码上巡察”信访举报监督方式，建立健全巡察机构职责清单和内控制度19项，切实提升巡察工作规范化水平。制定巡察整改和成果运用实施办法，落实“双反馈、双报告”机制，及时向区级分管领导和被巡察党组织发送工作提示函22份，形成合力推动问题整改。加强巡察整改日常监督，通过“三方联审”反馈意见建议155条，推动整改问题299个，建立制度118项，二届区委第三、四、五轮巡察整改完成率达90%，有力解决强农惠农资金补发、烂尾楼拆除等一批急难愁盼问题。

【纪检监察工作体系建设】 2023年，沙坡头区纪检监察机关调整优化派驻机构监督单位，5个派驻纪检监察组全部实行综合派驻，推动监督体量更加合理、作用发挥更加有力。加强对派驻机构、乡镇纪委的领导指导，有效发挥“组组”协同监督、“室组”联动监督、“室组地”联合办案优势，以协作区开展监督9轮次，办结问题线索67件，立案15人。深化监察官法实施，完成区本级和乡镇纪检监察机构59名监察官等级首次确定工作。统筹县乡村三级监督力量，充分发挥村监会、村级纪检委员监督“前哨”作用，推动解决群众反映问题330余个。推动查办腐败案件行动迅速、衔接顺畅、精准有力。完善信息沟通、线索移送、措施配合机制，对监督任务实行清单化管理，制发监督清单112份，推进“四项监督”统筹衔接。推动“纪巡审”三类监督贯通协同，制定协作配合具体措施，加强与司法、财政、统计等监督力量的协作配合，促进各类监督在决策部署指挥、资源力量整合、措施手段运用上统筹更有力、衔接更顺畅。推行“案卷评查联审”“乡案县审”工作机制，优化文书模板、规范措施使用，案件查办质效有效提升，在2023年全区纪检监察机关执纪执法工作评查中，优质案件率达100%。

巡察工作

【组织领导】 2023年，区委常委会传达学习巡视巡察相关会议精神、研究部署工作9次，召开书记专题会议听取巡察情况汇报3次，听取巡察情况报告10份，领导班子评价报告、问题线索报告等50份，点人点事58件。巡察工作领导小组召开会议传达学习各级巡视巡察工作会议和文件精神、研究部署重点工作8次，审议巡察情况报告10份，领导班子评价报告、问题线索报告等50份。

【政治巡察】 2023年，区委巡察办围绕“四个聚焦”共开展4轮巡察。其中，开展三轮上下联动巡察，一轮常规巡察。按照上下联动巡察工作部署，二届区委第三轮巡察与中卫市同步开展对农业农村局、乡村振兴局、旅游和文化体育广电局的巡察，第四轮巡察与中卫市同步开展对应急管理局的巡察，第六轮巡察与中卫市同步开展对编办、政法委的巡察。截至年底，二届区委第三、四、五、六轮完成了对区农业农村局、区住房城乡建设和交通局、区委政法委等14个单位党组织，滨河镇、宣和镇2个乡镇党委及所属52个村(社区)党组织的巡察，共发现问题982个，转办信访件32件，移交问题线索5件。

【巡察整改】 2023年，区委巡察办制定《沙坡头区巡察整改和成果运用实施办法》，压紧压实巡察整改主体责任、直接责任、监督责任和协调责任。向区级领导呈送《沙坡头区委履行巡察工作主体责任16份》，向巡察工作领导小组成员呈送《沙坡头区委巡察工作领导小组履行组织实施责任清单》5份，明确各方领导职责。2023年，巡察工作领导小组成员带队向被巡察单位党组织和主要负责人反馈巡察情况，及时传达区委书记专题会议精神。向处级分管领导呈送提醒函14份，向被巡察党组织发送工作提示4份，督促完成巡察整改各环节工作。联合纪委监委、组织部审核第三、四、五轮巡察的10个单位党组织的整改方案和整改进展情况报告，反馈意见建议160条。对一届区委第十八轮以及二届区委前四轮巡察反馈问题整改情况开展集中回访督查2次，发现问题115个，及时跟踪整改落实。二届区委第三、四、五轮巡察整改率为90%，推动建立制度118项。

【专项巡视】 2023年10月，自治区党委第一巡视组对沙坡头区委巡察工作开展专项检查，反馈五个方面17个具体问题。区委巡察工作领导小组坚持问题导向，明确整改目标，制定17项47条整改措施，持续盯抓落实，推动巡察工作高质量、规范化发展。

【制度建设】 2023年，区委巡察办修订完善《沙坡头区委巡察工作领导小组工作规则》《沙坡头区委巡察工作领导小组履行组织实施责任清单(修订稿)》等5项制度，切实把党中央关于巡察工作的决策部署以及区、市党委和沙坡头区委的工作要求落实到位。区纪委监委、区委巡察办、区审计局联合印发了《关于进一步推动纪检监察监督巡察监督与审计监督贯通协同工作具体落实措施的通知》，积极探索运用“巡审联动”“巡纪联动”监督新模式。

【队伍建设】 2023年，区委巡察办召开室务会11次、办组联席会议9次、干部理论学习会40次，选派3人参加自治区巡察干部培训班、7人参加第四轮市县巡察干部一体化培训班，选派3人到自治区、中卫市“以干代训”，其中1人被自治区评为优秀抽调干部、1人被中卫市评为优秀巡察干部。认真开展纪检监察干部队伍教育整顿，办组干部和第四、五、六轮抽调干部全员参加学习教育和检视整治，开展集中学习58次，交流研讨36人次，按照“六必谈”要求谈心谈话64人次，自查和检视剖析问题218条，提升队伍素质，改进工作作风。抽调67名干部参加巡察工作，认真落实巡察“后评估”制度，对巡察干部考核打分及评定等次，12人被评为优秀并通报表扬，考核结果装入个人档案并反馈至所在单位。

民主党派和工商联

民革沙坡头区总支委员会

【概　况】2023年，民革沙坡头区总支委员会第一届委员会由1名主委、2名副主委、1名秘书长、9名委员组成，平均年龄43岁。总支下辖5个基层支部，共有党员110人，主要分布在教育、卫生、社会、法制等领域，有少量分布在其他行业和新的社会阶层，其中：大学学历56人，大学以下学历54人；男43人，女67人；副厅级干部1名，副处级1名，正科级6名，副科级5名；自治区政协委员2名，区人大代表3名，区政协委员6名，县区政协委员8名。

【思想建设】2023年，民革沙坡头区总支委员会召开主委会、全委(扩大)会议、各基层支部会议学习中共二十大精神，并作为当前和今后一个时期的首要政治任务，学习好、宣传好、贯彻好、落实好，深刻认识“两个确立”的重大意义和实践要求，把深入学习贯彻习近平新时代中国特色社会主义思想与中共二十大会议精神相结合，与巩固党史学习教育成果相结合，准确把握核心要义，保持政治定力，不断提高政治判断力、政治领悟力、政治执行力，以党为师、以史为鉴，发挥基层党员“双岗建功”积极作用，更好履行基层党员参政议政职能。

【组织建设】2023年，民革沙坡头区总支委员会发展新党员6名(1名公务员，2名事业编，1名律师，1名新社会阶层)。先后3次组织党员中的区县政协委员参加各类培训；组织10名骨干党员参加区委会举办的“学习贯彻中共宁夏第十三次代表大会精神”专题培训班；选派3名骨干党员参加区委会在浙江大学举办的为期7天的民革全区参政议政骨干党员培训班；成功举办45名党员参加的年终工作总结表彰会议，会上对2021年度工作表现突出的20名优秀党员和16名参政议政工作先进个人进行表彰；举办各级组织60多名党员共同参与的“我运动·我健康”党员春季趣味运动会，进一步提升组织的凝聚力和战斗力；组织40名骨干党员参加民革区委会、民进沙坡头区委会、九三学社沙坡头区总支社在六盘山干部学院成功举办的“矢志不渝跟党走，携手奋进新时代”政治交接主题教育培训班。

【参政议政】2023年，民革沙坡头区总支委员会积极参加沙坡头区委、政府、政协及有关单位召开的情况通报会、座谈会、民主协商会，认真做好协商发言和议政建言。在区委全委会会议、政府常务会议和涉及沙坡头区改革发展稳定重大事项、重大战略决策征求意见中，充分研究讨论，一些意见得到区委政府的重视和采纳。贯彻落实民革中央、区委会“履职能力建设年”活动要求，制定《民革沙坡头区委会履职能力建设年实施方案》，聚焦区委、区政府中心工作，紧紧围绕沙坡头区“七大战略和十大行动”，参政议政深入调研。6—11月，组织部分骨干党员，聚焦沙坡头区新材料产业高质量发展情况和社区治理工作推进情况两个重点调研课题，先后深入区工业园区、沙坡头区黄河花园社区、海原县东城社区等社区和乡村开展调研，分别形成调研成果。在自治区十一届五次政协会议上，区委会上报的提案《让文化内涵“嵌入”宁夏旅游产业》作为书面发言材料；沙坡头区两会期间，民革界的政协委员提交提案立案10件。提交区县政协大会发言3篇(大会口头发言1篇，书面2篇)。在区政协五届一次会议上，《加快织就“防护网” 守护未成年人健康成长》的大会发言口头发言，《关于加强我区中小学生心理健康教育的建议》《强化人才队伍建设 夯实乡村振兴根基》2篇书面交流；《关于加快我区康养旅游产业高质量发展的建议》重点提案被评选为区政协2021年度优秀提案，《关于加强我区中小学生心理健康教育的建议》被列为重点提案，由区政协主席亲自领衔督办。

【社情民意】 2023年，民革沙坡头区总支委员会共向自治区委会报送社情民意30条，向沙坡头区政协报送社情民意25条。其中《关于加强全区月子中心监管力度的建议》《加强农村建筑安全迫在眉睫》《关于依法落实好家庭教育促进法的建议》《关于应对校园暴力的几点建议》等11篇社情民意被民革宁夏区委会采用。《关于对我区液化气实行可追溯管理的建议》《快递交通安全问题亟待治理》《关于改造基础设施提升城区文明形象的建议》等4篇社情民意得到区主要领导批示。

【社会服务】 2023年春节前夕，民革沙坡头区总支委员会对全区60岁以上的33名民革老党员进行慰问。中秋节，民革沙坡头总支组织党员到东园镇柔新村走访慰问困难群众，慰问脱贫户、低保户、监测户、残疾户5户。在“9·9公益日”活动当天，全区各级组织110名党员分别参与“一家一个急救包”公益众筹活动、“乡村教师春晖行动”“困境儿童牵手行动”等网络募捐活动，累计捐款达6000元。1月24日，区委会驻会副主委和秘书长一行前往沙坡头区，与区委会班子成员共同看望慰问区委会原驻会副主委、四级调研员刘晓宏，并带去民革中央中山博爱基金会“博爱·牵手”关爱困难民革党员的关怀，送去10000元的慰问金，把万鄂湘主席的慰问信递到党员手中，转达万鄂湘主席对困难党员要增强信心，早日摆脱困境的希望。5月，在区交通警察局挂牌成立民革沙坡头区委会法律服务中心驻区交通警察局法律服务工作站，积极为广大人民群众和社会弱势群体提供法律咨询、法律建议、法律调解等无偿服务活动。同时，在公共法律服务的基础上，创新电话咨询、预约服务等形式，对残疾人、病重人员、老年人等特殊群体提供便捷化上门服务，让更多的党员和弱势群体享受法律的阳光，全年累计服务群众3000余人次。

民盟中卫市沙坡头区委员会

【概　况】 2023年，民盟中卫市沙坡头区委员会有盟员132人，分属机关、中卫中学、中卫一中(四中）、经济社会、义教联合、卫生、老年、特别支部8个支部。担任各级政协委员18人，其中，自治区政协委员1人，市政协委员8人（副主席1人、常委2人），沙坡头区政协委员9人（常委2人），市人大代表1人。

【思想建设】 2023年，民盟中卫市沙坡头区委员会把学习作为各项盟务工作会议的重要内容。3月4日，组织30余名班子成员和骨干盟员集中收看全国政协十四届一次会议开幕会，传达学习中共二十大精神、全国统战部长会议精神、民盟十三次全国代表大会精神、《中国民主同盟章程》、自治区和中卫市两会精神、民盟宁夏十二届二次全委（扩大）会议精神等。在纪念中共中央发布“五一口号”75周年之际征文4篇。借助“沙坡头统战”微信公众号宣传阵地作用，共发表文章4篇，广泛宣传各种重大活动、优秀人物、先进事迹，对树立民盟形象，扩大社会影响产生积极作用，同时，引导盟员立足本职岗位，扎实履职尽责。

【组织建设】 2023年1月19日，民盟沙坡头区委会在沙坡头水镇民盟之家开展春节慰问活动，为骨干及家庭困难盟员送上组织关怀，送出100余副春联等。选派30余名盟员参加了民盟市委会联合民进市委会、民建市总支、农工党市总支、九三学社市总支社在沙坡头区全民健身中心举办2023年“喜迎十六运·奋进新征程”趣味运动会。7名盟员赴区外参加自治区党委统战部、民盟宁夏区委会及市委统战部举办的各类培训班。

【参政议政】 2023年，民盟中卫市沙坡头区委员会提交社情民意15余篇，两会期间向市政协和沙坡头区政协提交提案20余篇，《关于加强我市中小学心理健康教育的建议》《关于构建我市未成年人综合保护体系的建议》等两篇提案被评为“优秀提案”。向民盟中央2023年经济论坛和科技论坛提交论文两篇。在民盟宁夏区委会2023年参政议政工作会议上，机关支部被评为“参政议政工作先进基层组织”，4名盟员分别被评为“参政议政工作先进个人”和“反映社情民意信息工作先进个人”。民盟沙坡头区委会主委段永军作为参政议政先进个人代表进行经验交流发言。

【社会服务】 2023年，民盟中卫市沙坡头区委员会开展“翰墨飘香润校园”书法名家进校园及培训活动，邀请宁夏硬笔书法家协会主席、宁夏民盟书画院副院长崔学奎等11名盟内外书法专家在中卫四小、六中等6所学校开展活动进行现场培训及指导；邀请民盟中卫市委会委员、沙坡头区人民医院副院长林英，在中卫市第九小学开展春季传染病防控和突发疫情应急处置能力提升培训讲座，沙坡头区中小学、幼儿园分管卫生健康工作的副校长、副园长、保健医共170人参加了此次培训；在民盟中央2023年社会服务工作座谈会上，民盟沙坡头区委会主委段永军荣获民盟中央社会服务工作先进个人。

【表彰奖励】 2023年，民盟沙坡头区委会主委、海原县政协副主席段永军荣获民盟中央委员会“民盟中央社会服务工作先进个人”、荣获民盟宁夏区委会“参政议政工作先进个人”；民盟宁夏中卫市委会机关支部委员会荣获“民盟宁夏区委会参政议政工作先进基层组织”；梁建华荣获“民盟宁夏区委会参政议政工作先进个人”；王新祥荣获“民盟宁夏区委会反映社情民意信息工作先进个人”；机关支部、义教联合支部被评为民盟市委会先进基层支部。梁建华、张国安、陶敬、袁继文、林英、冯芸、王新祥、倪骁被评为民盟市委会优秀盟员。

民进中卫市沙坡头区总支委员会

【概　况】 2023年,民进中卫市沙坡头区总支下设6个支部,在册会员114人(女会员51人),其中教育界67人、文化界10人、经济及新的社会阶层13人、其他行业24人,大学及以上学历91人,中高级职称74人。有副厅级1人,副处级两人,正科级4人,副科级5人。自治区政协委员两人,市政协委员6人(常委1人),沙坡头区政协委员10人(常委3人),市人大代表1人,沙坡头区人大代表1人,沙坡头区纪委监委特约监察员1名。

【思想建设】 2023年,民进中卫市沙坡头区总支将学习贯彻习近平新时代中国特色社会主义思想主题教育与民进“凝心铸魂强根基、团结奋进新征程”主题教育相结合,定期召开政治理论学习会议,全面学习习近平新时代中国特色社会主义思想、习近平总书记关于统战工作的重要论述,以及自治区党委、中卫市委、沙坡头区委重要会议精神,在理论学习中不断增强“四个意识”、坚定“四个自信”、做到“两个维护”,深刻领悟“两个确立”的决定性意义,累计开展学习5次。积极选派新会员、骨干会员共20余人参加各类学习培训班,鼓励会员加强交流研讨,撰写理论文章和学习心得,会员赵晓杉、官壮华的理论文章获2023年全区统战理论政策创新研究成果三等奖。注重发挥“民进网”“宁夏民进”公众号和微信群的宣传作用,及时向会员推送理论文章和最新工作动态,大力宣传民进十三大精神,引导会员提高政治站位,增强网络意识形态安全责任感。

【组织建设】 2023年,民进中卫市沙坡头区总支召开全委会4次,确保各类重大事项集体研究决策。发展新会员4名。民进沙坡头区第二支部获民进市委会2023年度“先进集体”,11名会员获民进市委会2023年度“先进个人”。会员们坚持双岗建功、履职奉献,共计46人次获各级各类荣誉(其中,国家级两人,自治区级19人次,市级11人次,县区级14人次),齐鲁宁获民进全国思想宣传先进个人,刘文新获自治区“五一劳动奖章”,郭瑶获全区未成年人保护工作先进个人。在恒祥社区开展“凝心铸魂强根基　团结奋进新征程”主题教育暨传承弘扬中华优秀传统文化活动,组织开展“健步走+读书分享”活动,各基层支部分别开展“辞旧迎新、共话未来”茶话会、“名师送教·快乐体育”、送教下乡“走进中国戏曲　弘扬传统文化”等丰富的活动。开展“寒冬送暖”、春节走访慰问活动,慰问生活困难会员15人,走访慰问亲属去世会员两人,送去价值600元物资。

【参政议政】 2023年,民进中卫市沙坡头区总支聚焦“十四五”重点领域、重要任务、重大项目,认真建言献策,向民进市委会反映社情民意信息5条,采用4条,向沙坡头区政协反映社情民意信息4条,采用3条。参加沙坡头区两会,共提交5篇大会发言,其中4篇被选为书面交流,提交人大建议、政协提案22件,其中立案9件,转社情民意4件,提交市政协1件。提交民进市委会提案素材45件,市人大、政协立案15件,自治区政协采用10件,1件被民进区委会选用提交全国政协。组织沙坡头区会员参加市委会年度重点调研课题,围绕职业教育服务区域产业能力、学校加强铸牢中华民族共同体意识教育工作情况开展走访、调研及座谈交流。民进界别政协委员参加各类调研、视察、协商议政会议20余人次,积极提出意见建议。

【社会服务】 2023年,民进中卫市沙坡头区总支联合民进市委会开展壬寅年(2022年)民进全国“春联万家·推动共同富裕”活动两场次,写送春联1000余副、福字300余张,惠及群众近千人。聚焦教师节、中秋节等传统佳节，充分发挥民进沙坡头区总支会员中特长教师、书法专家优势，开展了“弘扬高尚师德、潜心立德树人”庆祝教师节等活动。组织5名书法家会员在市第十二小学开展“翰墨润童心·筑梦向未来”书法公益活动，与师生进行教学互动，并捐赠书法用品450件，现场写赠书法作品近40幅，助力学校德育发展。

沙坡头区工商业联合会

【概　况】 2023年11月，沙坡头区工商联召开第二届执行委员会，选举产生新一届领导班子成员，有会员91名，涉及工业、农林果业、食品加工、餐饮旅游、文化教育等多种行业。牢牢把握促进“非公有制经济健康发展、非公有制经济人士健康成长”的“两个健康”工作主题，积极探索彰显统战性、经济性、民间性有机统一优势的组织体制、运行机制和活动方式，切实加强自身队伍建设，紧紧围绕沙坡头区经济社会发展重大问题，不断完善会员服务，畅通交流渠道，深入调查研究，积极建言献策，认真履职尽责，真正发挥好工商联“桥梁纽带”和“得力助手”作用。

【思想建设】 2023年，沙坡头区工商联持续在非公经济人士中开展理想信念教育实践活动，常态化引导会员企业以习近平新时代中国特色社会主义思想为指导，深入贯彻党的二十大精神，深刻领悟“两个确立”的决定性意义，进一步增强“四个意识”、坚定“四个自信”、做到“两个维护”。认真开展自治区民营经济人士政治引领、思想引导“双引”行动，引导民营经济代表人士规范行为，自觉维护政治安全和意识形态安全，带头弘扬主旋律、传播正能量，重点挖掘改革发展、服务“两个健康”等方面的典型案例。引导会员主动适应经济发展新常态，着力推动民营经济创新发展、协调发展、绿色发展、开放发展、共享发展。不断加强工商联自身建设，团结、引导和教育广大民营经济人士以饱满的热情积极投身于民营经济高质量发展中。

【履行社会责任】 2023年，沙坡头区工商联积极开展关爱老人进社区服务、法律法规普及、研学观摩交流、禁毒宣传教育、防灾减灾服务、公益捐赠帮扶、孝亲敬老服务等各类社会服务35余次，覆盖人数5.6万余人次。工商联执委王一鹏组织律师团队开展“看守所在押人员普法宣传”、“专职人民调解员公益培训”、“法治体检”进企业、“世界知识产权日”等各类活动18余次；工商联副执委秦文辉带领医务人员组成专业志愿服务队，为沙坡头区223名小学生开展口腔保健“萌牙伴成长　皓齿赢未来”公益社会服务活动；中卫市西部枣业食品有限公司、中卫市沙坡头区嘉善社会工作服务中心，联合姚滩村党支部共同开展端午节义诊、义剪、公益讲座以及赠送枣糕、饮料等活动。同时，持续巩固拓展脱贫攻坚成果同乡村振兴有效衔接，认真贯彻落实《关于开展沙坡头区2021—2025年“万企兴万村”行动的实施方案》，引导民营企业开展“万企兴万村”行动。达成19对结对村企，多次实地走访重点村了解基本情况，与企业负责人和驻村第一书记，及时沟通填报更新管理台账。沙坡头区5家民营企业，积极参与“万企兴万村”行动，开展公益慈善、爱心助农等社会帮扶。累计吸纳帮扶村就业人员就业49人次，捐助物品价值人民币6.6万元。在2023年底的新春慰问中，中卫城市频道、神聚农业有限公司、中报传媒有限公司、明巨电石有限公司、德润劳务有限公司、蓝海装饰有限公司五家民营企业率先垂范，分别慰问贫困村丹阳村、华和村，送去食用油、纯牛奶、苹果等慰问物资，捐助物品价值人民币3万余元。

【参政议政】 2023年,沙坡头区工商联会员共提交政协提案17件,切实履行好非公经济人士的参政议政职能。持续组织企业参与全国工商联民营企业调查点工作,开展7家企业的问卷填报、会员管理等工作。全年累计完成全国工商联2023年度劳动监测问卷、万家民营企业评营商环境问卷、每季度调查问卷共5批次162份,通过问卷及时听取民营企业家的呼声和诉求,了解代表人士思想动态和反响建议,进一步发挥工商联桥梁纽带作用。

【组织活动】 2023年,沙坡头区工商联组织开展沙坡头区党外人士学习贯彻党的二十大精神培训班、沙坡头区“工商联大讲堂”、“凝心铸魂强根基团结奋进新征程”主题教育社会服务、八一建军节等活动,为民营企业发展提供更加精准、高效的服务和保障,持续提高民营经济人士政治站位,加强沟通联系、凝聚人心力量,促进沙坡头区民营经济高质量发展,进一步增强统一战线的向心力和凝聚力。

群众团体

沙坡头区总工会

【概　况】 2023年，沙坡头区总工会有乡镇工会联合会11个，系统工会两个。基层工会810个，会员72244人，其中企业工会485个、会员17471人；机关事业单位工会136个、会员7668人；村(社区)工会189个、会员47105人，新就业形态劳动者企业工会25个、会员1031人。

【职工思想引领】 2023年，沙坡头区总工会以习近平总书记关于工人阶级和工会工作的重要论述、党的二十大精神、中国工会十八大精神等为主要内容，组织全体工会领导干部常态化学习，不断提升工会干部职工的政治素质、政治能力。畅通工运信息发布渠道，利用各种平台推送工运信息200余条，工作被《人民日报》等媒体报道43次，组织开展劳模宣讲30场，广泛传播工会声音，讲好劳模故事，有效宣传工会工作职责和职工奋进形象。

【建功立业活动】 2023年，沙坡头区总工会开展“光明田园杯”“沙漠水城—职工食神大赛”等特色技能竞赛7场，推评技术能手90余名，带动450余名职工实现技能提质。开展家政、厨师等技能培训班4期，培训职工群众100余名，实现就业43人、技能提升60余人。开展“我为安全谏言献策”“金点子”“随手拍”等活动，面向广大职工征集安全生产意见建议及整改措施成效68项，推动建会企业时刻绷紧安全生产之弦。

【劳动模范服务】 2023年，沙坡头区总工会对全区73名劳模实行网络化、信息化管理。创建张旭兰劳模创新工作室，进一步发挥劳模引领、示范和带动作用。深化劳模关爱活动，及时将14名劳模纳入生活困难补助金和特殊困难帮扶金享受范围；组织3名劳模参加区外疗休养，向5名困难劳模发放10000元慰问金。

【困难职工帮扶】 2023年，沙坡头区总工会推送“春送岗位”就业岗位1600余个，达成就业意向120余人，发放“冬送温暖”慰问金、“夏送清凉”慰问品、“金秋助学”助学金及常态化帮扶资金累计102.5万元，慰问、帮扶困难职工1312户(人)，有效解决职工群众急难愁盼问题。积极开展职工医疗互助活动，动员7213名职工参加，核发补助金59人17万元；开展“工会在身边”职工普惠系列活动4场次，惠及职工1万余人次，切实提升职工群众获得感、幸福感。

【职工维权服务】 2023年，沙坡头区总工会组建“四员”队伍92人开展。评估辖区职代会质量46场次，推动建设厂务公开示范单位5家；落实工资集体协商机制，签订到期合同200余份，到期签订率100%，保障职工工资合理增长，有效助力城乡居民收入提升行动。开展“学法尊法　携手筑梦”法律宣传活动4场次，落实矛盾纠纷三方调解机制，帮助职工解决劳动领域矛盾纠纷18起，追回工资30余万元，依法依规保护职工合法权益。

【文体活动】 2023年，沙坡头区总工会持续擦亮“中国梦　劳动美”系列主题宣传教育活动品牌，组织基层工会举办文艺会演、征文、插花等各类活动10场次，组织开展健康讲座、心理沙盘、消防知识讲座等关怀服务活动9场次，覆盖干部职工群众7000余人次，以丰富多彩的活动载体不断增强工会组织的吸引力和凝聚力，进一步团结引领广大职工坚定不移听党话、矢志不渝跟党走。

【财务经审】 2023年，沙坡头区总工会强化经审工作，探索建立纪检、审计、工会联审机制，收集“审同级”材料32份，审计下级工会25家，累计出具审计报告25份，发现问题86条，提出针对性意见建议，切实压实整改责任，推动立行立改，有效保障工会资产管理合法合规。

【基层组织建设】 2023年，沙坡头区总工会举办沙坡头区第二次工代会，以“县级工会加强年”为抓手，持续推动重点建、行业建、兜底建，新建工会20家、会员500余人，覆盖小微企业110家、新就业形态劳动者111人，切实拓展工会组织覆盖面。着力激发组织活力，打造“筑巢引凤　党工共建”等基层工会建设示范点4个。建设沙坡头区职工共享服务中心、劳模精神宣传长廊、劳动广场等工会品牌阵地，新建户外劳动者(法律援助)服务站3家，其中两家获评自治区级最美户外劳动者(法律援助)服务站点，新建“妈咪小屋”1家，打造暖“新”食堂，累计就餐新就业形态劳动者6000余人次，与前期建设阵地构建起沙坡头区“工会服务矩阵”。

共青团沙坡头区委员会

【概　况】 2023年，沙坡头区团委共有下级团组织613个，其中团委22个、团工委1个、团总支9个、团支部579个，团员12587人。

【团的组织建设】 2023年，沙坡头区团委坚持党建带团建，制定印发《沙坡头区共青团“推优入党”工作实施细则(试行)》，规范和加强推优入党工作机制；深入推进“社区青春行动”，打造文昌镇东花园社区和滨河镇向阳社区示范点，探索实施基层社会治理创新；进一步加强新兴领域及传统领域团组织建设，动员机关事业单位申建团组织16个、青工委1个，新建非公企业和社会团组织24个；打造“青年驿站”两家、建立沙坡头区和各乡镇团代表联络站，打通联系青年“最后一公里”；依托党群服务中心、新时代文明实践站(所)等阵地，新建青年之家32家，乡镇覆盖率达到100%，累计开展活动600余次；扎实推进团员发展管理工作，严把入团发展程序，落实推优入团制度，组织召开全区发展团员工作专题培训会4次，累计发展团员574名；严格按照选举办法，严明选举纪律程序，顺利召开共青团沙坡头区第二次代表大会、少先队沙坡头区第二次代表大会，选优配齐团组织和少先队组织工作力量。

【青少年思想引领】 2023年，沙坡头区团委扎实推进团员和青年主题教育，开展“思想旗帜”“坚强核心”“强国复兴”“挺膺担当”线上专题学习千余场，覆盖辖区团组织648个、团员青年1.3万余人；

创新成立青年理论学习小组6个，开展交流研讨、座谈交流、现场观摩等活动80余次，在万达广场、向阳步行街树立“青年码上学”宣传立柱两个，多形式带动辖区团员青年学深悟透党的创新理论；全面抓好青少年宣传教育，开展“学习二十大 永远跟党走 奋进新征程”主题教育实践活动、武夷山·沙坡头·木垒线上共庆六一活动、“黄河少年说”主题演说大赛、“青少年模拟政协提案作品征集”活动等200余场次，征集44名优秀青年讲师开展互动式情景类宣讲活动60余场次。

【青年联系服务】 2023年，沙坡头区团组织开展“团团帮你找工作”线上招聘会，发布推送“青就业”招聘信息6期，动员沙坡头区籍在外大学生和青年农民工返乡就业创业；面向2022届部分未就业毕业生开展结对帮扶，成功帮助3名大学生就业。聚焦助学帮困，扎实做好困难青少年帮扶工作，点亮“微心愿”183个，建立“希望小屋”10个，资助困难学生249人，累计发放助学金66.1万元。聚焦婚恋交友，以“520”和“七夕”为契机，组织开展“团聚有你·青春有约”青年交友联谊活动3场次，吸引200余名单身青年积极参与，倡导树立婚恋文明新风。聚焦权益保护，深化青少年领域法治建设，组织开展“国家安全教育周”“民法典宣传月”“反诈进校园”“护苗·绿书签”等普法宣传活动35场次，覆盖青少年5000余人次；召开沙坡头区青年工作联席会议第四次全体会议，推动成员单位扎实落实“我为青年办实事”21件。

【服务中心大局】 2023年，沙坡头区团委联合各乡镇优秀党支部领办合作社，开展“青耘中国 直播助农”活动8场次，举办高素质农民培训班3期和电商直播培训班4期；服务助力青年人才创业成长，组织开展沙坡头区新兴领域杰出青年企业家宣传推介活动，拍摄“新青年、新领域、新作为”宣传片10期；持续擦亮“七彩假期”“返家乡”等志愿服务品牌，招募“返家乡”大学生志愿者210名，开展社区服务、儿童托管辅导等志愿服务活动60余次；围绕沙坡头区特色产业和重大项目建设工作，组建“青年突击队”38支，开展“比武竞赛”1场次，选树“乡村振兴青年先锋”53人；紧扣“助力产业青年发展行动”，开展宁夏“青年文明号”集体创建工作，推报全国“青年文明号”创建单位1个、自治区“青年文明号”创建单位7个。

沙坡头区妇联

【概　况】 2023年，沙坡头区共有乡镇妇联11个，村(社区)妇联198个，部门妇委会37个，妇女之家198个，村、社区妇女之家覆盖率100%。

【妇女思想引领】 2023年，沙坡头区妇联以习近平总书记关于妇女儿童和妇联工作的重要论述和党的二十大精神为主要内容，构建县(区)、乡、村三级宣讲模式，开展党的理论政策、法律法规、“女性健康知识”、和谐婚姻大讲堂、反家庭暴力“她宣讲”“云宣讲”“家宣讲”“微宣讲”1500余场次，推送各类公众号115期557篇，广泛传播妇女声音，有效宣传妇联工作成效。

【助力妇女发展】 2023年，沙坡头区妇联创新宣传方式，实现“美丽庭院”整乡整村推进，累计建设1.8万户，组织“美丽庭院”擂台赛，对区级30户“五星级美丽庭院”、6个示范区奖励5万元。配合发放妇女创业贷款1.726亿元，申请“双培双带”项目资金5万元，启动实施“马兰花妇女创业支持行动”，摸排农村女致富带头人337名，举办技能培训、素质提升等培训班、大赛17场次，培训1000余人次。培育“巾帼创新创业基地”“巾帼直播间”7个，支持资金15万元，妇女创业就业能力持续提升。

【困境关爱帮扶】 2023年，沙坡头区妇联为“两癌”困境妇女发放救助金61万元，动员购买女性健康保险200万元，理赔185万元，“两癌”筛查1.3万名妇女，慰问困境妇女1800人次，发放慰问金4.5万元、乔丹衣物586件价值35万元、化妆品15761套。结对540名“爱心妈妈”一对一帮扶救助困境儿童，组织“我与爱心妈妈共读一本书、共观一场影”、看家乡一日游等主题活动400余场次，开展慰问、走访、陪伴等活动2000余次，筹集爱心捐款11.2万元，点亮困境儿童微心愿405个。为14名困境儿童申报春蕾计划、3名申请福州夏令营活动，首创“爱心妈妈”赋能活动在全区项目化推广。

【妇儿维权服务】 2023年，沙坡头区妇联采取综合利用集市、村民大会、节日活动等形式，集中开展妇女儿童维权宣讲、禁毒、“反拐”，“送法进万家 家教伴成长”等宣传活动300余场次，落实婚姻家庭矛盾纠纷风险隐患排查化解“日报告 零报告 月上报”信息互通机制，排查化解矛盾纠纷400余件，开展维权、禁毒、“反拐”等宣传活动300余场次，为22名妇女提供免费律师咨询、4名妇女申请法律援助，协助5名妇女申请人身保护令，妇女儿童获得感、幸福感、安全感显著提升。

【家庭家教家风】 2023年，沙坡头区妇联推评全国“最美家庭”1户、自治区级“健康家庭”30户、自治区级“节水家庭”8户。打造“弘扬好家风”“廉洁教育学习课堂”等专栏，集中宣传好家庭、好家教、好家风、好家训故事120余期。开展家庭教育指导服务活动80余场次，家庭教育专题讲座“五进”活动24场次，发放《中华人民共和国家庭教育促进法》宣传资料1.2万余份，联合检察机关，以“总站”+“分站”的形式，打造“美玉家庭教育工作指导站”品牌，覆盖36个社区，推动检察司法保护融入家庭保护。开展“少年儿童心向党——亲子共沐书香强国复兴有我”家庭亲子读书会等主题活动50余场次，强化家庭教育理念。征集“忠诚立家风”主题宣传教育作品58条(幅)、评选“激扬家国情 奋斗新征程”中小学生手抄报作品164幅，引导广大学生及家庭廉洁文明治家，大力弘扬优良家风。

【基层组织建设】 2023年，沙坡头区妇联召开沙坡头区妇女第二次代表大会、二届执委会，选出31名各领域、各条战线妇联执委。深入实施“提升基层妇女参政议政能力和妇联组织力”项目，召开专题培训会、推进会3次，开展活动12场次，举办女干部培训班、各级执委培训班12场次，不断提升履职能力。召开妇儿工委2023年第一次全体会议、重点扛标单位座谈会两次，新一轮“两规划”达标率超过60%。在自媒体协会、饿了么等16家“两新”组织挂牌成立妇联组织，有效加强对“两新”领域女性的政治引领和服务凝聚。

经济管理

发展规划

【概　况】 2023年，沙坡头区实现地区生产总值254.22亿元，同比增长4%。其中，第一产业增加值36.39亿元，增长6.4%；第二产业增加值114.35亿元，增长2.8%；第三产业增加值103.48亿元，增长4.2%；规模以上工业增加值同比增长5.2%；社会消费品零售总额同比增长2.9%；固定资产投资同比下降13.9%；地方一般公共预算收入同比增长14.4%；城乡常住居民人均可支配收入同比分别增长6.3%、7%。三次产业结构占比调整为14.3∶45∶40.7。

【工业经济】 2023年，沙坡头区实施齐云冶金硅铁矿热炉烟气余热发电等工业技改项目19个，新能源、新材料等产业加快发展，国电投风电机组"以大代小"更新试点（等容）建成并网，京能宣和150MW/300MWh储能、宁国运沙坡头区100兆瓦复合光伏等项目建成投运，新能源总装机规模达460万千瓦，储能规模达35万千瓦。积极引进林源全钒液流储能电池、力印（宁夏）智能板材等一批新材料、新能源项目落地建设，持续壮大产业集群；成功培育入规企业12家、自治区创新型及"专精特新"中小企业23家，全社会R&D经费投入5.53亿元，投入强度达到2.19%。

【现代农业】 2023年，沙坡头区出台含金量5.14亿元的苹果产业高质量发展扶持政策，实施永康镇永乐村苹果园高效节灌试点、万亩朝天椒种植及初深加工等项目，种植朝天椒1.8万亩、小茴香3200亩，硒砂瓜25.93万亩、蔬菜12.65万亩、苹果10万亩、枸杞8.7万亩，粮食产量较上年增长15.99%。实施老旧温室大棚改造工程，改造温室大棚1057座；加快建设麦垛山现代化奶牛养殖园区，中能建、鸿宇源奶牛养殖等项目全面开工，奶牛存栏达到7.5万头，实施长盛五千头肉牛场升级改造、恒泰元生猪养殖场、凯祥生猪养殖场二期等项目，肉牛、肉羊、生猪和家禽饲养量分别达到7.89万头、69.09万只、65.51万头和642.7万羽。

【现代服务业】 2023年，沙坡头区实施沙漠主题度假中心、沙坡鸣钟田园综合体提档升级等项目5个，沙漠传奇、钻石酒店建成投运，"大漠味集·向阳街"获评国家级旅游休闲街区、自治区级夜间文化和旅游消费集聚区，沙坡头区成功入选国家首批文化产业赋能乡村振兴试点，文化和旅游市场服务质量提升经验在全国、全区推广交流；成功举办金蛙国际艺术节等特色品牌活动60余场次，打响“有头有尾”文旅品牌，策划推介乡村“四时好风光”特色旅游线路18条，乡村旅游示范点10个，累计接待游客1054万人次，实现旅游收入67.3亿元。加快数字信息产业发展，引进美团、金山等5家超算、智算中心，建成投运亚马逊、美利云、三大运营商等14个数据中心，加快推进广电一期、特加森一期等10个数据中心建设，建成全国首个“万卡级”智算基地。

【营商环境】 2023年，沙坡头区为进一步优化营商环境，全面深化“放管服”改革，制定《2023年沙坡头区深化“放管服”改革优化营商环境工作要点》，明确11个方面41项具体举措，为沙坡头区营造良好的营商环境提供了制度保障。同时，落实落细《优化营商环境条例》《促进个体工商户发展条例》等，“一企一策”解决企业生产经营中的各种困难和问题，切实稳住各类市场主体。积极推广“一窗受理”系统，将60项便民服务事项集中受理，“一网通办”总办件量为4.29万余件，宁夏政务服务“一张网”汇集事项816项，服务事项网上可办率为86.76%，不见面率达81%。

项目投资

【项目建设】 2023年，沙坡头区实施项目128个，完成投资52.1亿元。包含政府投资项目68个，完成投资10.3亿元；社会投资项目60个，完成投资41.8亿元。列入自治区重点项目20个，列入市级重点项目11个，均已全部开工建设。

【项目谋划】 2023年，沙坡头区紧盯中央和自治区政策导向、资金投向、支持方向，结合沙坡头区产业发展，全力以赴跑项目、争资金、补短板、促发展，谋划2024年实施项目100个，计划总投资296.9亿元，年度计划投资89.5亿元。其中，政府投资项目48个，计划总投资17.2亿元，年度计划投资12亿元；社会投资项目45个，计划总投资274.5亿元，年度计划投资74.7亿元；政府投资和社会资本合作项目7个，计划总投资5.2亿元，年度计划投资2.8亿元。

【项目督查督办】 2023年，沙坡头区全面落实“十定”工作模式，严格落实处级领导包抓和周调度、月通报等制度机制，联合自然资源局、住建和交通局、生态环境分局等行业主管部门，靠前协调解决项目建设土地、资金等要素保障，全力确保项目早开工、早投产、早达效。联合区委、区政府督查室对年度实施项目进行现场督查，实地掌握项目建设进展情况及存在问题，组织召开重大项目调度会6次，集中开工活动两次，实地督查督办项目50余次，下发督办通知（通报）6次、向区级包抓领导发放提醒函两次，进一步强化项目管理和要素保障，推动项目建设全面提速。

【项目审批和备案】 2023年，沙坡头区严格落实企业投资项目核准和备案管理条例，积极做好政府投资项目审批及企业投资项目备案工作，全年共受理项目280个，总投资143.9亿元。其中，审批政府投资项目141个，投资金额29亿元；登记备案企业项目139个，投资金额114.9亿元。

招商引资

【招商举措】 2023年，沙坡头区持续贯彻落实自治区“招商引资提质增效”工程，把产业招商落地放在突出位置，着力招大引强，以高质量招商引资推动经济高质量发展。区委、区政府主要领导分别带领区直有关部门、乡镇到长三角等地开展招商活动73批次，考察重点企业150家，接待来访客商

107 批次。

【招商成效】 2023 年，沙坡头区共实施招商引资项目 190 个，实际到位资金 182.38 亿元，完成目标任务的 120.78%，位列沿黄市辖 7 区第 1 名，荣获自治区招商引资奖励资金 273 万元。

商业贸易

【概　况】 2023 年，沙坡头区全年实现社会消费品零售总额 60.53 亿元，同比增长 2.9%，位列 22 个县区第 4 名。分规模看，限上增速快于限下。限上实现消费品零售额 18.57 亿元，占比 30.7%，同比增长 12%。限下实现消费品零售额 41.95 亿元，占比 69.3%，同比下降 0.6%。分行业看，住餐消费保持快速增长。居民旅游、文化娱乐消费热情高涨，住宿餐饮消费持续回升，全年住宿和餐饮业零售额同比增长 11.3%，高于社会消费品零售总额增速 8.4 个百分点。分种类看汽车类大宗消费增长良好，限额以上汽车类商品零售额同比增长 58.6%，比前三季度加快 25.6 个百分点。

【第三产业发展】 2023 年，沙坡头区第三产业增加值 103.48 亿元，同比增长 4.2%。消费市场高开低走渐回。全年，沙坡头区社会消费品零售总额 60.53 亿元，同比增长 2.9%。城镇市场销售增长快于乡村。城镇实现消费品零售额 51.59 亿元，占比 85.2%，同比增长 3.4%；乡村实现消费品零售额 8.94 亿元，占比 14.8%，同比增长 0.1%。限上销售增长快于限下。限上实现消费品零售额 18.57 亿元，占比 30.7%，同比增长 12%。限下实现消费品零售额 41.95 亿元，占比 69.3%，同比下降 0.6%。住餐消费保持快速增长。受居民旅游、文化娱乐消费热情高涨影响，住宿餐饮消费持续回升。全年，住宿和餐饮业零售额同比增长 11.3%，高于社会消费品零售总额增速 8.4 个百分点。基本生活消费不断扩大。限额以上粮油食品类零售额增长 40.2%，饮料类增长 18.7%，烟酒类增长 22.6%，日用品类增长 46.8%，中西药品类增长 10.1%，家用电器和音像器材类增长 7.6%，通信器材类增长 40.5%。汽车类消费稳步增长。限额以上汽车类商品零售额同比增长 58.6%，比前三季度加快 25.6 个百分点。

【消费促销】 2023 年，沙坡头区制定《中卫市沙坡头区 2023 年消费需求促进年活动实施方案》《“浪宁夏·品味道”2023 沙坡头区特色美食和文化旅游消费促进活动实施方案》等文件，开展“10+3”行动，制定零售额增长奖励、汽车家电满减等 7 条奖补政策，提振社会消费信心。整合各类资金 2000 万元，抢抓五一、中秋、国庆等消费热点，持续开展“星星相映·礼遇消费”“油”惠万家等 60 余场促消费活动，累计发放消费券 7.8 万张，带动消费 2.5 亿元。举办“坡好吃”美食大赛，挖掘沙坡头区传统餐饮文化潜力，评选出沙坡头区十大金牌美食、二十道优选美食，发布美食地图及美食攻略，打造沙坡头区美食品牌 IP。指导宁夏世纪朝阳百货商场成功申报自治区级“绿色商场(超市)”，宁夏黄河金岸大酒店成功申报自治区级“绿色饭店(餐厅)”；指导味美佳香山羊羔肉馆、中卫肖记水面成功申报“宁夏餐饮老字号”，积极打造沙坡头区美食品牌 IP。

【现代物流基础建设】 2023 年，沙坡头区大力发展现代物流，争取项目补助资金 235 万元，为中卫市供销集团、中广物流、志强冷链物流申报 2023 年度自治区现代物流业发展专项资金项目，不断培育壮大流通主体。完善县乡村三级物流配送体系，整合邮政、快递、供销等资源集约化配送，162 个行政村通邮率达 100%。积极宣传推广闽宁农业、夏华、沙坡头果业、南山阳光等，新建宁夏帮扶产品展销馆(厦门店)、夏华小牦牛(广州)食品有限公司(广州店)、沙坡头苹果直营店(河北店)等农(副)特产品外埠窗口11家,进一步拓展沙坡头区农(副)特色产品销售渠道。

【县域商业体系建设】 2023年,沙坡头区围绕补齐基础设施短板、改善优化县域消费渠道、增强农产品上行动能等5个方面,争取县域商业体系建设项目资金1860万元,总投资5464.6万元,实施镇罗镇商贸中心、柔远镇商贸中心等11个县域商业体系建设项目,推进县域商业体系建设高质量发展。积极引导服务业集聚、集群发展,申报中卫市“沙坡头区鼓楼消费商圈特色商贸集聚区”“沙坡头区四季鲜新型专业市场集聚区”。

【商务监管】 2023年,沙坡头区针对商场超市、酒店、再生资源回收、成品油流通等企业,统筹开展安全生产培训会18场次,累计培训1500余人次,组织发放燃气、消防海报3000份;与商场超市、餐饮、再生资源回收等商贸服务业签订《沙坡头区商贸服务业生产经营单位承诺书》2200余份,发放《沙坡头区商贸服务业宣贯自治区党委十三届四次全会精神口袋书》3000余册。制作安全培训视频15条。针对商场超市、餐饮住宿、再生资源回收等领域专项隐患排查,建立安全隐患排查清单,截至年底,共检查1258家(次)商贸服务业企业,发现问题隐患2850条,均已完成整改。各级“四防”反馈问题涉及185家企业536条隐患,均完成整改,整改率100%。

【对外经贸】 2023年,沙坡头区自主开展外贸业务企业29家,进出口总额6.8亿元,占全市进出口总额37.65%,主要进出口化工产品及蔬菜,沙坡头区根据自治区外经贸发展专项资金项目申报指南、外经贸发展专项资金重点工作要求,积极做好外经贸发展专项资金项目申报和资金使用,全年发放外经贸发展专项资金共1499.35万元。

【电子商务】 2023年,沙坡头区成立自媒体协会,打造沙坡头区首个网络主播党支部阵地和新媒体电商孵化基地,以恒祥社区、杞香苑社区、永乐村为阵地,实施“新农人”电商人才孵化培育工程,累计培训500人次,凝聚网络主播力量,提供新媒体推广服务,为更好地构建多点支撑、多业并举、多元发展的产业发展新格局提供有力支撑。与杭州亲选公司达成合作,制定《沙坡头苹果电子商务运营服务方案》,探索社群支持农业模式,在淘宝、拼多多、抖音、快手等App开设电商销售平台,累计销售4500余单约38万元,有效扩大沙坡头苹果销售半径,增强“沙坡头苹果”品牌影响力。支持鲜野水果超市、南山阳光果业等发展社区团购,截至年底,累计销售10万余单约1550万元,有效满足居民多样化个性化需求。指导宁夏神聚农业科技开发有限公司成功申报“2023年自治区首批数字商务企业”。

财　政

【财政收入】 2023年,沙坡头区一般公共预算收入完成37080万元,完成预算的109.1%,同比增长14.4%。其中,税收收入完成26640万元,同比增长6%;非税收入完成10440万元,同比增长43.7%。

【财政支出】 2023年,沙坡头区一般公共预算支出完成357411万元,为变动预算数的88.7%,同比增长9.15%。

【财政预算执行】 2023年,沙坡头区一般公共预算收入完成37080万元,为调整预算的109.1%。其中,税收收入完成26640万元,为调整预算的99.7%,占总数的71.8%;非税收入完成10440万元,为调整预算的143.3%,占总数的28.2%。一般公共预算支出完成357411万元，为变动预算数的88.7%；政府性基金预算支出完成10137万元，为变动预算数的49.6%。

【资金争取】 2023年，沙坡头区多渠道争取上级专项资金42.89亿元，占全年目标任务102%，有力支持沙坡头区重点项目建设。把准自治区地方政府债券最新政策，聚焦农业农村、城乡建设、民生保障等重点领域争取债券资金，已争取到位债券资金1.26亿元。加大非税收入征管力度，落实划定区域土地出让金收入征收入库，新增国有土地有偿使用收入1.6亿元。积极对接市财政局争取教育费附加0.53亿元，统筹用于新建第七幼儿园、第十中学等项目，有效改善辖区基础教育办学条件。

【民生保障】 2023年，沙坡头区聚焦基础教育发展短板弱项，统筹专项资金3.34亿元实施教育质量提升行动，重点支持困难学生资助、农村学生营养膳食补助、基础教育设施完善、“互联网＋教育”设备配备等重点领域，着力推进教育高质量发展。筹措债券资金和专项资金1.25亿元，重点支持沙坡头区人民医院迁建，切实提高医疗卫生服务水平和重点学科科研能力。争取资金4142万元，支持乡镇卫生院医学救援中心建设、沙坡头区人民医院专科能力建设和智慧医院建设，改善诊疗条件。安排资金3585万元，支持基层医疗卫生机构落实12类基本公共卫生服务项目，切实保障人民群众生命安全和身体健康。争取自治区专项资金318.018万元，为沙坡头区17747户液化天然气居民用户加装燃气“三件套”，提高燃气居民用户端安全用气水平。安排债券资金1270万元，支持兴仁镇消防救援站项目建设、疫情防控应急物资购置和集中隔离点改造项目，切实保障人民群众生命健康安全。统筹资金5615.75万元，用于农村公路安全防护及隐患治理工程、中卫黄河大桥交通管控导改工程项目等，全力保障群众出行安全。

【财政管理】 2023年，沙坡头区制定《防范化解地方债务风险实施方案》，建立健全“借、用、还”相统一政府债务管理机制和隐性债务应急处置工作机制。规范项目审批手续及概算、招标控制价、决算审查，严禁超规模、超标准、超概算的项目，2023年度累计完成预、结算评审项目4个，受理评审金额5078万元，审定金额4780万元，审减率0.82%。制定《金融放贷领域整治工作实施方案》《非法集资举报奖励办法（试行）》等，2024年度本级预算安排举报奖励资金1万元，凝聚群众力量严厉打击非法金融犯罪活动。配合区扫黑办制定《中卫市沙坡头区金融放贷领域整治工作实施方案》，严厉打击非法金融犯罪活动，切实维护金融市场秩序。对辖区内3家小贷公司、29家投资公司、10家寄卖行进行现场检查，对沙坡头区118家民间投融资机构进行风险摸底排查，确保防范金融风险措施有力。

【盘活闲置国有资产】 2023年，沙坡头区财政局牵头开展行政事业单位闲置资产盘活工作，创新盘活模式积极推进“沉睡”资产盘活利用，充分发挥国有资产效能。2023年度累计盘活资产82项，盘活资产账面原值4068万元，资产盘活实现收益37万元。

【“政银企”协同联动】 2023年，沙坡头区财政局开展“政银企”融资对接暨金融服务“走商圈　进企业”活动，促成金融机构与商户进行贷款授信签约255万元。常态化摸排实体经济融资需求，牵头协调组织辖区内银行积极与企业开展线下融资对接，累计促成融资金额11亿元。

【融资担保体系】 2023年，沙坡头区财政局与众和顺担保公司、中卫农商银签订《沙坡头区村党支部领办合作社专项贷款合作协议》，注入担保基金2000万元，以1∶10放大倍数进行商业担保撬动，对符合条件党支部领办合作社提供信贷支持，并由区财政全额贴息。2023年度已为7家党支部领办合作社提供840万元信贷资金支持（向银行及担保公司推荐12家党支部领办合作社，贷款金额1320万元）。

【支持乡村振兴】 2023年，沙坡头区财政局建立健全“政银担”共同参与合作机制，统筹5300万元设立中卫市银和融资担保有限公司，并以融资担保基金和贷款风险补偿金形式安排5970万元乡村振兴基金注入众和顺担保公司和银和担保公司进行运作。2023年度，银和公司与众和顺公司在保余额7.56亿元，其中小微企业在保3.94亿元、“三农”主体在保3.62亿元；宁夏农担沙坡头分公司为沙坡头区新型农业经营主体934户2.57亿元，在保538户1.45亿元。2023年累计发放担保贷款289户0.86亿元。协调降低农担业务担保费率，确保政策性农担业务贷款主体实际负担担保费率不超过0.5%，切实降低农业新型经营主体综合融资成本。

【财政监督】 2023年，沙坡头区成立财会监督专项行动领导小组，统筹开展财会监督专项整治工作，进一步严肃财经纪律；组织开展政府购买服务实施情况专项整治工作，进一步规范各预算单位政府购买服务工作流程；制定《“2023年会计法规执行情况”行政执法检查方案》，对沙坡头区滨河镇人民政府等7家被检查单位开展会计法规执行情况监督检查；开展预决算公开情况专项检查，着眼于预决算信息公开的及时性、完整性、真实性、细化程度、公开方式等方面重点领域开展检查，切实提升财会监督效能。贯彻落实《自治区党委　人民政府关于全面实施预算绩效管理的意见》，实现2023年项目支出、部门整体支出绩效目标编制全覆盖，以绩效评价结果作为2024年财政资金安排依据，提高财政资源使用效益。

【队伍建设】 2023年，沙坡头区财政局共组织党组理论学习中心组学习12次、主题教育16次、财政大讲堂学习40次，围绕主题主线，组织开展意识形态专题学习4次、安全生产暨生态文明建设专题学习17次，党员讲党课5次。积极落实党建工作领导责任，积极落实“三会一课”，实施“三强九严”工程，召开总支部委员会4次、主题党日活动12次，接收入党积极分子7名、预备党员3名，按期转正预备党员两名，组织40名在职党员到社区报到。召开党风廉政建设专题学习4次，开展“廉政警示教育周”活动，观看警示教育片两部，参观警示教育基地1次。认真落实监督执纪四种形态“第一种形态”，深入贯彻落实“五谈二会一报告”机制，抓早抓小，共开展谈心谈话110人次。深挖纠治形式主义官僚主义、乡村振兴领域、粮食购销领域、教育领域和靠企吃企存在的问题27个，已全部督促整改销号。

税　务

【概　况】 2023年，沙坡头区税务局有干部职工137人；男性干部职工79人，女性干部职工58人；研究生学历4人，本科学历102人。现有退休干部52人，中共党员84人（在职党员51人，离退休党员33人）；设10个内设机构，两个另设机构，7个派出机构和1个事业单位。沙坡头区税务局先后荣获全国文明单位、全国学雷锋示范点、一星级全国青年文明号、全国税务系统税收科研调研基地等国家级荣誉和自治区“青年文明号”、“健康单位”、“健康促进机关”、“让党中央放心　让人民群众满意”模范机关、“蓝色星愿青年志愿服务驿站”、“自治区工会职工小家”、“全区税务系统县级税务局政治机关建设示范点”等荣誉称号。

【组织收入】 2023年，沙坡头区税务局共组织各项收入488480万元（已扣除出口退税），同比增长26.76%。其中，税收226905万元，同比增长53.9%；完成地方级税收121136万元，同比增长46.9%。圆满完成年度计划任务，超过收入目标两个百分点，为全区经济社会发展、民生改善提供了坚实财力保障。同时，围绕延续和优化实施的税费优惠政策，推动“政策找人”“政策上门”，实现税费政策精准推送，税费优惠直达快享。全年共完成增值税留抵退税66户次14702.02万元，“六税两费”减免21343户次4303.26万元，新增减税降费及退税缓费56730万元，办理出口退税5832万元，有效缓解了企业资金压力，为地方经济发展注入了强大的“税动力”。

【税收征管】 2023年，沙坡头区税务局共有正常状态纳税人21915户，其中单位纳税人8691户，占总户数的39.66%；个体工商户13224户，占总户数的60.34%；一般纳税人2758户，小规模纳税人19157户，重点税源55户；非正常纳税人540户，占总数的2.46%。纳税信用评价参评企业8155户，其中A、B级纳税人4555户，占比55.86%，对稽查查处、非正常户等失信企业90户企业进行动态调整，将信用等级即时评价为D级。同时积极引导失信企业开展信用修复、复评。针对符合《国家税务总局关于纳税信用评价与修复有关事项的公告》中规定情形，能够及时纠正失信行为的企业，鼓励进行纳税信用修复，对22户企业进行复评。全面贯彻落实中办、国办印发的《关于进一步深化税收征管改革的意见》及实施方案，扎实开展落实意见“回头看”工作，全面开展自查，及时查漏补缺，确保税务登记、非正常户管理，以及注销税务登记和实名办税认证等各项工作高质量推进。同时强化欠税“四级约谈”机制+“四项指标”考核制度，接受缴税费人监督，持续为维护税收安全、规范市场秩序添能加力。全年累计清理欠税4842.18万元，欠税户数由2022年287户降至2023年263户。

【信息管税】 2023年，沙坡头区税务局充分发挥5C+5R监控指标对于征管工作的指导提醒和监督作用，5C监控评价结果由C级上升至A级。全面推行“信用＋风险”动态管理，深入开展成品油行业税收专项治理、信息化专项整治、增值税普通发票风险核查，以及住宿业、再生资源回收利用行业涉税风险核查等专项工作，切实惩处涉税违法行为，全年累计完成税收风险应对任务89户次，共入库5370.35万元，其中入库税款5341.41万元，滞纳金28.94万元，税收经济秩序更加公平有序。围绕区、市局关于发票电子化改革（金税四期）的部署和要求，紧盯“数电票”的推广上线，开展统一身份平台上线数据清理工作，完成各类疑点数据整改1828条，推广数电票纳税人核定1091户，开具数电普票5369张、数电专票4425张，积极防范发票虚开和舆情风险，确保了“数电票”上线实施工作顺利推进。

【依法治税】 2023年，沙坡头区税务局持续推进“三项制度”和“首违不罚”清单制度落实，全面推行税务证明事项告知承诺制，落实行政许可事项清单制度。通过执法信息公示平台、十公示系统、大厅公示栏等途径对外公开执法信息34项，在大厅落实税务证明事项告知承诺制4次，推动税务执法、服务、监管规范化，共执行行政处罚273笔，入库处罚金额17.34万元。对符合“首违不罚”条件的35户纳税人落实“首违不罚”清单制度，出具不予行政处罚决定书。

【纳税服务】 2023年，沙坡头区税务局连续第10年开展“便民办税春风行动”，认真落实新增的129条便民措施。持续深化“杞云e税为您办”“税小云贴心答”“税小杞放心办”品牌效应，落实18项“简事快办”清单，通过对41项经纳税人授权的涉税事项实行不见面帮办，窗口业务即时受理率100%。全年累计走访重点企业100余户次，受理并解决纳税人各类诉求21条，组织开展座谈会5次，辅导纳税人200余户次。打造“线上+线下”办税缴费服务平台，严格按照“最多跑一次”清单和“全程网上办”事项清单要求，打造“智能+实体”联动的办税服务模式，引导缴税费人通过“我的宁夏”、宁夏税务App、自然人电子税务局，以及自助办税厅等渠道办税缴费。深入落实五办21项工作法，做实简事快办和容缺办理，健全征纳互动机制，打造全市征纳互动运用中心。全年“非接触式”办税缴费服务综合完成率达98.38%，总办结率100%，网上办理面97.84%，切实做到了让纳税人多走“网路”少跑“马路”。在“枫桥式”税务分局建设过程中，创造性提出“三级四治双调解”工作模式，为缴税费人权益的维护和涉税费争议问题的及时有效解决提供良好平台。

【税法宣传】 2023年，沙坡头区税务局积极响应沙坡头区委工作安排部署，在沙坡头区铁路广场开展税收普法宣传活动，为纳税人讲解最新税费优惠政策，发放新的组合式税费支持政策汇编、企业所得税汇算清缴、致广大纳税人的一封信等形式多样的宣传文本、彩页等，并对纳税人提出的问题进行耐心细致的解答。联合中卫市税务局，以第32个全国税收宣传月活动为契机，积极开展以“税法伴我行”为主题的青少年税法宣传系列活动暨“税收普法宣传教育基地”揭牌仪式。与中卫市第五小学签订《税收普法宣传教育签约协议书》，开启了税校联宣的新篇章，形成了“税务部门主动教、学校主动宣、学生主动学”的税收普法宣传教育机制，教育引导同学们树立税收法治观念，做税收法治建设的积极参与者，不断扩大税法宣传的力度，推动法治税务建设实现新突破，进一步发挥税务部门在法治建设方面的独特作用，从而带动全社会形成学习税法知识新风尚，营造“知税法、学税法、用税法、普税法”的良好税收法治环境。

【文明创建】 2023年，沙坡头区税务局作为“全国学雷锋示范点”，大力弘扬“学习雷锋、奉献他人、提升自己”的志愿服务理念，充分发挥“蓝色星愿”青年志愿服务驿站作用，组建志愿服务团队，广泛开展学雷锋实践活动。持续开展了“学雷锋进校园、进社区”“创城服务”等常态化志愿活动，长期与中卫中学共青团班、中卫市福乐老年公寓、中卫市托福儿童康复中心建立合作共建联系点，累计组织开展各类志愿服务24次共计110余人次，累计向社会各类志愿服务组织捐赠9万余元物资。2023年12月，组织干部积极为甘肃积石山地震灾区捐款累计7504元。积极与对口扶贫村永康镇乐台村对接开展帮扶工作，捐赠扶贫物资1万元，按时完成全年扶贫任务。

【廉政建设】 2023年，沙坡头区税务局制定全面从严治党工作要点和“两个责任”清单，召开党建工作领导小组会议4次，专题研究全面从严治党工作2次，明确全面从严治党各类责任事项的工作目标、任务。选优配强纪检“三员”队伍，实现一线监督全覆盖。梳理税收重点领域、关键环节风险点22条，共进行执法责任追究3次，批评教育1人次。创立《清风月读》期刊，《谈纪说廉》长图漫画，及时传达上级纪检组最新精神，传递廉政咨询，共发表期刊两期、长图1次、动漫1次。全年累计开展党支部纪法宣讲活动9次，走访干部家属45人次，对操办婚庆事宜党员进行谈心谈话2人次，邀请沙坡头区纪委监委常委、监委委员讲课1次，为税收中心工作提供坚强的作风纪律保障。

统计管理

【概　况】 2023年，沙坡头区统计局紧紧围绕区委、区政府重点工作和年度目标，充分发挥统计信息、统计咨询、统计监督三大职能作用，进一步创新工作思路，优化统计服务，夯实统计基础，推动统计工作再上新台阶。

【统计服务】 2023年，沙坡头区统计局每月梳理重要经济指标数据，通过编发信息，编印《经济快报》，编制"统计活页"资料，为领导决策和引导部门抓好工作落实提供高质量的统计服务。紧扣区委、区政府中心工作，加大经济分析研究力度，按月、按季形成农业、工业、投资、能源、贸易、综合类经济形势分析报告。牵头编印《统计年鉴》《经济要情手册》《统计公报》各600余册，印发《沙坡头区月度经济指标手册》11期2200册。制作"一图读懂沙坡头区经济运行情况"12期，全年向单位及个人提供"十四五"中期评估等数据咨询服务50余次。全年共发布统计动态信息115篇、统计专报14篇，经济快报11期，报送经济形势分析会、调度会等各类讲话材料30余篇次，其中，23篇动态类信息被自治区统计内网采用，两篇统计分析获得全区优秀统计分析三等奖。

【统计调查】 2023年，沙坡头区统计局开展农业农村统计，完成综合生产年报、定期报表，完成县、乡、村三级社会经济基本情况以及乡村振兴统计监测补充调查联网直报工作。做好规上工业统计调查，完成112家规上工业企业月度生产、财务状况和季度生产经营景气等统计报表的催报、审核、验收工作，及时反馈国家和自治区数据查询等，高标准完成工业统计年报、成本费用调查工作。做好126家限上贸易企业月报、季报和年报的催报、审核、验收工作。全力推动投资统计，按月催报、远程协助、审核验收在库项目，建立新批复、未入库项目台账，实行动态管理，年末投资报表单位191家，投资项目475个。每月、每季度做好25家限下商贸、106家规下工业、129家能源、123家规下服务业、91家资质外建筑业、32家部分行业事业单位的催报、审核、验收工作。完成劳动工资统计，做好176家调查单位统计联网直报、484家"非一套表"劳动工资统计年报工作。及时维护基本单位名录库，新增单位884家，剔除、合并注吊销单位382家。组织开展2023年人口变动情况抽样调查，核查建筑物292个，核实住房单元2840个，正式登记2859户。有序推进"五经普"投入产出调查各项工作。

【统计监测】 2023年，沙坡头区统计局开展百万移民收入统计监测，对永康镇达茂村、永康镇彩达村、宣和镇喜沟村、宣和镇汪园村、兴仁镇川裕村的50户记账户，按月监测人口、收入、支出等情况，测算沙坡头区百万移民人均可支配收入，分析移民群众收入增长变化，形成百万移民收支分析报告。开展妇女儿童发展规划监测统计工作，收集、整理、审核2021及2022年"两规划"监测数据指标并形成监测报告。

【统计法治】 2023年，沙坡头区统计局开展统计造假屡禁难绝专项治理，召开动员部署会议，制订相关工作方案，明确具体举措、时间节点和工作要求，压实工作责任，确保取得实效。重点围绕国家统计局要求的工业总产值、固定资产投资完成额、商品销售额、从业人员工资总额、能源消费量等指标以及调查单位入退库情况开展数据核查，对发现的报表数据存在差错的问题及时督促企业据实改正，切实提高数据质量。依法对辖区内15家单位重点指标及出库入库真实性情况进行执法检查，对3家企业下发责令改正通知书，对其中1家企业给予警告的行政处罚。强化法治宣传教育，将习近平总书记关于统计工作的重要论述和相关重要文件、典型案例列入区委常委会会议、区政府常务会议学习3次，区委理论学习中心组集中学习1次，进一步提高领导干部统计法治意识。举办统计业务培训班17场次1700余人，培训班均以统计法律法规宣讲开篇，引导统计调查对象增强依法统计意识，优化统计工作环境。修订完善《沙坡头区统计数据质量管理制度汇编》，包含统计数据质量核查工作制度8项、统计数据评估办法4项、统计数据全过程管理制度16项、统计业务流程规范12项，通过制度建设规范统计行为。

【第五次全国经济普查】 2023年，沙坡头区成立以区长为组长、分管副区长为副组长、33个单位为成员的普查工作领导小组，各乡镇、中卫工业园区、山羊场均成立普查机构，确保经济普查各项工作规范有序、高效运转。认真组织“两员”选聘，共选聘“两员”349人，其中普查员318人。举办普查区划分和建筑物标绘培训班，跟踪督查指导各乡级绘图工作，划分200个普查区，314个普查小区，标绘建筑物5226个。严格按规范程序组织开展“地毯式”清查，共清查单位10009家，个体经营户18423家。通过广场集中宣传、新媒体、知识竞赛等多种形式广泛开展普查宣传，营造良好的社会氛围。

审计监督

【概　况】 沙坡头区审计局核定行政编制10名，设局长1名、副局长3名。2018年核减行政编制1名，设局长1名、副局长两名。2023年底实有局长1名，副局长3名(其中1名为挂职)，科员6名。机关内设综合业务、政策法规、财政金融企业审计、经济责任审计和固定资产投资审计5类岗位。

【重大政策措施落实情况跟踪审计】 2023年，沙坡头区审计局完成沙坡头区冬季清洁取暖项目审计，重点关注清洁取暖改造、建筑节能改造户数及任务完成情况、项目质量、专项资金管理使用和绩效、政策和项目执行效率效果等情况，审计查出未按方案要求完成阶段性任务等问题10个，提出审计建议6条。

【财政预算执行审计】 2023年，沙坡头区审计局在对沙坡头区本级2022年度财政预算执行和其他财政收支情况审计的同时，重点实施了沙坡头区民政和社会保障局、沙坡头区宣和镇2022年度预算执行情况审计。重点关注预算编制、预算执行、专项资金及资产管理使用、内部控制与管理等情况，及时向区政府、区人大常委会报送区本级2022年度预算执行及其他财政收支情况审计结果报告和审计工作报告，查出代编预算规模未压减、非税收入年初预算编制不准确等问题61个，规范本级预算管理资金15445.63万元，督促各部门、各乡镇上缴财政资金716.44万元。

【经济责任审计】 2023年，沙坡头区审计局完成沙坡头区兴仁镇党委副书记、镇长严学武任期经济责任审计1项。紧紧围绕贯彻执行中央和自治区有关政策、本单位发展规划和政策措施制定、预决算执行、财政财务管理、生态文明建设等八个方面，客观公正、实事求是作出审计评价，查出未通过政府采购网上超市采购办公设备、资产账账不符等问题12个，提出审计建议4条。

【自然资源资产任中审计】 2023年，沙坡头区审计局完成沙坡头区兴仁镇党委副书记、镇长严学武自然资源资产离任(任中)审计1项，重点关注国家重大生态环境保护政策落实、山水林田湖草沙资源开发和保护、生态环境保护项目实施、项目资金管理使用等情况，审计发现在自然资源资产管理和生态环境保护目标完成情况、履行自然资源资产管理和生态环境保护监督责任方面存在的违法占地图斑整改不彻底、河长制及林长制工作责任未压实等问题5个，提出审计建议3条。

【政府投资项目竣工决算审计】 2023年，沙坡头区审计局完成中卫市第一小学改扩建项目、沙坡头区永康镇双达村苹果交易市场建设项目、沙坡头区常乐镇海乐村新建肉羊养殖场项目3项政府投资建设项目审计，查出未严格履行工程变更程序、工程价款结算审核把关不严，多计工程造价等工程领域违规问题16个，提出审计建议10条。

【专项资金审计】 2023年，沙坡头区审计局完成沙坡头区2022年度就业补助资金和失业保险基金专项审计、沙坡头区高标准农田建设项目资金专项审计、2022年扶持壮大村集体经济项目资金专项审计、常乐镇思乐村环境综合整治项目资金专项审计、沙坡头区城市环卫市场化服务项目资金专项审计5个专项审计（调查）。查出建设单位监督检查不到位，施工单位未在劳动合同中明确工资标准、未批复内容完成建设任务等问题48个，提出审计建议16条。

市场监督管理

【执法监督】 2023年，中卫市市场监督管理局沙坡头区分局（以下简称“沙坡头区分局”）严格落实行政执法公示、执法全过程记录、重大执法决定法制审核“三项制度”，持续做好行政执法信息全面准确及时主动公开。2023年以来，累计公示行政许可信息1235条、行政处罚信息81条，充分保障人民群众的知情权和监督权。认真落实行政执法人员管理制度，全面落实行政执法人员持证上岗和资格管理制度，积极组织执法人员参加行政执法资格考试，已有55名执法人员持证上岗，持证率达96.49%。

【市场监管】 2023年，沙坡头区分局构建以信息归集共享为基础、“双随机、一公开”监管为手段、信用监管为核心的新型监管机制，强化事中事后监管。推动数字化改革与市场监管业务深度融合，辖区餐饮服务单位“明厨亮灶”实施率达100%，校园“互联网＋明厨亮灶”实施率达到100%；“阳光药房”建设标准符合率达83.99%，通过数字化监管切实保障好人民群众饮食用药用械安全。

【“放管服”改革】 2023年，沙坡头区分局持续深化“放管服”改革，将企业开办时间压缩至0.5个工作日，个体登记实现“秒批秒办”，全程电子化登记达8645户，电子营业执照发放率达100%，全区3.7万余户各类经营主体蓬勃发展，较2022年涨幅达17%。深化简易注销登记改革，将登报公告改为网上公告，公告时间压缩55%，进一步节约企业退出成本，促进市场主体整体循环再生率稳步增长。

【知识产权保护】 2023年，沙坡头区分局建立沙坡头区知识产权发展和保护工作联席会议制度，推动中卫市知识产权窗口落户沙坡头区，为15家代理机构开展专题培训并进行上门指导，持续培育知识产权新动能。大力开展知识产权代理行业专项整治，检查代理机构21家。围绕自治区九大重点产业和乡村振兴战略实施，扎实开展宁夏枸杞维权打假专项整治行动，开展地理标志保护专项监督检查5次，检查枸杞专卖店、干果店65家次，线上监测20次，严格规范商标使用行为。

【质量安全监管】 2023年，沙坡头区分局制订全区质量强区工作要点，扎实推进首席质量官及质量安全总监和质量安全员制度落实，19家企业已完成首席质量官聘任工作。扎实开展产品质量提升行动，抽检农资产品、民用散煤、电动自行车及头盔等产品 267 批次，下架标识不合格头盔 6 个。开展计量器具专项检查，累计检查民生领域计量器具使用单位 56 家，检定计量器具 220 台次，查扣缺斤短两电子秤 6 台，助推全区市场经济健康发展。

【食品安全监管】 2023 年，沙坡头区分局持续深化巩固全域创建食品药品安全区成果，扎实推进食品安全“两个责任”落实落地，先后组织召开工作部署会、培训会 8 次，培训沙坡头区各级领导干部 580 余人次，市场主体 536 家次，区级领导先后调研督导包保企业 227 家次，沙坡头区 2791 家食品经营单位已全部实现分层分级包保。持续开展“守查保”专项行动，累计检查食品生产经营主体 8200 余家次，立案查处食品类案件 92 件，罚没款 46.85 万元。大力开展制止餐饮浪费专项行动，共检查餐饮服务单位 426 家，发现存在餐饮浪费行为的单位 15 家，警告处罚并公示 6 起，立案查处 1 起，目前已全部整改落实到位。高标准完成全国两会、自治区十六运等重大活动食品安全保障工作，以强有力的举措严防重大食品安全事件发生。开展食品安全应急桌面推演两次，全年未发生重特大食品安全事件。

【药械安全监管】 2023 年，沙坡头区分局大力开展涉疫药品和医疗用品稳价保质专项行动、特殊管理药品监督检查等专项检查 14 次，累计检查“两品一械”经营使用单位 1014 家次，完成“两品一械”抽检任务 69 批次，办理“两品一械”案件 15 起，其中，涉药案件 3 件，涉械案件 3 起，涉妆案件 9 起，罚没款 103.1 万元。指导辖区 228 家医疗机构进行“规范药房”建设，达标率达 100%；271 家药品经营单位建成“阳光药店”，建成率 95.4%，联合公安部门检查民营医院、个体诊所、村卫生室等医疗机构 45 家，责令改正、给予警告 5 家。推动企业信用档案管理，辖区 281 家药品经营企业已全部建档，对 96 家产生信用记分的药品经营企业进行 2023 年度记分，切实保障人民群众饮食用药用械安全。

【特种设备安全监管】 2023 年，沙坡头区分局共召开安全生产工作会议 23 次，分析研判安全生产工作形势，开展特种设备应急救援演练 10 次，压紧压实特种设备安全监管责任。狠抓特种设备日常风险隐患排查治理，累计检查特种设备使用单位 469 家，抽查特种设备 758 台(套)，下达《特种设备安全监察指令书》43 份，排查消除安全隐患 269 处。开展特种设备大排查大整治工作，共排查再生资源回收站点 128 家、冷库 125 家、物流园区两个、使用液化气体运输车辆的物流公司 4 家，发现并清除问题隐患 32 个，有力保障沙坡头区特种设备安全形势总体稳定。开展气瓶风险隐患排查处置工作，摸清沙坡头区气瓶底数，将 33070 支气瓶纳入追溯系统管理，停用召回“双阀”液化石油气钢瓶 71 支，报废旧标“双阀”气瓶 47 支。累计排查气瓶 49464 支，对需回收的 30533 支气瓶及时组织回收并报废。对容大燃气销售有限公司出具虚假鉴定结论等多项违法行为立案查处，罚没款 66.6 万元。2023 年，沙坡头区市场监管领域未发生过重特大安全事故。

【市场流通领域整治】 2023 年，沙坡头区分局在分局机关、各市场监管所设置扫黑除恶线索征集箱 8 个，在重点场所增设扫黑除恶线索征集箱 7 个。开展扫黑除恶、防范电信诈骗等主题宣传活动 8 场次，辐射群众 2 万余人次，累计排查批发市场、二手车交易市场等重点行业经营户 1 万余户，检查保健市场等问题突出领域市场经营主体 5000 余家次，2023 年，共查办各类案件 472 件，累计罚没款金额 289.1 万元。大力开展旅游市场专项整治，联合相关部门发布规范五一假期市场行为的 8 项规定、成立沙坡头区整治“中秋”“国庆”期间住宿行业价格违法行为工作专班，共组织辖区252家次酒店、宾馆、民宿负责人节前约谈会议，发布张贴《提醒告诫函》300余份，“共出动执法人员512人次，累计检查民宿、酒店、宾馆等246家次，规范明码标价7家，已立案查处4起、正在调查处理两起，切实规范旅游市场。全力强化消费维权办理，全面开展“放心消费在宁夏”创建，2023年以来，共受理投诉举报4144件，办结率99.8%，挽回消费者经济损失40余万元，进一步营造诚信公平的消费环境，提振消费信心。

应急管理

综　述

【组织领导】 2023年，沙坡头区始终把安全生产作为经济发展、民生保障、社会治理的底线，坚持把习近平总书记关于安全生产重要论述和重要指示批示精神纳入党政领导干部学习培训内容，先后召开区委常委会会议8次、政府常务会议16次、应急管理委员会会议8次、安委会会议9次及专题会议22次，不定期听取安全生产、消防、综合减灾示范县创建等工作汇报，研究解决安全生产、消防、森林草原防灭火等重大问题，推动形成常态长效、常抓常新的良好局面。

【制度机制建设】 2023年，沙坡头区制定《区委和政府领导干部2023年度安全生产重点工作职责清单》《2023年沙坡头区安全生产工作要点》《区安委会成员单位2023年安全生产重点工作任务清单》《沙坡头区安全生产委员会工作规则》《沙坡头区安委会各成员单位安全生产四类清单》等文件，形成专项整治工作与建立安全生产长效机制有机结合，着力构建权威高效协同责任体系，促进责任有效落实，确保做到"头有人牵、事有人干、责有人担"，党政领导、各行业监管部门职责和任务更加明确。

【督导考核】 2023年，沙坡头区印发《沙坡头区安全生产工作日常考核办法(试行)》，加大各乡镇、各行业监管部门安全生产履职情况考核力度，结合工作提醒单、工作督办函等手段，督促各乡镇、各行业监管部门履职尽责，安全生产党委和政府领导责任、乡镇属地责任、行业部门监管责任不断压紧压实。坚持"一杆子插到底随机暗访抽查"和"四不两直"检查方式，紧盯重点节假日和重要时间点，区委和区政府主要负责同志分别带队，组织开展了春节、五一、国庆等重点时段安全生产、消防及防汛专项检查，确保重点时间节点群众生产生活安全有序。完成自治区、中卫市安全生产督查检查及明察暗访反馈393条问题整改工作。

【业务知识学习】 2023年，沙坡头区梳理、收集矿山、化工、市政工程、火灾、特种设备等22个行业领域重大事故隐患判定标准和用电、冶金、消防、加油加气站等11个行业领域300余项一般检查清单，内容更有针对性，同时，组织乡镇、部门在安委会、干部培训班上加强学习，确保各乡镇、行业监管部门“看得懂、抓得了、出成效”，推动安全生产检查工作提质增效。

【财政保障】 2023年，沙坡头区争取自治区专项资金318.018万元，为17747户液化石油气居民用户加装燃气“三件套”，不断提高燃气居民用户端安全用气水平。统筹安排债券资金1270万元，支持建设兴仁镇消防救援站项目，切实保障人民群众生命和财产安全。统筹资金4704.75万元，用于村道生命安全防护工程、农村公路交通安全隐患治理工程、中卫黄河大桥交通管控导改工程等项目，有效保障群众出行安全。

【培训宣传】 2023年，沙坡头区坚持抓基层抓兜底，立足不同领域、不同层次、不同岗位需要，统分结合、点面结合、长短结合，面向全体干部开展教育培训，累计培训20场次2000余人，聚焦重点领域、重点行业、重点部位，邀请各行业监管部门主要负责同志开展抓好安全生产工作访谈，拍摄安全生产云访谈专栏14期，各级干部知安全、懂安全、抓安全的能力显著提升。树牢“安全培训不到位是最大安全隐患”意识，高标准、严要求加强经营主体全员安全培训，累计组织辖区非煤矿山、粉尘涉爆、冶金、危化、商务、建筑施工、城镇燃气等重点企业主要负责人、安全管理人员等各类培训40场次5000余人。结合重要时间节点，开展“5·12”“6·16”“10·13”“11·9”防灾减灾日、安全生产月、国际减灾日、全国消防日宣传活动，累计发放宣传手册及防灾减灾等科普资料1万余份，张贴宣传条幅、展板300余条，发送短信30万条，覆盖人群超10万人次，安全生产、消防安全、防灾减灾救灾全民防线筑得更加牢固。

【行政执法监督】 2023年，沙坡头区开展行政执法和行政执法监督证件申领换证工作，通过率为70%和100%。行政执法证件年度审验通过468人、注销53人。组织开展执法能力提升各类执法培训7次，全面锻造一支素质好、业务精、作风硬、心气正的行政执法队伍。

安全生产监督管理

【概　况】 2023年，沙坡头区共发生各类生产安全事故5起，事故起数同比下降28.6%；单位地区生产总值生产安全事故死亡率（亿元GDP生产安全事故死亡人数）控制在自治区下达的0.0665以内；未出现人员伤亡的灾情险情，未发生森林火灾，全国综合减灾示范县创建通过国家评估组验收。

【消防安全】 2023年，沙坡头区共出警322起（其中火灾扑救185，抢险救援99起，社会救助19起，公务执勤及其他出动82起），出动车辆733辆次、指战员4351人次，抢救疏散被困群众21人，抢救财产价值150.7万元。

【重点领域安全生产专项排查整治】 2023年，银川市兴庆区富洋烧烤店“6·21”特别重大燃气爆炸事故发生后，沙坡头区第一时间组织召开安全生产工作会议，传达学习习近平总书记重要指示精神，印发安全生产行动方案，建立了处级领导包抓、集体会商研判、处级领导包抓交办、督查督办、工作信息互通5项工作机制，成立了城镇燃气安全、“九小”场所排查整治等6个工作专班，聚焦“全覆盖、零容忍、突出重点、无缝衔接、举一反三”5个重点，抓住“排查、建档、整治、销号、回头看、建章立制”6个环节，组织各乡镇、各部门对所有重点行业领域全面开展“撒网式”“多轮次”安全生产大检查，累计排查整治“九小”场所、道路交通、建筑工地等12个重点领域各类安全隐患7122条；深入开展燃气用户免费入户安全检查，完成燃气用户免费入户检查10.59万户，整改隐患1.11万个，报废旧气瓶26883支，完成燃气用户“三件套”加装84613户，切实筑牢燃气领域安全生产防线。

【重大事故隐患专项排查整治】 2023年，沙坡头区印发《沙坡头区重大事故隐患专项排查整治2023行动实施方案》，明确总体要求、主要内容、阶段安排和工作要求。建立安全生产事故预警、事故通报、约谈、挂牌督办、转办督办5项工作机制，定期调度掌握排查整治进展情况，以机制促落实，确保专项行动走深走实，取得实效。持续推行“专家+执法+服务”模式，聘请冶金、矿山、危化等重点行业领域安全专家8名，充分运用专家力量为企业提供安全咨询和整改指导服务，共排查发现重大事故隐患40条，完成整改39条，整改率97.5%。其中，企业自查发现重大事故隐患19条，整改完成率100%；部门抽查企业987家，发现重大事故隐患21条，完成整改20条，整改率95.2%。立案查处重大事故隐患案件4起，罚款277.101万元，责令停产整顿4家，约谈企业60家次。

【“小散乱污”企业专项整治】 2023年，沙坡头区聚焦问题、突出重点，围绕“小散乱污”等重点行业领域，制定《沙坡头区“小散乱污”企业突出问题专项整治行动方案》，成立专项整治工作领导小组，区级领导带队，分组包片对辖区内所有企业开展拉网式排查，按照“关停取缔一批、整治提升一批、搬迁入园一批”措施，开展专项整治。截至目前，已完成117家（镇罗镇39家、宣和镇40家、常乐镇38家）企业摸排工作，关闭取缔1家、责令美联化工、新美亚陶瓷等42家企业停产停业整顿并采取临时断电措施。调整乡镇工业产业基地服务中心机构设置和人员编制，在原有6名全额预算事业编制的基础上核增7名全额预算事业编制，夯实安全基层基础。

【危险化学品专项整治】 2023年，沙坡头区全面开展危险化学品领域专项整治，深刻汲取“10·24”宁东能源化工基地鲲鹏清洁能源有限公司固定污水储存罐火灾事故教训，第一时间制定印发《关于立即开展危险化学品企业重大风险隐患专项排查整治的紧急通知》，成立专项检查组，聚焦动火等危险作业风险管控、危险化学品储罐区安全管理等6个方面20项具体任务开展全面检查，查改问题隐患52条。年内检查危化生产企业23家次，督促企业整改安全隐患265条；检查加油站45家次，督促企业整改安全隐患299条；检查矿山29家次，查改隐患135条；检查工贸企业74家次，查改隐患1047条；检查烟花爆竹零售店22家次，查改隐患72条；集体约谈5家危化品生产企业负责人，不断压紧压实企业安全生产主体责任。

【帮扶指导服务】 2023年，沙坡头区充分发挥协会学会和行业专家、专业技术人员作用，多方面发现问题、查找风险隐患。聘请第三方安全技术公司对辖区5家矿山开展综合评估，均符合标准；聘请冶金行业领域专家对辖区10家铁合金企业开展工贸领域重大事故隐患标准解读及现场指导，查改隐患489条；开展危化生产企业重大危险源专项检查，查改问题隐患20条；开展设备“带病运行”专项检查，查改问题隐患8条；督促整改双重预防机制数字化建设运行成效评估问题25条；中国危险化学品协会专家组帮扶指导企业4家，指导督促整改重大隐患2条，一般隐患155条。

【建筑施工安全排查】 2023年，沙坡头区对辖区所有在建工程开展6轮全覆盖检查，下发限期整改通知书181份，排查整改安全隐患532条，督促企业严格落实“六个标准化”要求，遮盖抑尘网124万平方米。依法查处违法违规行为，共约谈企业12家，通报批评7家，扣除企业不良诚信分值1900

分，个人不良诚信分值53分，行政处罚220.0725万元。化解农民工欠薪投诉案件59起，涉及874人1229万元。

【城乡危旧房整治】 2023年，沙坡头区排查辖区房屋9.6万栋，积极组织42家具有专业技术力量的公司对1178栋初判为存在安全隐患的房屋完成鉴定，并督促房屋所有人采取工程措施彻底消除安全隐患，已拆除5栋，实施农村危房改造28栋。

【农村公路隐患治理】 2023年，沙坡头区实施农村公路路况提升工程项目，改造迎大线、五葡路等农村公路10条120公里；改建红油公路及宁卫路路况不良路段32.5公里，治理隐患村道19条31公里。持续开展农村公路安全隐患排查治理，处置路面病害5.6万平方米，恢复缺失标线4200平方米，更换钢管护栏1562米，新增护栏70余公里、标志牌1000余块、减速带2000余米，持续提升公路本质安全。做好汛期灾害天气应急处置，清理路面淤泥1.6万立方米。

【城市更新建设】 2023年，沙坡头区改造提升金河一期、新花园2个老旧小区基础设施4.7万平方米，惠及群众690户；开工建设沙坡头区综合档案馆1座、文昌阁及东方红社区服务站2座，依托完整社区建设试点，对新墩花园、福兴苑等5个社区基础设施进行改造提升，同步配置智慧化系统平台、托幼设施等现代化设备，助力城市焕发新活力。组织消防、公安、综合执法等部门在26个小区开展“飞亮剪”行动，剪断“飞线”1000余根，协调充电桩运营单位新增2800余个，累计配建电动自行车充电端口3.3万个，持续打造高品质物业服务。

【安全执法】 2023年，沙坡头区持续纠正执法“宽松软”问题，对冶金、工贸、烟花爆竹、建筑施工、城镇燃气、消防、农业等领域各类非法违法行为坚持铁腕治理，年内共立案查处各类安全生产违法案件127起，罚款540万元。受理非法违法类问题举报9件，查实率100%，发放奖励3800元。组织多部门对辖区非法销售烟花爆竹行为进行专项检查，累计查处非法销售摊点47处，查扣假冒伪劣烟花爆竹140余箱。

消防救援

【概　况】 2023年，沙坡头区消防大队在全区冬春练兵考核中取得大队级体能比武第一名；在支队第五届“火焰蓝杯”体技能比武竞赛和后勤岗位练兵比武竞赛中取得团体第二名；在全市条令纲要知识竞赛和队列会操中分别取得团体第三名；在“学习二十大、赞颂新成就、忠诚保平安”主题演讲比赛中，卢佳悦荣获“三等奖”；满涛、白彦超2人家庭被中卫市妇女联合会评为“最美家庭”。火焰蓝形象更加深入人心。

【政治建设】 2023年，沙坡头区消防大队共召开党委会38次，研究讨论议题169项，并通过每周办公例会跟踪落实党委决议、点评调度重点工作、办理请示事项，做到事事有回音、件件有落实。2023年以来，大队1名预备党员按期转正，2名党员发展对象经培训合格接收为预备党员，确定3名入党积极分子。2023年，沙坡头区消防大队定期分析队伍党风廉政建设形势，扎实开展“以案促改”工作，开展党组织书记上廉政党课4次、廉政教育专题学习3次、集体廉政谈话4次，组织观看《正风反腐就在身边》《永远吹冲锋号》等警示教育片5次，邀请中卫市纪委监委到队开展“筑牢思想防线、坚守廉洁底线”专题授课1次，参观廉政警示教育基地1次，召开队伍管理及安全分析会11次，党委议廉6次，在重大节日、重要节点推送廉政教育短视频和廉政警示案例15部，与指战员家属签订《家庭助廉承诺书》40余份，引导指战员家属争当“廉内助”，不断完善“单位家庭”廉洁共育体系。

【政治教育】 2023年，沙坡头区消防大队深入开展学习贯彻习近平新时代中国特色社会主义思想主题教育和“牢记领袖训词，永做忠诚卫士”主题教育，组织集中学习40余次，党委理论学习中心组学习22次，与中卫市拘留所、中卫机场党支部联合开展“学思践悟二十大、砥砺奋进新征程”等主题党日活动5次，赴孟长有纪念馆、张子华生平纪事馆开展联学活动各1次，大队主官共开展主题教育专题授课3次，全体人员围绕三个专题开展交流研讨9次，撰写材料80余篇；依托中卫市图书馆、中卫市新华书店建立“自助式”图书室，定期联合开展读书分享会3次，积极营造爱读书、读好书、善读书的浓厚氛围。

【队伍管理】 2023年，沙坡头区消防大队及所辖队站全年共召开安全形势分析50余次，对照“涉网涉诈涉谣”和“涉赌涉贷涉密”情况核查表和队伍管理暨安全工作“扫描式”体检表，填写核查表、体检表共12份，发现问题34处，制定整改措施48项。开展谈心提醒、心理疏导等12次、签订杜绝酒驾承诺书87份、警示教育10余次、常态化酒精测试60余次、队容风纪检查50余次，坚决遏制违规违纪事件发生。

【人文关怀】 2023年，沙坡头区消防大队开展队站指战员家属开放日2次，慰问伤病指战员12次，困难家属3次；邀请中卫市天康口腔医院来队为全体消防救援人员进行口腔健康检查，提供预防、治疗方案；与中卫市各医院建立就医绿色通道，解决指战员就医排队、挂号难等问题；与中卫机场签订消防救援人员及随行亲属乘机优待协议，让指战员及亲属享受“四优先、两免费、一协助”服务，以实实在在的工作措施和作风凝聚人心，切实为指战员办实事、办好事，让“以队为家”理念扎根指战员心中。

【安全教育】 2023年，沙坡头区消防大队开展车辆装备安全性能检查20余次、邀请交管部门针对安全文明行车教育集中授课2次、组织驾驶员到驾校开展复训工作10余次、召开安全形势分析会12次、安全知识理论测试15次、常见灾害事故风险辨识、紧急避险等专项训练12次，确保作战训练安全入脑入心。

【专业救援】 2023年，沙坡头区消防大队按照做强“国家队”、规范“专职队”、织密“微型站”的思路，全面构建立体式灭火救援体系，强化政府专职消防队、企业专职消防队联勤联训联调联动机制，全年实地检查指导专职队16次，组织政府专职队开展辖区重点单位六熟悉及灭火演练15次，先后12次深入企业专职消防队和微型消防站开展业务指导，实地拉动微型消防站56次。

【实战化练兵】 2023年，沙坡头区消防大队聚焦“全灾种、大应急”任务需要，按照从难、从严、从实际出发，加大应用性训练、适用性训练和战术训练，坚持“每天必训、每周必测、每月必考”的训练制度，练体能、练技能、练指挥、练作风，全面提高队伍实战打赢能力。加强与应急、卫健、交管等行业部门沟通协调，建立健全灾害事故应急响应机制，组织开展水域救援专项训练10余次、修订预案20份，普查消火栓120余处，开展辖区重点单位六熟悉及灭火演练21次，有效提升指战员灭火救援组织指挥和应急处置能力。

【抢险救援】 2023年，沙坡头区消防大队共出警660起(其中火灾扑救335，抢险救援213起，社会救助20起，公务执勤及其他出动92起)，出动车辆1087辆次、指战员6508人次，抢救疏散被困群众 190 人，抢救财产价值 215.6 万元，保护财产价值 551 万元，成功处置了“3·9 中卫市沙坡头区三益蔬菜有限公司氨气泄漏”“4·18 吴忠至中卫高速公路宣和方向永康路段油罐车与半挂车交通事故”“9·27 中卫往甘塘孟家湾路段 4 车相撞交通事故”“10·521 吨液化气车辆侧翻”“11·18 中卫市兴仁镇东街加油站车载三氯氧磷泄漏”等重大和敏感灾情事故。

【落实消防安全责任】 2023 年，沙坡头区委、区政府主要领导重点时段带队开展消防安全检查 14 次，提请政府常务会议研究消防工作 6 次，专题会议 5 次。发挥安委会、消委会议事平台作用，召开联席会议 4 次，向行业部门发送消防安全工作函 10 余份，与行业部门全部签订年度消防工作责任书，明确工作任务。以乡镇消防工作所实体化运行为切入点，以消防监管调度中心为抓手，推动形成“责任清晰、管理精细、治理常态、队伍专业”的基层消防治理体系。

【消防安全整治】 2023 年，沙坡头区消防大队以重点领域消防安全整治、人员密集场所疏散楼梯消防救援口治理、高层公共建筑消防安全整治为主线，联合相关行业部门深入开展打通“生命通道”、宾馆饭店人员密集场所、电动自行车等 10 个领域专项整治行动 40 余次，督促整改火灾隐患 600 余处，并常态化集中组织对单位负责人开展消防安全培训，深入辖区 187 家消防安全重点单位开展检查指导工作。结合国务院省级政府消防工作考核及综合减灾示范县创建验收工作，组织培树指导 187 家消防安全重点单位开展消防标准化管理创建活动。全面开展城镇燃气专项排查整治工作，抽调 1 名人员进入燃气专项整治工作专班，检查单位 1588 家，整改涉及燃气安全的隐患问题 105 处。联合相关部门紧盯住宅小区及周边“九小”场所持续开展拉网式排查，共剪线 400 余条，清理“住改非”等场所 12 处。主动对接综合执法局对辖区流动商贩占道经营定期开展整治行动，拆除违规摊位 10 个，整改私拉乱接电气线路 40 余处，整改隐患 400 余处，充分发挥联合监管作用。常态化联合文体、市场监管等部门拆除铁栅栏、广告牌 800 余处，指导沿街商户新增安全出口 104 处、消防救援窗口 344 处。挂牌重大火灾隐患单位 12 家，提请沙坡头区政府督办 8 家，已全部完成整改。向重点行业部门发送工作提示函 9 份，督促 70 家社会单位高质量完成消控室达标创建。目前，大队已有 4 人取得消防设施操作员证，有效提升消防监督岗位人员的综合素质。在敏感节点、重点节日，聚焦不放心场所和区域，开展节前消防安全检查及前置执勤工作，并向行业部门发送消防安全工作函 8 次，检查社会单位 1475 家(次)，发现火灾隐患 749 处，督促整改火灾隐患 711 处，办理使用(营业)前消防安全检查 77 起、行政处罚 52 起、临时查封 25 起、责令“三停”单位 7 起，罚款 22.3 万元，社会面火灾形势平稳向好，队伍服务能力全面提升。

【宣传教育】 2023 年，沙坡头区消防大队组织 30 余支中小学组参赛队开展首届“火焰蓝杯”中小学消防安全知识竞赛，在辖区 11 个乡镇开展“千人万场”家庭安全素养提升教育培训活动 40 余场，开展消防安全公益性培训 80 余期，培训消防安全明白人 4 万余人。依托宁夏电视台《都市阳光》栏目、宁夏消防、中卫消防官方号等媒体曝光隐患单位 16 家，曝光火灾隐患 40 余处，拍摄“禁止占用消防通道”“快板说消防”等专题宣传视频，在自治区级媒体上稿 30 余条，全方位、全媒体打造矩阵宣传“最强音”。在万达广场打造全市首个消防主题超市，有效提高辖区广大群众的消防安全意识。2023 年以来，共开展志愿服务活动 40 余次，发送消防提示类短信20万条，发放宣传手册5万份，受教育人数10万余人，1个消防志愿服务项目被总队评为全区优秀消防志愿服务项目，1名消防志愿者获消防总队评为优秀消防志愿者；大队消防服务窗口被中卫市沙坡头区政务服务中心评为“红旗窗口”。

【经费保障】 2023年，沙坡头区消防大队主动作为、迎难而上，定期向沙坡头区党委、政府汇报消防工作，经费争取连续三年突破1200万元，且2024年经费预算达1598万元，已经政府常务会议研究审议通过，经费保障能力稳步向好。

【基础设施建设】 2023年，沙坡头区消防大队先后10余次向区委、区政府四套班子领导汇报工作，多次召开专题会议研究消防重大问题。上级党委和各级政府高度重视大队发展，先后帮助建成迎水桥消防站、沙坡头消防站和兴仁消防站，队伍建设取得长足进步。完成迎水桥站营区外绿化花费29万元，库室改造升级花费70万元，水上站车库建设及道路硬化花费89万元。

森林草原防火

【防火管理体系】 2023年，沙坡头区成立以分管副区长为组长的工作领导小组，组织召开沙坡头区森林草原防火工作会议14次，及时协调解决工作中存在的问题，层层签订森林草原防火目标责任书，增强森林草原防火工作的紧迫感和责任感。及时发布《中卫市沙坡头区人民政府关于划定森林草原防火区和明确森林草原防火期的通告》《安全生产作提示函》等文件，明确森林草原防火期，划定防火区域，厘清各乡镇、各部门工作职责，统筹推进防火工作，确保林草防火形势稳定。以林长制为抓手，全面推行森林草原防火网格化管理，落实各级林长478人，实行“分片包干，一级包一级”形式，将领导责任、部门责任、地块责任等落实到林区，落实到山头地块，落实到防火一线。探索建立沙坡头区森林草原火灾举报奖励机制，切实守住安全底线。组织编制《沙坡头区草原防火规划》，逐步建立健全防火长效机制，提升沙坡头区草原火灾防控综合能力建设。

【督查巡护】 2023年，沙坡头区林业和草原局抓实抓细“人防”举措，充分发挥各级林长、生态护林员、网格员等巡护力量，全天候、全方位开展防火巡查，以“森林草原火灾隐患排查整治和查处违规用火行为专项行动”“林草行业重大事故隐患专项排查整治”等为契机，全面排查森林草原火灾及安全生产隐患，针对存在问题，及时下发整改单，建立问题整改台账。全年共计开展巡查检查100余次，累计发现并整改隐患问题59个，做到立查立改。抓实抓细“技防”举措，不断完善草原防火监测体系，充分利用两处火情瞭望塔、1处视频监控中心监测火情。同时，定期组织有关单位成立督查组，下沉各乡镇、涉林企业，督导检查森林草原防火工作及相应设备，及时反馈整改存在的风险隐患问题，确保把火灾隐患解决在萌芽之时、成灾之前。

【宣传教育】 2023年，沙坡头区林业和草原局利用微信公众号、宣传展板等载体，广泛开展森林草原防火宣传活动，制作发放《森林草原防灭火应知应会》等知识手册600本，发送宣传短信13.53万条；在重要路口、主干道悬挂宣传条幅100条；在红太阳广场、乡镇集市等开展线下宣传活动10次，发放宣传纸杯1000个、宣传彩页5800份、小扇子1000个，营造浓厚的森林草原防火氛围。

【专题培训】 2023年，沙坡头区林业和草原局指导各涉林企业开展安全生产培训10余次，培训283人次；配合开展森林草原防火演练1期，举办森林草原防灭火培训1期，累计培训部门、乡镇干部及护林员80人次，切实提升企业及部门工作人员安全生产意识，提高应急防范能力。

防震减灾

【概　况】 2023年，沙坡头区抗震救灾工作有序、高效地进行，制定并印发了《2023年抗震救灾指挥部工作要点》，深入分析了当前地震灾害形势，结合实际情况，明确全年的重点工作任务，包括加强地震监测预警、提升应急救援能力、完善灾害应对机制、加强宣传教育等方面。强化责任落实机制，明确各级各部门的职责分工，定期召开联席会议，建立信息共享机制等方式，各部门之间能够形成合力，共同应对地震灾害带来的挑战，确保年度防震减灾工作的顺利推进提供有力的制度保障。

【承灾体排查整治】 2023年，沙坡头区深入开展各类承灾体排查整治，实施危房和抗震宜居房改造工程，全年共完成危房改造34户，拆除抗震能力不足老旧住房34户，落实补助资金102万元。持续开展桥梁养护管理，加大危桥改造力度，投资1.035亿元，实施中卫黄河大桥旧桥加固改造工程，项目已完成招标，并于3月中下旬开工。积极推进水利防震减灾工作，投资6500余万元，实施峡门供水工程泵站管线消缺一期项目、小型水库维修养护工程等项目6个，极大地降低了地震次生灾害风险。

【应急演练】 2023年，沙坡头区共组织开展防震减灾应急演练20余场次，演练涵盖地震预警、疏散避险、救援救助等多个环节，确保参与人员能够全面了解地震灾害的应对流程，熟悉各自职责，提高应对能力。同时，沙坡头区还积极配合自治区、中卫市完成“应急先锋2023”抗震救灾联合应急演练。

【宣传教育】 2023年，沙坡头区组织灾害信息员培训15场次，累计培训人数超过900人。内容涵盖了地震基础知识、灾害应对流程、应急救援技能等多个方面，确保参训人员全面掌握相关知识和技能，为应对地震灾害提供有力保障。同时，利用“5·12”防灾减灾日、“10·13”国际减灾日等重要节点，向公众普及地震灾害的防范知识和应对方法。积极推动防震减灾知识进机关、进企业、进学校等各个领域。通过举办专题讲座、开展应急演练、发放宣传资料等方式，不断提高社会各界对防震减灾工作的关注度和参与度。

法 治

社会治理

【概　况】 2023年，沙坡头区委政法委开展政治轮训、岗位练兵、业务培训等420余次，组织政法干警观看警示教育片、参观警示教育基地等100余次；择优储备49名符合条件的优秀年轻干部，为优化沙坡头区政法干部队伍配备奠定基础。认真贯彻落实各级党委决策部署和上级政法委工作要求，强力推进政法各项工作，有效维护了全区政治安全、社会安定、人民安宁。滨河镇“红色物业联盟”化解物业纠纷工作法被中央政法委评为先进典型，镇罗镇“一核三圈四体系”工作模式被自治区党委政法委评为“十大亮点工作”，镇罗派出所被命名为全国“枫桥式公安派出所”，区委政法委、区检察院被评为“全区未成年人保护工作先进集体”。成功打造文昌镇“访调对接”、迎水桥镇智慧治理等33个“一镇一品”综治特色品牌。成功创建全国综合减灾示范社区4个；沙坡头区公安分局、镇罗镇荣获“平安宁夏建设先进集体”称号；创建自治区级“法治示范校”两个；打造国家级乡村治理示范镇1个（镇罗镇）、示范村1个（何滩村），打造自治区级乡村治理示范镇1个（迎水桥镇）。

【政治建设】 2023年，沙坡头区委政法委严格落实“第一议题”制度，举办习近平法治思想培训班、习近平总书记视察宁夏重要讲话指示批示精神宣讲等12场次，培训领导干部500余人。认真贯彻落实《中国共产党政法工作条例》，组织政法委员述职3批次10余人，开展政治督察、纪律作风巡查2次，政法各单位请示报告重大事项50件，推动党对政法工作的绝对领导贯穿到政法工作的全过程、各环节。2023年，沙坡头区推进党委（党组）理论学习中心组学法制度化，加强领导干部法治能力培训工作，严格落实领导干部任前法律知识测试、宪法宣誓、年度述法等工作制度，各级党委（党组）理论学习中心组、政府常务会议学法常态化，区委理论学习中心组专题辅导习近平法治思想1次，各级党委（党组）会议会前学习“习近平法治思想”49场次，区政府常务会议会前学法16次，区政府主要领导讲法情况4次，开展2023年度沙坡头区国家工作人员学法线上考试1次，共有4559人参加，及格率达92.81%，政府工作人员法治思维和依法行政水平显著增强。

【平安建设】 2023年，沙坡头区委政法委推进常态化扫黑除恶斗争。加大打击力度，坚决打早打小，受理线索11条，办结11条。坚持“防、打、治、督”四措并举，电诈案件立案数、财损数同比下降20.5%、40.6%，电信诈骗高发频发得到有效遏制。按照综治中心规范化建设“四有”“四化”标准，11个乡镇全部建成综治中心阵地。不断强化铁路护路联防工作。建立铁路护路云联防指挥中心，对辖区5个铁路涵洞加装视频监控、水位标尺等技防设施，实现隐患及时预警排除。

【社会治理体系】 2023年，沙坡头区委政法委召开沙坡头区平安协调小组会议，研究部署基层治理工作，成立由区委、区政府主要领导任双组长的领导小组，把党的领导优势转化为社会治理效能。先后召开社会治理专题会1次、推进会2次，对基层治理进行再安排、再部署。制定《中卫市沙坡头区市域社会治理现代化试点合格城市创建工作实施方案》和任务分工清单，推动社会治理各项任务落实，形成一个实施方案为统揽、两个方案明职责、1张清单定指标的“1+2+1”基层治理制度体系。按照“党建带群建”的要求，结合“巾帼心向党”“工”字号服务等品牌，在提供公益服务、化解社会矛盾、保护妇女和未成年人等方面发挥重要作用。

【综治中心建设】 2023年，沙坡头区委政法委制发《关于推进县（区）乡（镇）村（社区）三级综治中心规范化建设的实施方案的通知》《沙坡头区综治中心规范化建设年活动实施方案的通知》，明确各级综治中心功能定位、建设标准和运行模式，全力推进综治中心规范化建设、实战化运行，确保相关工作顺利开展。沙坡头区共有198个村（社区），划分网格1117个，配备网格员1137名。城市社区网格员326名，其中兼职网格员221名，专职网格员105名；农村社区网格员823名，由村“两委”、党员以及热心群众兼任。全面推行“一网多格、一格多员、一员多岗、一岗多责、全员参与”的基层服务管理模式。运用现代化信息技术手段试点建设迎水桥镇社会治理信息平台，由“网格化管理、社区治理、乡村治理、宗教治理、两新组织、联合调度”六大板块组成，直观清晰展现全镇家庭数、人口数、网格化建设以及土地资源概况，满足精细监管，智能科学决策的需求。

【基层治理】 2023年，沙坡头区委政法委注重把党的领导落实到基层治理最前沿，构建“区委整合力量统筹抓、乡镇部门协调联动合力抓、村（社区）因地制宜直接抓”的三级责任体系，不断延伸党建触角、拓展服务半径，推动新业态新就业群体融入基层治理格局，实现治理基础从薄弱到夯实有效转变。建立区、乡镇、村居三级“八五”普法机制，设立乡镇公共法律服务工作站11个，为198个村（社区）配备法律顾问，选任人民陪审员93名，培育“法律明白人”3000余人，持续开展法治宣传教育。常态化开展道德模范、身边好人、最美人物、政法英模等先进典型评选表彰，推行“红黑榜”、“时间银行”、文明实践积分卡制度，组织开展“周五有约”志愿服务活动，实施“有福童享”“长者馨生”“义心传城”等公益服务项目，命名32个沙坡头区级文明村镇、文明单位、文明校园。精准开展城市社区网格化管理服务，探索基层治理从“大网格”向“微网格”转变，实现网格管理精细化。提升城乡社区民主自治水平，城市社区组织业主委员会、物业公司、居民代表等人员建立红色议事厅，充分发挥辖区“移动网格员”作用，丰富民主协商形式，规范建立村民代表会议制度。沙坡头区综治中心探索建立信息化平台，接入应急管理指挥平台、雪亮工程、矛排系统、智慧社区等各种资源，实现区域社会治理问题的受理、研判、处理、督办和反馈等功能，同时，建成综治中心视频会议系统，提升沙坡头区综治中心智能化治理水平。

法治政府建设

【概 况】 2023年，沙坡头区深入学习贯彻习近平法治思想，召开沙坡头区委全面依法治区委员会办公室第六次会议，审议沙坡头区法治政府建设2023年工作要点，安排部署年度法治政府建设工作任务，确保法治政府建设工作谋划部署到位、责任落实到位。完善区委常委会会议、乡镇党委会议定期听取法治政府建设情况的制度机制，及时研究解决法治建设重大问题。

【督察考核评价】 2023年，沙坡头区全面整改落实各级督察反馈问题、中卫市法治政府建设和法治社会建设第三方评估反馈问题，不断完善法治政府建设考核体系，强化法治督察指导，盯住关键问题和重点单位，开展实地法治督察3次。严格落实法治政府建设年度报告公开制度，沙坡头区两级人民政府、各部门2022年度法治政府建设工作报告公开率100%。

【述法评议】 2023年，沙坡头区全面贯彻落实《党政主要负责人履行推进法治建设第一责任人职责规定》，将党政主要负责人履行推进法治建设第一责任人职责情况纳入年终述职和区委巡察内容，组织10家党政机关主要负责人开展沙坡头区第二批述法评议，选取11家党政机关主要负责人参加沙坡头区第三批述法评议活动，进一步压实党政主要负责人推进法治建设第一责任人职责。

【"放管服"改革】 2023年，沙坡头区全面落实清单管理制度，动态调整行政许可、行政审批中介服务等事项清单，进一步深化证明事项清理。推进政务服务标准化、规范化、便利化，提升为民服务能力，编制印发《政务服务指导手册(2023年版)》。深化"一窗受理、集成服务、一网通办"，政务服务事项网上可办率为86.76%，不见面率达81%。推进网上办件常态化，"一网通办"办件量3.47万余件。落实"好差评"制度，建成区、镇、村三级全覆盖的政务服务"好差评"体系，好评率100%。完善电子证照库建设，汇集29类电子证照数据，电子证照入库量1.52万余件。

【法治化营商环境】 2023年，沙坡头区不断完善市场主体开办便利举措，登记注册"容缺受理"，压缩企业开办时间至0.5个工作日，个体登记实现"秒批秒办"。严格落实"一址多照、一照多址"制度，大力推进企业简易注销，压缩公告时间至20天。全面落实负面清单，企业投资项目备案时限压缩到1个工作日，依法依规备案企业投资项目106个。全面推行"双随机、一公开"监管全覆盖、常态化，梳理随机抽查事项92项、部门联合抽查事项47项，实现"进一次门办多件事"，减少对市场主体正常生产经营活动的干预。持续推进社会信用体系建设，归集各类信用信息3043条，引导各行业领域建立健全信用承诺制度，双公示无瞒报漏报情况发生。

【合法性审查】 2023年，沙坡头区坚持合法性审查工作前置，当好区委、区政府法治参谋助手，做好防范风险的"守门员"，规范合法性审查和公平竞争审查工作机制，建立健全乡镇合法性审查工作流程，制定沙坡头区进一步加强合法性审查工作实施方案，将重大决策事项、政府合同、行政规范性文件和政法涉法性事务全部纳入合法性审查范围，推行合法性审查"程序标准化、材料标准化、审查标准化"机制，全程参与招商引资、民生工程、重大项目。截至目前，共审查各类合同、文件798件，围绕中心服务大局配合推进项目专班16个，法治保障质效不断提升。

【依法决策】 2023年，沙坡头区落实重大行政决策年度目录制度，公布重大行政决策事项目录4项，承办单位严格落实公开征求意见、合法性审查、集体讨论决定等法定程序，不断提升政府科学民主依法决策水平。完善政府法律顾问和公职律师制度，11个乡镇实现政府法律顾问全覆盖。法律顾问列席政府常务会议、推进会、法律论证会等19次，代理政府诉讼案件39件，处理非诉法律事务15件。

【行政规范性文件制定管理】 2023年，沙坡头区严格落实规范性文件“三统一”制度、合法性审核、集体讨论和备案制度，做到“有件必备、有备必审、有错必纠”。依法报备行政规范性文件6件，审查乡镇、部门行政规范性文件4件。全面清理沙坡头区现行有效的规范性文件及政策性文件，决定废止规范性文件1件、政策性文件16件，宣布失效规范性文件22件、政策性文件1件。

【行政复议】 2023年，沙坡头区开展行政复议提升年活动，对2020年以来的行政复议案件进行全面自查，打造规范化行政复议阵地，进一步规范行政复议案件办理程序，受理行政复议案件两件，审结1件，纠错1件，行政复议决定书纠错率连年递减。

【行政应诉】 2023年，沙坡头区持续巩固行政应诉突出问题专项治理成果，推行“一对一”跟进督促和出庭应诉提前抄送模式，一审审结行政诉讼案件10件，行政机关负责人应出庭应诉13件，出庭应诉率100%，书面通报并进行责任追究败诉案件1件。加强府院联动，积极发挥沙坡头区行政争议协调化解中心作用，促使和解行政争议14件。

【基层综合执法体制改革】 2023年，沙坡头区持续巩固基层综合执法体制改革成果，推进县乡综合执法联动改革试点，调整完善下沉执法事项清单。加强行政执法人员队伍建设，持续加大对行政执法人员岗位培训力度，举办行政执法集中培训4场次，开展乡镇执法轮训11场次，组织参加自治区相关执法培训班3场次，以培促学、以学促效，进一步提高基层执法能力和水平。

【行政执法】 2023年，沙坡头区推广轻微违法行为免罚清单、免责清单制度，进一步完善行政执法单位重大执法决定法制审核目录清单和音像记录事项清单。加强行政执法协调监督，开展道路安全和运输执法领域突出问题专项整治，落实行政执法案卷评查、行政执法投诉举报等制度，开展行政执法案卷集中评查238卷，最大限度压缩随意性执法空间。推动“两法衔接”落实到位，行政机关移送司法机关3件。

【行政执法资格管理】 2023年，沙坡头区全面推行行政执法人员持证上岗、亮证执法，依法行使职权。组织开展沙坡头区2022年行政执法证件年度审验工作，审验通过468人、注销53人。部署开展沙坡头区各乡镇、各行政执法单位2023年行政执法证件申领和换证工作，组织105人参加行政执法综合法律知识考试，定期排查不符合规定参与行政执法工作的人员，采取调离行政执法岗位、撤销行政执法资格、收回行政执法证件等方式及时进行清理。

【普法宣传教育】 2023年，沙坡头区印发《2023年度领导干部应知应会法律法规知识点》《沙坡头区2023年度干部职工学法计划》，积极发挥领导干部示范带头作用，努力使尊法学法守法用法在全社会蔚然成风。抓住青少年这个“关键群体”，选派40名业务能力强、经验丰富的公检法司专业力量担任48所中小学法治副校长，法治副校长、思政教师、班主任结合学生年龄特点开展法治讲座、班会课、道德与法治课650余场次。认真落实“谁执法谁普法”普法责任制，全面修订完善“四清单一办法”，以“法律八进”为抓手，围绕习近平法治思想宣传、民法典等，开展法治宣传教育活动655场次，发放宣传资料17万余份、宣传物品8万余份，受众17万人次，推动普法依法治理向社会各领域、各行业的精准延伸。

【矛盾多元预防调处化解】 2023年，沙坡头区坚持和发展“枫桥经验”，抓实“塞上枫桥”调解品牌提升行动，完善人民调解“四张网”，建成个人调解工作室8个，组建“巡回调解组”深入乡村、企业等基层排查化解矛盾纠纷，有效延伸基层矛盾纠纷调解服务触角。整合人民调解、行政调解、司法调解等社会资源，完善“一站式”纠纷解决机制，推行“人民调解＋仲裁＋信访＋诉讼”纠纷治理模式，矛盾纠纷有效化解不断提升。截至目前，调解成功各类纠纷2269件，调解成功率为96%，办理“人民调解＋仲裁＋信访”案件248件。

【突发事件应急体系建设】 2023年，沙坡头区积极推进智慧监管项目建设，有效监管沙坡头区矿区资源盗采、林草防火、防洪防汛、人员聚集舆情事件等重点区域，应急处置信息化水平不断提高。建立健全基层应急管理网格化管理机制，对安全生产、森林草原防灭火等重点工作任务实施县、乡、村、组四级网格化管理。建立健全自然灾害预警监测发布机制，及时发布气象灾害和自然灾害预警信息，发布各类预警信息45期。建设综合性消防救援队伍、组建防汛抗旱救援队伍、沙坡头区“逆行者”应急救援队伍，各乡镇组建各类兼职应急队伍34支、各企业组建各类兼职应急救援队伍39支，着力构建大安全大减灾大应急救援体系。贯彻落实《安全生产行政执法与刑事司法衔接工作办法》，依法查处安全生产主体责任落实不力的企业，办结各类违法行为及事故案件16件，安全生产违法案件15件，生产安全事故1起。

【法治政府建设示范创建】 2023年，沙坡头区对标对表《宁夏回族自治区法治政府建设指标体系》，以示范创建标高线、重引领、促提升，以达标创建划底线、补短板、强弱项，制发《沙坡头区法治政府建设示范创建实施方案》，明确工作目标、细化指标细则、分解任务分工，积极申报创建全区法治政府建设综合示范地区和示范项目。坚持目标导向和问题导向，健全会商研判督办和考核评价机制，紧盯指标完成进度，加大问题整改力度，层层压实示范创建主体责任。各牵头部门梳理牵头负责的主要任务及具体措施，各乡镇参照指标体系任务分工，特色亮点工作，加强对本地区部门、乡镇指导督查，确保创建工作全域覆盖。经过材料审查、网络核查、评估整改、现场评查等多轮评查，沙坡头区成功入选全区法治政府建设示范创建综合地区候选名单，两个单项项目入围全区法治政府建设单项示范项目答辩评估环节，1个单项项目被自治区党委全面依法治区委员会办公室确定推荐申报全国法治政府建设示范项目。

【权力制约监督】 2023年，沙坡头区自觉接受党内监督、人大监督、民主监督、司法监督和舆论监督，认真执行向本级党委、人大及其常委会报告工作、接受询问和质询、报备政府规范性文件制度，高质量办理人大代表意见建议34件、政协提案30件。发挥纪检监察职能作用，加强纪律监督、监察监督、派驻监督，依规依纪依法处置问题线索150个。依法全面履行审计监督职责，重点加大对公共资金、国有资产、国有资源和领导干部履行经济责任情况的审计力度，开展冬季清洁取暖重大政策跟踪审计、政府投资项目审计3个，对3名科级领导干部开展任期经济责任审计。规范信息发布，政府网站发布信息5137条、61个政务新媒体发布信息1.5万余条。加大政策文件解读力度，录制“政策公开讲”访谈节目10期，发布解读信息54条。回应重大关切，全面畅通政府信息公开申请渠道，办理信息公开申请23件，答复自治区、中卫市交办的网络留言24期，分办“12345”政务服务热线5830件，办结率达98.2%。

公安

【概　述】 2023年，沙坡头区公安分局锚定“三区建设”“四新任务”“五大战略”“六权改革”工作目标，紧抓“抓办强转”专项行动，统筹发展和安全，全力防风险、保安全、护稳定、促发展，以公安工作现代化强力护航沙坡头区经济社会高质量发展。年内，镇罗派出所获评全国第三批“枫桥式公安派出所”，文昌派出所、镇罗派出所获评“一级公安派出所”，“情指行”一体化实战化、实质性化解行政争议等工作被列为全区试点。

【党的建设】 2023年，沙坡头区公安分局把主题教育作为筑牢忠诚警魂的有力抓手，举办政治轮训、能力素质提升班等4场次，举办集中学习读书班7天，分专题交流研讨48场次，整改突出问题9个，形成高质量调研成果27项，党员民辅警思想根基持续夯实。坚持“第一议题”和中心组学习“双随机”等制度，召开党委24次研究问题400余个。

【风险防范化解】 2023年，沙坡头区公安分局牢固树立总体国家安全观，始终以维护政治安全为首任首责，以“情指行”一体化效能工程为牵引，深入开展反渗透、反颠覆、反破坏和反恐反邪斗争。强力护航黑山峡工程、西气东输工程、“338国道建设”等重大项目实施，助力乡村振兴发展。紧盯苗头问题、倾向问题预警研判、落地处置、防范化解，56天一级勤务和58场次等级安保和大型活动“零差错”。

【案件侦破】 2023年，沙坡头区公安分局以常态化扫黑除恶为抓手，打掉恶势力犯罪团伙1个，打击处理31人。扎实开展“百日行动”“断卡”“断流”等专项行动，大力推进“防风林”工程，辖区刑事、治安、电信网络诈骗案件分别同比下降14.7%、10%、29.3%，近三年非吸案件实现“零发案”。纵深推进禁毒工作，侦破公安部目标案件1起，戒断三年巩固率从2017年的48.51%提升至95.8%，创沙坡头区历史新高。聚焦“1+37+8”“1+4”系列文件要求，联排“九小”场所9171家次，清查行业场所32轮次8148家次，促改隐患1134处，破获安全生产领域案件9起，打击处理10人，行业场所发案下降12.1%。

【基层社会治理】 2023年，沙坡头区公安分局坚持和发展新时代“枫桥经验”，以警务改革“夯基工程”为依托，建立社区警务包抓、机关警力下沉巡防机制，纵深推进“警格+网格”深度融合，运行“警防联动”模式，联建“叮叮当”义务巡防队、“管的宽”志愿服务队、微笑阳光调解队，文昌派出所“三分三定”矛盾化解法、滨河派出所“彩虹”工作法、柔远派出所“向日葵”工作法、镇罗派出所“一网双控三态四法”、常乐派出所“卫民驿站”、宣和派出所“五有”工作法、兴仁派出所“五步”工作法、迎水桥派出所警种联动等焕发警务新活力。突出盲区补点，建强前端感知，农村地区盗窃类警情同比下降10.3%，镇罗镇沈桥村等10个村居实现“零发案”。

【执法服务】 2023年，沙坡头区公安分局持续深化执法规范化建设，深度整治警务突出问题，行政案件办结率提升至76.57%，刑案批捕率提升至73.1%。优化拓展交所勤务运行机制，一体推进“打防管服宣”等工作。严格落实“365×24小时”“互

联网 +”便民服务举措，推行“首问负责制”“一次性告知制”等机制，服务群众 4.6 万余人次。全面落实“项目警长”制，帮助企业解决问题 30 余个。

【队伍建设】坚持“抓党建、带队建、促业务、创品牌”，深入推进“一支部一特色”党建品牌创建工作，逐步形成有沙坡头公安特色的党建品牌网格，机关二支部“警心向党铸利刃，沙公反诈护平安”党建品牌被沙坡头区委作为基层党建品牌推介宣传。扎实开展“纠治形式主义官僚主义”专项整治、常态化开展“违规宴请饮酒六项规定”等铁规警纪巡查督查，联动警属做好“八小时”内外监督有效衔接。持续深化暖警爱警举措，落实思想动员、健康管理、表彰奖励、优抚慰问等措施，解决民辅警实际困难 3 件，办理民辅警被侵权案件 4 件，7 集体和 40 名民辅警被记功嘉奖。坚持正向激励，在市局党委的关心支持下，重用交流 90 后挂职干部 1 名，新提拔科级干部 4 名、晋升职级民警 35 名，全警凝聚力和战斗力进一步凸显。

检　察

【概　况】2023 年，沙坡头区人民检察院共受理审查逮捕 158 件 184 人、审查起诉 624 件 745 人。办理涉交通肇事、危险驾驶等危害公共安全犯罪案件 228 件 231 人；故意杀人、强奸等严重暴力犯罪案件 87 件 105 人；盗窃、诈骗等侵财类犯罪案件 138 件 172 人；聚众斗殴、寻衅滋事等破坏社会秩序犯罪 148 件 210 人。针对犯罪情节轻微、危害不大的犯罪依法不批准逮捕 55 人、不起诉 185 人，切实减少社会对抗、增进社会和谐。

【服务经济发展】2023 年，沙坡头区人民检察院有效防范化解重大金融风险，依法办理非法吸收公众存款、伪造金融票证罪等金融领域犯罪案件 10 件。依法平等保护各类市场主体产权和合法权益，制定“优化营商环境十六条意见”，开通涉民营企业控告申诉案件办理“绿色通道”，妥善办理 2 件涉非公经济控告申诉案件；严惩侵犯民营企业利益的合同诈骗、串通投标等犯罪 6 件；积极稳妥探索开展涉案企业合规改革工作，与 15 个部门联合印发第三方监督评估机制实施办法，牵头成立第三方管理委员会，依法在审判阶段办理一起合规改革案件，切实以法治化营商环境之“优”促经济大盘之“稳”。

【护航安全生产】2023 年，沙坡头区人民检察院深入贯彻落实习近平总书记关于安全生产重要论述和重要指示批示精神，以检察之治抓牢抓实安全生产工作。持续强化行政执法与刑事司法衔接，建立健全与公安、法院、应急管理等部门常态化联络联动机制 3 项，实现信息共享、情况互通、优势互补。持续深入推进最高检“八号检察建议”落地见效，起诉重大责任事故等危害安全生产犯罪 5 件 9 人，制发检察建议 4 份，督促完善监管漏洞，筑牢安全生产防线。严格按照区委关于开展安全生产专项排查整治行动部署要求，迅速响应、一线作战，开展地毯式排查，排查问题商户 170 余家，购买安装应急照明灯、指示牌等安全基础设施 150 余个，并及时督促迅速整改、全面整改、彻底整改，确保四防常态化督查反馈问题改彻底、改到位、见实效。

【专项监督】2023 年，沙坡头区人民检察院深化开展全区检察机关以“检察蓝”守护人民群众美好生活专项监督活动，聚焦守护人民群众看病钱、守护邮包里的安全等九大专项监督，做实 29 项检察为民举措。起诉医保领域诈骗案件 1 件，起诉销售假药案件 4 件 4 人，办理生态环境和资源保护领域案件 42 件，支持起诉涉农民工追索劳动报酬、人身损害赔偿等案件28件，帮助追回农民工工资、人身损害赔偿金120.42万元，向相关单位制发寄递安全方面检察建议4件，并全部得到回复。

【未成年人司法保护】 2023年，沙坡头区人民检察院持续充分发挥“智慧未检·美玉工作室”优秀检察文化品牌效应，提档升级“中心+平台”工作模式，深入践行“521”工作法，通过综合履职努力把未成年人检察工作做得更实。持续强化“最有利于未成年人原则”，零容忍打击侵害未成年人犯罪，起诉43人；最大限度教育、感化、挽救涉罪未成年人，精准帮教涉案未成年人148人。积极促推“六大保护”融合发力，多元化救助未成年人132人次，在全区率先探索构建涉案未成年人家庭教育指导体系，开展家庭教育指导86人。注重法治教育从娃娃抓起，进一步落实检察官担任法治副校长制度，组织开展法治进校园宣传38次，开展线上普法宣传活动23场，成功举办中卫市第四届“美玉·护航杯”法治教育大赛，努力用法治精神滋养未成年人健康成长。

【社会综合治理】 2023年，沙坡头区人民检察院坚持和发展新时代“枫桥经验”，倾力打造“塞上枫桥·温暖控申”特色检察文化品牌，推动控告申诉检察更贴民心、更有温度。深入落实“包案+听证+帮扶”三位一体化解信访矛盾工作机制；组织开展公开听证15件，力促“法结”“心结”一起解；加大司法救助力度，为38名因案导致生活困难的群体发放司法救助金47.6万余元。

【刑事检察监督】 2023年，沙坡头区人民检察院持续深化以审判为中心的刑事诉讼制度改革，强化审前程序把关、过滤作用，以事实不清、证据不足、依法决定不起诉17人。持续发挥侦查监督与协作配合办公室作用，建立完善信息共享、提前介入、繁简分流等工作机制3个，实现刑事案件“侦捕诉”合一，构建良性互动检警“大控方”格局，提高刑事办案质效。共监督立案16件，监督撤案56件，向公安机关制发侦查监督意见58件，纠正漏捕、漏犯17人。加大审判活动监督，提出纠正意见1件，制发检察建议5件，提出抗诉案件1件。全力推动落实行政执法与刑事司法“正向衔接”机制，监督行政机关移送刑事案件线索1件3人，切实防止刑事案件以罚代刑或者降格处理。持续加大刑事执行检察监督力度，共提出各类监督意见132件。创新建立“检察+临时党小组+人民监督员”新模式，对辖区社区矫正机构开展全覆盖巡回检察，依法纠正缓刑考验期限错误23人，已促成4人“提前”解除社区矫正。

【民事检察监督】 2023年，沙坡头区人民检察院共办理各类民事诉讼监督案件110件。更加注重监督质与量的统一，深入开展“刑民竞合”生效裁判专项监督活动，共办理生效裁判监督案件11件，有效解决了民事生效裁判监督领域发展不平衡问题。全方位监督、支持人民法院依法执行，针对市场主体反映强烈的执行领域问题，与人民法院积极沟通协调，提出民事执行检察建议33件，共同解决执行难问题，构建法检良性互动局面。

【行政检察监督】 2023年，沙坡头区人民检察院办理各类行政检察监督案件53件。深入开展行政非诉执行监督，办理社会保障、交通运输等领域行政违法社会治理问题案件11件。组织开展行政处罚专项监督活动，向行政机关制发检察建议2份，促进执法更加规范公正；做实刑事司法与行政执法“反向衔接”，针对刑事决定不起诉案件，应当对被不起诉人给予行政处罚的，向行政机关制发检察意见书5份，切实推动“两法衔接”和行政违法监督工作走深走实。

【公益诉讼监督】 2023年，沙坡头区人民检察院共办理公益诉讼案件104件，获评自治区级以上优秀典型案例3件，基本形成稳规模、重质效新格局。主动向人大报告公益诉讼检察工作并积极落实审议意见，不断提高办案质效。聚焦矿产资源保护，针对两家企业非法采矿造成生态环境严重破坏的情形，督促行政机关依法启动生态环境损害赔偿程序，挽回经济损失4451.54万元。聚焦水资源保护，常态化落实“河（湖）长+检察长+警长”工作机制，开展水资源保护专项监督行动，办理涉水资源保护案件9件，督促安装计量设施44件，办理取水许可资质3个。聚焦耕地保护，办理土地保护领域案件6件，督促违建房屋全部拆除，恢复耕地、草原1322亩，并在全区率先探索建立土地领域行政执法与法律监督衔接“田长+检察长”协作机制，此项工作获自治区检察院及市委主要领导肯定。

法　院

【政治建设】 2023年，沙坡头区人民法院向区委、区委政法委及上级法院党组请示报告工作23件次。开展党的二十大和习近平总书记视察宁夏重要讲话指示批示精神“大学习、大讨论、大宣传、大实践”活动，教育引导干警深刻领悟“两个确立”的决定性意义，坚决做到“两个维护”。坚持把开展好主题教育作为首要政治任务和重要政治责任，建立党组“领学”、党支部“带学”、青年理论学习小组“促学”、党员干部“自学”、政工部门“督学”的“五学联动”机制，推动理论学习走心走深走实。围绕金融纠纷诉源治理等课题开展调查研究，推进解决审判执行场所不足等问题5项，落实司法救助等为民办实事内容5项。开展星级党组织、党建示范点和模范机关创建活动，切实增强党员队伍活力。积极打造“学习型法院”，成立“应理风华”青年读书会，营造全员读书、终身学习的氛围。聚焦“夯基础、强技能、严法纪、促提升”，大力提升干警执法办案水平，开展“办案之星”评选、业务知识测试、速录技能竞赛、案件质量评查，依托“岗位大练兵”“法官大讲堂”等活动开展业务培训43次877人次，4个集体、22名干警受到区级以上表彰奖励，1篇调研报告获评全国法院学术研讨会优秀奖。全面落实院党组全面从严治党主体责任，院长及班子其他成员第一责任人责任和“一岗双责”，制定全面从严治党“三个清单”，层层签订党风廉政建设责任书，形成主体明晰、责任明确、有机衔接的党风廉政建设工作格局。严格落实中央八项规定、新时代政法干警“十个严禁”等铁规禁令，扎实开展纠治形式主义官僚主义专项整治，对8个方面24项问题进行专项整治，切实改进司法作风。常态化开展廉政提醒谈话，健全干警家属助廉机制，强化干警纪律规矩意识。坚决落实防止干预司法“三个规定”，将其作为检验政治忠诚的重要标尺，全院干警记录过问干预情形158条。强化执纪问责，针对执行不力、司法作风等问题，开展约谈、提醒谈话、批评教育16人次。

【维护社会和谐稳定】 2023年，沙坡头区人民法院共受理案件12519件，审执结11816件，员额法官人均结案348件。审理刑事案件414件。依法办理故意伤害、“两抢一盗”、涉黄赌毒及交通肇事、危险驾驶等案件164件，有力保障安定安宁的生活秩序。从严惩治涉“两卡”违法犯罪，审结帮助信息网络犯罪活动、掩饰隐瞒犯罪所得案件65件，有效斩断电信网络诈骗黑灰产业链条。贯彻宽严相济刑事司法政策，对36名被告人判处五年以上有期徒刑，对118名被告人适用缓刑、单处罚金等非监禁刑。常态化开展扫黑除恶斗争，纵深推进“黑财清底”工作，铲除黑恶势力滋生土壤，执行到位“黑财”731.13万元。着眼社会治理重点领域和突出风险，深入排查化解建设工程、劳资债务、土地流转、家庭邻里等矛盾隐患，严防“民转刑”“刑转命”和个人极端暴力案事件发生。坚决落实区委安全生产工作部署，依法审理重大责任事故案件4件8人，投入36万余元资金建成院机关安全检查通道。

【基层治理】 2023年，沙坡头区人民法院制定实施《关于持续加强诉源治理工作的实施方案》，细化22项具体措施，持续推进覆盖全域、联调共治、诉调衔接的多元解纷格局。充分发挥人民法庭参与乡村治理“桥头堡”作用，巡回审理各类案件91件，辖区四个人民法庭均获评“塞上枫桥人民法庭”。坚持能调则调、当判则判，妥善化解民商事纠纷6690件，调撤率达到39.53%。积极探索“诉前诉中调解＋自动履行回访”模式，督促当事人主动履行调解协议，民事裁判申请执行率低于宁夏法院平均水平4.17个百分点。认真履行“谁执法谁普法”普法责任制，开展“法律八进”、以案说法等活动，与中卫市第十二小学共建青少年法治教育基地，8名法官担任部分中小学法治副校长，围绕拒绝校园欺凌、毒品危害等内容授课24次2万余人次。

【司法服务】 2023年，沙坡头区人民法院稳妥化解涉企纠纷3274件。实施法治化营商环境提标工程，出台《关于充分发挥司法职能助力中小微企业健康发展的实施意见》，协同建立宁夏中卫工业园区公共法律服务中心联席会议制度，畅通涉企维权绿色通道，推进“立审执访”一体化，助力企业健康发展。深化落实最高人民法院“一号司法建议”，结合商品房预售监督管理，审慎处理“一房多卖”“先卖后押”等房屋买卖合同纠纷88件。树牢善意文明执行理念，充分运用执行和解等制度，依法审慎采取查封、冻结等强制执行措施，帮助被执行企业渡过难关。尊重契约自由，强化产权保护，审结买卖合同纠纷659件、物权纠纷112件。积极发挥集中管辖优势，加强知识产权司法保护，保障企业创新发展，依法审理涉著作权、商标权权属、侵权案件64件。专题调研“村党支部领办合作社”法律服务保障问题，妥善化解侵害集体经济组织权益、农村土地流转、农资买卖等涉“三农”案件，审结涉合作社纠纷33件，扶持村集体经济健康发展，助力乡村振兴。

【依法行政】 2023年，沙坡头区人民法院审结各类行政诉讼案件48件，审查非诉行政行为申请执行案件31件。紧盯行政争议发案量和败诉率“双下降”目标，坚持依法裁判与协调化解相结合，积极对接推动市、区两级行政争议协调化解中心有效运行，从源头上预防和减少行政争议，诉前委派调解行政争议29件，成功化解产权登记、自然资源、工伤认定等领域行政纠纷10件。主动延伸行政审判职能，针对纠纷化解过程中发现的管理漏洞、问题不足制发司法建议9条，推动依法决策、规范执法。巩固深化行政应诉突出问题专项治理成果，常态化开展行政审判“以庭代训”工作，促进行政应诉能力提升，邀请行政机关工作人员观摩典型案件庭审240余人次，行政机关负责人出庭应诉率达到100%。

【生态司法建设】 2023年，沙坡头区人民法院审结各类环境资源案件113件。制定实施《关于持续加强环境资源审判工作的实施方案》，健全完善环境资源案件审判机制，加强与检察、生态环境、自然资源、市场监管等部门的沟通协作，联合开展河湖安全保护专项执法行动，共同守护生态环境这一最普惠的民生福祉。妥善审理陆某等人危害珍贵濒危野生动物案，在判处刑罚的同时，责令被告人在自治区级以上媒体公开赔礼道歉，树立良好价值导向。健全环境资源案件修复回访制度，督促某建材公司对被破坏的矿山进行恢复性治理，赔偿天然牧草地生态环境服务功能损失及修复费用135万余元，监督被告人陈某某以“补种复绿”方式修复牧草地41.3亩。积极对接相关职能部门，向财政移交生态环境损害赔偿资金3434万元。

【民生权益保障】 2023年，沙坡头区人民法院稳妥审理涉住房、医疗、就业、社会保障等事关群众切身利益的民生案件，为阳光华庭小区93户业主办理了等待12年的产权证，解决了香山花园小区38户拖延10余年的拆迁安置补偿问题。全面开展涉未成年人案件家庭教育指导工作，从严惩治性侵等严重侵犯妇女儿童合法权益犯罪，审理此类案件34件，妥善办理婚姻家庭案件864件，发出家庭教育指导令、人身保护令各3份，构筑妇女儿童司法保护屏障。严厉打击非法集资、电信网络诈骗、养老诈骗犯罪，稳妥办理涉案金额1.8亿余元的孙某某等人非法吸收公众存款等涉众型案件，持续深化追赃挽损工作，不让老百姓的“血汗钱”“养老钱”付诸东流。从严审理顾某销售假药案，对其判处刑罚并发出药品生产销售职业从业禁止令，守护人民群众食药安全。加大对高校毕业生、“外卖小哥”、“网约车司机”等新产业工作、灵活就业人员的司法保护力度，维护劳动者公平就业权利，审理劳动争议、劳务合同纠纷576件，向劳动者发放拖欠薪资1434.63万元。

【诉讼服务】 2023年，沙坡头区人民法院大力推广网上立案、跨域立案、网上缴费等在线服务，有效实现群众便利、法官减负、质效提升，开展网上立案、跨域立案842件，网上委托鉴定262件，电子送达18748次。建立适老型诉讼服务机制，对老年人提供预约立案、上门立案等服务156件次。深化法律援助工作，认真落实诉讼服务中心律师值班制度，为群众提供免费咨询、纠纷调处等服务1928件次。加大司法救助力度，依法减缓免诉讼费18案11.7万元，为8名经济困难申请执行人发放救助金44万余元。

【执行工作】 2023年，沙坡头区人民法院执结各类案件3848件，执行到位案款73874.22万元。持续强化刚性执行，严厉制裁违约失信行为，积极营造诚实守信社会氛围，共纳入失信被执行人名单2017人次，限制高消费2703人次，通过法院微信公众号平台、“法信悬赏平台”公开曝光失信人员37期145人次，实施司法拘留138人次。注重通过正向激励方式敦促被执行人积极履行法律义务，制发自动履行证明书109份，帮助被执行人修复社会信用。围绕涉民生、涉金融等重点领域，开展“假日执行”“夜间执行”等集中执行行动18次，强制腾退房屋21套。开展“清积案　提质效”等专项活动，持续加大执行力度，执行标的到位率、执行平均用时等质效指标明显提升。

【司法改革】 2023年，沙坡头区人民法院优化员额法官管理，完成16名员额法官的遴选、等级晋升和退出工作。持续深化以审判为中心的刑事诉讼制度改革，严格落实办理刑事案件“三项规程”，为121名被告人指定辩护人，切实推进庭审实质化。坚持刑事司法“治罪”与“治理”并重，落实认罪认罚从宽制度，认罪认罚从宽适用率达到94.56%。大力推行民事诉讼繁简分流改革，不断扩大简易程序适用率，真正让速裁案件办理跑出“加速度”，有效巩固“多办案、快办案、办好案”的速裁快审格局，以简易程序办理各类民事案件5193件，占民事案件结案数量的85.42%，速裁团队案件审理平均用时降至11.2天。压实院庭长对“四类案件”的监督管理职责，确保放权不放任、用权受监督，将756件案件纳入院庭长监管范围。落实院庭长办案制度，院庭长审执结案件3896件，占员额法官结案数的35.03%。

【审判管理】 2023年，沙坡头区人民法院强化25项审判数据分析研判会商，加强审判执行工作统筹调度，案件比、案访比、裁定再审率等9项主要指标位居全区法院前列。严格审限管理，集中清理长期未结案件，切实解决群众反映强烈的案件久拖不决等问题，6个月以上未结案件占比大幅下降，12个月以上未结案件全部清零，审限内结案率93.59%，审判案件、执行案件办理平均用时同比分别减少11.9天、38.43天。严守办案质量“生命线”，健全专业法官会议和审判委员会业务指导把关职能，深化类案与关联案件强制检索，确保裁判尺度统一、案件质量过硬。进一步加强重点案件监督管理，落实改判、发回重审、再审等典型案件分析通报制度，通过再审程序主动纠正错案6件，一审服判息诉率、一审裁判被改判发回重审率持续优化。

【智慧法院】 2023年，沙坡头区人民法院积极运用“互联网+”技术，将法院各项业务微缩于信息化平台，实现法院审判执行工作全流程数字化、节点化管理，让人民群众尽享在线查询、在线庭审等“云上”诉讼服务，开展在线调解、庭审1077件次。充分发挥信息化手段查人找物效能，通过“总对总”网络执行查控系统查询被执行人财产信息18951次，实现银行存款、网络资金冻结全覆盖。高效运行“智慧执行App”、“易判”智能执行管理系统，实现财产信息网络查控自动化，案件流转速度明显提升。新建3个集互联网庭审、远程调解等多功能于一体的智慧法庭，进一步提升审判效率。加大网络司法拍卖力度，充分发挥网拍价格优势，降低当事人诉讼成本，启动网拍579件，成交金额6638.52万元，标的物溢价率20.91%，为当事人节省佣金300余万元。加快推进诉讼档案数字化建设，成功创建“自治区档案工作规范化单位”，为当事人、律师和法官提供更加便捷的卷宗查阅服务。

司法行政

【普法工作】 2023年，沙坡头区印发《2023年沙坡头区普法依法治理工作要点》《沙坡头区关于2023年利用节点时间开展普法宣传重点工作的通知》，对2023年普法依法治理工作把大局、定方向、明重点。召开沙坡头区“八五”普法工作推进会和中期验收协调会议，举办沙坡头区“八五”普法骨干业务工作培训班，对沙坡头区开展“八五”法治宣传教育中期检查评估工作作了安排，印发《关于开展沙坡头区“八五”法治宣传教育中期督导检查工作的通知》《沙坡头区“八五”法治宣传教育中期检查评估指标体系》《关于做好“八五”普法工作中期检查评估的通知》，对各乡镇、各部门及“法律八进”示范点进行全覆盖督导检查，针对检查过程中发现的问题，要求各责任单位限期整改。8月15—16日，区人大常委会检查组深入宣和镇、柔远镇、兴仁镇、新墩花园社区、恒祥社区、区司法局、区综合执法局、区教育局、中卫市银河冶炼有限公司等13个检查点，通过实地查看、听取汇报、召开座谈会等形式对沙坡头区“八五”普法决议贯彻落实情况开展检查。9月27日，顺利迎接自治区对沙坡头区“八五”普法的评估验收。召开沙坡头区2022年度国家机关“谁执法谁普法”履职报告评议会，经综合社会评议、实地考察、现场评议三项分数，柔远镇人民政府、区自然资源局、区水务局、中卫市生态环境局沙坡头区分局、常乐镇人民政府5家单位被评为“优秀”等次，区委网信办、区乡村振兴局两家单位被评为“良好”等次。印发《沙坡头区关于开展第三届国家机关落实“谁执法谁普法”普法责任制履职报告评议活动的实施方案》，对2023年度“谁执法谁普法”普法责任制履职报告评议活动进行安排，确定区委政法委等10个单位为2023年沙坡头区国家机关“谁执法谁普法”履职报告评议对象。印发《关于做好沙坡头区2023年度普法责任制“四个清单一办法”修订工作的通知》，指导各乡镇、各部门（单位）全部完成普法责任制“四个清单一办法”修订和公示工作，有效推进国家机关“谁执法谁普法”普法责任制的落实。

【法治学习宣传】 2023年，沙坡头区委理论学习中心组举办专题辅导习近平法治思想1次，区委领导干部开展“习近平法治思想”交流研讨8人次。区人民政府常务会议会前学习习近平法治思想1次，举办习近平法治思想培训21场次，各级党委（党组）会议会前学习习近平法治思想128场次，各级党委（党组）理论学习中心组学习习近平法治思想172场次。印发《沙坡头区关于开展2023年“美好生活·民法典相伴”主题宣传月活动的通知》《关于举办沙坡头区“法护黄河·法治‘典’亮旅游”民法典集中宣传活动的通知》等文件，统筹组织开展学习宣传习近平法治思想，民法典大学习、大宣传活动，法治“典”亮旅游、生活、乡村主题活动，百名专职调解员下基层、千名人民调解员进万家入企业活动，以案释法等系列活动，推动民法典宣传家喻户晓，深入人心。全年，沙坡头区开展民法典宣传活动46场次，宣讲活动83场次，受众50000余人次。组织民法典专题学习89场次，专题讲座32场次，开展民法典主题讲座、班会课、道德与法治课600余场次，创作民法典旅游文创作品50余件，开展“服务大局普法行”“送法进企业”等活动15场次，组织沙坡头区38名专职人民调解员按照区域建立“巡回调解团”，巡回进乡村、进企业、进学校排查化解矛盾纠纷共入户1322户，开展矛盾纠纷排查1783人次，排查发现矛盾纠纷62件，调解60件，调解成功52件。全年开展反诈宣传活动40场次，投入资金16000元，制作反诈宣传油壶1000个，给瑞丰社区和文苑社区制作宣传警示牌374个，发放宣传资料20000余份，“法治沙坡头”微信公众号发布相关典型案例70篇。实施“乡村振兴法治同行”行动，开展送法下乡、送法进农户及乡村振兴法治文艺演出下基层活动344场次。以“法律进企业”活动为载体，举办法治讲座、进行法治体检活动60场次，审核公司章程、经营合同800余份，进一步优化法治化营商环境。

【公民法治素养提升】 2023年，沙坡头区印发《2023年度领导干部应知应会法律法规知识点》《沙坡头区2023年度干部职工学法计划》，对全区党政机关、事业单位干部集中学法、举办法治讲座、开展国家工作人员旁听庭审和考试等事项作出安排和要求，2023年开展常务会议会前学法14次，区委理论学习中心组集体学法8次，处级领导干部讲法8次。举办领导干部法治专题培训班，140人参加培训。开展沙坡头区国家工作人员学法线上考试1次，参考人数达4559人，考试合格人数为4231人，及格率为92.81%。各级党委（党组）会议会前学法282场次，各级党委（党组）理论学习中心组和干部理论集中学习学法366场次。全面落实《青少年法治教育大纲》，发挥课堂教学主渠道作用将法治教育纳入校园教育体系。建立完善法治副校长工作制度，完成新一轮“法治副校长”遴选工作，选派40名业务能力强、经验丰富的公检法司专业力量担任48所中小学法治副校长。印发《沙坡头区关于开展“关爱明天、普法先行”青少年法治教育暨“法律进校园”活动的通知》，充分发挥沙坡头区现有青少年法治教育实践基地作用，开展一次法治教育讲座聆听活动，参加一次法治研学教育体验活动，观看一部法治教育影片，开展一次学法交流会的“四个一”法治实践活动，让学生在真实的法治实践情景中进行学习，在实践中学法、用法。2023年，法治副校长、思政教师、班主任结合学生年龄特点开展法治讲座、班会课、道德与法治课650余场次。举办沙坡头区第八届中小学生“学宪法 讲宪法”主题演讲比赛。开展法治宣传教育活动655场次，发放宣传资料17万余份，发放宣传物品8万余份，受众17万人次。

【法治保障】 2023年，沙坡头区印发《沙坡头区“法律明白人”及骨干积分制管理考核办法（试行）》《沙坡头区2023年开展农村学法用法示范户培育工作实施方案》《沙坡头区关于全面实施“法律明白人”精准培养工程的实施方案》，2023年培育“法律明白人”1980人，骨干390人。编撰《法律明白人知识读本》5000册。举办2023年度“法律明白人”及骨干、农村学法用法示范户培训班19场次。打造“法律明白人”个人工作室11个，实施“人民调解员＋法律顾问＋法律明白人”基层普法服务模式，引导“法律明白人”参与村（社区）基层党组织建设、村民自治、法治宣传、人民调解、法律援助、法治示范创建等领域，在基层治理中发挥好法治生力军作用。印发《沙坡头区关于组织开展点赞“最美法律明白人”主题宣传活动的通知》，开展“最美法律明白人”主题宣传、点赞活动，推选出10名“最美法律明白人”。印发《关于开展“民主法治示范村（社区）创建”活动的通知》，积极推进民主法治示范村（社区）创建，迎水桥镇何滩村等4个村成功创建“自治区民主法治示范村”。打造恒祥社区“法治宣传教育＋直播”法治社会实践站，完善相关管理制度，安排1名专职工作人员负责实践站工作，按照“月月有主题”的原则制订年度活动计划，线上线下相结合，常态化开展法治宣传教育，构建法治社会实践大格局。4月，沙坡头区文昌镇恒祥社区被自治区司法厅命名为自治区法治社会实践站。

【法治文化】 2023年，沙坡头区司法局建成沙坡头区民法典主题广场。牵头实施基层法治文化阵地建设提质增效行动，已完成第一批6个乡镇示范项目的建设和“沙坡头区黄河法治文化产业园”、柔远镇镇靖村民法典主题广场、文昌镇黄湾村、镇罗镇凯歌村法治文化阵地等基层示范性法治文化阵地建设。联合区委国安办打造沙坡头区国家安全法治宣传教育长廊，推进国家安全教育走深走实。挖掘地方戏曲、文艺节目、优秀传统文化中的法治内涵，创作秦腔《法治新中卫》、中卫方言三句半《民法典是咱老百姓的宝》、音乐快板《“典”亮生活》、表演唱《我是普法宣传员》等节目，开展沙坡头区法治文艺下基层巡回演出活动20场次。

【媒体宣传】 2023年，沙坡头区司法局组织沙坡头区10名知名律师（律师事务所主任）主动出镜，参与拍摄宪法宣传、民间借贷、高价彩礼、未成年人保护、土地承包经营、劳动关系、工伤认定、物业管理等方面法治宣传短视频10条，并投放到中卫市83辆公交车内LED电子显示屏进行循环播放。开通恒祥社区“普法微课堂”律师直播专线，推出“每日一典”直播专栏，槐树北巷创新打造“社区说法”法治直播间，社区法律顾问、社区支部书记、民警、法律明白人、人民调解员等专业法律服务力量化身“网红主播”进行“云”授课、开展法治宣传，创新了“指尖普法”新形式。开展“国家安全教育”“全民反诈，主播同行”“禁毒”“民法典”等主题法治宣传直播活动9场次，推出“每日一典”直播专栏30场次。制作一期“民法典版‘挖呀挖呀挖’”，录制“以案释法”微课堂33期，投放到“法治沙坡头”微信公众号进行播放，转发量达上万次。

【法律服务】 2023年,沙坡头区司法局共接待法律咨询1300余人。推进"互联网+公共法律服务"工作模式,依托智能终端设备实现各类法律服务自助查询,配合司法厅做好"宁夏智慧法律服务调度管理平台"数据的录入、受理和整合,实现"一网通办"。全年工单录入154条,办结率100%。接待群众线上法律咨询300余人。先后在社区、街道、集市、军营等场所累计开展法律援助法主题宣传43场次,覆盖群众8000余人,发放宣传手册、宣传物品7000余份。公共法律服务中心共受理法律援助案件458件,受援群众790人,挽回经济损失521.88万元。其中涉及妇女135件,农民工34件,未成年人26件,残疾人13件,老年人23件,退役军人5件。律师参与化解信访事项13件,在法院、检察院值班100余次,见证犯罪嫌疑人签署认罪认罚具结书192次,办理区厅转办司法部中国法律服务网农民工欠薪求助绿色通道反馈问题3件,为异地讨薪农民工追回劳动报酬85000元。

【律师管理】 2023年,沙坡头区司法局受理律师投诉两件,办结两件,开展律师值班专项督查1次,对辖区内12家律师事务所开展"双随机、一公开"抽查两次,开展律师事务所安全生产专项督导检查1次。3月,在开展2022年度律师事务所年度考核检查工作的同时,对各律师事务所专项治理工作进行实地查验,确保各律师事务所常态化开展集中整治工作,巩固专项治理成果。

【法律顾问】 2023年,沙坡头区司法局召开2023年沙坡头区村(社区)法律顾问座谈会,制定印发《关于开展律师事务所协议服务村(居)法律顾问工作的实施方案》。以自主结对与协议整包相结合的形式,其中文昌镇、滨河镇两个离市区近、交通便利的乡镇,由村(社区)与律师事务所自主选择,签订协议,开展服务;其他9个乡镇在以往村(社区)合作的基础上,以律师事务所整包乡镇的形式开展,最大程度优化整合法律服务资源,为基层群众和基层组织提供公益性、专业性、便民性的法律服务,实现沙坡头区162个村、36个社区的法律顾问全覆盖。建立以村(社区)为单位的微信群,针对群众开展"指尖上的法律服务",利用微信平台,及时推送与生产生活相关的法律法规知识,打造通畅快捷的学法用法平台;利用"三八"妇女节、民法典宣传月等时间节点,积极开展法治宣传教育。全年法律顾问走访村(社区)330余次,推送法治资讯、法律法规等链接820余条,开展法治讲座144场次,协助村居"两委"起草、审核、修订村规民约等111件,参与化解矛盾纠纷35起。

【人民调解】 2023年,沙坡头区建立人民调解组织245个,选聘人民调解员1370人,其中乡镇人民调解委员会11个,人民调解员176人;村(社区)级人民调解委员会198个,人民调解员976人;企事业单位、行业性专业性人民调解委员会28个,人民调解员93人,形成了以乡镇人民调解委员会为核心,村(社区)人民调解委员会为基础,企事业单位和行业性、专业性人民调解委员会为触角的多层次、宽领域、规范化的人民调解组织网络。10月,王蕊被司法部授予"全国模范人民调解员"荣誉称号。2023年,举办人民调解员骨干培训班一场次,培训人民调解员骨干40余人,司法所指导各乡镇开展人民调解员培训29场次,培训人民调解员2300余人次。先后制定印发《中卫市沙坡头区人民调解员"以案定补"管理办法》《沙坡头区推进人民调解员、律师、法律工作者参与化解信访事项暂行办法》,经案件评查符合沙坡头区区补标准的案件共527件,发放人民调解员"以案定补"29.16万元,各级人民调解组织开展矛盾纠纷排查4630次,调解各类纠纷2355件,调解成功2269件,其中疑难复杂案件1091件，调解成功率为96%。

【社区矫正】 2023年，沙坡头区司法局共计接收社区矫正对象145人，解除社区矫正对象158人，在册社区矫正对象166人。累计接受委托调查评估164件，办结164件。共衔接刑满释放人员385人，在册1611人。办理审前调查评估164件，其中建议适用社区矫正129件，不建议适用社区矫正32件，不予调查3件。发出警告8人次，发出训诫19人次，审批电子定位装置1人次，审批经常性跨市县活动5人次，办理执行地变更5人次，审批7日以上请假外出5人次。评查社区矫正案件320余件，配合沙坡头区人民检察院巡回检查11场次，发出《社区矫正安全隐患整改通知书》1份，收到《检察建议书》3份，纠正违法通知书13份。通过协调相关部门和发动社会组织对30余名社区矫正对象进行帮扶。开展心理测评600余人次，集中教育活动8场次，军训4场次，拓展训练1场次，应急演练2场次，个案跟进20余人次。

【安置帮教】 2023年，沙坡头区司法局加强对宁夏刑满释放大数据平台的应用，做好人员基本信息的录入、核查和反馈，确保新入监所人员信息核查率、刑满释放人员出监所前的信息衔接率均达到100%。共衔接重点人员20人。全面梳理现有安置帮扶政策，进一步细化帮扶政策的适用范围、申请条件和审批程序，强化帮扶政策落实情况的日常监管，共计帮扶130余人次。推动远程视频会见工作，共为128人次群众实现“云端会见”。

人民武装部

综　述

【概　况】 2023年，人武部党委坚持以习近平新时代中国特色社会主义思想为指导，深入贯彻习近平强军思想，坚决贯彻军委主席负责制，深入贯彻新时代军事战略方针，坚定不移举旗铸魂，聚焦打赢练兵备战，创新推动国防动员，持续深化双拥共建，大力加强从严治军，部队各项建设取得新的发展。严格落实宁夏军区党委、中卫军分区党委、沙坡头区委扩大会议精神，旗帜鲜明讲政治、聚焦使命抓提升、重心下移抓基层、全面从严抓作风，砥砺奋进，真抓实干，圆满完成上级赋予的各项任务，特别是围绕自治区“应急先锋·2023”抗震救援联合演练，大抓练兵备战，推动国防动员主责主业创新发展，积极参与地方经济社会建设助力脱贫攻坚，在开展双拥、乡村振兴、文明创建、社会稳定等方面作出贡献，人武部建设取得长足进步。

【政治建设】 2023年，人武部党委认真学习贯彻《中国共产党军队党的建设条例》等党建法规，严格落实党委8项、党支部7项生活制度，用好军区团以上党委班子建设“三个清单”和《省军区系统党务工作实用手册》，细化措施，刚性落实，进一步提升党建工作规范化水平。定期召开区委党管武装工作会议，学习贯彻上级精神，部署重点工作。落实中心组理论学习、民主生活会、组织生活会、党课教育和党小组会议等制度，广泛开展思想汇报、谈心交心，深入开展批评和自我批评，提高班子自建能力。通过主题党日活动，参观军地党建文化建设成果，学习先进典型，强化党员理想信念。始终保持正风肃纪高压态势，从严从紧推进党风廉政建设，深入扎实开展军地交叉地带“五查五纠”和“五位一体”清理整治，上好纪律党课，认真组织观看《铁纪强军》《向深水区挺进》等警示教育片；突出治理以“五小”为代表的微腐败，制作廉政桌签、廉洁开关标识，培育廉政文化。全面开展物资器材、油料、被装、财务等后装领域14个方面清理清查。用制度管好关键人、管到关键处、管住关键事，守好思想防线、用权底线、法纪红线。

【党管武装】 2023年，人武部党委严格落实党委议军、双向兼职、第一书记任职谈话、军事日活动等制度。2月，召开党管武装工作会议，对2022年党管武装工作进行总结，安排部署2023年工作，组织乡镇第一书记进行党管武装述职，讲评乡镇党委2022年党管武装工作落实情况。12月，协调沙坡头区委、区政府召开2023年议军会议，研究雷达站器械训练场改造和铺设营区绿化草坪浇灌设施问题，进一步压实党管武装政治责任。

【备战能力建设】 2023年，人武部坚持战建备一体推进，动态研案修案，严格落实党委议训制度、值班制度。坚持实战化导向，按照动员潜力调查、动员部署、调配人员、预建党组织、清点落实装备、集合点验、组织验收的程序，认真细致编建基干民兵队伍，严格审核把关民兵编建数据，逐分队组织检查验收，确保兵员质量。依托市民兵训练基地分两批组织基干民兵应急分队和支援分队基地化轮训，圆满完成专业共同、分队行动、任务行动等内容的训练任务，提高应急分队执行任务能力。

【应急能力建设】 2023年，人武部以年度练兵备战综合考评为牵引，按纲抓训，上下联动抓好指挥员基本技能训练。11月11—20日，组织民兵应急连70人参加自治区“应急先锋·2023”抗震救援联合演练，圆满完成人员搜救、安置区帐篷搭设、物资装卸等课目演练，受到军地好评。通过大项军事活动牵引，以考促训、以演促训，提升应急应战能力。

【机构调整】 2023年，人武部推进沙坡头区国防动员建设转型发展，配合完成国防动员组织机构调整，挂牌成立沙坡头区国防动员联合办公室，平稳移交规划编制、潜力调查、动员准备等地方主责事项，细化明确新体制职能定位、领导关系、协调机制和工作制度。

【基层建设】 2023年，人武部常态化开展安全法规学习和警示教育，组织开展“条例法规季”“装备法规月”“百日三无”等学习活动。每季度进行安全隐患排查和形势分析，深入开展“严禁违规喝酒，严防酒驾醉驾”“严是爱松是害”等教育活动，组织学习通报、参观展板、安全训练等，强化安全意识，让学法知法守法用法成为共识。大力开展挂钩帮建，制定帮带计划，采取逐单位过的方式，对11个人武部进行检查验收、打分排名，每月召开专武干部例会，讲评工作，手把手传帮带，强化武装工作落实，会同沙坡头区委组织部开展专武干部履职考评，选拔4名优秀干部任职乡镇武装部长。采取集中和分散相结合的方式组织专武干部业务能力培训，全面提升工作能力。采取先学法规找依据，再学友邻好经验，边改边建强治理的方法，探索落实军区基层规范化治理试点工作任务，形成涵盖人武部党管武装、思想政治建设、国防动员、安全管理等重难点领域10个方面成果。

【综合保障】 2023年，人武部厘清职能任务，更新财务观念，以建设现代化后勤保障为牵引，重点服务保障作用发挥成效明显。根据年度大项工作安排，重点围绕“民兵训练任务”“兵役征集”“国防教育”“营房需求建设”“乡镇基层人武部建设”“重大活动演练”等工作，精打细算合理编报先后完成“自治区应急先锋·2023抗震救援联合演练”“宁夏军区退役军人动员征召实兵拉动考核”、民兵基地化轮训、预定新兵役前教育、专武干部集中办公等大项保障任务。根据军委后保部和宁夏军区通知要求，按照逐项梳理台账、逐条整改落实的要求，总计完成11个方面专项清理整治任务。

【教育整顿】 2023年，人武部党委以军委机关六部委《在全军后勤领域开展“五治八查树形象”百日专题教育整顿活动工作方案》为依据，依照宁夏军区印发《军区系统后勤领域开展“五治八查树形象”百日专题教育整顿活动实施方案》要求，7月下旬至9月底，在后勤领域开展“五治八查树形象”百日专题教育整顿活动。重点围绕战备物资储备领域、财务行业、军需能源、医疗卫生行业、运输投送、军事设施建设、物资采购、后勤资产管理监督、后勤领域军民融合、后勤科研等10个后勤重点行业领域87个方面进行自查整改,对2015年以来财务行业领域进行检查,军委账务专项检查指出6类55个问题的整改,自查问题8类46个问题,已全部完成整改。

军地共建

【宣传教育】 2023年,人武部党委邀请辖区参战老兵走进校园讲党课。会同区委宣传部在恒通街打造“全民国防教育示范街”,营造人人关心国防、热爱国防的浓厚氛围;在红太阳广场、社区和学校设立征兵宣传点,印发宣传海报,悬挂宣传标语,通过沙坡头区官方公众号、重要街道电子屏等多种方式宣传征兵政策;为辖区1名二等功荣立者和43名“三等功”荣立者送喜报,增强“一人当兵,全家光荣”的荣誉感。在中卫市第四小学打造“雷锋少年军校”,组织青少年到驻军营区接受国防教育;联合驻军成立国防教育宣讲团,走进校园、党政机关讲国防。

【爱国主义教育】 2023年,人武部援建鸣沙村“铸牢中华民族共同体意识”教育基地和沙坡头小学“国防教育长廊”,打造具有特色的乡村文化和校园文化。利用八一建军节等有利时机,到沙坡头小学开展“兵叔叔”进课堂活动,为学生讲述戍边英雄的故事,进一步开展爱国主义教育。

农业和农村经济

综　述

【概　况】 2023年，沙坡头区完成农林牧渔业总产值73.76亿元，比上年增长6.6%；实现第一产业增加值36.39亿元，比上年增长6.4%；农村居民人均可支配收入18003元，同比增长7%，位居全区22个县区末位。

【新型经营主体培育】 2023年，沙坡头区新增备案农民合作社40家、家庭农场10家，发放宁夏农民专业合作社社员证1760本。积极开展沙坡头区级示范合作社和二星级家庭农场评选工作，评选出沙坡头区级农民合作社示范社16家、家庭农场9家。扎实开展2023年沙坡头区新型农业经营主体高质量发展项目，实施主体共40家，其中粮油规模种植主体单产提升行动项目实施主体17家、生产设施条件改善项目实施主体18家、奶业合作社和家庭牧场培育项目实施主体3家、国家级合作社奖补资金实施主体2家。

【技术培训】 2023年，沙坡头区农业农村局通过组织专家遴选田间学校和实训基地3家，主要围绕种子种苗生产管理、玉米单产提升和粮油稳产保供分层次开展培训。共完成高素质农民培训班3期150人，农民素质素养提升培训30班900人，完成率100%。

【社会化服务体系】 2023年，沙坡头区共有农机专业合作组织21个，其中，农机作业服务公司10个，年作业服务面积13万亩。拥有各类农机具230台（套），机具配套比1:3，流转土地3.3万亩。积极引导农机作业公司，参与土地流转，大力推行土地承包、土地流转、社会化托管等服务形式，提高规模化、集约化经营水平。沙坡头区2023年共举办农机驾驶操作人员培训班7期，培训驾驶操作人员701人；农机户达到22570人。2023年，31家社会化服务组织在11个乡镇133个行政村完成农业生产托管服务面积114万亩次，折算面积为19.62万亩，惠及7546户小农户，共计发放补助资金686.49539万元，机械化达到90%。

【农业生产社会化服务创新试点】 2023年，沙坡头区完成“四位一体”农业社会化服务大数据中心8大功能57个子功能中一期37个子功能的调研、设计、研发任务建设，开展了一期上线试点工作，选取东园镇两个村开展基础数据采集试点，完善涉农信息一张图，包括种植地块、试点村土地经营、温室大棚数据、大宗作物解译、苹果防霜冻等发布工作；完善各项涉农数据统计分析工作，增加“我的地块”功能，促进农业新型服务主体完成自主经营地块绘制；开展了农业托管线上化支付功能设计研究和功能调研；完成了苹果防霜冻图层设计、开发和数据入库。遴选31家社会化服务组织在11个乡镇133个行政村完成农业生产托管服务面积114万亩次，折算面积为19.62万亩，惠及7546户小农户。

【农村“三资”管理】 2023年，沙坡头区农业农村局组织联村会计参加各级单位举办的“农村集体资产财务管理培训班”，参训人次累计达600人，覆盖162个村。先后开展村集体经济组织收款收据使用管理情况督查、经济运行情况专项审计及农村集体经济组织“三资”管理工作专项督查，并对相关问题进行通报反馈，针对重点村进行了指导整改，确保整改到位。全面完成农村集体资产清查和经济运行态势监测调查工作，农村集体经济组织资产总计24.05亿元，其中经营性资产14.75亿元；农村集体经济组织总收入共计1.91亿元，总支出共计1.58亿元，总收益共计0.33亿元；经营收益共计6761.33万元，收益区间为5万元以下的村10个、5万元至10万元的村39个、10万元至50万元的村96个、50万元至100万元的村11个、100万元以上的村6个。

【农村产权制度改革】 2023年，沙坡头区开展清产核资、成员身份认定、成立集体经济合作组织、股份制改革等工作。11个乡镇162个行政村共有村集体资产19.7亿元，共认定农村集体经济组织成员10.36万户30.96万人，成立集体股份合作社12个，集体经济合作社148个。为全面巩固农村产权制度改革试点成果，持续推进农村土地承包经营权、农业设施产权抵押贷款登记工作，着力解决小农户和农业经营主体融资难、担保贵问题，创新形成“农村产权+N(保证、保单、实物、房产)”“农村产权与动物活体、订单、住宅楼、商品房等嫁接组合”“农村产权相互捆绑组合”多种抵押贷款模式，进一步提升农村产权价值，丰富抵押融资渠道，推动农村“资产”变“资金”，实现农业贷款扩面扩量更提质，为解决农业经营主体融资难题破冰蹚路。全年累计向小农户和各类农业经营主体发放农村产权抵押贷款4070笔7.55亿元。

种植业

【粮食种植】 2023年，沙坡头区粮食作物种植面积27.58万亩，较上年下降0.07万亩，同比下降0.25%，其中小麦种植面积2.01万亩，玉米22.1万亩，水稻1.5万亩，杂粮1.97万亩。粮食作物总产15.79万吨，较上年增加0.21万吨，同比增长1.35%。实现产值3.91亿元。

【蔬菜种植】 2023年，沙坡头区种植各类瓜菜面积12.65万亩(除硒砂瓜外)，其中设施蔬菜种植面积3.49万亩(日光温室2.27万亩、大中拱棚0.78万亩、小拱棚0.44万亩)，供港蔬菜1.52万亩、露地蔬菜3.53万亩(露地春夏菜2.31万亩，露地秋菜1.22万亩)，灌区露地西瓜4.11万亩(其中扬灌区的西瓜面积3.07万亩)；蔬菜瓜果累计预计总产量46.4万吨，产值10.74亿元，其中设施蔬菜产量12.79万吨，产值4.73亿元；露地蔬菜产量15.16万吨，产值3.57亿元；瓜类总产量18.45万吨，产值2.44亿元。

【硒砂瓜种植】 2023年，沙坡头区种植硒砂瓜25.93万亩，总产量66.84万吨，总产值4.68亿元，其中香山乡12.36万亩31.62万吨2.21亿元、兴仁镇9.16万亩23.82万吨1.67亿元、常乐镇3万亩8.4万吨0.59亿元、永康镇1.41万亩3万吨0.21亿元。

养殖业

【畜牧业】 截至2023年年底，沙坡头区奶牛存栏达到7.5万头，同比增长8.8%；肉牛、肉羊、生猪和家禽饲养量分别达到8.4万头、73.16万只、66.07万头和680.9万只，同比分别增长9%、-1.3%、0.4%、-11%；肉、蛋、奶总产量分别达到4.7万吨、4万吨、37.85万吨，同比分别增长-5%、55%、21.7%。其中，能繁母猪存栏2.34万头，同比减少12%；肉鸡饲养量69.08万只，同比下降60%。实现牧业总产值32.18亿元，同比减少1.7%。沙坡头区水产养殖面积稳定在2.2万亩。

【水产业】 2023年，沙坡头区共有水产养殖户32家，渔业水域面积达到2.2万亩，同上年同期持平，水产品产量17390余吨，比上年同期增长1.2%；产值约2.36亿元，与上年同期持平。实施渔业新技术推广项目，落实池塘网箱养殖新品种饲料鳜鱼鱼种8口490立方米，外调200~300g/尾饲料鳜鱼鱼种4606斤10000尾，共收获成鱼11416斤，出塘规格平均1.45斤/尾，实现净利润约1500元/立方米，养殖效益显著。

农业机械化

【概　况】 2023年，沙坡头区农业机械总动力32.8851万千瓦。拖拉机拥有量达到7657台，其中：100马力以上大型拖拉机达到262台，中小型拖拉机7395台；谷物联合收割机256台，玉米联合收获机达到92台。拖拉机配套农具达到1.6539万台（套）。2023年，沙坡头区主要农作物耕种收综合机械化水平达到89.3%，与上年持平。灌区小麦机械化种植水平达到99.1%，机械化收获水平达到96.4%；水稻机械化种植水平达到85.83%，机械化收获水平达到99.6%；玉米机械化种植水平达到89.5%，收获水平达到86.9%。设施农业、枸杞等主要农业产业化生产机械化水平有了很大突破，机械化生产方式在农业生产中已占据主导地位。

【农机规模】 截至2023年年底，沙坡头区农业机械总动力达到328851千瓦。拖拉机拥有量达到了7657台，其中：30马力以上的大中型拖拉机3754台，小型拖拉机3903台。拖拉机配套农机具16539台，机具配套比为1:2.2。谷物联合收获机拥有量达到256台，玉米联合收获机92台，增加的主要原因是水稻、玉米种植面积逐年扩大，农机户外出跨区作业人数增加。用于枸杞烘干的果蔬加工机械403台（套），新增新能源机械与使用时间长被淘汰的燃煤炉机械相抵，实际比上年新增加95台，增加的主要原因是枸杞种植面积扩大。饲草料加工机械3535台，比去年增加178台，增加的主要原因是畜禽养殖数量增加。

【农机购置补贴】 2023年，沙坡头区共落实农机购置补贴资金1050.951万元，购置补贴各类农业机械1037台（套）、受益农户737户，其中拖拉机201台，谷物收获机械12台，玉米收获机械10台，其他农业机械814台（套）。在农机购置补贴实施过程中，重点向薄弱环节、农业主导产业、水稻种植、玉米收获、农机社会化服务体系建设、枸杞生产、饲（草）料加工生产等生产服务的机械倾斜，进一步完善加强农机购置补贴政策监管措施，严格落实补贴机具目录，补贴政策公示制、补贴资金沙坡头区财政集中支付制，资金管理监督制和工作成效考核制等制度。

【农机具经营】 截至2023年年底，沙坡头区有两家农机制造企业、7家农机销售网点，严格监管、积极预防和避免有问题的农机产品流入本地市场，同时，认真做好补贴机具售后质量监督管理，大力组织开展补贴机具质量调查，积极做好农机经营者从业人员的培训工作，规范农机生产和销售市场的服务经营行为。

农业产业化

【日光温室维修改造】 2023年，沙坡头区通过政府主导、部门协作、镇村国企实施、农户自主的方式，对老旧日光温室进行维修改造，通过更新前后屋面、翻建后屋面、加固后墙及附属设施设备，延长温室使用寿命，提高温室冬季抗风险能力，从基础设施上增强产业发展后劲，为沙坡头区特色瓜菜产业振兴强基固本。全年完成改造1057座，温室改造后，种植带宽由原来的8米左右变成现在的9.5米左右，每棚(80米)的种植面积约增加120平方米，温室空间比原来增加约30%，在冬季最冷季节，温室室温比原来约增加3度，光照强度约增加30%。

【设施蔬菜绿色标准园创建】 2023年，沙坡头区依托宁夏晨曦农业科技服务有限公司在东园镇曹闸村建设设施蔬菜绿色标准园1个130亩。标准园按照“五化六统一”要求，推广应用新品种、新技术、新模式，实行“统一品种、统一购药、统一标准、统一检测、统一标识、统一销售”管理，实现规模化种植、标准化生产、商品化处理、品牌化销售和产业化经营，以点带面撬动沙坡头区蔬菜产业绿色高质量发展。

【畜牧产业标准化建设】 2023年，沙坡头区按照品种良种化、生产规模化、养殖设施化、管理规范化、防疫制度化、粪污处理无害化、信息数据化“七化同步”要求，以规模养殖场为重点，围绕奶产业提质增效，大力推广良种选育、高效繁殖、营养调控、粪污资源化利用等技术。同时，依托宁夏奶业科创中心，建设奶牛综合信息大数据平台，提升奶产业数字化服务能力和水平。全年参测覆盖泌乳牛群达到2.5万头，累计检测样品数量25万份。严格落实环境影响评价制度，完善畜禽医疗废物规范处置体系，养殖废弃物资源化利用率超过94%、规模养殖场医疗废物暂存间配套率达到100%、与第三方专业公司签订医疗废物委托处理协议数达到100%，推进奶产业绿色循环发展。

【重点项目建设】 2023年，沙坡头区高标准、高起点规划设施完善、功能齐全、服务到位的麦垛山现代农业科技示范园。2月，麦垛山现代农业科技示范园开工建设，占地面积8.5万亩，采取“政府搭台、企业唱戏”的方式，引进中能建、现代牧业等社会主体落户投资，建设“万头奶牛智慧牧场”等，高效利用麦垛山“每一寸土地，每一寸空间”，持续挖掘产业链功能优势，积极培育产业新业态，激活产业融合发展新动能。完成常乐镇光明万头生态智慧牧场建设项目，阜民丰二期、沐沙及泽厚源奶牛场扩建项目，引领带动沙坡头区奶产业提档升级。推进肉牛产业融合发展，培育家庭牧场10个、合作社5个、养殖企业1个。加快推进波华肉牛养殖场二期项目建设、培育万头肉牛标准化养殖乡镇1个，打造适度规模养殖，培育千头肉牛养殖示范村两个，改扩建千头肉牛场1个。以规模化养殖场为重点，开展标准化示范场创建，创建自治区级标准化示范场1个，大力推行养殖+屠宰+加工+销售+餐饮一体化发展模式。2023年，沙坡头区肉牛屠宰加工量1.20万头，屠宰加工率超过33%。

【产业化建设】 2023年，沙坡头区继续实施奶业生产能力提升整县推进项目，累计投资1.2亿元，主要支持更新饲草料种植、收获、加工、贮存设施设备，应用智能化机械设备，建设高水平优质饲草料生产基地；支持牧场圈舍、奶厅、饲料制备、挤奶等环节设施设备提升，配套应用数字化、智能化、信息化采集设备，推动基于物联网、大数据技术的智能统计分析软件终端在奶牛养殖中的应用，实现养殖管理数字化、智能化，建设智慧牛场6家。同时，实施奶牛性控冻精补贴项目，以自繁自育为主，推广使用优质奶牛性控冻精2.2万支，加快奶牛群体扩繁速度。

农业行政执法

【农业综合执法】 2023年，沙坡头区农业农村局扎实开展种子(苗)、化肥、农药、兽医兽药、渔业、秸秆禁烧等农业农村领域的执法监管。共出动执法人员800余人次，检查经营主体1043家，其中农资经营主体372家、种子种苗生产企业291家、种子销售主体56家、兽药经营主体189家、动物诊疗机构9家、生鲜乳收购站126家。共立案查处36起，其中：农药14起、种子5起、肥料2起、饲料2起、动监5起、兽药3起、渔业1起、环境4起。共计罚没款303790.07元，没收农药30个包装147.017kg，没收非法捕捞工具6个，没收兽药1个包装0.5kg，没收饲料4.015吨。

【动物免疫】 2023年，沙坡头区农业农村局累计免疫牲畜口蹄疫免疫170.43万头(只)(其中猪O-A型70.96万头、牛O-A型20.47万头、羊O型79万只)，羊小反刍兽疫免疫61.62万只，猪瘟免疫71.33万头，高致病性禽流感免疫894.48万只，鸡新城疫免疫1335.67万只，布鲁氏菌病免疫34.57万只，免疫密度均达100%。犬驱虫1.0421万条，狂犬病免疫0.2461万条，应免疫密度均达100%。

【动物疫病监测】 2023年，沙坡头区农业农村局开展非洲猪瘟、高致病性禽流感、H7N9流感、小反刍兽、牛结节性皮肤病疫等重大动物疫病的流行病学调查工作，对沙坡头区所有养殖场(户)、屠宰场、无害化处理场等重点场所及省外调入的动物开展全面排查。累计排查养猪场93111场次、排查生猪数量2663.099万头次，排查牛场10061场次、排查牛只35.2638万头次；排查羊场51643场次、排查羊只数128.5304万只次；排查家禽场16413场次、排查家禽数7419.2386万只次；排查马属动物4918匹。同时，开展免疫抗体水平检测工作，共采集血清、拭子、脏器等各类样品共13036份，其中血清10335份、拭子(包括体拭子、车载拭子、环境拭子)2205份、脏器206份、其他(犬粪)290份。实验室检测血清样品21728份，其中口蹄疫3751份、新城疫669份、高致病性禽流感1992份、H7亚型禽流感1959份(其中跨省调运检测1295份)、猪瘟665份、小反刍兽疫647份、检测牛、羊布病6034份(其中非免疫抗体检测牛、羊布病555份)、蓝耳347份、犬粪抗原、非洲马瘟等疾病检测260份、屠宰场检测牛羊包虫病200份、送上级业务部门检测血清、拭子、脏器等其他各类样品共8515份，经检测免疫抗体水平合格率均高于国家规定的标准。

【动物卫生监督】 2023年，沙坡头区15个检疫申报点，共出具动物A证662张，累计检疫畜禽132.4070万头(羽、只)。出具B证3805张，累计检疫畜禽65.1867万头(羽、只)。生猪产地检疫率超过90%，牛羊产地检疫率明显提升。3个畜禽定点屠宰场共屠宰各类畜禽67131头只，其中猪55184头，牛2084头，羊9863只。检疫申报受理率、动物检疫合格证明及耳标回收率、屠宰检疫率均达到100%。

【消毒灭源】 2023年，沙坡头区农业农村局组织人员集中对农贸市场、养殖园区、畜禽销售场所、主要交通干道进行全领域实施“大清洗、大消毒”工作,出动消毒车辆150余车次,使用消毒药1.3吨,出动人员200人次,开展消毒养殖场11589个次、屠宰场点120个次、运输车辆547个次,合计消毒面积72.58万平方米。

【兽药市场整顿和规范】 2023年,沙坡头区农业农村局集中整顿兽药经营市场12次,出动执法人员120人次。签订承诺书85份,发放各类告知书3000余份。按照《宁夏回族自治区兽药使用规范》标准,督导规模养殖户建立兽药使用各项记录,规模养殖场兽药使用各项记录规范。

【无害化处理】 2023年,沙坡头区建立以奶牛、生猪为重点、兼顾其他畜禽,涵盖饲养、屠宰、经营、运输等各环节,科学完备、运转高效的病死畜禽无害化处理长效机制,着力抓好无害化处理厂规范运营和病死畜禽收集网络建设,基本实现病死畜禽无死角及时处理、合理利用的目标。共处理病死动物1820.451吨。同时,加大网格化监管力度,建立村级防疫员包片巡查,乡镇畜牧兽医技术人员处理,动物疾病预防控制中心报销费用的工作机制。对路边、渠沟乱扔的病死畜禽进行集中收集掩埋,全年共收集病死畜禽526头。

【畜产品监管】 2023年,沙坡头区农业农村局配合上级部门抽检各类畜产品178批次(猪肉37批次、牛肉12批次、羊肉31批次、鸡肉2批次、鸡蛋11批次,牛奶85批次,检测结果全部合格。

【农资监管】 2023年,沙坡头区农业农村局以农村和城乡接合部、农资经营集散地、种植养殖生产基地等为重点地区,以县域为单位,分级、分类、分区开展农资打假专项行动。重点对农资门店的不规范经营行为、无证经营、销售假冒伪劣农资产品、经营禁限用农药等违法行为开展检查,全年共出动执法人员700余人次,检查经营主体908家次,其中:农资经营主体372家、种子种苗生产企业291家、种子销售主体56家、兽药经营主体189家,印制发放宣传资料5000余份。2023年共办理农资类行政处罚案件23起,结案23起,其中农药14起、种子5起、肥料2起、饲料2起,通过开展农资打假专项行动,农资领域违法行为得到遏制。

农业污染防治

【概　况】 2023年,沙坡头区农业农村局结合生态环境风险和安全生产隐患大起底大排查大整治工作要求,出动235人次对沙坡头区畜禽粪污资源化利用、养殖尾水处理等方面工作生态环境风险和安全生产隐患进行排查整治,共计排查规模养殖场、饲料厂等200余家。

【畜牧养殖污染防治】 2023年,沙坡头区农业农村局依托政策、规划有序指导养殖场科学利用粪污,自2017年以来,共争取畜禽粪污资源化利用项目资金4473万元,支持229家畜禽养殖场(户)、3家第三方粪污集中处理中心完善配套畜禽粪污收集、储存、处理设施设备,引进先进工艺和设备。构建种养循环发展机制,大力培育粪污处理社会化服务组织,在养殖密集区扶持建设有机肥集中处理中心,实施沙坡头区设施蔬菜有机肥替代化肥项目,推进堆肥、商品有机肥替代化肥行动,实现了养殖户、种植户和粪污处理企业互惠共利。积极开展畜禽养殖标准化示范创建活动,累计创建国家级畜禽养殖标准化示范场11家,自治区级畜禽养殖标准化示范场13家,引领养殖户发展规模标准化养殖,从源头减少粪污产生量。畜禽粪污资源化利用率达96%,畜禽规模养殖场粪污处理设施配套率达99%。

【秸秆禁烧】 2023年，沙坡头区农业农村局围绕11个乡镇主要农业生产道路和主干道路全面展开巡查，实行一天一巡查、一周一统计、不定时通报。巡查中张贴宣传标语200份，发放《告人民群众一封信》6000份，宣传资料17600份，悬挂宣传横幅60条，撰写秸秆禁烧工作简报3篇。累计出动执法巡查车辆203辆次，出动巡查人员435人次，巡查期间发现焚烧秸秆现象151起，在要求镇村立查立改的基础上，立案查处4起，罚款2000元。

【减少化肥农药使用量】 2023年，沙坡头区推广测土配方施肥面积93万亩、应用有机肥47万亩。化肥总用量达到39234.5吨（其中春施28251吨，秋施10983.5吨），折纯16870.8吨，较上年减少205.6吨吨（实物量），减少0.52%；农药施用量达到260.00吨，折百量85.99吨，较上年减少1.54吨（商品量），减少0.48吨。至年底，主要农作物化肥、农药使用量实现了零增长，化肥利用率达到42.52%，农药利用率达到42.02%，较上年分别增加0.24%、0.46%。

【回收处理农用废弃物】 2023年，沙坡头区结合农药销售使用现状、农作物种植种类、面积及农药使用特点，可产生农药包装废弃物约19.08吨。共回收农药包装废弃物16.66吨，回收率为87.32%，无害化处置16.66吨，处置率100%。

水利水保

【项目资金争取】 2023年，沙坡头区共争取引水上山、河沟道治理、基础设施配套与改造等各类水利项目资金4.7亿元，其中：中央资金0.5亿元，特许经营项目融资4.2亿元。

【工程建设】 2023年，沙坡头区实施各类水利工程建设项目16项，总投资7.12亿元，年度完成投资2.7亿元。投资5.58亿元实施引水上山工程。实施中部干旱带沙坡头香山兴仁片区生态修复及灌区（一期）供水、峡门供水工程泵站管线消缺工程一期、峡门水库大坝除险加固工程一期等3个工程，工程总投资5.58亿元。工程主要砌护渠道15.39公里，配套各类建筑物400座，铺设各类管道22.45公里，铺设3.5米宽沙砾石路面0.7公里，三眼井村铺设各类管道2.67公里，配套各类阀井6座，深井村铺设各类管道2.07公里，配套各类阀井8座；投资0.47亿元实施河、沟道治理工程。实施了清水河下段（沙坡头区）综合治理、沙坡头区中沟中段盐碱地治理、沙坡头区入黄排水沟（中沟）水环境综合治理、沙坡头区涩井沟安全度汛等4个治理工程，工程总投资4737.21万元。工程主要新建河道坡脚防护10.45公里，沟道清淤9.25公里，治理裸露地块及边坡1.35公里，改造建筑物78座，新建防汛道路3.6公里，安装防护栏3.15公里，渠道改线2公里，布设巡河步道460米；投资0.23亿元实施基础设施配套与改造工程。实施沙坡头区香山、兴仁产业结构调整配套、沙坡头区灌区各镇（乡）地下水井计量设施安装、中卫市沙坡头区水资源节约集约利用智能监控、沙坡头区南山台电灌站扬水干渠渠拜加固配套、沙坡头区南山台扬水干渠电灌站进场道路硬化配套等5个工程，工程总投资2325.38万元。工程主要在沙坡头区灌区各乡镇安装射频卡预付费水表367台，电磁水表147台，铺设沙砾石路面1.3万平方米，设置防护栏杆140米，挪移电线杆14座，新建限高杆1座；改造卫生间5座；管理房地基处理1处，硬化进场道路880米，新建波形围栏580米，建设信息化软件平台，包括数据资源管理、沙坡头区水利一张图、现代化生态灌区管理系统、地下水监测管理系统、水权交易系统、水利工程管理等；投资0.71亿元实施供水工程。实施沙坡头区南山台常乐片区生态绿化项目水源工程、沙坡头区麦垛山奶牛养殖园区项目(一期)供水2个工程,工程总投资7059.53万元。工程主要新建泵站4座、蓄水池5座,铺设各类管道27.45公里,输水压力管线沿线共布置各类附属建筑物73座;投资0.02亿元实施维修养护项目。实施2023年春季岁修、沙坡头区2023年农村供水工程维修养护等2个项目,工程总投资211.05万元。工程主要铺设各类管道,新建清水池及水处理设备房,更换纳滤设备,安装水控机,增压泵,对渠道附属设施、泵站机组检修及各类配套设施维修养护等。

【水土流失综合治理】 2023年,自治区水利厅下达沙坡头区水土流失综合治理目标任务20平方公里,实际完成新增水土流失治理面积20.02平方公里。

【水土保持】 2023年,沙坡头区水务局检查水土保持生产建设项目40个。下发水土保持行政许可决定81份,其中"审批制"报告书34项、"承诺制"报告书1项、报告表46项。对已完成水土保持设施自主验收的18个生产建设项目进行现场核查,出具核查意见,并在区人民政府网站进行公示。对79个水土保持疑似违法违规图斑进行核查,认定17个需整改生产建设项目,下发整改通知书17份。收缴水土保持补偿费567.33万元。组织对淤地坝进行全面排查,落实管护人员和管护责任。5月9日,在兴仁镇人民政府开展淤地坝"三个责任人"培训,下午由区水务局指导,兴仁镇人民政府组织,在兴仁镇喇嘛井1号淤地坝举办2023年度淤地坝防汛应急演练。对17座小型淤地坝完成销号审批。先后开展5次淤地坝安全运行管理监督检查,对存在安全隐患的10座淤地坝进行维修、整改,确保淤地坝安全运行和效益正常发挥。

【水害灾旱防御】 2023年,沙坡头区水务局压实各级水旱灾害防御责任。严格落实水旱灾害防御工作行政首长负责制,落实水旱灾害防御责任人、山洪灾害危险区、妨碍河道行洪、涉河在建工程等风险点责任人,落实辖区库坝、堤防等防洪工程防汛"三个责任人"共计229名(其中行政责任人22名、技术责任人33名、巡查责任人174名)。续建沙沟水库除险加固项目、沙坡头区一排段石墩水沟治理项目、清水河下段(沙坡头区)综合治理工程,新建小型水库维修养护工程并实施山洪灾害非工程措施项目等。全面落实水库、堤防、淤地坝、山洪沟道等工程安全度汛措施,加强工程巡查防守,发现险情及时抢护。入汛以来,调动抢险队伍对寺口子水库闸门淤积、红石节子淤地坝等水毁工程进行抢修,确保水利防洪工程安全度汛。完成夏秋灌56.97万亩的灌溉任务。3月下旬起至4月上旬,督促灌区各镇、用水合作组织等,提前做好现有抗旱机井、沿沟(渠、水库、塘坝)提水泵站、抽水机等应急设施(机泵、控制设备、电气线路)维修养护工作,确保各类抗旱设备充分发挥其应急补灌作用,以便缓解供用水矛盾,提供应急水源设备保障。6—7月,为缓解旱情,南山台电灌站一泵站及时开启7台机组,满负荷运行天数高达74天,并及时启动刘湾补水泵站补水,满足灌区农业生产用水需求,有效缓解旱情。

【水库移民扶持】 2023年,沙坡头区大中型水库移民符合享受资金直补的人数为481人,按每人每年600元的标准,合计直补资金28.86万元。

【用水总量】 2023年,沙坡头区用水总指标5.634亿立方米,其中黄河水指标5.119亿立方米、地下水指标0.450亿立方米、非常规水指标0.065亿立方米。经统计,沙坡头区年度实际用水总量5.390亿立方米,其中取用黄河水总量5.005亿立方米、取用地下水总量0.305亿立方米、取用非常规水0.08亿立方米。按行业分，农业用水4.528亿立方米，工业用水0.294亿立方米，生活用水0.345亿立方米，生态用水0.223亿立方米。

【取水许可】 2023年，沙坡头区水务局共下发准予取水许可决定书40份，核发电子取水许可证件29本，审批地下水量364.95万立方米。沙坡头区辖区内现共有农业（含养殖业）电子取水许可证46本，共许可水量955.04万立方米，工业电子取水许可证件54本，共许可水量793.21万立方米。

【渠系供水】 2023年，沙坡头区安全行水171天，各干渠累计实引水量6.274亿立方米（其中内蒙古孪井滩扬水泵站上水0.457亿立方米，折算到口0.532亿立方米）。扣除跨渠联调常态化供水及跨省级引水量，沙坡头各渠自管灌区累计实引水量4.361亿立方米，实用水量3.542亿立方米（其中农业用水2.372亿立方米、生态用水0.157亿立方米、工业园区用水0.208亿立方米、林业用水0.348亿立方米，内蒙古孪井滩扬水泵站用水0.457亿立方米）。向跃进渠跨渠联调常态化供水1.53亿立方米。

【水利改革】 2023年，沙坡头区按照自治区用水权交易价值基准工业用水地下水1.791元/方·年、地表水0.798元/方·年对工业用水权使用费核算收缴，全年累计收取2021—2023年工业用水权有偿使用费5794.09万元，收缴率为83%。完成用水权改革以来首笔工业用水权指标收储，全年收储两家工业企业120万立方米用水权指标，有偿向指标紧缺企业配置118.74万立方米用水权指标。完成企业间线下协议交易两笔，交易水量70万立方米，线上交易用水权13笔，交易水量105.9万立方米，交易额100.46万元。区水务局、财政局、发改局农业农村局联合制定印发《2023年沙坡头区农业水价综合改革工作计划》，进一步明确年内改革任务和各成员单位责任分工。明晰农业水权，强化总量控制和定额管理，实行超定额用水累进加价制度，年度用水未超自治区分配的年度取用水总量控制指标。强化水费收支管理，实行"统一收缴，分级返还使用"和"收支两条线"，区财政设立专户、专账管理；督导各镇年初下达年度水费预收文件，年底下达水费结算文件，实行闭合管理；推广施行农业水费电子收费模式；制定印发《沙坡头区农民用水合作组织农业水费收缴票据使用管理制度》。委托第三方完成各农民用水合作组织2022年度返还水费使用情况审计。依据《沙坡头区农业水价综合改革精准补贴及节水奖励办法（试行）》，对灌区各镇符合奖补条件的奖补对象予以精准补贴和节水奖励。规范基层水管组织建设及运行，督导灌区各镇制定出台了农民用水合作组织绩效考核管理办法（考核细则），内容涉及灌溉管理、水费收缴、工程建设与管护、财务管理、防汛抗旱等方面。1月初，完成农业水价综合改革市级复核；6月初，市政府专题会议审定通过复核结果；12月15日，市政府形成市级复核验收报告（含两县一区）。

【水污染防治】 2023年，沙坡头区高度重视河湖长制工作，先后召开沙坡头区总河长会议1次、河长制工作联席会议2次，传达学习全国、自治区、中卫市河湖长制工作会议精神，制定印发《2023年沙坡头区河湖长制工作要点》等文件，对全区各级河湖长进行了履职培训，明确年度工作任务，层层压实工作责任，扎实推进河湖长制各项任务落细、落实。调整、落实区级河长22名、乡镇级河湖长93名、村级河湖长255名，并指导各级河长按时、按规定要求完成巡河打卡工作。采用"河长+巡查保洁员"模式，配备巡查保洁人员129人，落实巡查保洁员经费123.84万元。在河湖长制责任河湖醒目位置设置河湖长公示牌126块、警长公示牌36

块。河湖长使用河长通 App 进行河湖巡查，任务完成率均超过 100%。开展河道内乱占、乱采、乱堆、乱建问题自查整改工作，共自查发现河湖“四乱”问题 49 个，已全部完成整改。出动人员 900 余人次，动用机械 110 余台次，清理垃圾、水草、绿藻等漂浮物约 86 立方米，劝离垂钓人员 600 余人次，全力打造“河畅、水清、岸绿、景美”的生态景观。复核水利部反馈沙坡头区图斑 179 个，不存在妨碍河道行洪突出问题，认定河湖“四乱”问题 6 个，已完成整改 4 个，正在整改两个。自治区水利厅反馈妨碍河道行洪突出问题两个，为黑山嘴沟中卫工业园区段过水路面两处，中卫工业园区已制定《应急度汛方案》，中卫市检察院已向中卫工业园区管委会下发检察建议书，正在积极整改。自治区河长办反馈第一季度暗访问题两个，分别为曹家山沟“胖嘟嘟”养殖场侵占河道违建问题及修建道路和渠道截断河道问题，正在整改。由区公安分局选派 38 名骨干任职“河湖警长”，区检察院选派 33 名骨干任职“河湖检察长”，年内开展督查暗访 3 次，下发检察建议两份，已全部完成整改。完成水普名录内 50 条河(沟)道复核工作(沙坡头区复核 24 条，中卫市复核 24 条，自治区复核两条)，水普外 22 条河(沟)道名录已完成复核并报上级部门审核。严格执行河湖管理范围内建设项目审批管理，对未履行审批手续的项目下发整改通知书 3 份，审批涉河湖建设项目 28 项。制定《中卫市沙坡头区河湖健康评价工作实施方案》，对三个窑沟、崾岘子沟、阴洞梁沟、第九排水沟、洪水河、长流水沟、第二排水沟、高崖沟等 8 条沟道开展河湖健康评价工作。2023 年沙坡头区将中沟确定为美丽示范河湖，依托中卫市沙坡头区中沟中段盐碱地治理工程、沙坡头区入黄排水沟(中沟)水环境综合治理工程编制《中卫市沙坡头区中沟美丽河湖实施方案》，积极打造沙坡头区美丽示范河湖，工程主体已基本完工。

工业与产业基地建设

工 业

【概　况】 2023年，沙坡头区规模以上工业增加值同比增长5.2%，累计增速呈现逐月回升发展态势，较一季度、上半年和前三季度分别加快31.4个、22.4个和10.3个百分点，在22县区排第14名，在沿黄市辖7区排第3名，低于自治区（12.4%）、中卫市（15.2%）7.2个和2.8个百分点。轻重工业“1增1降”。重工业增加值同比增长5.5%，轻工业增加值同比下降0.5%，分别占规上工业增加值比重为94.6%和5.4%，重工业拉动规上工业增加值增速5.2个百分点。主要行业支撑有力。列统的17个行业大类中有8个行业工业增加值同比保持增长，重点监测行业全部实现正增长。其中，化学原料和化学制品制造业增长12.7%，电力、热力生产和供应业增长11.8%，计算机、通信和其他电子设备制造业增长25.0%，非金属矿物制品业增长14.3%，农副食品加工业增长13.9%，黑色金属冶炼和压延加工业增长1%。重点产品产量较快增长，统计的28种规上工业产品中17种产量同比增长。重点监测产品“4增2降”，其中单晶硅增长62%、铁合金增长18%、碳化钙（电石）增长7.9%、饲料增长24.2%，商品混凝土下降13.3%、钢材下降3.9%。新增企业增效明显。全年，新入规纳统的13家企业生产拉动力强劲，累计拉动沙坡头区规上工业增加值增长9.6个百分点，高于全部规上工业增速4.4个百分点，有力支撑了规上工业经济增长。

【基础设施】 沙坡头区4个乡镇产业基地道路、供排水、供电、亮化、通信等基础配套设施经过近几年逐步完善，截至2023年底，镇罗产业基地建成110kV变电站两座、330kVA变电站1座，在建330kVA变电站一座，硬化6.5公里沥青柏油主干道路1条，工业补水站两座、2.2万立方米蓄水池两个，埋设自来水管道15公里；宣和产业基地建成110kV变电站、330kV变电站各1座，硬化沥青柏油路5.7公里，铺设供水管道4公里、主干道路排水管道5公里，在绿化主干道路两侧栽植景观苗木13000株。

【规模以上工业】 截至2023年底，沙坡头区共有规上工业企业112家（其中园区内44家、园区外68家）。其中电力热力生产和供应业50家、黑色金属冶炼和压延加工业16家、化学原料和化学制品制造业 17 家、计算机、通信和其他电子设备制造业 5 家、农副产品加工业 5 家、石油、煤炭及其他燃料加工业 4 家、医药制造业两家、非金属矿物制品业 9 家、其他行业 4 家。

【项目建设】 2023 年,沙坡头区共实施胜金北拓循环水改造、大有冶炼烟气管道改造等技改项目 17 个。其中,胜金硅业脱硫脱硝、大有冶炼烟气余热发电等 10 个项目已建成运行。

【转型升级】 2023 年,沙坡头区重点实施胜金北拓循环水改造、西部枣业 4000 吨饮料改造等项目 17 个,其中,胜金硅业脱硫脱硝、大有冶炼烟气余热发电等 10 个项目已建成,胜金北拓智慧集控管理平台、银河冶炼研发中心生产设备技改等 7 个项目正在建设,累计完成投资 1.34 亿元。积极为企业争取项目补助资金,创造有利条件,鼓励企业按照智能制造、绿色制造要求,督促企业加大技改项目投资力度,开展对标提升转型发展行动,实现企业高质量发展。建立"小升规"企业库,天祥建材、悦筑新材料等 13 家企业成功入规,累计培育自治区创新型中小企业 21 家,"专精特新"中小企业 5 家,市场主体不断壮大。

【淘汰落后产能】 2023 年,沙坡头区持续推动高耗低效产业淘汰退出和节能降碳改造,完成宁夏雨润农业节水灌溉制造有限公司滴灌设备生产、中冶美利云产业投资股份有限公司 4.2 万吨制浆生产等 6 个淘汰落后和化解过剩产能项目工作,争取 2023 年淘汰落后和化解过剩产能项目资金 525 万元。

【节能降耗】 2023 年,沙坡头区 10 家硅铁企业中,三元中泰、胜金北拓等 8 家企业已完成余热发电设备安装,新华钢铁、合发冶炼两家企业已完成项目备案,正在筹措资金。1—12 月份,规模以上工业综合能源消费量同比上升 14.3%,单位工业增加值能耗同比上升 8.7%,能耗双控压力较大。

【信息化建设】 2023 年,中卫市茂烨冶金有限公司建成可具备 10 台硅铁炉综合管理控制的集中控制中心,实现远程设备操控及自动化控制;中卫市胜金硅业有限公司集控平台项目对整个电炉采用 DCS 集散控制,在电炉中控室中实现对电炉的送电、电容器、液压站、把持器的控制等,实现在中控室对整个工艺流程环节的控制和供配电数据的集中监控及数据记录分析。

【安全生产】 2023 年,沙坡头区制定《沙坡头区民爆、商贸流通领域重大事故隐患专项排查整治 2023 行动方案的通知》《关于加强商贸服务业生产经营单位安全培训方案》等文件,累计开展安全生产培训会 13 场次 1000 余人次,发放海报、口袋书 5000 余份,签订承诺书 750 份。开展工信领域安全生产、生态环保"大排查、大整治、大提升"百日攻坚行动,制定民爆、商场超市、餐饮住宿等 9 个领域全过程、全环节安全风险隐患清单,联合区应急管理、市场监管等部门开展检查 180 余次,关停企业 17 家,直接罚款 2.35 万元,通报、曝光商家 17 次。对各级"四防"反馈和检查问题形成闭环管理,所有问题均已完成整改。制定《沙坡头区"小散乱污"企业突出问题专项整治行动方案》,成立专项整治工作领导小组,区级领导带队,分组包片对辖区内所有企业开展拉网式排查,按照"关停取缔一批、整治提升一批、搬迁入园一批"措施,开展专项整治。

【冶金产业】 2023 年,沙坡头区共有 10 家铁合金企业,硅铁矿热炉 40 台,其中:63000kVA 矿热炉 2 台、45000kVA 矿热炉 12 台、33000kVA 矿热炉 8 台、25500kVA 矿热炉 18 台,经过三十多年的发展,10 家硅铁企业带动就业人数 2600 余人,已经培养了一批硅铁冶炼行业的土专家、技术骨干及熟练的操作工人，具备一定的专业人才优势。

【电石化工产业】 2023年，沙坡头区依托天景山储量丰富的优质石灰石资源，培育明巨、华伟、俱进3家电石企业，合计5台电石矿热炉，其中31500kVA矿热炉2台、21000kVA矿热炉3台。

【陶瓷产业】 2023年，沙坡头区以科豪陶瓷为代表，企业通过新建或技改地瓷砖、釉面砖、日用陶瓷、高档日用陶瓷等项目，对现有陶瓷产业进行技改升级，不断扩大陶瓷产业发展规模，提升陶瓷产品质量，完善陶瓷产品体系，已初具规模，正在努力打造西北最大的陶瓷生产基地。

产业基地建设

【镇罗产业基地】 2023年，镇罗产业基地有企业33家，占地3717亩，解决就业1800余人。其中，规上企业11家，占地面积2582亩，主要以硅铁生产销售为主，年产量87.6万吨，全年产值57亿元；规下企业22家，占地面积1135亩，主要为煤炭销售、硅渣加工、乙炔生产、机械零件铸造等企业。

【宣和产业基地】 2023年，宣和产业基地有企业17家，占地2609亩，解决就业900余人。其中，规上企业5家，占地面积1763亩，主要以铁合金、电石、水泥生产销售为主，硅铁、电石、水泥年产量分别达11万吨、19万吨、140万吨，年产值16亿元；规下企业12家，占地面积846亩，主要为双氰胺制造、塑料制品、泡沫板厂等企业。

【常乐产业基地】 2023年，常乐产业基地有企业20家，占地1695亩，解决就业600余人。其中，规模以上企业1家，占地面积490亩，主要以陶瓷、铸钢件生产销售为主，年产瓷砖1000万平方米，产值2.8亿元；规下企业19家，占地面积1205亩，主要为水泥制品、锻造钢件等企业。

交通运输与城乡建设

交通运输

【概　况】 沙坡头区是铁路欧亚大通道“东进西出”的必经之地，境内既有铁路包兰铁路和宝中、太中银、干武、吴忠至中卫城际铁路、中兰客专等6条铁路在此交会，中卫至兰州客运专线通车运行，构成“米”字形铁路网络，可连通京包线、宝成线、陇海线、兰新线、兰青线。中卫是全国铁路交通大动脉的西部“桥头堡”和西部地区重要的铁路枢纽，有编组站1个，为迎水桥编组站，二等站3个，分别为干塘站、中卫站、中卫南站，四等站1个，为沙坡头站；货运站3个，分别为干塘站、迎水桥站、中卫站，客运站2个，为中卫站、中卫南站。2023年，沙坡头区公路通车里程达2899.097公里，按行政等级分：国道334.074公里，省道169.05公里，县道61.917公里，乡道984.513公里，村道1031.567公里，专用公路317.976公里；按技术等级分：高速公路203.779公里，一级公路63.328公里，二级公路496.466公里，三级公路411.933公里，四级公路1723.531公里。

【建设管理】 2023年，市、区两级按照各自职责，积极抓好重点交通项目建设工作。公路桥梁方面：完成红油公路改建以工代赈工程项目、宁卫路宏爱桥宣和镇西路段修复养护工程两个续建项目，提升改造农村公路32.4公里，实施麦垛山奶牛养殖园区（一期）配套道路建设项目，建成3级公路15.8公里，促进产业发展；实施农村公路路况提升工程，完成迎大线、中沟路、迎湖路、红油路等12个路段143公里农村公路改造提升；实施农村公路安全生命防护提升工程，增设波形梁护栏74.5公里、桥梁钢管护栏1200米、减速带2100米、警示灯500余盏、各类交通标示牌1500余块等安全生命防护设施；全力推进中卫黄河大桥旧桥加固改造工程前期工作，完成施工、监理招标及组织参建单位入场，完成年内开工建设阶段性目标。

【铁路方面】 2023年，宁夏钢铁集团中卫热电铁路专用线项目正常推进，包兰铁路银川至中卫段扩能改造项目、宝中铁路中卫至平凉段复线改造工程前期工作加快推进。

【水上运输】 2023年，沙坡头区辖区内水上通航里程达92公里，有4处渡口、浮桥，分别为南长滩渡口、永丰渡口、马滩渡口和中卫常迎黄河浮桥管理有限责任公司；有2家水运企业，分别为（港中旅）宁夏沙坡头旅游景区有限责任公司、中卫腾格里旅游服务有限公司。水运建设方面：经中卫市人民政府批准撤销停运渡口16处。

【农村公路日常养护】 2023年，沙坡头区加强农村公路日常养护，及时处置路面病害，认真做好路面保洁和日常养护等工作，处置五葡路、滨河南北路、红油路、宁卫路等路面坑槽8.7万平方米、路肩边坡打草896公里；汛期抽排路面积水9.6万余平方米，清理路面淤泥2.5万立方米；全面开展路产调查、路面病害调查和安全隐患排查，持续完善平交道口、临水临崖、急弯陡坡等事故易发路段的交通安全设施，有效消除道路交通安全隐患，恢复缺失标线2280平方米，更换、维修交通标志标牌346块、百米桩和公里碑35块、钢管护栏1562米；积极做好雨雪天气立交通道、急弯陡坡、临水临崖路段积雪清理及防洪防汛等安全保畅工作，补充储备融雪盐200吨、融雪剂50吨、防滑砂200方、路面冷补料2吨；冬春季共撒融雪盐剂165.5吨、防滑砂32吨，汛期抽排路面积水2.3万余平方米，清理路面淤积1.6万立方米，为灾害天气下农村公路的安全畅通和人民生命财产的安全提供有力保障。

【道路交通安全管理】 2023年，沙坡头区加强道路交通安全管理，坚决遏制农村道路交通安全事故多发势头，共办理施工许可审批5起，处理路政赔（补）偿案件7起，收取路产赔（补）偿费38.8228万元，签订涉路施工项目安全协议15份。实施农村公路安全生命防护提升工程，增设波形梁护栏74.5公里、桥梁钢管护栏1200米、减速带2100米、警示灯500余盏、各类交通标示牌1500余块等安全生命防护设施，切实提高公路本质安全。

【重大项目服务】 2023年，沙坡头区持续做好下河沿黄河公路大桥、国道338线、宁夏钢铁集团中卫热电铁路专用线等重大在建交通项目协调服务工作，为项目顺利建设提供良好环境。

【农村公路建设】 2023年，沙坡头区完成红油公路改建以工代赈工程、麦垛山奶牛养殖园区（一期）配套道路建设项目、2023农村公路路况提升等项目，新（改）建农村公路191.2公里，方便群众出行，促进产业发展；增设波形梁护栏74.5公里、桥梁钢管护栏1200米、减速带2100米、警示灯500余盏、各类交通标示牌1500余块等安全生命防护设施，切实提高公路本质安全。

城乡建设

【概　况】 2023年，沙坡头区坚持攻坚克难，真抓实干，全面推进老旧小区改造、危旧房排查、棚户区改造等各项工作迈上新台阶，进一步补齐发展短板，促进城乡融合发展。城镇人口25.67万人，城镇化率63.7%。

【征地拆迁安置】 2023年，沙坡头区推进棚改收尾工作，着力解决棚户区改造遗留问题，涉及被征收人212户，已签订征收补偿协议208户，下剩4户成立专班开展入户协商工作。

【城市建设回迁安置】 2023年，沙坡头区投资1376万元，对金河一期、新花园两个老旧小区共18栋楼的基础配套设施进行改造提升，改造面积4.7万平方米，惠及群众690户。

【环卫建设】 2023年，沙坡头区持续推行农村环卫市场化运营，以黄河为界划分为南北两个区域，每个区域由一家专业服务公司负责运营。制定《沙坡头区农村环卫保洁市场化运作考核细则（暂行）》，建立区月检月考核、乡镇周检月考核、村日检周考核的“三检三考”机制，对第三方服务公司环卫服务质量开展常态化、规范化、制度化检查与考评,根据考核结果按季度兑付运营经费。依托市场化运营公司,强化区、乡镇、村、农户四级联动,积极稳妥推进农村生活垃圾分类,沙坡头区成功创建为自治区农村生活垃圾分类和资源化利用二级示范县区。

【城区建设】 2023年,沙坡头区对金河一期、新花园两个老旧小区共18栋楼的基础配套设施进行改造提升,改造面积4.7万平方米,惠及群众690户。建成沙坡头区综合档案馆建设项目,建筑面积4600平方米,局部地下一层,地上四层。

【乡村基础设施】 2023年,沙坡头区完成年宣和镇重点小城镇建设项目,进一步完善村镇基础设施,提升公共服务水平,助推本地产业发展。完成沙坡头区第四污水处理厂扩建项目,对第四污水处理厂扩能改造,新敷设管网覆盖何营村、东月村、福兴村、福堂村、宣和村一队5个村,集中接入第四污水处理厂进行处理。

【美丽小城镇建设】 2023年,沙坡头区完成宣和镇重点小城镇建设项目,项目实施内容包括道路改造、排水铺设、建筑节能改造、设施农业、水利、自发移民区、人居环境、电力、煤改电、种养殖业基础设施等领域,通过项目实施,进一步完善村镇基础设施,提升公共服务水平,有力助推本地产业发展。宣和镇在集镇卫宁路两侧,进一步完善了商贸、餐饮、零售、汽修、住宿、瓜果集散等集镇综合服务功能,有效发挥连接城市、服务乡村职能作用,为全镇经济社会进一步发展夯实了基础。

【美丽村庄建设】 2023年,沙坡头区完成迎水桥镇何滩村和柔远镇冯庄村两个高质量美丽宜居村庄项目。通过建设文体广场、实施道路硬化、排水铺设等,建设"四美"(环境美、田园美、村庄美、庭院美)、"四宜"(宜居、宜业、宜养、宜游)村庄。2023年,沙坡头区持续推进农村环卫市场化运营,以黄河为界划分为南北两个区域,每个区域由一家专业服务公司负责运营,农村生活垃圾无害化处理率和农村生活垃圾治理率均达到100%,沙坡头区152个行政村(社区)环境面貌进一步改善。

【农村危房改造】 2023年,沙坡头区落实《沙坡头区农村低收入群体等重点对象住房安全保障工作实施方案》,建立农户自主申报、基层干部巡查、部门筛查核检动态监测机制,对发现的不安全住房及时纳入改造,确保新增危房即增即改、动态清零,唯一住房达不到抗震设防要求的愿改尽改、能改快改,累计实施危房改34户。

【住房安全】 2023年,沙坡头区集中开展自建房安全专项整治,以三层以上、人员密集、用于生产经营及出租、改扩建等为重点,采取基层排查、第三方专业机构检测和专业人员现场核查相结合方式,对城乡所有自建房风险隐患进行排查,累计排查自建房96246栋,其中经营性自建房2387栋,其他自建房93859栋。对排查存在安全隐患的严格落实产权人和使用人安全责任,在同步实施安全鉴定,责令停止营业、停止使用等管控措施基础上,督促产权人(使用人)通过加固、重建等措施力求全面消除安全隐患,完成经营性自建房安全鉴定31栋,隐患房屋整治103栋,全力做到管控措施到位、隐患整治彻底,保障了农村群众住房安全。实施《沙坡头区农村低收入群体等重点对象住房安全保障工作实施方案》,建立农户自主申报、基层干部巡查、部门筛查核检动态监测机制,对发现的不安全住房及时纳入改造,确保新增危房即增即改、动态清零,唯一住房达不到抗震设防要求的愿改尽改、能改快改,累计实施农村新增危房改造34户。

【基础设施建设】 2023年,沙坡头区完成宣和镇重点小城镇建设项目,项目主要涉及道路、设施农业、水利、自发移民区、人居环境、电力、种养殖业基础设施等领域，通过项目实施，进一步完善公共服务设施，不断提升新型城镇化水平。完成沙坡头区无集中供热区域煤改电（清洁取暖）项目建设，对迎水桥镇、东园镇、柔远镇、镇罗镇、宣和镇、永康镇、常乐镇、兴仁镇、香山乡9个乡镇20所学校、3个卫生室、9个政府及派出所和8014户农宅实施供热改造。

【城区大气污染防治】 2023年，沙坡头区监督城区内23个项目工地场所喷雾喷淋洒水，降尘抑尘清尘，苫遮盖抑尘网和篷布154万平方米，覆盖碎石20万平方米，硬化施工道路、地面、铺设钢板等0.95万平方米。下达扬尘限期整改通知书38份、停止扬尘违法行为通知书3份；累计约谈扬尘治理主体责任落实不到位企业13家，通报批评企业10家，形成对扬尘违规行为监管高压态势。

城市管理

【基础设施建设维护】 2023年，沙坡头区新增城市公厕25座，共享城市公厕29座，城市公厕累计达113座，进一步补齐“创城”公厕短板；实施美利广场改造、五馆一中心（水上运动中心）照明设施维修改造和红太阳广场高杆灯安装项目，累计铺设美利广场地砖3868平方米、改造道路路面3874平方米等，更换水上运动中心LED线条灯、投光灯等照明设施3332套，安装红太阳广场高杆灯2套。对标对表“创城”测评指标要求，累计维修破损路面4593平方米垃圾箱1960个、城市道路和广场公园等公共区域灯具8845盏，城市主次干道路灯亮灯率稳固保持在95%以上，城市基础设施面貌明显改善。

【城市环卫保洁】 2023年，沙坡头区大力推行环卫“人机结合”作业新模式，累计新增环卫机械车辆53辆，城市道路机械清扫率提升至84.1%。强化公厕精细化管理，采取“跟进式＋巡回保洁”模式，落实“定人、定岗、定责”长效管理机制，对城区公厕进行全方位无死角保洁，公厕群众满意度稳固保持在95%以上。加大城区垃圾收集转运力度，全年累计收运生活垃圾6.8万吨、餐厨垃圾1.4万吨，生活垃圾、餐厨垃圾收集率均达100%，推动城市环卫管理向“精准、精细、精致”和“全领域、全环节、全要素、全链条”发展。

【市容秩序管理】 2023年，综合执法局编制城区停车场专项规划，出台“30分钟内免费停车和节假日免费开放公共停车场”的惠民政策，开发智慧停车小程序，规范管理城区269个公共停车场。本着“应划尽划”的原则，在城市闲置空地施划机动车停车位5488个84515.2平方米、非机动车停车位标识线13873.55平方米。联合交警部门清拖乱停乱放车辆3529辆，城市停车秩序得到明显改善。采取“网格片区＋网格责任区域”的执法模式，累计规范城区乱停乱放非机动车1万余辆，清理流动商贩9000余人次、美食车300余辆、破损条幅248条，制止劝离钓鱼、嬉水、溜冰、洗车、躺卧座椅等不文明行为4400余人次，规范餐厨垃圾桶入店965家。划设固定或临时摊点950个，固定各类流动摊贩经营地址，引导商户对号入摊，教育商家“外摆”不“乱摆”，推动城市管理工作落小落细、落实落地。

【城市管理综合执法】 2023年，综合执法局统筹行使城市管理、生态环境、水利、住建等跨领域跨部门共586项行政处罚权，大力推行“721”工作法，严格执行行政执法“三项制度”，做到依法行政、文明执法。累计拆除违法建设21处，面积约1000平方米；检查渣土运输车辆8570辆次，监督现场整改850辆次，签订《密闭运输保证书》82份；办理各类道路挖掘(占道)手续 19 件,签订《城市道路挖掘安全承诺书》《地下管线确认单》100 余份,挡停无手续挖掘 19 处,对 80 余处临时抢修现场进行监管并恢复原状;收容捕捉流浪犬、无主犬 219 只,清除“牛皮癣”广告近 4.2 万处 5.2 万余张;严格门头牌匾审批管理,受理行政许可 1234 件;办结城市管理执法领域行政处罚案件 125 件,收缴行政罚款 284.9 万元等。

自然资源和生态环境

自然资源

【概　况】 沙坡头区总面积538047.68公顷，现有耕地面积71931.10公顷，林地面积78363.67公顷，草地面积285546.47公顷，湿地面积1226.73公顷，森林覆盖率达17.81%，草原综合植被盖度达46.37%。

【规划编制】 2023年，沙坡头区自然资源局积极配合市自然资源局完成了《中卫市国土空间总体规划（2021—2035年）》编制工作，完成14个（涉及34个行政村）村庄规划编制，着力构建"上下一体"的国土空间规划体系。

【用地保障】 2023年，沙坡头区自然资源局把要素保障发展作为第一要务，围绕重点工程、民生项目，高效推进用地、征地，依法依规落实西气东输四线、G338等6个项目征（占）土地3709.35亩，兑付征（占）地补偿款4092.46万元；完成麦垛山奶牛养殖园区建设、峡门水库等169个项目踏勘选址、地类核实；审核办理乡村规划许可两宗，临时用地14宗，林地、草原征占用73宗，林木采伐33件，全力保障用地需求。

【耕地保护】 2023年，沙坡头区自然资源局建立健全区、乡镇、村、组四级"田长制"工作体系，设立责任人989名，组织开展四级耕地保护网格化监管系统培训1300余人次，进一步压实逐级负责、属地管理责任。充分发挥"田长+检察长"机制作用，设立田长+检察长12名，有效推进耕地保护行政执法、刑事司法和检察监督有机衔接。核查整改2022年度耕地保护例行督察反馈问题33个、2023年度耕地保护例行督察反馈问题21个；完成农村乱占耕地建房问题图斑问题整改23个。组织编制《沙坡头区2023年度耕地"进出平衡"方案》，对永久基本农田以外的一般耕地流向林、园、草等其他农用地及设施农业用地落实了进出平衡，确保全区耕地面积不减、质量不降。

【矿政管理】 2023年，沙坡头区自然资源局深入开展全区矿产资源突出问题排查整治工作，通过"企业自治+政府兜底"双重治理模式，督促天银矿业等矿企恢复治理矿山400余公顷，累计完成86个矿山整治；推进实施宁夏中卫市沙坡头区陈水矿区废弃矿山生态修复工程等6个项目，助推矿区生态环境持续向好。

【国土绿化】 2023年，沙坡头区自然资源局积极争取中央及自治区国土绿化项目资金200万元，实施乌玛高速东段（中卫北—中宁交界处）沿线绿化、G338沿线绿化改造提升、南山台苹果产业园节点绿化改造提升、南山台扬水干渠绿化改造提升、永乐村苹果产业园主干道路绿化改造提升等5个重点林业工程，完成乔木林造林845.5亩，种植栽植各类乔灌木24.5万株。持续推进草原生态修复治理，完成草原生态修复0.3万亩、草原虫害防治3万亩，促进草原健康发展。

【“四权”改革】 2023年，沙坡头区自然资源局聚焦“四权”改革，深入推进土地权、山林权改革，修订印发了《中卫市沙坡头区国有农用地管理办法》等指导性文件，推动农村土地及林地确权登记，完成农村宅基地确权398宗、集体建设用地确权1宗、国有农用地确权9宗、集体林地确权200宗。聚焦盘活增值，探索“以林养林”新模式，发展林下经济60多家，涉林面积突破20000多亩，产值3000万余元。加大金融支持力度，受理林权、国有农用地不动产权抵押贷款14笔2352万元，着力解决融资难、融资贵问题。

林草资源

【经果林产业】 2023年，沙坡头区自然资源局聚焦产业发展，立足政策帮扶，出台《沙坡头区苹果产业振兴扶持方案（2023—2025年）》（卫沙党办发〔2023〕44号），明确扶持政策，健全苹果产业振兴发展支撑体系。试点推广苹果园高效节灌5600亩、苹果园增施有机肥（腐熟羊粪）5万亩、苹果人工辅助授粉4.5万亩，建设高标准苹果示范园3个1100亩，创建自治区级枸杞示范园1个3600亩，巩固有机肥替代化肥示范园12个2800亩，新建苹果、枸杞示范园4个1000亩。开展苹果霜冻联防联控6万亩，枸杞“四统一”托管0.4万亩，布设测报点247个，常态化开展枸杞病虫害监测。多层次开展林果技术指导服务25场次，服务群众1500余人次，发放资料2100余份。鼓励7家专业服务机构开展多元化服务，覆盖苹果园区6万亩、枸杞园区0.4万亩。严格落实“宁夏枸杞”和“沙坡头苹果”地理标志证明商标使用管理制度，鼓励经营主体发展网络促销、直播电商，借助节庆活动、体育赛事、影视植入等传播渠道，提高沙坡头区苹果、枸杞产业知名度。

【林木病虫害防治】 2023年，沙坡头区自然资源局严格履行检疫程序，现场检疫调出各类苗木436.23万株，复检调入苗木741万株，林木种苗产地检疫率100%。重点加强对美国白蛾、松材线虫病、春尺蠖等林业有害生物监测，监测面积155.74万亩次，监测覆盖率100%；科学开展林业有害生物防治工作，防治总面积为9.05万亩，实施无公害防治面积8.45万亩，无公害防治率为93.37%。成灾面积0.24万亩，成灾率3.51‰。

【林草资源保护管理】 2023年，沙坡头区自然资源局以推进林长制工作为抓手，强化林草资源安全。制定印发《区级林长制会议制度》等配套文件16项，建立书记、区长担任县级总林长“双林长”机制，设立三级林长478名，组织开展三级林长巡林巡草9500余人次，构建了区、镇、村三级林长联动管理体系。聘用生态护林员190名，建设瞭望塔两座，设置监控点位45处，开展森林草原防火及禁牧巡查100余次，处罚偷牧行为110起，累计罚款共61650元，立案查处森林资源违法案件两起，全面筑牢林草生态屏障。

生态环境

【空气环境质量】 2023年，沙坡头区优良天数290天，达标率87.7%，扣除沙尘天气影响，PM_{10}平均浓度67μg/m³，$PM_{2.5}$平均浓度29μg/m³。在8个市辖区排名第二。

【水环境质量】 2023年，黄河中卫下河沿断面、香山湖、第九排水沟水质为Ⅱ类优，第一排水沟水质为Ⅲ类，均达到或优于考核目标。在13个县（区）排名第一。

【扬尘治理】 2023年，沙坡头区严格落实扬尘治理"六个百分百"管控，签订《建筑工地扬尘治理目标责任书》43份，下达限期整改通知书34份，苫盖抑尘网（篷布）154万平方米、覆盖碎石18.1万平方米。出动26辆清（洗）扫车对城区进行全覆盖清扫保洁。加大工业炉窑综合治理，实施了跃鑫冶炼、众泰工贸、明巨电石等企业大气污染防治项目5个。推进"煤改电"项目，完成热源清洁化改造11575户。登记备案非道路移动机械121辆，关停砂石料场7家，拆除非法木炭窑3家，取缔燃煤锅炉5台。成立了冬春季大气污染防治攻坚行动联合工作组对辖区大气环境开展巡查检查，监督企业落实错峰生产要求，对裸露土堆、空地进行苫盖、洒水、冰冻。

【水环境保护】 2023年，沙坡头区制定《中卫市沙坡头区城市饮用水水源地突发环境事件应急预案》，整改城市饮用水水源地环境问题3个，完成524个排口溯源排查、80个重点排口采样检测和248个排口整治工作，消除何营村黑臭水体。完成宣和第四污水处理厂扩建项目、农村污水处理智慧化管理平台建设项目和柔远镇刘台村、镇罗镇九塘村、永康镇刘湾村及徐庄村生活污水治理项目，沙坡头区农村生活污水处理率达42.6%。兴仁镇污水处理厂项目已完成总工程量的92%，镇罗镇沈桥村生活污水处理站被自治区生态环境厅评为首批"最美污水处理站"。

【固体废弃物整治】 2023年，沙坡头区实施土壤污染重点监管单位（中冶美利云）土壤污染隐患排查和地下水自行监测，签订了《土壤污染防治工作责任书》。开展企业固废储存、利用和危废登记、转移、处置、暂存间规范化建设专项检查，2023年沙坡头区产生固体废物31.13万吨，利用30.58万吨，综合利用率98.25%。开展畜禽养殖、企业固危废、汽修、再生资源行业专项整治，整改汽修行业问题8个、停业整改再生资源回收站（点）23家。制定印发《沙坡头区开展固体废物非法倾倒乱堆乱放问题专项清查整治工作方案》，排查发现的33个问题均已完成整改。完成生态环境部反馈生态保护红线内香山乡景庄村峡门水库和黄泉村古长台两个点位固废整改及"绿盾2022"自然保护区强化监督工作组反馈宪立砼业公司拌合站沙石和垃圾倾倒问题整改。

【环保问题整改】 2023年，中央第四生态环境保护督察组反馈48件转办件均已整改；15个反馈问题已完成整改12个，其他按照时序推进整改。自治区党委"四防"督查组反馈的40个生态环保问题已完成整改37个，剩余3个正在整改。中卫市"四防"督查组反馈7个问题已全部完成整改。沙坡头区"四防"组抽调各部门工作人员成立四个小组，由处级领导带队，开展辖区安全、环保领域四防常态化巡查检查。大起底大排查大整治排查发现195个问题均已完成整改。聘请专家开展生态环境领域第三方服务机构弄虚作假违法行为专项检查，检查发现的205个问题完成整改204个，对3家涉嫌在线监测数据弄虚作假违法问题的检测公司立案查处。排查辖区工业企业、污水处理站、辐射利用单位、汽修企业等行业企业51家，发现并整改问题108个。

【“排污权”改革】 2023年，沙坡头区共审批建设项目环评21个，新增核发排污许可证2个、延续8个、变更8个、重新申请9个、新增排污权交易企业3家，已上报确权量，等待竞价交易。促成绿能新能源有限公司租赁泰和实业有限公司闲置二氧化硫排污权14吨。协助鸿瑞肉食品有限公司通过抵押排污权在中卫市农商行获得贷款130万元。

【“碳排放权”改革】 2023年，沙坡头区完成美利云自备电厂等5家企业温室气体排放报告第三方核查和发电行业企业第二个履约周期（2021—2022年）碳排放配额交易和履约清缴，美利云自备电厂出售盈余二氧化碳2.52万吨，收益196.6万元。

【执法检查】 2023年，沙坡头区开展大气重点领域专项检查企业18家，发现并整改问题112个；水重点领域专项检查企业7家，发现并整改问题185个；土壤、固（危）废专项检查企业6家，发现并整改问题31个；辐射安全专项整治检查医疗机构24家，发现并整改问题15个；规模化畜禽养殖场专项检查企业6家，“一证式”执法检查企业41家；完成11个乡镇250家“小散乱污”企业摸排，将21家无任何手续且存在安全、环保风险隐患的企业全部断电停产。开展生态环境保护移动执法218次，配合支队立案查处违法案件14起，共处罚金134.47万元，核查生态环境损害赔偿线索1件，调查处理各类环保投诉93件。

社会管理

社会保障

【概　况】 2023年，沙坡头区共有各类救助对象3.7万名，累计核发各类救助资金1.38亿元。对8.6万人次群众的财产情况进行核对，精准认定纳入保障范围7406名困难群众，核退各类救助对象3045人。扎实推进低保扩围增效和高龄津贴提标扩围工作落实，新增低保救助对象3633人，完成扩围目标任务的123%，预计年增发资金1700万元。为80周岁以上高龄老年人每人每月发放100~200元高龄津贴，预计年增发高龄津贴120万元；投入1345.61万元实施中卫市沙坡头区（设施）安全及护理能力提升项目，对中卫市沙坡头区第一中心敬老院、中卫市康养中心、中卫市慈爱康复中心进行消防提升及适老化改造；深化殡葬改革，治理散埋乱葬，本级财政筹措资金300万元，对辖区1300余座散埋乱葬坟墓进行集中清理迁移，有效集约用地；开展为基层减负行动，对村（居）现有牌匾数量全面统计，建立问题台账，共清理各类外墙挂牌289个，不合理证明44项，展板29块，上墙制度378项，坚决杜绝“重复证明”“奇葩证明”等乱象。深入开展“就业创业促进年”活动，统筹实施就业容量扩增等五大行动，实现城镇新增就业4300人、农村劳动力转移就业5.6万人。稳定政策性岗位规模，开发公益性岗位395个。开展帮扶家庭劳动力培训200人次，劳务经纪人培训150人次，促进组织化转移就业9200余人。

【社会民生】 2023年，沙坡头区参加基本养老保险人数33.46万人，其中，参保职工18.09万人。参加城乡居民养老保险人数15.37万人，参加工伤保险人数82882人，参加失业保险职工人数46629人。全年为37090人救助对象发放救助资金13085万元，其中：城市低保2794户3671人，发放低保金2515万元；农村低保12079户15608人，发放低保金7109万元；高龄低收入1455人，发放津贴627万元；高龄1282人，发放津贴143万元；分散特困供养人员459人，发放供养金402万元；孤儿津贴310人，发放津贴375万元；残疾生活补贴7160人，发放补贴910万元；残疾护理补贴7145人，发放补贴1004万元。拥有养老机构8个，其中公办4个（关停3个）、公建民营养老机构2个、民办养老机构2个、共有床位957张，入住老人313人。

【劳动就业】 2023年,沙坡头区培育创业实体944个,创造新岗位1522个,创业能力培训1420人。农村劳动力转移就业5.6万人,实现工资收入9.7亿元。城镇新增就业4303人,安置公益性岗位395个。城镇登记失业率5.5%。

【社会保险】 2023年,沙坡头区城镇职工基本养老保险参保人数达到180906人,享受待遇54746人。城乡居民社会养老保险参保人数153704人,享受待遇26839人。参加失业保险46629人。

民 政

【基层建设】 2023年,沙坡头区印发《关于开展沙坡头区社区治理实验区实施方案》,细化配套《沙坡头区城市社区网格化管理工作实施方案》等10余项具体制度、办法,因地制宜拟定《网格化治理指导手册》,从理论基础、工作方法等10个方面,为沙坡头区网格化治理奠定坚实理论基础。实行选举制与招聘制相结合,设置社区工作者253名,社区干部大专以上、35岁以下共160名,储备社区后备力量。建立"三岗十八级"薪酬管理体系,开展社区干部业务能力提升培训班,向城乡社区干部、驻村工作队集中授课5次,培训覆盖552人次,着力提升社区干部的专业化水平。成立中卫市首家网络主播党支部,打造瑞丰社区"小诸葛议事站"、中山社区"红色议事厅"等社区基层治理示范品牌,引导多元主体参与社区治理,形成经验推广。

【社会救助】 2023年,沙坡头区发放城乡低保、特困供养、高龄、重度残疾人、孤儿等各类社会救助资金,共审批新增各类保障对象6194人,核退保障对象3546人,累计为37090名保障对象发放基本生活保障金及生活补贴13085万元。完善核对机制,开展对社会救助对象的车辆、养老保险、住房及工商企业等家庭经济状况核对工作,全年对沙坡头区6万名居民进行财产收入核查,出具核对报告3万余份,促进社会救助政策公平实施。新增低保对象4262人,已完成目标任务的123%,超额完成任务。新增高龄老人津贴1517人,每年预计增发高龄津贴120万元。

【社会福利】 2023年,为沙坡头区162个行政村和36个社区配齐儿童主任,为每名考核合格的村级儿童主任发放补助资金3600元。实施"福彩圆梦·孤儿助学工程",为10名符合条件的孤儿发放10万元助学金。争取各类资金90万元,委托专业社工机构实施政府采购服务项目3个,发挥社工站作用,激活社会组织活力,充分发挥社会组织在社会治理中的积极作用,为沙坡头区11个乡镇的农村三留守人员、困境儿童、单亲家庭未成年人(孤儿)、残疾儿童等提供迫切需要的社会工作服务。

【婚姻登记】 2023年,沙坡头区民政局办理结婚登3004对、离婚登记764对,补发结婚证书952对,补办离婚证书108个,登记合格率达100%。

【特困供养】 2023年,沙坡头区认真贯彻落实《社会救助暂行办法》,全年审批新增特困供养人员42人,核查清退不符合条件的特困供养人员32人,累计为5493人次特困供养人员发放供养金402万元,保障特困供养人员的基本生活。

【殡葬管理】 2023年,沙坡头区共死亡2295人,公墓安葬(火化)1851人,安葬率81%,强化文明祭祀宣传,对各殡葬服务单位进行安全生产检查,共接待祭祀车辆21759台次,祭祀人员95354人次。

【老龄事业】 2023年,沙坡头区争取居家及社区养老服务项目共计178.5万元,建设1个居家养老服务设施站和1个社区老年大学站点,为221户困难老年人家庭实施居家适老化改造,为400名困难提供政府购买为老服务;争取中央预算内资金 1076 万元，实施（设施）安全及护理能力提升项目。

医疗保险

【城镇职工基本医疗保险】 2023 年，沙坡头区城镇职工医保参保 73954 人（包括退休人员）。城镇职工住院 13704 人次，医疗总费用 12002.68 万元，基本支付 6636.65 万元，大额支付 1136.10 万元，其他支付 254.45 万元；门诊大病 58416 人次，医疗总费用 2837.61 万元，基本支付 1593.83 万元，大额支付 210.42 万元。

【城乡居民基本医疗保险】 2023 年，沙坡头区城乡居民医疗保险参保 313350 人，参保率 99.08%；辖区困难人口参保 38038 人，参保率 99.80%，其中建档立卡应参保人数 11522 人，参保率 99.38%；边缘户应参保人数 1036 人，参保率 100%。城乡居民住院 60121 人次，医疗总费用 43245.28 万元，统筹支付 22051.22 万元；门诊大病 187251 人次，医疗总费用 7196.37 万元，统筹支付 3820.7 万元；零星报销 438 人次，医疗总费用 600.07 万元，统筹支付 222.45 万元。

【医疗救助】 2023 年，沙坡头区按照自治区、市相关政策对具有沙坡头区户籍的特困供养人员、最低生活保障对象、孤儿、高龄低收入老人、低收入家庭重度残疾人、重点优抚对象、因病致贫家庭患病人员等 7 类人员实施医疗救助。全年，共医疗救助 56713 人次，支付医疗救助资金 2016.88 万元（其中住院 9256 人次，救助资金 1099.73 万元；门诊救助 47457 人次，救助资金 917.15 万元）

住房公积金管理

【住房公积金缴存】 2023 年，沙坡头区有建制职工 4.04 万人；当年归集住房公积金 6.16 亿元，累计归集 46.71 亿元，期末归集余额 16.96 亿元。

【住房公积金支取】 2023 年，沙坡头区为 43388 名缴存职工提取住房公积金 4.98 亿元，累计为 72416 名缴存职工提取住房公积金 29.75 亿元。

【住房贷款发放】 2023 年，沙坡头区发放住房公积金贷款 3.06 亿元，贷款总额达 39.73 亿元，贷款余额 14.61 亿元；年末住房公积金个贷率达 86.11%；贷款逾期率控制在 0.6‰以内。

退役军人事务

【思想政治】 2023 年，沙坡头区退役军人事务局巩固深化“党旗红·橄榄绿”党建品牌，组织退役军人开展“建功新时代　奋进新征程”“踔厉奋发强国防　勇毅前行向复兴”等主题活动 20 余次；组织“老兵宣讲团”开展“六进”宣讲活动 7 场次，宣讲覆盖 600 余人次；做优做强“橄榄绿”志愿服务品牌，引导广大退役军人积极投身乡村振兴、基层治理、文明城市创建等，开展“接过雷锋的枪　学雷锋作榜样”“喜迎十六运　我来当先锋”等志愿服务活动 20 余次；组建 24 名沙坡头区“老兵政治指导员”队伍，激励引导其主动参与退役军人服务中心（站）日常工作，用集合效应实现思想上引领。

【优抚褒扬】 2023 年，沙坡头区退役军人事务局完成退役军人建档立卡工作，制发优待证 7766 张，悬挂光荣牌 119 块；新增各类优抚对象 73 人，发放抚恤补助资金 1562 人次 1092.16 万元；为 104 人发放医疗补助资金 8.44 万元；发放义务兵家庭优待金 708.7 万元；自主就业退役士兵发放一次性经济补助金590.24万元；为入伍大学毕业生增发一次性经济补助金8.5万元；为患重大疾病的困难退役军人申请宁夏中卫市情暖老兵关爱退役军人基金会救助基金12.6万元。

【就业安置】 2023年，沙坡头区退役军人事务局安排工作退役士兵安置工作，发放及缴纳待安置期生活补助和社会保险5.26万元。设立退役士兵返乡报到“一站式”接收窗口，组织召开退役军人专场招聘会4场次，开展适应性培训班3期，无人机驾驶、装载机等技能培训班2期；落实退役军人创业担保贷款27笔434万元、税收优惠33.22万元、一次性创业补贴7万元；协调申请26个困难退役军人公益性岗位，解决部分困难退役军人就业和养老保险问题。

乡村振兴

【概　况】 沙坡头区脱贫区域涉及5镇1乡27个行政村，截至2023年年底，有建档立卡脱贫人口5064户19025人，累计识别纳入监测对象1161户3828人，累计消除风险766户2451人。脱贫人口(享受政策)人均纯收入达到16658元，同比增长14.5%。沙坡头区荣获“中国高质量发展乡村振兴十大示范县”称号。

【组织领导】 2023年，沙坡头区认真履行巩固拓展脱贫攻坚成果同乡村振兴有效衔接主体责任，全面落实县乡村“三级书记”一起抓乡村振兴责任，区委书记和区长担任实施乡村振兴战略工作领导小组“双组长”，区委农村工作领导小组下设巩固拓展脱贫攻坚成果工作专班，构建起责任清晰、分工明确、执行有力的工作体系。调整18名处级领导包抓乡镇联系行政村分工，指导和督促包抓镇村扎实推进重点工作任务落实，扎实推进巩固拓展脱贫攻坚成果同乡村振兴有效衔接各项工作高效落实。先后召开区委农村工作领导小组会议4次、区委常委会会议8次、区政府常务会议11次、区政府专题会13次。

【政策指导】 2023年，沙坡头区组织全区上下认真学习《中国共产党农村工作条例》《中华人民共和国乡村振兴促进法》《乡村振兴责任制实施办法》等内容，确保思想不松劲、行动不跑偏。印发《沙坡头区2023年巩固拓展脱贫攻坚成果同乡村振兴有效衔接工作要点》，建立任务清单，出台《沙坡头区2023年富民增收产业扶持方案》等政策性文件，为巩固拓展脱贫攻坚成果、全面推进乡村振兴提供坚实政策保障。

【驻村帮扶】 2023年，沙坡头区全面完成第五轮45个村135名驻村第一书记和工作队员选派工作，选派73名驻村第一书记参加自治区及市级培训班，举办“沙坡头区驻村干部能力提升示范培训班”，对90名新选派的工作队员进行全覆盖培训，帮助提升履职能力。制定驻村履职工作清单和任务清单，持续实施驻村干部片区管理机制，推动驻村工作队工作模式从“单打独斗”向“抱团发展”转变。1271名帮扶责任人持续履职尽责，严格落实脱贫人口一季度入户一次、监测对象一月入户一次的要求，宣传落实帮扶政策，帮助谋划发展产业，助力农户增收致富。

【动态监测】 2023年，沙坡头区健全“四级网格化”监测机制，持续加强村组日常监测，由镇、村及驻村工作队每月对返贫致贫风险进行摸排；采取农户自主申报、镇村干部排查、部门筛查预警等互为补充、相互协同的方式，完善监测对象快速发现和响应机制。2023年以来，组织开展了两次防止返贫动态监测帮扶集中大排查，发动镇村干部、驻村工作队、帮扶干部等发放申报、政策两张“明白纸”5.2 万份；各部门推送新增农村低保、临时救助、个人自付费用开支较大等筛查预警信息 7617 条次，及时核查“一键预警”信息 2058 条次，累计处置自主申报信息 245 条次，新识别纳入监测户 79 户 333 人，动态消除风险 80 户 284 人，对纳入的监测对象精准制定“一户一策”，按照“缺什么补什么”原则，落实产业扶持、务工就业、教育资助、健康保障等帮扶措施，确保早发现、早干预、早帮扶，守住防止规模性返贫底线。

【义务教育】 2023 年，沙坡头区加快推进农村地区教育质量提升行动，投入 1008.8 万元，实施兴仁小学信息化能力提升、薄弱学校改造、学生食堂改造、暖气维修等项目 11 个，办学环境明显改善，教育资源配置更加优化。积极落实助学政策，发放学前教育阶段贫困学生补助保教费和伙食费 233.52 万元、义务教育阶段“六类”贫困家庭学生补助生活费 272.175 万元。全面落实“三包三保”制度和双线“控辍保学”责任机制，为 39 名不能入校就读的残疾学生提供送教上门服务，沙坡头区九年义务教育巩固率达到 100%。

【基本医疗水平】 2023 年，沙坡头区落实困难群众基本医保、大病保险、医疗救助三种制度综合保障，为低保、特困等 3.78 万特殊人群缴纳医疗保险 986.21 万元。全面夯实基层医疗基础，为 140 所标准化村卫生室配备村医 211 名，配全国家基本医保目录药品 120 余种。家庭医生签约实现全覆盖，慢性病患者随访服务率 100%，卫生保健综合服务能力不断提升。

【住房安全保障】 2023 年，沙坡头区建立健全农户自主申报、基层干部巡查、部门筛查核验农村住房安全动态监测机制，持续推进危房改造工作。全年，共排查存在安全隐患住房 34 户（其中 C 级 8 户、D 级 26 户），全部纳入危房改造，兑付补助资金 102 万元。组织开展自建房及城乡危旧房等安全隐患排查整治工作，排查自建房 96246 栋，通过工程措施修缮 103 栋，切实消除房屋安全隐患。

【农村饮水安全】 2023 年，沙坡头区持续加强农村饮水安全工程水质检测能力，每月对农村地区出厂水、末梢水水质的 39 项指标进行检测；针对山区个别自然村因季节性干旱缺水问题，通过应急拉水进行保障。农村自来水入户率达 98.6%，供水保证率超过 95%，水质达标率 100%。

【兜底保障】 2023 年，沙坡头区严格落实农村低保保障标准，为两万余名城乡低保对象、特困供养人员等困难群体发放一次性生活补贴和取暖补贴资金 1034 万元，发放农村低保金 175635 人次 7108.78 万元、临时救助金 3024 人 748.04 万元，全力保障困难群众基本生活。

【移民致富】 2023 年，沙坡头区持续强化易地搬迁后续扶持，研究制定《沙坡头区 2023 年移民致富提升行动实施方案》，统筹抓好 9 个方面 15 项具体工作谋划，持续巩固“处级领导带头包村、一般干部精准包户、企事业单位定点帮扶的“大帮扶格局”。始终坚持项目资金重点向移民村倾斜，概算投资 2 亿元，在移民区谋划产业发展、设施配套、乡村建设等项目 25 个，实施兴仁镇“十一五”移民区万亩枸杞产业示范园区、宣和镇海和村肉羊养殖园区牧光互补示范等项目，持续提升“十一五”“十二五”移民村特色种植养殖产业基础。对标“十三五”移民区产业发展需求，建成金沙村优质玉米烘干厂，新建瑞应村存储冷库 1 座，进一步提升移民村农产品经济效益。扎实做好移民群众务工就业，成立移民村就业服务站 40 个，积极推送蔬菜基地、硒砂瓜主产区、经果林产业带临时务工信息，整合资源新建海乐吨袋厂、兴海服装加工厂两个，新增稳定就业安置 60 人。截至年底，沙坡头区移民就业2.4万余人，“十三五”易地扶贫搬迁脱贫人口就业1048人。

【特色产业培育】 2023年，沙坡头区聚焦“六特”产业，坚持精准谋划、精细管理、精致发展的“三精”工作定向和全领域、全环节、全要素、全链条的“四全”保障措施，立足品种化、品质化、品牌化、全产业链化，千方百计挖存量、扩增量、寻变量，提质发展设施蔬菜、硒砂瓜、枸杞、苹果等传统优势产业，着力构建“2+2+2+2”产业发展格局。实施红圈村205万立方米调蓄水池、兴仁镇枸杞示范园等项目33个，新建高标准农田和现代高效节水农业1.76万亩，鼓励支持群众改造日光温室1057座，农业产业发展基础更加稳固。坚持原有特色、优质、附加值高的苹果产业一百年不动摇，制定出台苹果产业振兴扶持政策，明确6个方面28项扶持政策，不断健全苹果产业振兴发展支撑体系；投资7000余万元，实施苹果园增施有机肥(腐熟羊粪)项目5.7万亩、永乐村高效节灌项目5600亩，南山台扬黄灌区苹果全产业链产值达到9.08亿元。采取“合作社+基地+农户”合作模式，投资956.97万元，打造兴仁镇枸杞示范园3600亩，辐射带动周边群众种植枸杞1.38万亩，枸杞面积达到8.7万亩。全力推进中部干旱带产业高质量发展，实施香山兴仁片区生态修复及灌区(一期)供水工程等项目，稳定种植硒砂瓜25.93万亩，培育种植朝天椒、小茴香、藜麦2.12万亩，建成朝天椒初加工厂4个，逐步优化产业结构，打造农业新的增长点和增长极。立足“三融合三提升”，投资148.8亿元，规划建设麦垛山15万头现代化奶牛养殖示范园区，引进中能建投资135亿元实施12万头牛奶全产业链+新能源一体化示范项目，全区奶牛存栏量达7.5万头，产值达到13亿元。

【脱贫人口稳岗就业】 2023年，沙坡头区积极构建县(区)、镇(乡)、村三级劳务输出服务体系，定期推送发布用工信息3500余条，不断拓宽务工群众就业信息渠道，农村劳动力转移就业5.6万人。制定印发《沙坡头区2023年脱贫人口稳岗就业暨重点群体培训实施方案》《沙坡头区2023年衔接资金安置脱贫人口村级公益性岗位就业实施方案》等文件，完成脱贫人口农村实用技术培训240人、职业技能培训375人，自治区认定乡村工匠名师4人，国家级乡村工匠名师1名。脱贫人口公益性岗位共654个，其中新增设衔接资金村级公益性岗位241个，接续安置生态移民村公益性岗位和防返贫监测员68名。12家就业帮扶车间吸纳就业862人，其中脱贫人口和监测对象325人。全年脱贫劳动力就业9025名，脱贫人口人均工资性收入达10459元，同比增长15.07%，就业质量、数量实现“双增长”。

【乡村振兴项目建设】 2023年，沙坡头区到位衔接资金2.2453亿元，其中中央衔接资金9125万元，自治区衔接资金7328万元，自治区地方债资金6000万元。根据到账资金规模，按照轻重缓急和“两个优先”原则，结合实际和发展需求，建立2023年巩固拓展脱贫攻坚成果同乡村振兴有效衔接项目库，谋划实施产业发展、就业创业、乡村建设、巩固三保障成果类项目55个，年内已建成投用海和村羊肚菌种植大棚建设等项目50个，衔接资金安排率、项目开工率均达到100%。衔接资金优先支持联农带农富农产业发展，截至年底，中央衔接资金用于产业发展资金6468万元，占比70.88%，自治区衔接资金用于产业发展资金3667万元，占比50.04%，帮助群众发展特色产业增加收入。通过实施产业融合发展示范园、盐碱地治理、道路硬化、渠道砌护、养殖园区改造等项目，全面提升辖区产业发展整体水平和群众生产生活质量，稳妥有序推进美丽宜居乡村建设，不断增强群众的获得感、幸福感、安全感。

【资金和扶贫资产管理】 2023年，沙坡头区建立健全衔接资金管理工作体制机制，修订完善《沙坡头区财政衔接推进乡村振兴补助资金管理办法》，提高资金使用效率，推动项目加快实施，截至年底，中央、自治区衔接资金支付率全部达到100%。规范扶贫项目资产后续管理，分级建立县（区）、镇（乡）、村三级扶贫（帮扶）项目资产台账，明确项目资产权属和资产管护责任人。截至年底，梳理新增扶贫（帮扶）项目资产147个，资产原值5478.19万元，已全部完成登记确权移交，确权移交率达100%，确权到村的资产已及时全面准确录入农村集体资产管理信息平台。建立产业项目《沙坡头区经营性帮扶产业项目“四个一批”分类及处置措施台账》，确保产业项目正常运行，经营性资产保值增值。

【惠农扶持政策落实】 2023年，沙坡头区全面系统梳理富民增收产业奖补、就业帮扶车间、“雨露计划+”、金融帮扶、“一次性交通补贴”等政策措施，结合实际，进一步优化细化政策措施，修订出台10项“硬核”帮扶措施，助力脱贫人口稳定持续增收。截至年底，发放种植养殖、务工、个体经济等产业奖补资金2240.34万元，新增脱贫人口小额信贷投放8739万元，兑付小额信贷贴息441.06万元，发放富民贷1605万元，为符合条件的农户理赔158件73.43万元，审核通过7户救助对象理赔乡村救助保险14.1095万元，发放中高职学生雨露计划补助1281人次223.05万元、脱贫劳动力一次性交通补贴366人25.58万元、帮扶车间稳岗就业一次性奖励71人2.13万元、帮扶车间卫生香包装补贴513人次26.262万元。

【联农带农】 2023年，沙坡头区紧紧围绕农业增效、农民增收、农村发展目标，制定出台《沙坡头区健全完善帮扶项目联农带农机制实施方案》，强化政策扶持、项目倾斜，构建以农户家庭经营为基础、合作联合为纽带、社会化服务为支撑的现代农业经营体系，2023年新增备案农民合作社40家、家庭农场10家，新增市级龙头企业9家、自治区级龙头企业7家。聚焦发展新型农村集体经济，全面推行村党支部领办合作社，试点探索可持续发展强村富民之路，在11个乡镇130个村成立村党支部领办合作社132个，累计为村集体增收4860余万元，带动2.4万余名群众增收4313余万元，4897名群众分红770余万元。

【反馈问题整改】 2023年，沙坡头区构建“处级领导带头、行业部门落实、帮扶干部冲锋、镇村干部一线作战”四位一体抓问题整改工作格局，成立由书记和区长任双组长的问题整改工作领导小组，以及由分管副区长任组长的问题整改工作专班，建立问题、任务、责任、推进“四张清单”，召开问题整改安排部署会、推进会6次。统一安排18名处级领导深入一线，持续包抓9个乡镇反馈问题整改工作；行业部门着力在“两不愁三保障”、产业、就业等方面夯基础、补短板、促成效；镇村干部、驻村工作队逐户核查、逐户梳理落实“一户一策”消除返贫致贫风险。同时，围绕乡镇主体责任落实、政策落实、问题整改等内容，建立“红”“黄”旗季度通报机制，以严督查倒逼工作落实。截至年底，2022年度国家考核评估、《中国乡村振兴》杂志社9月暗访共反馈沙坡头区具体问题38个，已全部完成整改。

旅游业

综　述

【概　况】 2023年，沙坡头区有5A级旅游景区1家（沙坡头景区），4A级旅游景区2家（腾格里·金沙岛、寺口子），3A级旅游景区5家（腾格里·金沙海、高庙、漠贝酒庄、沙坡头水镇、香山湖湿地公园）。沙坡头区现已发展休闲农业和乡村旅游单体262个，其中农家乐232家、星级休闲观光农庄17个，规模旅游景点10处、三星级以上农家乐35家、直接从业人员1881人。

【规划编制】 2023年，沙坡头区编制《沙坡头区文化产业和旅游产业融合发展示范区建设方案》《沙坡头区文化产业赋能乡村振兴试点方案》《沙坡头区乡村旅游服务业集聚区建设方案》等。

【项目建设】 2023年，沙坡头区聚焦山、水、湖、沙特色组团，加快推动沙漠主题度假中心、沙漠传奇等6个优质文旅项目，重点实施沙坡头村改造提升、沙坡鸣钟田园综合体、永乐村乡村旅游基础设施以工代赈等乡村文旅示范项目。

【招商引资】 2023年，沙坡头区积极开展“走出去”“引进来”宣传推介，组织各景区、旅行社赴兰州、西安、青岛等地区开展文旅推介9场次，引进外省团队、客商来沙考察40余次，成立闽宁两地特色线路营销联盟，与5家知名旅行社签订客源输送战略合作协议。聚力打造闽宁文旅合作新样板，举办2023年文旅产业招商引资推介会（厦门站），召开“鹭岛心　闽宁情”文旅座谈会，与厦门市思明区、湖里区建立文旅发展战略合作，与厦门理工学院建立校地战略协作，加快推动两地景区共宣、线路共连、游客互推，打造“有头有尾”文旅合作新IP。

【宣传促销】 2023年，沙坡头区全方位宣传推介精品旅游线路、风物优品及非遗文创产品等，推出乡村四时好风光精品旅游线路、特色旅游攻略等30余条。精心拍摄文旅产业招商宣传片、“两晒一促”乡村环游记宣传片和40余条宣传短视频，先后在央视新闻、宁夏日报、经济日报等重点媒体报道刊发文旅动态80余篇次。联合《上城士》杂志、河北卫视拍摄沙坡头区非遗、文物宣传片、宣传杂志及《袅袅又一村》乡村振兴节目，加大与携程、去哪儿和小红书等平台合作力度，联合市文旅、商务部门发放各类消费券660万元，推出“玩沙”“玩水”“玩星”等旅游优惠套餐18种，文旅品牌和知名度更加响亮。

【全域旅游】 2023年，沙坡头区成功入选国家首批文化产业赋能乡村振兴试点，先后在全区、全国文化和旅游市场服务质量提升活动中作经验交流，荣获“两晒一促”大型文旅推介活动三项大奖；“大漠味集·向阳街”成功创建国家级旅游休闲街区、国家级夜间文化和旅游消费集聚区、首批自治区级夜间文化和旅游消费集聚区；“大漠黄河　星空之约”诗意田园动感之旅入选全国乡村旅游精品路线、“大漠流金　长河古韵”非遗特色之旅入选2022全国非遗特色旅游线路；沙坡头景区荣膺首批全国文明旅游宣传引导十佳案例，景区导游演艺部被评为“二星级全国青年文明号”，“崇尚自然，以爱为本，特色标准塑造精致服务典型”入选全国文化和旅游标准化示范典型。

【乡村旅游】 2023年，沙坡头区大力发展乡村旅游，组建成立沙坡头区旅游协会。重点实施沙坡头村改造提升、沙坡鸣钟田园综合体、永乐村乡村旅游基础设施以工代赈等乡村文旅示范项目。推出“大漠黄河　星空之约”诗意田园动感之旅入选全国乡村旅游精品路线、“大漠流金　长河古韵”非遗特色之旅入选2022全国非遗特色旅游线路沙枣小院民宿获评全国甲级民宿，新评定北漠民宿、星空在野等三星级乡村旅游示范点10家。

【节事活动】 2023年，沙坡头区坚持“以节带旅、以节促销”，持续擦亮全国大漠毽球邀请赛、中卫南北长滩黄河梨花节、沙漠音乐节、沙坡头区乡村文化旅游节、冬季文旅消费季等自有节事活动品牌；成功举办“星星的故乡·宁夏沙坡头金蛙国际艺术节”全国总决赛及“三赛三周”活动，共吸引全国27个城市4000组家庭8000余人、26架包机来沙参赛畅游，“跟着金蛙游宁夏”抖音、小红书话题曝光量突破2.3亿次，其间闽宁两地形成良好互动态势，带动旅游人次近40万、文旅消费1亿元以上。

【假日旅游】 2023年，沙坡头区旅游业恢复性增长态势明显，“五一”假期前四天已恢复并超过2019年“五一”假期（放假4天）水平；端午小长假旅游业增长态势良好，星星酒店、黄河宿集订房率均为100%；“中秋·国庆”假期沙坡头区A级旅游景区、旅游新业态、农家乐累计接待游客超78万人次，实现旅游收入5245.1万元；2023年沙坡头区接待游客1289万人次，实现旅游收入83.5亿元，创历史新高。

景区（景点）

【沙坡头】 国家5A级旅游景区。沙坡头旅游景区位于宁夏回族自治区中卫市城区西部腾格里沙漠的东南缘。东起二道沙沟南护林房，西至头道墩，北接腾格里沙漠，南临黄河，长约38公里，宽约5公里，海拔1300~1500米，总面积4599.3公顷，是全国二十个治沙重点区之一。沙坡头景区是国家首批5A级旅游景区，2004年年初成功入围央视“十个最好玩的地方”评选。沙坡头景区集大漠、黄河、绿洲浑然一体，既有江南景色的秀美，又兼西北风光之雄奇，让人不免想到王维“大漠孤烟直，长河落日圆”的千古绝唱。与此同时，曾获得联合国“全球环保500佳单位”光荣称号的沙坡头，治沙成果更是享誉世界，被旅游专家誉为世界垄断性的旅游资源。

【金沙岛】 国家4A级旅游景区。金沙岛位于中国第四大沙漠——腾格里沙漠东南缘，距中卫市区6公里，距中国5A级旅游景区沙坡头5公里。金沙岛腾格里湿地公园占地面积22平方公里，形成水域面积10000亩，是集沙漠、湿地、湖泊、长城等景观于一体，融入边塞文化、大漠文化、军屯文化的旅游度假景区。腾格里湿地公园的建成，使漫漫黄沙中出现了沙中有绿、绿中有水、湖中有岛、岛中有湖的生态绿洲特色景观。金沙岛先后荣获“国家级水利风景区”“2014中国美丽田园”“国家AAAA级旅游区”，2015年被评为宁夏首批“自治区级旅游度假区”，在2018中国黄河旅游大会上被评为“中国黄河50景”。

【寺口子】 国家4A级旅游景区。寺口子旅游景区位于沙坡头区境内黄河南岸，距中卫市区50公里。寺口子历史悠久，风光旖旎，传说众多，文化底蕴厚重，集险、幽、奇、绝于一体，是西北地区不可多得的旅游资源。景区两种地质地貌组成，东景区以典型喀斯特地貌和峡谷怪石著称，西景区以丹霞地貌和人文传说著称。这里随处可见“石压树斜出、崖悬花倒生”的景致，有“寺口大峡谷”“一线天”“苏武牧羊遗址”“睡佛寺石窟”“通(灵)仙谷”“神仙脚印”等景观。景区还开发了攀岩旅游项目，寺口攀岩是目前中国攀岩较为理想的地区之一。

【金沙海】 国家3A级旅游景区。金沙海景区位于腾格里沙漠东南边缘，背靠大漠，南邻国家5A级旅游景区沙坡头，东连国家4A级旅游景区金沙岛，景区占地1.16万亩，集神秘的丝路风情和沙漠休闲度假旅游于一体。景区先后荣获“自治区体育产业示范单位”“国家体育产业示范单位”和“全国十大研学营地”称号。景区内现有沙漠火车主题酒店、沙漠星辰帐篷酒店、骑骆驼沙漠探险、沙海冲浪等极富体验性的项目，还可为游客提供沙漠野奢晚餐服务，设置了沙漠足球、排球、毽球、沙漠越野、滑沙等沙漠运动项目，是游客休闲度假、沙漠探险、研学拓展、影视拍摄、婚纱摄影的佳选之地。

【中卫高庙】 国家3A级旅游景区。中卫高庙位于沙坡头区城区，始建于明永乐年间，经历代增修重建，至清代时已成为一处规模较大的古建筑群。高庙建筑群占地4100多平方米，建有1700多平方米的重楼叠阁、260间建筑物，在仅2000余平方米的高台上，建造近百间九脊歇山、四角攒尖、十字歇山、将军盔顶等各种类型的殿宇。整个建筑群重楼叠阁，亭廊相连，翼角高翘，构成了迂回曲折的内外空间，反映出宁夏古建筑精湛的艺术风貌。

【香山湖湿地公园】 国家3A级旅游景区。香山湖公园位于沙坡头区新区市政府大楼南侧，东临怀远路、西临鼓楼南街、南靠黄河，占地面积1000多亩。这片湿地中湖泊、黄河、滩涂、森林交错分布，成就了香山湖湿地多样的生态环境和丰富的景观资源，也孕育了丰富的野生动植物资源。公园内耐盐碱和湿地水生植物广泛分布，植物以草本为主，且以温带、北温带成分的植物占优势。野生脊椎动物有鸟类、哺乳类、鱼类、两栖爬行类。2022年2月顺利通过评估验收，正式成为国家湿地公园。

【沙坡头水镇】 国家3A级旅游景区。沙坡头水镇位于沙坡头区城区南部，是陕西旅游集团与宁夏沙坡头水镇旅游集团共同投资，在原黄河新墩码头再建的以塞上江南文化、枸杞养生文化、丝路驿站文化为主题的商旅文化产业景区。景区占地800亩，其中水域面积600亩，建筑总面积5.4万平方米。沙坡头水镇划分为丝绸之路特色美食街区、文化艺术商业区、枸杞休闲养生度假娱乐区、文化主题酒店、旅游演艺及水上游乐等六大功能区域，使市民和游客在购物、旅游的同时，感受到浓郁的塞外风情气息，形成“寻游沙坡头景区，吃住购娱逛沙坡头水镇”的新的旅游消费热点。景区荣获“全国文化旅游特色小镇十佳样本”、宁夏十大旅游特色街区、自治区级首届特色商贸服务业集聚区等荣誉。

【漠贝酒庄】 国家3A级旅游景区。漠贝酒庄隶属于宁夏逸悦葡萄酒业有限公司，位于中卫市沙坡头区迎水桥镇，总占地面积1.33万平方米，是中卫市唯一一家集葡萄种植、酿造、品鉴展售、商务洽谈、观光旅居、休闲娱乐及葡萄酒文化鉴赏传播为一体的现代化酒庄。酒庄现有1100亩有机葡萄基地，种植的葡萄有蛇龙珠、赤珠霞、美乐、马兰、西拉等品种。酒庄产品“漠贝梅鹿辄干红葡萄酒2012”“漠贝蛇龙珠干红葡萄酒2012”在第六届亚洲葡萄酒质量大赛中获得银奖。漠贝酒庄在2010年被评为自治区级有机酿酒葡萄种植示范基地，2021年被评为宁夏贺兰山东麓葡萄酒产区五级酒庄，2022年成功创建国家3A级旅游景区。

【“66号公路”】 “66号公路”是一条通往沙坡头区迎水桥镇北长滩古村落的乡村公路，道路两旁是绵延不绝的戈壁和黄土地，沿途山谷起伏，道路蜿蜒，有些地方笔直延伸到远方，一眼望不到尽头。这里是自驾旅行爱好者的必打卡之地。

【大漠边关景区】 大漠边关景区位于腾格里沙漠边缘，依托历史古迹遗址、天然湖泊、腾格里沙漠、原生态植物等自然资源，打造以“万里长城第一烽火台”“边塞雄关”为核心，以龙宫湖、沙漠太阳泉、小叶胡杨林等为特色的游玩旅游风景区。景区现存古长城遗址、古兵营遗址，其中古兵营遗址中的烽火台，也称“四方墩”，高18米，长宽各40米，是国内现存夯土烽火台规模最大的一座，被誉为“天下第一墩”，虽历经数百年风雨侵蚀和损毁，但依然不失其巍巍雄壮与历史的厚重与沧桑。同时，景区现存的长城遗迹也证明了当年长城内城、外城、城壕壁垒森严，呈重叠并守之势，可见其原貌规模之宏大，防御体系之精密与完备。因为特殊的地理位置，作为边防军事重镇的“大漠边关”，在历史上同时也发挥了通商贸易及文化交流的巨大功能。现存的大面积互市、龙宫庙、月老祠和财神厅遗址，也证明了历史上曾在此长期进行着茶马盐铁的囤积与流通，和边关地区、民俗文化的繁荣程度。进入景区，顿有时空倒置的历史沧桑之感。同时，浪漫多元的异域丝路风情，又带给游客另一种体验。

【中卫鼓楼】 中卫鼓楼位居城市正中，始建于明崇祯四年（1631年），清初名曰文昌阁，是一座凝聚了古代劳动人民智慧结晶的标志性建筑。鼓楼高23米，通高30米，重楼3层，是一座四方台基拱洞形的楼阁建筑，楼形为四面八方一体式，楼之西南角有一小门可通达楼基上部。鼓楼底基呈长方形，南北长为22.4米，东西宽为16.65米。基座正中为“十”字形门洞，分别通四面街道，门洞高3.75米，中心为穹隆顶，正中有八卦藻井，八卦图周围悬木雕八仙像，4个角嵌有石雕龙首，昂然相对。基座四面门楼上有匾额，是按方位反映中卫地理形胜的，其东曰“锁扼青铜”，南曰“对峙香岩”，西曰“爽挹沙山”，北曰“控制边夷”。

卫生健康

综　述

【概　况】 2023年,沙坡头区有各级各类医疗卫生机构229个。其中,医院10个(三级乙等综合医院1个、三级乙等中医医院1个、二级综合医院2个、民营医院6个);专业公共卫生机构4个(卫生监督机构1个、疾病预防控制机构1个、妇幼保健计划生育服务机构1个、中心血站1个);基层医疗卫生机构217个(社区卫生服务中心2个,社区卫生服务站10个;乡镇卫生院9个,村卫生室140个,诊所65个)。沙坡头区本级管理二级综合医院1个、乡镇卫生院9个、村卫生室140个、个体诊所65个。沙坡头区区卫生健康局连续2年荣获自治区健康宁夏建设考核二等奖,顺利通过国家卫生城市复审,获2022年度全区基本公共卫生服务项目绩效评价排名第一的好成绩,在2022—2023年度全区"千名医师下基层"对口支援活动绩效评价中获得优秀等次。

【床位及卫生人员】 各级医疗卫生机构共有编制病床2311张,每千人口床位数5.73张;医疗卫生机构人员数3923人,其中执业(助理)医师1103人、注册护士1521人,每千人口执业(助理)医师、注册护士数分别为2.74、3.77人。

【医疗体制改革】 2023年,沙坡头区公立医院改革与高质量发展示范项目29项工作任务已全面完成17项,正在推进12项。区人民医院创伤、胸痛中心已实体化运行,创伤中心被评为"县级创伤中心(Ⅲ级)建设单位",累计开展新技术新业务38项,县域综合诊疗能力明显提升,收治住院人次较2022年提升14.23%,基层就诊率提升13.24%,设立基层名中医传承工作室4个,打造9个基层"康复室",建成村卫生室"中医馆"11个,县域内就诊率提升到94.26%。人工智能辅助诊断技术服务村卫生室覆盖100%,电子病历应用水平达到4级,线上预约就诊率达到80.2%。

【重点项目】 2023年,沙坡头区扎实推进沙坡头区人民医院迁建项目,一期项目已完成90%,剩余部分与二期新建门诊医技综合楼同步实施;二期项目已完成深基坑支护结构、基坑降水强排管线工程等工程,正在进行柱墩钢筋绑扎及地下室剪力墙、柱、梁混凝土浇筑。实施兴仁镇中心卫生院医养结合服务能力提升示范项目,自2023年底项目建成投入运行以来，累计住院服务156人。

【健康沙坡头区建设】 2023年，沙坡头区累计创建自治区级健康细胞示范点96个，累计完成托育机构登记备案15家，可提供托位数达1942个，每千人拥有3岁以下婴幼儿托位数达4.82个，年内打造自治区优质服务托育机构1家。孕产妇死亡率连续5年为0，婴儿死亡率2.93‰（2023年目标值为≤3.5‰）、5岁以下儿童死亡率4.75‰（2023年目标值为≤5.2‰）。人均预期寿命从2020年76.6岁提升至77.34岁，城乡居民健康素养水平提升至30.12%(2023年目标值为28.33%)。

【公共卫生服务】 2023年，沙坡头区疾病预防控制局、疾病预防控制中心挂牌成立，疾病预防控制体系进一步完善。深入开展"优质服务基层行"活动，宣和镇、迎水桥镇卫生院服务能力达到国家推荐标准。累计完成家庭医生签约人数25.61万人，其中重点人群签约11.19万人，签约率为95.81%。审定五星级村卫生室57家，占比40.43%，进一步筑牢基层健康网底。

【医药卫生改革发展】 2023年，沙坡头区创伤中心已通过自治区评审，中医科通过市级重点专科评审，牵头中卫市眼科专科联盟，儿科、微创外科、眼科3个自治区县级重点专科建设进一步加强，四级手术占比由4.5%提高至24.48%。启动优质资源下沉对5家基层医疗机构的点对点帮扶服务，县域医共体"六统一、七不变"管理模式进一步巩固推进，牵头建成全市慢病诊疗一体化门诊，延伸至6个基层医疗机构。新增两家乡镇卫生院达到国家服务能力推荐标准，推荐标准达到27.2%。依托兴仁镇中心卫生院，建设区域医疗分中心，累计投入570万元实施医康养结合示范项目、医疗服务保障能力提升项目。中医药服务能力持续加强，建成4个基层名中医工作室，两个中医馆服务示范点，11个"中医阁"，中医服务人次达44%，提供中医非药物疗法的村卫生室达到93%以上。打通基层医疗机构与自治区宁南医院的桥梁，建立对口合作关系，送出进修8人。建立基层医疗机构间以强带弱帮扶机制，交流学习7人。全年共调价两批，调整98项。第一批21项，已于12月8日执行。第二批调整77项，其中调增37项，调减40项，12月31日起执行。优化推进薪酬制度改革，社区卫生服务中心纳入基层薪酬改革，收支结余40%提取职工奖励基金，进一步发挥激励作用。

【信息化建设】 2023年，沙坡头区人民医院电子病历应用水平评级保持4级；医院无纸化病案管理、医院临床决策辅助支持、医院输血规范管理、医院手术麻醉规范管理、医疗技术人员医嘱下达及执行无纸化签名、急诊留观规范管理上线运行，智慧服务评级1级。打通医疗健康总院与基层医疗机构数据端口、建成分级诊疗平台，实现医共体内线上预约挂号和双向转诊及数据调取。沙坡头区慢病一体化门诊已建成并运行，向全市慢性病患者开放，坐诊团队由自治区人民医院、中卫市人民医院专家及医疗健康总院专家6人组成。同时，延伸至文昌社区卫生服务中心、兴仁、宣和、永康、镇罗和常乐6个基层医疗机构，实现慢病专科专治、全程服务和规范化管理。提供线上精准预约诊疗、诊间结算和移动支付、线上查询等服务，减少排队候诊时间，改善就医体验，预约诊疗率达80.4%。与自治区范围内所有二、三级医疗机构实现检查检验结果互认共享，有效控制重复检查。开通区域影像、心电、检验及远程诊疗服务，实现基层群众在家门口享受二级医疗机构同质化检查诊断服务。

【医疗服务管理】 2023年，沙坡头区制定印发《中卫市沙坡头区全面提升医疗质量行动工作方案（2023—2025）》，健全各级医疗卫生机构监管体系，提升医疗质量安全管理精细化、科学化。成立沙坡头区卫生健康局药事管理与药物治疗学委员会，执行自治区药品、耗材目录及管理制度，并重新制定印发《沙坡头区医疗健康总院药品和耗材使用目录》，包含1651个品种，实行常用目录备案制及临用目录审批制。落实药品耗材集中采购政策，完成国家和省际集采药品合计数300个。药品、耗材网采率分别为100%、80.4%，药占比26.22%。区人民医院临床路径管理纳入绩效考核管理，纳入临床路径管理病种91个，临床路径入径率93%，出径率99%。制定《关于进一步加强手术质量与效率管理规定》，手术麻醉信息系统已上线使用，可查阅患者住院登记信息、医嘱信息、检验检查报告。对患者术前、术中、术后进行精细化管理。

【公共卫生】 2023年，沙坡头区全面免费实施14类54项基本公共卫生服务，城乡居民电子健康档案建档率92.49%，预防接种建证率100%、接种率达99.77%，高血压、糖尿病、严重精神障碍患者规范管理率分别达92.13%、91.30%、96.33%，老年人健康体检率84.32%，传染病报告率100%。卫生监督协管巡查覆盖率、信息报告率均为100%。

【农村卫生】 2023年，沙坡头区9家乡镇卫生院在“优质服务基层行”活动中达到国家基本标准，宣和镇、兴仁镇、迎水桥镇卫生院达到国家推荐标准，推进县乡村卫生一体化管理，开展“百名医师下基层”对口支援活动，带动提升基层医疗服务水平。以辖区9个乡镇卫生院为基础力量，组建家庭医生签约服务团队198个，以重点人群为点，以重点人群家庭为面，稳步推进家庭医生签约服务工作，共完成家庭医生签约25.61万人，其中重点人群签约11.68万人，一般人群签约14.42万人。

【社区卫生】 2023年，沙坡头区共有文昌、滨河两家社区卫生服务中心。文昌社区卫生服务中心共有职工127人，其中正式编制44人，聘用编制4人，临聘人员74人，村医5名，下辖蔡桥路、黄河花园、华西、民族巷、东道口5所社区卫生服务站，管理蔡桥、五里、郭营、双桥4所村卫生室，承担文昌镇辖区15.4万居民基本医疗和基本公共卫生服务任务，配备有彩超等诊疗设备，全年完成门诊诊疗18.57万人次，较上年增长40.90%。滨河社区服务中心共有职工80人，其中在编37人（含控编1人），临聘43人，下辖沙坡头区光明、中山、东方红、官桥、长安5个社区卫生服务站，为滨河镇12万常住人口提供14类54项公共卫生服务。全年门诊诊疗126928人次。

【医疗卫生基础设施建设】 2023年，中卫市沙坡头区人民医院迁建项目是中卫市“十大民生实事”之一，总用地12743.44平方米（约19.11亩），建筑面积共计34668平方米，总投资约18552.76万元，资金来源为专项债券资金1.2亿元，一般债券资金5000万元，争取自治区发改委专项资金1000万元。项目建设分两期进行：一期项目（康复楼及住院部装修维修工程）于2023年2月24日完成招标（中标金额1256.65万元），4月12日进场施工，截至2023年年底，工程已完成90%，未完成工程主要涉及供暖、供氧、消防管道及强弱电工程，为确保与门诊大楼互联互通、统一联动，同时避免二次施工造成浪费，剩余工程待二期项目主体工程完工后同步进行。二期项目（门诊医技综合楼建设工程）于10月7日正式开工建设，组织专家对《深基坑降排水、支护专项施工方案》进行论证，确定采用排桩锚杆支护结构方案，支护结构安全等级为一级。截至年底，已将基坑开挖至3米深处，实施完成了深基坑钢筋混凝土灌注桩工程。兴仁镇中心卫生院医养结合服务能力提升示范项目总投资183.83万元，其中：自治区财政补助资金140万元，本级财政配套43.83万元。主要对兴仁镇中心公卫楼进行适老化改造，配备部分具有检查、治疗、运动、日常生活能力训练等功能的康复设备。截至年底，项目建成投入运行后，累计住院服务56人。

公共卫生

【爱国卫生】 2023年，沙坡头区制定《中卫市沙坡头区国家卫生城市复审工作方案》《中卫市沙坡头区2023年爱国卫生工作要点》，召开中卫市沙坡头区国家卫生城市复审动员会，通过国家卫生城市复审。完成国家卫生城市线上评价资料申报工作，包括工作汇报、工作计划、实施方案等10项申报资料和组织管理、健康教育和健康促进、市容环境卫生、生态环境等7个方面56项指标。年内创建自治区级健康细胞44个，健康社区（村）6个、健康学校8个、健康企业2个、健康机关8个、健康家庭20户。严格控制大气污染物排放增量。推进"四尘"治理，加强大气环境监测，确保城市大气污染防治各项措施落到实处。将21家企业纳入错峰生产，通过降低负荷，压产减产等措施，减少了工业污染源排放影响，督促城区内14个项目工地使用雾炮喷淋洒水车对施工场所洒水降尘，对裸露地面、夹砂土堆等遮盖抑尘网和篷布，每天出动各类洗扫车、喷雾降尘车对城区主干次道路进行冲洗扫、喷雾降尘作业，沙坡头区优良天数为124天，达标率68.9%，PM_{10}平均浓度195μg/m^3，$PM_{2.5}$平均浓度54μg/m^3。

【健康教育】 2023年，沙坡头区建立医疗机构和医务人员健康教育和健康促进绩效考核机制，采取"传统+网络+阵地"的宣传方式全面推进健康知识宣传，开展进村镇、进社区、进机关等"六进活动"300余场次，组织发放健康科普资料200多种40万余份，播放健康教育音像200种2000多次27980个小时，设置健康教育宣传栏560块更新2240次，开展健康教育讲座1000余场9万余人参与，举办健康教育咨询和义诊720次，在健康沙坡头区微信公众号推送健康知识1100余条。开展控烟健康知识活动42场次，制定控烟海报6000份、控烟贴士3000个、控烟教育处方20000张，切实将社区戒烟干预工作落到实处。组织开展居民健康素养监测及青少年流行性烟草监测工作，根据抽样调查方法对903名居民、240名青少年开展监测，2023年沙坡头区居民素养水平为30.12%，较上年提升2.79个百分点。

【卫生监督】 2023年，沙坡头区应监督户数1353户，实监督户数1350户，监督覆盖率99.78%；年内共受理卫生许可470件，其中新发311件，变更28件，延续37件，注销94件。涉及公共场所卫生许可431件，生活饮用水（供水）35件，放射诊疗3件，职业健康检查、职业病诊断、放射卫生技术机构1件。全年共计实施卫生行政处罚85起，其中一般程序38件、简易程序案件47件，累计罚款51.3万元，没收违法所得0.96万元。一般程序案件中公共场所类17件、医疗类15件（含无证行医14件）、传染病防治类5件、职业卫生类1件。年内无听证、行政复议、行政诉讼以及移送司法机关案件；本年度国家双随机任务执行单数共计187件，任务完成187件，任务完成率、完结率均为100%，查处双随机违法案件11起，累计罚款500元。

疾病预防控制

【传染病防控】 2023年，沙坡头区报告乙、丙类传染病21种5829例，报告发病率1415.75/10万，与上年相比上升180.38%。做好免疫规划和重大疾病防控工作，扩大国家免疫规划疫苗，接种率达99.77%。成功申报并获批全国第五轮艾滋病综合防治示范区。年内新发现报告HIV感染者/病人25例，较2022年上升了31.6%，传播途径均为性传播。共开展各类人群HIV抗体筛查检测59020人次，检出HIV新发确证阳性22例。

【慢病管理】 2023年，沙坡头区强化结核病规范诊治和全程管理，报告肺结核病人185例，报告发病率45.69/10万，病原学阳性率67.68%。在沙坡头区11个乡镇开展65岁以上老年人和糖尿病患者结核病筛查33330人，筛查率95.70%，发现活动性肺结核患者9例，全部纳入免费管理；完成高中及大学秋季入学新生结核病健康筛查4410人，发现结核菌素试验强阳性学生119人，强阳性率2.71%。

【基本公共卫生服务】 2023年，沙坡头区加强基本公共卫生服务项目技术指导、培训，累计确诊严重精神障碍患者2188例、报告患病率4.57‰；高血压患者健康管理33418人，2型糖尿病患者健康管理8755人，规范管理率和血压、血糖控制率均达到指标要求；做好全人群死因监测、肿瘤登记，监测报告死亡病例2590例，死亡率629.06/10万。

【卫生监测】 2023年，沙坡头区落实食品、水质、公共场所等卫生监测工作，完成采集食品样品258份，任务完成率101.57%，致病菌检出率为5.43%；各哨点医院共监测上报食源性疾病病例信息595例。完成饮用水卫生监测和农村饮水安全工程水质监测任务，共采集水样199份、任务完成率为105.1%。实做好碘盐监测等地方病管理及包虫病防治工作，采集盐样300份，碘盐覆盖率99.67%，碘盐合格率91.64%，合格碘盐食用率91.33%。监测饮水型地方性氟中毒病区村363个，检查全部病区村8~12岁儿童599名，氟斑牙检出率为0.33%。开展包虫病成人B超筛查10734人，未发现疑似包虫病患者，儿童B超筛查3015人，未筛查出疑似包虫病患者。开展土源性线虫病监测，完成居民便样采集检测1000份、3~9周岁儿童肛拭纸检查200份，结果均为阴性；检测土样25份，土壤虫卵检出阳性率4%。完成布病高危人群筛查6033人，血清学检测6033人，阳性血清115人份，血清抗体阳性率1.91%。落实预防性免费体检工作，完成食品、餐饮及公共场所从业人员健康体检23172人次，职业健康体检80家企业12992人次，发现疑似职业病27人。取得了自治区市场监管厅颁发的检验检测机构资质认定证书，艾滋病确证实验室正常运行，完成了全区致病菌识别检测任务，无实验室生物安全和意外事故的发生，保质保量地完成2023年中国CDC和自治区CDC下发的水砷、水氟、高锰酸钾盐指数、流感、新冠、手足口病毒核酸、艾滋病、布病、梅毒、抗体等各类盲样质控考核32种162份285项。

【传染病防控体系】 2023年，沙坡头区疾控局、沙坡头区疾病预防控制中心（沙坡头区卫生监督所）挂牌成立，市、区联动，强化公共卫生核心职能，明确日常监测、常规专项监测、专题调查、应急调查处理和科学研究五项主要职责工作，突出监测、流调防疫科学性、专业性。健全以医共体为载体的县、乡、村三级防控网络、农村地区网格化管理队伍，配齐配全基层影像设备、救护设备、血氧监测设备等，突出做好重点人群风险防控。全面提升突发公共卫生事件应急处置整体性、协同性。

【预警监测】 2023年，沙坡头区落实沙坡头区人民医院、11家基层医疗机构、140所村卫生室和65家个体诊所的“哨点”监测作用，严格落实24小时疫情网络直报值班值守，确保传染病疫情报告畅通，网络报告覆盖率与及时报告率均为100%。

【应急救治】 2023年，沙坡头区完善应急诊疗救治体系，新建宣和、兴仁两个标准化发热门诊，11个基层医疗机构实现发热门诊（诊室）全覆盖，设置发热诊间16个、留观床位77张，做到了“应设尽设、应开尽开”，24小时值班值守；做好重症患者医疗资源储备，沙坡头区人民医院设置重症医学床位10张，储备48名重症医师及护士，呼吸机12台，全面做好重症患者分类救治。

【重点人群管理】 2023年，沙坡头区进一步压实学校、养老机构、托幼机构等重点场所、基层社区、农村地区疫情防控责任，做好医药物资、健康服务等防控工作，规范做好学校晨午检、因病缺勤、消毒消杀，坚决将疫情堵在校门之外，举办沙坡头区幼儿园疾病监测暨儿童入托入园入学预防接种证查验视频培训班，各基层医疗卫生机构、62所幼儿园及部分小学负责人共计89人参加；对65岁老年人进行摸底和动态管理41356人（其中“红卡”906人、“黄卡”2700人，“绿卡”37750人）。组建以乡镇为单位的全科医师服务团队，结合家庭医生签约服务和老年人健康体检，严格按照“红、黄、绿”三色分级进行健康随访和动态管理，通过健康干预有效降低红色高危人群梯度占比。

【公共卫生人才队伍】 2023年，沙坡头区基本建立县、乡、村三级工作网络，县乡两级专兼职从事疾病预防控制工作人员100余人，基本能够承担相应的工作。组建基层公共卫生服务队伍，定期开展培训，定期组织应急演练，提高了各队伍成员的实战能力，确保各个环节有序衔接，各项措施有效落实。

妇幼卫生

【计划服务】 2023年，沙坡头区落实国家农村部分计划生育奖励扶助制度297人35.32万元；落实计划生育家庭特别扶助制度190人162.64万元；发放“失独家庭”一次性补助金3户4人4万元；发放独生子女保健费1532户2774人76.7825万元；落实自治区农村部分计划生育奖励扶助制度3448人412.98万元；发放计生养老补贴262人18.864万元，落实育儿补贴金1018户253.08万元。

【母婴设施建设】 2023年，沙坡头区坚持把公共场所母婴设施规范化建设作为创建全国文明城市工作重要内容，加强和推进母婴设施建设，督促二级以上医院、建筑面积超过1万平方米或日客流量超过1万人的机场、火车站、二级以上汽车客运站配置母婴设施。

【妇幼关爱】 2023年，沙坡头区产妇免费艾滋病、梅毒和乙肝检测2986人，艾滋病感染产妇2例，所生儿童2例，均进行药物干预，药物干预率100%；梅毒感染产妇6例，其所生儿童6例，均进行药物干预治疗，干预率100%；乙肝阳性产妇78例，免费为78例新生儿注射乙肝免疫球蛋白，乙肝表面抗原阳性产妇所生新生儿注射乙肝免疫球蛋白的比例100%。

【农村妇女“两癌”检查】 2023年，沙坡头区免费为农村妇女宫颈癌检查8501人，确诊宫颈癌1例；乳腺癌检查8501人，确诊乳腺癌2例；免费为3003名城镇35~64岁妇女进行“两癌”检查，确诊宫颈癌1例、乳腺癌2例均得到跟踪治疗；免费为2215名孕妇进行唐氏筛查。

沙坡头区人民医院

【概　况】 中卫市沙坡头区人民医院有职工392人，高级职称职工76人，中级职称职工112人，初级职称职工204人。医院占地面积13680平方米，建筑面积15600平方米。现开设床位260张，设有心血管内科、呼吸内科、消化内科、外科、骨科、眼科、儿科、妇产科、中西医结合、康复医学科、疼痛科、健康体检等24个临床医技科室。全年实现业务收入103991247元，较上年同期增长22.80%，其中门诊收入53168076元，较上年同期增长9.19%；住院收入50823171元，较上年同期增长41.23%。门急诊人次272303人，较去年同期增长3.75%；出院人次11579人，较去年同期增长31.06%；门诊次均费用195.25元，较上年同期增长3.45%；住院次均费用4389.25元，较上年同期增长3.49%。开展手术3011台，其中四级手术686台，占比22.78%；微创手术404台，占比13.42%。手术能力明显提高。医疗服务收入占比35.26%，药占比26.21%，平均住院日7.22天，病床使用率87.3%，床位使用率明显升高。年内共收到患者锦旗76面，表扬信7封，拒收红包4次3400元，群众满意率为98.88%。

【诊疗管理】 2023年，沙坡头区人民医院共完成电子化病案实时质控11837份，终末纸质病案人工质控708份，发现缺陷病历500份，均予以通报处罚并进行整改。纳入临床路径管理91个病种，全年应进入路径人数4760人，实际进入路径人数4437人，入组率93.21%，完成路径人数2979人，完成率67.14%，变异、退出数1458人，退出率32.86%。利用双向转诊系统上转患者64例，下转卫生院患者350例，向辖区外三甲医院转诊46例。

【慢病筛查】 2023年，沙坡头区人民医院在就医和体检过程中，对高危人群和患者进行筛查，全年完成高血压303例、糖尿病399例、心血管疾病529例、脑卒中200例、慢性阻塞性肺疾病228例、肺癌351例、上消化道癌266例、结直肠癌40例，共计2316例。

【科研项目】 2023年，沙坡头区人民医院出台《中卫市沙坡头区人民医院科研经费管理办法》，在职称晋升中加大科研加分比重，鼓励开展科研项目。承担“基于药物基因检测技术根治幽门螺杆菌在县级医院患者中的临床应用研究”和“腹腔镜全腹膜外腹股沟疝修补术（TEP）在县区级医院老年腹股沟疝患者的临床研究”两项市级科研项目和“基于损伤控制理念的高龄急性胆囊炎患者PTGD治疗应用及代谢组学研究”一项自治区级科研项目。

【诊疗项目】 2023年，沙坡头区人民医院在“组团式”帮扶专家带领下，结合本地区病种特点及患者需求，在骨科门诊相继增设“骨质疏松专科门诊”“布病专科门诊”“腰腿痛特色门诊”等特色门诊，拓展了骨科业务范围，并建立肝胆外科临床医学诊疗实践基地，眼科临床医学诊疗实践基地。

【学科建设】 2023年，沙坡头区人民医院开展19项新技术新业务。派出11名医务人员对口支援沙坡头区4个乡镇卫生院和2个社区卫生服务中心，通过下基层帮扶在宣和镇中心卫生院建设慢病中心，在柔远镇卫生院打造中医馆，在兴仁镇中心卫生院建立120急救站，接收26名基层医疗机构医务人员进修学习，提升基层服务能力。柔性引进宁医大总院结直肠专家师新荣、银川市人民医院血管外科专家闫波来院定期坐诊，让辖区群众在家门口就能享受到三甲医院专家的医疗服务，为结直肠外科和血管外科的开设打下基础。

人口发展

【概　况】 2023年，沙坡头区出生2881人，出生率为7.1‰；死亡2538人，死亡率为6.3‰。同比出生率下降0.4个千分点，死亡率上升0.27个千分点。出生婴儿男性1495人、占比51.89%，女性1386人、占比48.11%，性别比为1.08∶1，其中一孩、二孩和多孩出生性别比分别为100.33、108.61和

134.64。其中一孩出生1214人，一孩率为42.14%，同比下降3.25个百分点；二孩1308人，二孩率为45.40%，同比上升4.39个百分点；三孩及以上359人，多孩率为12.46%，同比下降1.14个百分点。

【生育服务】 2023年，沙坡头区通过“三八”国际妇女节、7·11”世界人口日等节日活动，全方位、多渠道开展普惠托育、育儿补贴金等各类计生政策宣传教育活动，累计举办各类健康讲座、义诊咨询500余场次，发放各类健康教育宣传品5000余份、宣传资料两万余份。落实生育登记服务网上办理制度，一孩生育登记1214例、二孩生育登记1308例、三孩生育登记359例。走访和慰问计生困难家庭104人，发放慰问金9.9万元；举办政策知识培训班两期，培训乡镇、村居计划生育工作人员210人次。

【特殊家庭帮扶】 2023年，沙坡头区落实计划生育特殊家庭“双岗”联系人包保帮扶责任制，累计帮扶378人次，联系人制度落实率100%；落实计划生育特殊家庭优先享受家庭医生签约服务，签约率100%，累计服务748人次；落实就医“绿色通道”制度，向计划生育特殊家庭提供优先便利医疗服务53人。不断加大特殊家庭精神关怀力度，制定印发《开展“暖心行动”的实施方案》，筹措资金9.8万元，以政府购买服务的方式实施“暖心计划心理关爱”项目，通过心理疏导、上门陪护、爱心互助群等措施改善计划生育特殊家庭精神状况和心理状态，累计入户调研187人378人次，个案服务10个122人次，举办社区活动40场1200余人次，开展走访慰问活动103次。

文化　体育　教育

文　化

【概　况】 2023年，沙坡头区有11个乡镇综合文化站，198个村（社区）综合文化站，3个城市悦读书房，4个自治区级非遗传承基地，4个自治区级文化产业示范基地，1个国家级文化产业示范基地，1个国家级非物质文化遗产生产性保护示范基地，38支文艺社团，270余名文艺骨干，开展广场文化艺术节21场，开展各类群众文化活动300余场，开展文化市场日常巡查6400家次。

【基础设施建设】 2023年，沙坡头区提升基层公共文化服务水平，为30个村综合文化服务中心、文艺团队配送文化设施设备，实施常乐镇综合文化站维修项目，完善基层文化设施建设。

【广场文化】 2023年，沙坡头区旅游和文化体育广电局组织开展广场舞大赛活动两场、“欢乐中卫”沙坡头区专场、文化志愿服务等活动20余场。

【节庆文化】 2023年，沙坡头区旅游和文化体育广电局结合春节、元宵节、端午节、中秋节等节日，组织开展社火展演、文艺演出、文化和自然遗产日、乡村村晚等节庆活动20场次。

【群众文化】 2023年，沙坡头区旅游和文化体育广电局组织开展戏曲下基层、文艺下乡演出活动200余场次，新创作舞蹈、小品、音乐快板、情景剧共5个。在全市广场舞大赛中，一二等奖全部收入囊中，在“欢乐中卫”评选中，7个群众文艺节目获得表演、创作一、二、三等奖。

【非遗保护】 2023年，沙坡头区旅游和文化体育广电局开展线上线下非遗文化活动，组织群众开展并拍摄记录剪纸、古建彩绘等非遗活动，共拍摄短视频5个，培育新非遗项目30余个，累计研发非遗、文物文创旅游商品70余种。设立非遗工坊、非遗传承基地等非遗实践平台10余个，通过中央和自治区非遗传承人研培计划，先后组织输送非遗传承人参加培训120余人次，举办沙坡头区非遗传承人专题培训班20余场次。持续开展非遗少年培育计划，开办非遗葫芦画、烙画、剪纸等校园培训班。

【文化市场监管】 2023年，沙坡头区旅游和文化体育广电局配合市文化市场执法队加强文化市场安全监管工作，发放各类宣传资料3000余份，指导156家娱乐场所申请或换发《娱乐经营许可证》。配合市文化市场执法大队开展文化市场日常巡查

6500家次；联合沙坡头区公安分局、沙坡头区消防支队开展执法活动32余次。

【产业发展】 2023年，沙坡头区加强推进文化遗产与文创、景区、特色旅游村等产业融合发展，培育文化及相关产业企业257个，带动从业人员3500余人。阳光大麦地产业园、宁夏中卫市地毯有限公司等文化企业带动就业创业人员1000余人。

【公共文化阵地建设】 2023年，沙坡头区将乡镇综合文化站建设融入新时代文明实践中心建设中，沙坡头区11个乡镇，198个村（社区）全部挂牌成立新时代文明实践站，进一步加强文化基础设施建设，提高文化阵地利用率。

体　育

【项目建设】 2023年，沙坡头区完成体育场地设施补短板暨城乡体育"康乐角"工程项目、沙坡头区全民健身中心改造提升项目、沙坡头区全民健身中心残特奥会改造提升项目、滨河全民健身中心及配套工程、滨河全民健身中心装饰装修项目、滨河镇宜居社区金角项目建设，改建硅PU篮球场3个，不断补齐城乡体育基础设施短板。

【群众体育】 2023年，沙坡头区成功举办2023年中国毽球公开赛暨宁夏中卫市沙坡头区第二届全国沙漠毽球邀请赛、"喜迎十六运"主题活动、第六届农民篮球争霸赛、"奔跑吧·少年"儿童青少年主题健身系列活动等体育活动17场次，累计参与人数8万余人，带动群众共享城乡体育发展成果。

【承办自治区第十六次运动会】 2023年，沙坡头区精心承办自治区第十六届运动会青少年乙组武术、高校组广播体操、群众组象棋、围棋等9项赛事，圆满完成赛事组织、赛事服务、后勤保障等各项工作任务。

【青少年体育】 2023年，沙坡头区组织400余名运动员参加自治区十六运会、2023年青少年锦标赛29个项目的比赛，在自治区第十六届运动会中共获得金牌10个、银牌8个、铜牌16个、第四至八名54个、优秀赛区、体育道德风尚奖等成绩；在2023年青少年锦标赛中获得金牌6个、银牌8个、铜牌5个、第四至八名28个、优秀组织奖、体育道德风尚奖等成绩。

教　育

【概　况】 2023年，沙坡头区下辖学区5个，教育集团4个，各级各类公办学校（含幼儿园）85所，其中：初级中学7所、九年制学校14所、小学29所、特殊教育学校1所、公办幼儿园34所。中小学教师2287名，中小学、幼儿园学生46968名，其中：中小学学生33703名、学前幼儿13182名、特殊教育在校学生83名。2023年以来，被国家部委列为全国试点地区1次（"基于教学改革、融合信息技术的新型教与学模式"实验区），成功创建自治区"互联网+教育"示范区，积极申创全国"中小学科学教育实验区"，特殊教育、"互联网+教育"、体教融合等11项工作受到自治区厅局、中卫市党政主要领导肯定性批示认可，中卫九小、中卫四中等学校荣获"全国第十批民族团结进步工作示范单位""全国国防教育示范学校"等荣誉奖项11项，沙坡头区教育局荣获"自治区铸牢中华民族共同体意识教育教学优秀成果征集组织单位""全区关心下一代工作先进集体"等荣誉奖项17项。

【基础设施建设】 2023年，沙坡头区持续推进义务教育薄弱环节改善与能力提升工程及学前教育项目建设，总投资1.85亿元，实施中卫十中、七幼等新建、续建、改扩建及维修改造项目共18个，有效化解学校功能室不足现状，消除学校安全隐患，改善学校办学条件，为教师和学生提供了舒适的教学和学习环境。

【硬件设施建设】 2023年，沙坡头区投入1336万元，建成智慧教室、人工智能教室、智能研修中心等智能化教学空间23间，实现全部学校（教学点）互联网宽带接入、在线互动课堂、多媒体教学终端、数字校园建设项目4个全覆盖，教师、适龄学生宁夏教育云网络学习空间开通率达100%。深入推进义务教育优质均衡发展，区域、城乡、校际、群体差距明显缩小，实现教育发展水平和人才培养质量跨越式发展。

【信息化建设】 2023年，沙坡头区完成自治区级“互联网+教育”示范区验收工作并向全区进行了建设成果展示。围绕助推基础教育质量提升行动，探索形成沙坡头区“1145互联网+教育”发展新体系新模式。全力推动宁夏教育云平台应用，制定教师应用考评细则，探索形成“线上互动、资源共享、达标考核”的沙坡头区信息化应用新模式。通过“一校带多点、一校带多校”的模式组建教研共同体，依托“三个课堂”促进优质资源共建共享共用。

【学前教育】 2023年，沙坡头区坚持公益普惠基本方向，聚焦“幼有所育、幼有优育”目标，不断扩大学前教育优质资源，提升全区幼儿园整体办园水平。中卫市第二幼儿园通过了自治区级评估验收，被认定为自治区级示范园。积极探索集团化办园模式，成立了中卫市第二幼儿园教育集团，通过各幼儿园之间相互交流、结对帮扶，逐步实现集团内保教质量共同提升。着力提高公办园和民办普惠性幼儿园服务能力，不断优化学前教育配置资源，普惠性幼儿园覆盖率达81.2%，沙坡头区学前三年幼儿毛入园率达97.7%，切实保障适龄幼儿就近享受学前教育的权利。

【义务教育】 2023年，沙坡头区合理规划学校布局，优化教育资源配置，实施续建中卫四中、九小、永新小学综合楼等项目，实现中卫十三小春季招生办学，进一步扩大城镇学位供给，有效化解市区学校大班额问题。义务教育阶段中小学生入学率100%，九年义务教育巩固率100%。根据2023年教育事业统计年报相关数据，完成《沙坡头区义务教育优质均衡发展监测报告》，精准查摆问题，推促2026年实现县域义务教育优质均衡发展目标，办好人民满意的教育。

【师资队伍建设】 2023年，沙坡头区招聘事业编教师21名、基层服务专项计划教师15名、“三支一扶”支教教师30名，重点补充到兴仁、宣和学区等农村薄弱学校。进一步深化中小学教师“县管校聘”改革，通过撤合并学校教师分流、市区缺员学校公开遴选等方式共计调配教师231名，选派了67名教师开展城乡轮岗交流，21名专业的音、体、美教师到农村学校开展走教帮扶活动，进一步促进城乡师资均衡配置。持续开展“互联网+教育”高端教学人才培训等各级各类培训共34期700余人次，培养市级骨干教师16名、沙坡头区级骨干教师150名，成功申报自治区级名校长工作室1个、名师工作室2个，推荐入选教育部“新时代中小学名师培养对象”1人、自治区特级教师5人，有效激励广大教师教书育人的热情。

【师德师风建设】 2023年，印发《中卫市沙坡头区教育系统师德师风专项学习活动方案》，组织广大教师开展师德师风专项学习，激励广大教师践行师德规范，为建设新时代高素质专业化创新型教师队伍奠定坚实的基础。开展师德师风专项治理，组成专班对所属学区、学校开展师德师风专项督查，重点查处教师有偿补课、滥订教辅资料、体罚或变相体罚学生、收受红包礼金等违法违规行为，进一步规范教师执教行为，推动师德师风建设常态化、长效化。

【教育政策落实】 2023年，沙坡头区严格落实教育经费“两个只增不减”政策。全年一般公共预算安排的教育经费为75092.48万元，比上年增加606.49万元，增长0.81%。各级各类学校生均一般公共预算教育经费均按时足额划拨，保障了学校在正常运转的基础上有所发展。落实学前“一免一补”资助政策，为1946人次脱贫户、脱贫不稳定户、城乡低保、城乡特困救助、残疾学生和残疾人家庭学生补助保教费和生活费233.52万元；为8798人次“六类”（脱贫户、脱贫不稳定户、边缘易致贫户、城乡低保家庭学生、城乡特困救助家庭学生、残疾学生）补助生活费272.2万元。

【教育机制创新】 2023年，沙坡头区推行“集团化”办学模式，组建中卫四中、中卫七小等教育集团4个，促进学校之间优势互补，充分发挥优质教育的辐射、示范和带动作用。深化教育督导体制机制改革。完成沙坡头区2023年国家义务教育质量监测工作，指导中小学（幼儿园）制定“学校三年发展规划和教师发展三年计划”，开展现场论证并进行点评指导。全面实施幼儿园“摇号入园”、中小学起始年级“阳光分班”，确保入园招生公开透明。

【中考成果】 2023年，成立中卫市沙坡头区招生工作委员会，采取“单一志愿，统一划线，自主优先，分别录取，差额调剂”的录取方式进行沙坡头区普通高中招生，严格规范测试程序，顺利完成中考组考工作，确保“公平、公正、公开”，2023年初中毕业生升学率达97.63%。

科学技术

综　述

【科技项目建设】 2023年,沙坡头区科技局新培育认定自治区技术创新中心6家,累计达到43家;积极培育科技型企业,新认定国家高新技术企业15家,累计达到44家,新认定自治区雏鹰企业5家,累计达到5家;新评价入库自治区科技型中小企业23家,累计达176家。组织宁夏普天瑞农农业有限公司与华侨大学柳培忠教授团队进行产学研合作,开展"高效率微波技术在冷凉蔬菜辣椒和西瓜中的应用"研究;组织宁夏神聚农业科技开发有限公司引进山东农业大学选育苹果新品种4种,建立苹果现代高效栽培示范基地50亩,开展节水旱作技术、水肥一体化、宽行密植等新技术试验示范,进一步促进沙坡头区苹果产业提质增效;组织中卫市金城种业有限责任公司与江苏绿港现代农业发展有限公司精准对接,共同开展"设施瓜菜抗逆新品种与节水高效生产技术"研究,进一步提升了瓜菜种苗品种抗性和果实品质。持续组织宁夏大学、宁夏农林科学院实施"退砂地土壤质量提升与复合栽培技术研究与示范"赛马制项目,形成退砂土壤地力提升技术模式5项,高效栽培技术模式6套,建立核心示范基地100亩,示范推广500亩,建成国家级科技小院1个,为环香山地区西瓜种植提供强有力的科技支撑。深化供给侧结构性改革,培育壮大企业发展新动能,指导帮助企业完成技术交易合同146个,合同成交额8381.58万元。

【科技投入】 2023年,沙坡头区科技局认真贯彻落实自治区科技强区行动若干意见和中卫市科技"双倍增"行动,大力引导企业加大科技投入,全社会R&D投入强度达到2.19%。及时兑现企业研发费用后补助资金1467.6万元。

【培训督导】 2023年,沙坡头区科技局通过"走出去"与"请进来"、线上与线下相结合等方式,组织开展企业家创新精神培训班18期,受益企业300余家次。主要领导带队深入企业开展"研发费用统计上报企业大走访"活动,指导规上企业归集认定R&D经费投入5.53亿元,较上年增长33.6%,全社会R&D投入强度达到2.19%,居自治区各县区第3位、中卫市第1位。

【科技人才建设】 2023年,沙坡头区深入贯彻落实科技特派员工作机制,拓宽科技特派员来源渠道，调整优化沙坡头区科技特派员队伍总量达229名，组织实施科技特派员创业服务项目16个，“三区”人才专项43个，组织建设沙坡头区苹果、设施果蔬、韭菜产业创新联合体3个，开展科技培训30余场，培训农民600余人，切实解决了广大群众产业发展技术难题，打通科技服务“最后一公里”。

【知识产权】 2023年，沙坡头区经认定登记的技术合同数额共计146份，输出技术8381.58万元；涉及技术领域在工业与农业方面均有突破，其中涉及技术领域为工业型产业类如电子信息、新能源、新材料和节能环保等产业集聚的迹象明显，如中国电信股份有限公司中卫分公司，合同认定登记数24项，技术合同成交额达到880万元；涉及技术领域为农业型产业，如县域科技成果引进示范项目，合同认定登记数3项，技术合同成交额达到90万元；沙坡头区科学技术局加大技术合同登记工作宣传力度，积极推进相关工作，按时完成年度目标任务。

【对外科技合作】 2023年，沙坡头区科技局积极组织自治区一般研发项目和技术创新需求征集、对外科技合作工作，借助“科技支宁”东西部合作机制优势，主动融入国内创新体系。组织光明牧业宁夏奶业科创中心与上海奶牛育种中心积极对接，引进该中心“上海奶牛生产性能测定（DHI）创新体系的建立与应用”科技成果，合作实施“宁夏奶牛生产性能测定项目”，实现了沙坡头区奶牛养殖场DHI测定全覆盖；宁夏胜金水泥有限公司引进中国科学院工程热物理研究所“煤粉活化—富氧燃烧耦合节能技术”科技成果进行节能降耗改造，共同实施水泥窑炉低碳高效燃烧技术研究；宁夏七硒果农业科技有限公司引进天津市农业科学院“设施果菜冬春光温效应与逆境诱抗技术创新与应用”科技成果，通过实施设施果蔬冬春温光逆境调控技术引进与示范推广项目，构建适合沙坡头区果蔬高效栽培技术体系，提升区域设施农业产业科技含量，带动农户增收，助力乡村振兴。

科学普及

【概 况】 2023年，沙坡头区科技局充分利用科技活动周、科技“三下乡”等活动契机，组织开展“智慧助老”“助力‘双减’”等科普活动100余场，中国流动科技馆巡展活动3次，发放科普资料7万余份，受益人群3万余人，组织注册“科普中国App”2.5万人次，大力营造了讲科学、爱科学、学科学、用科学的良好社会氛围。

【项目申报】 2023年，沙坡头区科技局充分发挥基层科普项目引领示范作用，不断壮大基层科普阵地，积极争取各级科普项目资金共计63万元，建立中卫第六中学科普长廊1处，打造现代农业科普空间站基地1个，打造沙坡头区宣和镇海和村科普工作站1处，实施中卫市防灾减灾救灾科普体验教育基地科普教育基地示范引领项目1个。

【基层科协能力建设】 2023年，沙坡头区科技局扎实推进基层科协组织建设工作，累计吸纳农技站长、医院院长、学校校长“三长”人员共计36名，成立中卫市沙坡头区医疗健康学会等基层学会3家，累计组建34个沙坡头区科技志愿者服务分队，共计500余人，在各社区、集镇、广场等场所组织开展志愿者科普服务活动100余场，发放科普宣传手册7万余本。

气象科技

【首个毫米波测云仪】 2023年2月8日，沙坡头区气象局完成毫米波测云仪的安装建设任务，该设备已进入调试阶段。毫米波测云仪是一种全新的云观测设备，采用顶空垂直探测的工作方式，可以获取15千米以内的云顶高、云底高、云量、云廓线结构、垂直速度等参数，实现对云降水连续演变过程的探测。该设备的应用，不仅可以对局地强对流天气进行高分辨率、高精度的实时监测和早期预警，还能极大地提高沙坡头区短时临近天气预报的准确性，对分析天气过程，加强区域灾害性天气监测，提高预报预警和防灾减灾能力，推进沙坡头区生态保护都具有重要意义。

【降雪预警】 2023年2月6日沙坡头区气象灾害防御与人工影响天气指挥部办公室印发《关于防范7—8日降雪降温天气的通知》；7日制作发布气象信息专报《7日夜间到8日白天沙坡头区将迎来降雪天气》；8日07时启动地面气象应急加密观测；8日，受东移冷空气和西南暖湿气流共同影响，沙坡头区迎来兔年首场降雪。各地普降中到大雪，最大降雪量出现在兴仁镇6.8毫米，最大积雪深度6厘米，是入冬以来最大降雪过程。7—9日，共发布道路结冰预警信号2条、暴雪预警信号3条、大雾预警信号1条，发布过程服务短信3条，累计服务2.7万人次。服务材料、预报预警信息均报送至沙坡头区委、政府、应急、交通等相关单位和部门，为部门决策提供依据。

【土壤墒情普查】 2023年2月13日，沙坡头区气象局根据春播气象服务方案，组织业务服务人员，深入田间开展新一轮降雪过后的土壤墒情普查。此次土壤墒情普查分别从具有代表性的生态草场、玉米地、小麦地、大豆地及其套种田间开展全面测墒，为春耕春播服务收集准确的墒情资料，同时结合气象条件，对春耕春播日期进行预测分析，并提出了针对性的生产建议，为政府各部门高效安排部署春耕春播生产提供重要气象支撑。

【乡村气象设施和探测环境保护】 2023年3月9日，沙坡头区应急局和气象局联合印发《关于进一步加强乡村气象设施和探测环境保护工作的通知》（以下简称《通知》），进一步加强各部门的合作，建立和完善工作机制，切实保护气象探测环境和设施不受到影响和破坏。《通知》从提高思想认识、压实部门和乡镇职责、强化监管和违法查处、加强教育宣传四方面作出要求，明确乡镇对辖区内气象设施保护工作的属地化职责，建立齐抓共管的合作机制，为各类乡村气象观测设施高效运行提供可靠保障。

【视程障碍现象仪安装】 2023年3月27日，沙坡头区气象局配合区大探中心完成视程障碍现象仪安装调试工作，此项工作标志着中宁基本气象观测站自动化观测水平又上一个新台阶。DXC1型视程障碍现象仪采用激光散射原理，利用气溶胶光学散射特性，通过测量气溶胶样本的光学衰减来自动完成大气中PM_{10}、$PM_{2.5}$、PM_1的质量浓度测量，结合气象观测的相关要素完成视程障碍现象判识，为更好地开展气象防灾减灾服务提供科学数据支撑。

【助力梨花节】 2023年4月7—9日，中卫市第十七届南北长滩黄河梨花节在沙坡头迎水桥镇南长滩村和北长滩村举办，沙坡头区气象局提前安排部署，主动对接文旅部门，征询气象服务需求，并在上级台站指导帮助下，于3月28日开始每周为筹备组和相关部门提供“梨花节”期间逐日精细化天气预报服务产品，为“梨花节”顺利举办做好气象服务保障。

【首个农业气象指数保险试点观测站】 2023年4月18日，中卫市沙坡头区建成首个气象指数保险试点观测站。为进一步提升中卫市沙坡头区苹果产业气象服务保障能力，助力农业保险高质量发展，沙坡头区气象局联合农业农村、乡村振兴、财政局、人保财险等部门和企业开展苹果农业气象指数保险试点工作。气象指数保险试点观测站由政府主导建设，将为气象指数保险试点提供气象数据支撑。

【应对沙尘暴天气】 2023年4月18日，沙坡头区气象灾害防御与人工影响天气指挥部办公室印发《关于防范应对近期强降温大风沙尘霜冻降水天气的通知》，联合应急局发送提醒短信，制作服务气象信息专报1期，发布大风黄色预警1条，负责人向政府分管领导提供重大天气过程专题服务。发布沙尘暴橙色预警后，负责人第一时间向沙坡头区党政领导开展叫应，并建议政府启动了沙坡头区重大气象灾害（沙尘暴）Ⅲ级应急响应，沙坡头区分管副区长、气象灾害防御与人工影响天气指挥部指挥长王文忠亲自安排部署防范工作，各成员单位强化与气象部门会商研判并及时采取应对防范措施。4月19日，中卫沙坡头区遭遇沙尘暴天气，各地能见度小于500米，其中永康镇最小能见度221米。针对此次强沙尘暴天气，沙坡头区气象局全力以赴做好服务应对。沙坡头区气象局进入重大气象灾害（沙尘暴）Ⅲ级应急响应后，负责人靠前指挥，所有职工坚守岗位，全力做好强沙尘暴天气监测预报预警服务工作，气象服务工作得到政府领导高度肯定。

【苹果花期冻害防御】 2023年，沙坡头区气象局牵头发起，创建"部门＋企业＋镇村"特色农业气象服务保障新模式，提供富硒苹果全生育期全方位服务保障，助推产业提质增效。组建由气象、林技、2个乡镇、26个行政村、4家社会化服务企业相关责任人构成的专项工作组，建立微信工作群，及时传递气象信息。制定霜冻防控方案，由气象和林技部门统一指挥，以4家专业社会化服务企业为样板，组织开展防霜培训和演练，示范引领产业带上26个行政村提升灾害防御意识和能力水平。气象服务人员24小时不间断开展果区气温监测，及时发出防范指令，点对点指导镇村、企业开展防御。

【防汛抗旱检查】 2023年6月26日，沙坡头区气象、水务、应急、河长办等多部门组成联合检查组深入辖区内各水库、泄洪沟道、物资储备开展防汛抗旱工作专项检查，督促落实安全度汛措施，确保防汛抗旱工作顺利开展。沙坡头区人民政府分管气象工作副区长王文忠全程带队参与检查。检查组现场检查各地应急物资准备、地质灾害隐患点排查、所在地的水库运行、重点河道、水利工程等情况，着重从各地防汛责任人落实、河道排洪排涝、灾害应急处置演练、气象预警信息的接收传播、值班值守、抢险救援、转移安置、叫应叫醒等各环节工作落实情况进行了详细检查，检查排查防洪风险隐患和薄弱环节。

【旅游防灾】 2023年7月23日，沙坡头区寺口子景区突发小时雨强超40毫米极端暴雨，并引发30年一遇山洪灾害。针对此次强降雨，沙坡头区气象局提前发布暴雨橙色预警，与水务部门联合发布山洪灾害风险预警，负责人及时开展面向地方党委、政府领导和相关部门的"直通式"叫应服务，尤其重点电话叫应提醒景区负责人组织游客迅速撤离。同时，气象、水务、应急和消防等部门成立联合应急工作组到现场开展防范、调度工作。景区接到气象部门预警"叫应"后，组织游客在山洪灾害来临前30分钟全部安全撤离。在此次极端暴雨引发山洪灾害防范应对过程中，气象部门"准确预警"和"靶向叫应"为景区游客成功躲避山洪打足提前量，充分发挥气象防灾减灾第一道防线作用。

【服务保障沙坡头区首届中国农民丰收节】 2023年9月27日，沙坡头区举办2023年中国农民丰收节活动。沙坡头区气象局提前与活动主办单位对接服务需求，制订详细的服务保障方案，根据活动日程与自治区、市气象台开展天气会商，提前3天滚动制作专题服务材料，为组委会提供逐小时的精细化天气预报。活动期间有分散性阵雨天气，增加保障服务的难度，沙坡头区气象局有针对性地对活动地点的气象要素实况进行滚动信息播报，以便于活动主办单位随时调整活动安排。活动前及活动期间，沙坡头区气象局共发布《“沙坡头区2023年中国农民丰收节”气象服务专报》3期，发送传真6次，直通式发送实况、预报信息13条。

【气象助力沙坡头区创建全国综合减灾示范县】 2023年10月11—13日，由应急管理部国家减灾中心副主任张学权、监测减灾司原副司长尹光辉等领导、专家一行12人组成的国家验收评估组到沙坡头区开展创建全国综合减灾示范县现场验收评估。11日上午，沙坡头区气象局作为第一现场调研点接受了检查。验收评估组一行实地参观综合气象观测站网建设、人工影响天气作业装备、气象监测预报预警平台等，并听取沙坡头区气象局围绕气象防灾减灾和全国综合减灾示范县创建工作专题汇报。检查过程中，验收评估组组长应急管理部国家减灾中心副主任张学权、监测减灾司原副司长尹光辉均对气象防灾减灾和创建验收准备工作表示一致肯定。13日上午，在现场验收评估反馈会上，验收组充分肯定了沙坡头区全国综合减灾示范县创建工作，尤其强调气象防灾减灾工作成效显著、亮点多。最后，国家验收评估组组长张学权宣布沙坡头区全国综合减灾示范县创建试点通过现场验收评估。

【服务宁夏苹果大赛暨沙坡头区乡村休闲文化旅游节】 2023年10月13—15日，2023年“宁夏苹果大赛暨沙坡头区乡村休闲文化旅游节活动”在中卫市沙坡头区永康镇永乐村举办，全区上百家企业、专业合作社和种植大户参与。为保障活动的顺利举行，沙坡头区气象局早安排、早部署，成立服务小组，实时监测天气变化，分析研判天气形势，及时与区、市台会商跟踪订正预报，制作《2023年宁夏苹果大赛暨沙坡头区乡村休闲文化旅游节气象服务专报》专题服务材料，为活动举办提出科学建议；单位负责人就活动期间天气情况向沙坡头区分管区长进行专题汇报；活动期间安排业务人员参加现场调度，密切关注现场天气情况，及时与组委会及工作人员沟通，共同做好大风、降雨等高影响天气的应急防范措施，保障活动顺利开展。同时，此次活动的天气预报及服务信息均提前通过邮箱、短信、微信、传真等多渠道向组委会及公众进行服务。

【气象监测预警】 2023年，沙坡头区气象综合监测网络实现乡镇100%全覆盖。完成辖区所有区域自动气象站2G升4G改造，进一步提升灾害性天气监测能力和气象装备现代化水平。利用MICAPS、雷达等对上级预报指导产品进行本地化应用，实况订正行政村预报0—6小时晴雨等格点预报产品，制作发布精细到乡镇的预警信号，11月1日起制作发布精细化到乡镇、行政村预警信号。与区应急管理局联合印发贯彻落实《应急管理部中国气象局关于强化气象预警和应急响应联动工作意见的通知》，进一步强化气象预警和应急响应联动机制，建立直达基层责任人预警叫应机制。全年发布预警信息、雨情信息等318条，共计服务95.4万余人次。制作《气象信息专报》《苹果气象服务专报》《农用天气预报》和《保秋粮丰收气象服务专报》等专题服务材料136期，政府领导材料批示10期。与中卫市电信公司、沙坡头区辖区11个乡镇就将“智慧云广播”系统纳入气象灾害预警信息发布渠道达成合作。依托“智慧云广播”系统，预报预警服务人员可实现对沙坡头区162个行政村、32个社区的气象灾害预警信息快速、高效、精准靶向发布。

【人工影响天气作业】 2023年，沙坡头区气象局开展人工增雨（防雹）作业，组织实施45点次，发射火箭弹26枚，燃烧碘化银烟条50根。

【苹果特色气象服务】 2023年，沙坡头区气象局将苹果种植农户信息纳入服务用户群组，开展“直通式”气象服务。与农业农村局和4家苹果晚霜冻防控托管服务企业共同合作，共制作专题服务材料20期，发布霜冻预警9次，服务12.7万人次。完成重点实验室青年培养项目“沙坡头区苹果套、除袋气象指数预报模型”的验收。在扬黄灌区苹果产业带设立人工增雨移动作业点，为苹果产业抗旱保收发挥积极作用。

【生态修复气象服务】 2023年，沙坡头区气象局成功完成宁夏回族自治区科技厅科技惠民项目《基于气象条件下中卫压砂地产业转型液态膜软体集雨补灌技术研究与示范推广》。在压砂地开展基于气象条件下液态地膜和软体集雨水窖技术研究与示范推广，为压砂瓜产业转型和生态修复提供更多可能和方案，同时相关成果以提案方式提交政协，并获2024年在沙坡头区大面积推广。

乡 镇

文昌镇

【概　况】 文昌镇地处中卫市沙坡头区东城区，为城市规划区内中心镇，镇域总面积26.67平方公里，东邻柔远以柔二路为界，西以市区鼓楼南、北大街为界，南依滨河北路，北至五葡路三一支沟。下辖8个行政村、18个社区，共有73个村民小组，管辖215个居民小区。全镇常住人口151386人，其中户籍人口67350人（村25976人，社区41374人），外来人口84036人，耕地面积6614.42亩。

【党的建设】 2023年，文昌镇扎实开展学习贯彻习近平新时代中国特色社会主义思想主题教育，打造黄湾村党员学习教育课堂，累计接待155个上级单位4000余人开展观摩学习。建立抓党建“四个清单”，为群众办实事150件，推动64个问题整改到位，不断压实工作责任。统筹推进双桥村等6个村党支部领办合作社项目，重点培育、宣传双桥风情园项目和郭营村瓶装水定制合作社项目及产品，全镇村集体经济收入迈上千万元大关。深入推进“一支部一品牌一村一特色”、非公企业、新业态党建品牌创建，打造恒祥社区网络主播党支部，指导西花园社区党委与首领科技服务有限公司党支部深入开展联建共建，实现社区党组织与新业态新就业群体的“双向奔赴”。指导成立中卫市盈联城市环境服务有限公司党支部等4个功能型党支部，进一步扩大党在新业态领域的覆盖面。持续深化“导师帮带制”工作机制，精准结成11个帮带对子，推动镇村居干部“青蓝结对”，激发干事创业活力。年内新发展党员25名，颁发“光荣在党50年”纪念章20人，评选“身边的榜样”28名，推荐“担当作为好支书”3名，依托文昌镇基层党校举办3期村（社区）干部业务知识培训，拍摄社区党建品牌展评小视频10部，干部队伍素质不断提升。

【党风廉政建设】 2023年，文昌镇严格落实党风廉政建设主体责任和纪委监督责任，进一步深入落实中央八项规定精神坚决纠治“四风”。组织26个村（社区）党组织“一把手”述责述廉，完善领导干部廉政档案47份。针对乡村振兴、巡察整改、纪律作风等重点工作开展督查30余次，督促整改问题280余个。推广使用小微权力“监督一点通”平台，浏览量新增9万余人次，线上受理办结投诉举报11起。扎实开展乡村振兴领域腐败和作风问题专项治理，自查并整改问题11个。不断规范“村廉通”运行，共推送信息1701条开展“廉政警示教育周”活动，观看《永远吹冲锋号》等警示教育片，撰写心得体会150份，组织开展廉政谈话150人次，进行廉政测试1次，组织党员领导干部60余人集中参观中卫市看守所。综合运用“四种形态”，提醒谈话34人。严肃执纪问责，初核并了结问题线索7起。

【城市建设】 2023年，紧抓城中村遗留户征收安置工作，城中村遗留户项目共安置2户6套，面积588.2平方米；安置双桥一期营业房项目遗留户1户住宅房6套，面积542.3平方米，营业房1套，面积96.74平方米；安置金河三期项目遗留户两户住宅房两套，面积221.3平方米。做好辖区棚户区改造安置房不动产权证办理工作，出具不动产权证5392套；完成6个小区（双桥嘉苑、民生花园、蔡桥新村、东关新村、北环小区、东方家园）3216户首次登记，完成率95.55%。大力开展招商引资工作，领导外出招商4次，走访调研企业54家，认定招商引资项目线索14个，引进落地项目13个，总投资1.7亿元，到位资金1.3亿元。高质高效完成应理新社区室外生活给水管网改造项目；全力配合协调区住建局做好金河一期老旧小区改造工作，全力做好辖区内区人民医院迁建、山水大院三期等24个重点项目建设协调服务工作，及时跟踪项目进度，持续做优项目服务保障，推进重点项目落地落实。

【物业管理】 2023年，文昌镇按照“市指导、区负责、镇组织、社区落实”的物业管理新体制要求，加强管理人员培训学习，积极调处物业矛盾纠纷，狠抓物业企业服务质量，持续深化“442”薪酬制物业管理模式，全面提升物业管理服务水平。同时，以党建引领“红色物业”为抓手，打造恒瑞、中博、正丰3个“红色物业”。辖区205个居民小区中有物业管理的共102个，无物业管理的103个。成立业主委员会的共131个，物管会33个，全镇业委会、物管会覆盖率超过83%。

【创城工作】 2023年，文昌镇坚持发挥好“主阵地”“主战场”作用，常态化做好全国文明城市创建工作。新增、更换、粉刷广告牌（栏）、围挡1256处，新媒体发布创城宣传文明行为劝导信息369次，电子屏循环播放创城宣传标语及文明行为劝导3168次，发放《创建全国文明城市倡议书》1万份、《中卫市市民手册》4000本，宣传手提袋4000个。深入开展“周五有约”等主题志愿服务实践活动，对辖区小区内小广告乱张贴、废旧家具杂物乱堆放、公共区域私搭建、“飞线充电”等进行集中整治，共清理小广告72523处、垃圾940吨、引导规范停车544次、剪断清理“飞线”2000余条，安装充电桩插头17290个，辖区内整体环境水平有提升显著。

【社会治理】 2023年，文昌镇终把坚持和发扬新时代“枫桥经验”贯穿于平安建设工作，积极探索实践基层社会治理新模式，对综治中心开展规范化建设，设置“四室一厅”工作场所，整合公安、司法、人大、妇联等多元力量参与基层治理，实现综治工作实战化指挥、一体化运行、高效化联动。坚持践行“1235”基层治理模式和“访调对接”工作机制，在春节、两会、自治区十六运等重要节假日期间严格落实“日报表”“零报告”等制度。常态化开展扫黑除恶、反诈、反邪、禁毒等工作，辖区电诈发案率同比下降21.0%，无一名初吸、复吸毒品人员，雍楼村在《全区“十镇百村”毒品问题治理考核验收细则》中成功摘帽，各项工作稳中向好发展。

【社区管理】 2023年，文昌镇深入贯彻落实社区网格化工作治理模式，全镇共设置175个社区网格，共配置175名网格员，其中55名专职网格员，

120名兼职网格员，以落实网格化工作职责为目标，建立健全网格化管理、网格员工作职责等规章制度，为网格化管理提供强有力的支撑。

【植绿增绿】 2023年，文昌镇坚持“见缝插绿、提质增绿、裸土覆绿”的植绿增绿护绿总目标，春季投入苗木资金55600元，完成栽植苗木5210株，其中：乔木540株，灌木4670株。共完成村（社区）栽植面积13余亩，管护率达90%以上。

【农业和农村经济】 2023年，全镇农作物种植面积4864亩，其中：小麦50亩、玉米4814亩（籽粒4027亩，制种787亩）。完成节水农业741亩，植保无人机专业农作物病虫害防治项目4864亩，测土配方施肥4864亩，示范联系户10户，建设玉米千亩示范点1个。推广农作物新品种、新技术、新成果1项。完成70座日光温室种植技术指导，完成农业保险2000亩。

【农田水利建设】 2023年，全镇农田水利工作坚持“田成方、树成行、路相通、渠相连、旱能灌、涝能排”的标准，按照3大作业区，7个精细网格，明确任务量、划定时间表、挂出作战图，集中投入、连片推进，累计投入资金37万元，出动大中机械410台次，出工2100余人次，清挖整治沟道70条27.93公里，渠道138条66.62公里，整修农路38条32.1公里，农机深翻2600亩，秸秆还田400亩，秸秆打捆2200亩，修枝抚育涂红刷白5.5万株，铲除林带杂草20余吨，收缴水费321293.86元。

【环境卫生整治】 2023年，文昌镇坚持农田林网与拆危拆违、村庄绿化、装点亮化、庭院美化一体推进，组织开展农村人居环境综合整治“百日攻坚”行动，投入资金35余万元，调用机械340车次、人力200人次，重点对“脏、乱、差”现象较为突出的新滨河路、收储未利用空地、双桥鱼池、村庄巷道等区域进行集中整治，共清理农村生活垃圾500余吨、建筑垃圾70余吨、路肩杂草4万余平方米、门前“三堆”680余处，村容村貌焕然一新。清理畜禽养殖粪污等农业生产废弃物180余吨，发放倡议书1000份，农村人居环境整治行动取得显著成效。

【综合执法】 2023年，文昌镇联合各执法单位共清理辖区内“飞线”2000余根、清除毁绿种菜60余处、拆除违章建筑20余处、清查整治流动摊贩48家、统计摸排协调收回停车场26处，有力促进了城市规范管理。实地摸排调查耕地“非农化”基本农田“非粮化”和国土卫片图斑12处，逐一建立台账，销号整改。清理拆除文昌镇林场违规占用耕地堆放草料、搭建养殖棚20亩，拆除雍楼村违规占用耕地建棚两亩，复垦雍楼村留出永久基本农田3.6亩，同步完成上传现状核实举证。

【安全生产】 2023年，文昌镇联合各行业主管部门对辖区内各行业领域进行全覆盖安全生产检查，建立风险隐患台账，逐项进行销号。排查燃气用户53707户，其中天然气48163户，液化气5544户，发现并整改隐患5020户。回收转运2031个闲置、过期或无二维码液化气罐，免费加装3484套居民液化气“三件套”。排查整治“九小”场所问题隐患724家，小散乱污企业28家，设置消防救援逃生窗434个，依法取缔使用甲醇、白油等醇基燃料商户46家，推进餐饮经营场所“瓶改管”“气改电”改造60户，切实将安全生产工作做实、做细、做到位。储备镇级应急救援物资47类366套，为各村（社区）配备微型应急救援站26组，发放宣传册5000册、安全生产宣传资料8000余份、张贴横幅500条。开展镇、村（社区）干部安全排查整治业务技能培训40场次、各类应急演练30余次，切实提高辖区整体安全生产水平。

【改革创新】 2023年，文昌镇紧扣“文明实践—德润文昌”主题，着眼凝聚群众、引导群众，以文化人、成风化俗，大力培育社会公益性组织和志愿服务品牌建设，新增建设完成7个爱心超市。组织开展新时代文明实践讲解员大赛，干部业务素质能力显著提升。广泛开展“乐享桑榆”“七彩假日 童心同行”“我们的节日 精神的家园”等各类特色志愿服务活动1000余场次，涉及群众9万余人，实现了宣传群众、教育群众、关心群众、服务群众“零距离”。

【民风建设】 2023年，文昌镇深入开展党的二十大精神、自治区第十三次党代会精神等各类宣讲活动200余次，覆盖群众5000余人，持续推动党的最新理论方针政策深入人心。持续发挥先进典型示范引领作用，大力开展“身边好人”“最美人物”“文明家庭”评选等活动，评选各类先进典型100余名。持续巩固五里村石美玲、马建忠等自治区文明村（家庭）文明创建成果。深化“我们的节日”活动开展，扎实推动“文化惠民”工程，开展文艺演出活动60余场次，文化事业蓬勃发展。认真做好重点工作信息报送，全年上报、发布工作信息120余篇，被自治区级以上媒体选登18篇，被中卫日报等市级媒体采用70余篇，被“魅力沙坡头”等沙坡头区级媒体转载90余篇。

【法治建设】 2023年，文昌镇紧密结合“八五”普法，着力深化法治建设，政府职能全面履行、依法行政不断深入、执法水平不断提升、营商环境不断优化。紧密围绕《中华人民共和国宪法》《中华人民共和国民法典》等开展法律知识讲座、宣传活动30余次，发放法治宣传资料1.5万余份，推送微信法治宣传3000余条，群众法律素养持续提升。加强公共法律建设，打造以法律援助、人民调解、法律咨询为主的镇公共法律服务工作站，在辖区26个村（社区）设立公共法律服务工作室，选聘14名律师担任法律顾问，辐射延伸法律服务“最后一公里”。培养“法律明白人”及骨干288名，代写法律文书8份，接待法律咨询134人次，协助申请办理法律援助78人次，引导公证、仲裁、司法鉴定服务等54人次，文昌镇黄湾村荣获2023年“自治区民主法治示范村（社区）”称号。

【社会事业】 2023年，文昌镇为145名临时困难人员审核发放临时救助资金47.6万元；为1186名低保对象审核发放资金811.2万元；为37名特困供养人员发放资金40.2万元；为26名高龄低收入老年人及325名高龄老人发放津贴83.6万元；为21名孤儿审核发放资金21.3万元；为585名残疾人审核发放生活补贴72.8万元，为866名残疾人审核发放护理补贴119.2万元，办理残疾人证135件，发放轮椅及辅助器具22件，残疾人无障碍改造25户，适老化改造26户；因病、因学、因残、因困新纳入低保216户312人，因家庭经济好转等原因核销低保69户87人，慰问困难群众93名，发放慰问金7.3万元。扎实做好低保扩围增效及低保边缘户复核工作，扩围145户219人，居沙坡头区首位，工作成果得到了区民社局高度肯定。秉承“一窗受理，一网通办”原则，无差别受理为民服务事项6528件。为7名下岗“两参”退役军人提供公岗，将3名困难退役军人纳入低保，对6人进行临时救助，利用春节、八一建军节重要节日慰问优抚对象、困难退役军人105人，发放慰问金10.3万元；办理退役军人优待证2018张，其中三属优待证12张，退役军人优待证2015张。

【民族团结】 2023年，文昌镇持续深化铸牢中华民族共同体意识示范乡镇创建，打造铸牢中华民族共同体意识“沙漠水城 怡乐文昌”“恒心聚力 和气致祥”品牌LOGO和“乐宝”“祥祥”“和和”品牌IP。以“我们的节日”为主题，在春节、端午、中秋等中华民族传统节日举办社区邻里节、各类联谊会、村晚等形式多样的民族团结文化活动140场次。举办、参与“书记谈铸牢中华民族共同体意识”“铸牢中华民族共同体意识有奖网络知识竞赛”，评选民族团结示范家庭、优秀共产党员、最美志愿者等各类先进人物400余人，大力营造各民族共居共学共建共享共事共乐的社会氛围，夯实铸牢中华民族共同体意识的社会基础。充分发挥“红石榴铸魂圆梦63688”创建项目的示范引领作用，持续深化巩固创建成果，在全镇基层党组织中广泛推广。黄河花园社区荣获全国民族团结进步示范单位，福兴苑社区荣获自治区民族团结进步示范单位。

【文化体育】 2023年，文昌镇积极促进文化体育事业发展，坚守为人民服务宗旨，坚持扎根群众，围绕群众精神文化需求，大力开展文化建设，激发镇域文化活力，组织开展“四季村晚”专场演出2场，“大篷车”基层下乡演出23场，“中国体育彩票杯”1场，组织辖区内群众参加“巾帼心向党·奋进新征程”广场舞大赛1次，丰富了群众的精神文化生活，不断提升群众的获得感和幸福感。

【政务公开】 2023年，文昌镇深入贯彻落实《中华人民共和国政府信息公开条例》等有关法规文件，坚持公开、全面、准确、及时的原则，及时、准确地向社会公开社会救助、政府文件、法治政府建设等16类政府信息，切实保障人民的知情权、参与权、表达权、监督权，增强公开实效，扎实推进政府信息公开工作。全年主动公开、转发各类信息共1800余条，其中：沙坡头区人民政府网站发布信息115条，政务新媒体发布转发信息1600余条，村级“三务”信息100余条，8个村务公开小程序和村务公开栏实现规范化运行。严格执行保密审核和“三审三校”制度，努力提升政务公开水平，2023年文昌镇未出现因政府信息公开问题的责任追究情况。

滨河镇

【概　况】 滨河镇地处中卫市沙坡头区腹地，东以市区南、北大街为界，西与迎水桥镇相邻，南依黄河古道，北接美利工业园区，为沙坡头区政府驻地，镇政府位于沙坡头西大道50号。总面积2821.30公顷，辖13个行政村、15个城市社区。辖基层党组织36个，其中：镇党委1个、机关党支部1个、村党支部13个、社区党组织15个、非公企业党支部5个、离退休党支部1个，共有党员2171名。全镇常住人口115151人，户籍人口62669人，全年新生婴儿346人，死亡328人。2023年全年实现社会生产总值27.88亿元，同比增长6.0%，城镇常住居民人均可支配收入36380.88元，同比增长6.5%。“红色物业联盟”化解物业纠纷工作法入选全国“枫桥式工作法”，滨河镇荣获自治区民族团结进步示范乡（镇、街道），槐树北巷社区成功创建全国“扫黄打非”示范社区，向阳街成功创建国家级旅游休闲街区。

【党的建设】 2023年，滨河镇通过党委理论学习中心组、党员干部大会等，组织领导干部深入学习各级文件、会议精神等44次、专题研讨10次31人，各基层党组织开展学习交流89次，实地观摩56场次，组织领导干部、各党组织书记参加各类培训班52人次。镇党委严格执行“三会一课”、主题党日、民主评议党员等基本制度，组织召开民主生活会1次，组织生活会45次，发展党员33人，举办滨河镇2023年入党积极分子及发展对象培训班1次，开展“喜迎十六运　我来当先锋”等特色主题党日活动160余次。

【党风廉政建设】 2023年，滨河镇组织“廉政警示教育周”活动，开展警示教育学习4次，通报学习典型案例13次，观看警示教育片3部，撰写心得

70余篇，组织党纪法规知识测试两次，教育引导广大党员干部遵守党纪法规，强化廉洁自律的思想意识。组织镇、村领导干部家属签订了家庭助廉承诺书158份，发放家庭助廉倡议书2500份，开展廉政讲堂20次，评选“最美家庭”5户，达到了评树先进、激励后进、整体推进的效果。切实把纪律和规矩挺在前面。立足抓早抓小，对重点岗位厘清风险点、念好“紧箍咒”，开展节日、廉政谈话70人次，集体谈话50人，提醒谈话52人次，责任约谈3人。开展安全生产排查工作督查检查10次，提醒谈话2人，责任约谈8人，在全镇范围内通报2次。加强对村级权力监督平台的监督，督促指导各村及时整改督查发现的问题，进一步规范平台运行，对13个村级权力监督平台990笔6256.2万元资金收支情况进行监督。推广运用基层小微权力“监督一点通”平台，点击访问量达164.7万次，办理投诉件24件。坚持问题线索快查快办，年内查办案件2件，其中初核了结1件、谈话了结1件。

【农业与农村经济】 2023年，滨河镇引导群众流转土地9298亩，探索形成田园农业、物流仓储等城乡结合型产业，吸收4000余名群众入社入股，实现村集体经济收入4570万元。引导土地流转9298亩，种植玉米、小麦等农作物近1.8万亩，超额完成日光温室改造任务48座，持续优化设施农业产业，实现农业经济收益4000余万元。签订改造日光温室大棚协议13户48座，超额完成任务数量。栽植旱柳、金叶榆等乔木1210株。常态化开展“两禁”巡查、森林草原防火工作1130次，督促整改焚烧秸秆、树叶行为46次。常态化开展自然资源动态巡查760余次，及时制止南元村、大板村违规占用耕地乱搭乱建行为2起。高效推动基本农田、耕地流出整治工作。新建快水渠、庙渠农口6座，团结渠节制闸1座，农田农口112座，顺利完成东胜渠改造清淤工程，清淤整治第四排水沟1.26公里，确保辖区灌排畅通。

【城市建设】 2023年，滨河镇牢固树立“项目为王”理念，全面加强项目谋划，优化项目服务，严格项目管理，组织实施了湖畔社区旭日隆祥小区和平安社区滨河城市花园小区基础设施改造提升项目，完成路面铺装约5000平方米，积极配合区住建局完成新花园老旧小区改造项目。持续推进幸福立方三期、锦宸湾、阳光悦府三期、香山悦府小区、滨河镇全民健身中心、老旧小区改造等重大项目建设，深入实施事业公司家属楼集中供暖改造、滨河镇日光温室改造、西关、涝池等农村公益事业财政奖补项目4个，拉动项目总投资近3.5亿元。

【平安滨河建设】 2023年，滨河镇突出源头治理，整合资源优势，探索建立“1+4+N”工作机制，建立了齐抓共管“大综治”格局。坚持清单式部署、覆盖式宣传，拉网式清查，开展反诈宣传活动30余场次，发放反诈宣传彩页和宣传扇等宣传品3万余份，诈骗案发率同比下降45%，成功阻断诈骗案件82起，及时帮助群众挽回经济损失50万元。坚持预防为主、防治结合，紧紧围绕婚恋家庭、邻里纠纷、物业服务保障等重点领域，集中开展“大排查、大化解、大整治”专项行动，排查并成功化解矛盾纠纷437起，化解率达98%。

【生态环境整治】 2023年，滨河镇建立以乡镇为主体，行业部门、社区（村组）、企业、群众共同参与“1+4”工作机制，压实河（湖）长制等工作责任，扎实开展群众生产生活垃圾处理、河道“清四乱”及滩地治理、环保督察反馈问题专项整治、农田水利基本建设、“最美庭院”评选等工作。累计清理垃圾2万吨，疏通淤沟、渠道348条，平整深翻土地7000余亩，改善供港蔬菜基地员工宿舍28间，评选“最美庭院”5户。督促整改各类生态环境问题62起，取缔无证废品收购站2家，栽植各类乔、灌木3.6万株，城乡人居环境进一步优化。结合春秋季植绿增绿大会战，在机场大道、卫青公路、第三第四排水沟等重点沟渠路“见缝插绿、补绿复绿”，栽植旱柳、金叶榆1210株。高效实施沙坡头区城市饮用水水源地保护区植绿增绿生态园项目，播撒草籽430亩，水源地生态环境显著改善。

【安全生产】 2023年，滨河镇紧盯商贸综合体、危化企业等安全生产重点领域和元旦、春节等重要时间节点，实施城镇燃气、危化品、自建房安全专项整治行动，累计检查各类企业及经营主体5120家次，排查整改问题3000余条，推动辖区内255户餐饮经营场所完成“瓶改管、气改电”。

【社区治理】 2023年，滨河镇“红色物业联盟”化解物业纠纷工作法入选全国“枫桥式工作法”，共选聘12家物业公司进驻服务31个小区，打造红色物业示范点9个，90%以上小区实现规范化管理，辖区物业服务水平显著提升，调解物业纠纷68起，物业领域矛盾纠纷占比由71%下降至43%。成功召开“红色物业”表彰大会，评选表彰53个先进典型。搭建阳光“移动办公桌”、文苑“解忧茶室”等11个社区治理平台，项目化解决居民需求500余个。在自治区率先探索新型社区经济，设立向阳社区等4个专户，募集社会资金10万元用于社区治理。深入推进完整社区建设，有效推动社区养老、托幼、基础设施提升等社区治理迈上新台阶。做好做优议事协商，搭建诸葛驿站等议事平台，用好“巧嘴巴”等议事队伍，不断提升社区治理效能。推动文旅蓬勃发展，夯实文化阵地，成功举办“大漠味集”厨王争霸赛等系列大型文化旅游活动10场。深化全民阅读，营造浓厚文化氛围，官桥村农家书屋入选全国“最美农家书屋”名单，槐树北巷社区入选全国“扫黄打非”进基层示范点。

【社会事业】 2023年，滨河镇全面落实各项惠民政策，严格按照低保、残疾、低收入等各类群体救助标准，审核新增低保236户360人，临时困难救助196户196人，累计发放各类社会救助资金2415万余元，惠及群众2万余人次。高效运营日间照料中心8个，全面提升居家养老服务水平。全面摸排登记城镇长期失业人员、就业困难大学生、零就业家庭等就业困难群体325人，及时发放社会保险补贴250.6万元，积极引导就业困难群体再就业，办理公益性岗位申请46人。将42项行政审批和公共服务事项全部纳入民生服务范畴，精准设置8个综合受理窗口，无差别受理社会救助、社保、医保等便民服务事项7600余件，接待群众咨询、业务查询1.3万余人次。

【文明城市创建】 2023年，滨河镇全面推进全国文明城市创建工作，累计组织召开工作推进会、协调会等各类会议24余场，运用微信公众号、微博等新媒体资源，推送主题信息265余条，组织开展“大手牵小手——黄河环保行”等主题教育实践活动18余次，常态化开展“周五有约”、义剪义诊等各类志愿服务活动100余场次，清理小区乱堆乱放620余吨、小广告400余处，积极对接责任单位，争取项目资金，安装充电插头570个，清理飞线1200余条；划定停车位450个，规范乱停乱放车辆800余辆，持续美化环境，改善市容面貌。

迎水桥镇

【概　况】 迎水桥镇地处中卫市城区西部，南靠黄河，北接内蒙古，西邻甘肃，总面积1380平方公里，辖16个行政村，2个社区。

【党的建设】 2023年，迎水桥镇大力实施基层党组织强能增力行动，深入开展学习贯彻习近平新时代中国特色社会主义思想主题教育，认真落实农村党建“一抓两整”责任机制，创建三星级及以上示范村党组织14个，占比87.5%，不断提升基层组织建设质量。重点完成孟家湾村软弱涣散和姚滩村重点难点村整顿工作。

【党风廉政建设】 2023年，迎水桥镇认真落实中央八项规定精神，严格执行党风廉政建设主体责任和“一岗双责”机制，发出履责提醒30份162条。扎实开展纠治形式主义官僚主义专项整治、乡村振兴领域腐败和作风问题专项治理工作。聚焦重点工作任务落实，年内开展专项工作督查31次，谈心谈话70人次，提醒谈话10人次，责任约谈3人次。开展小微权力“监督一点通”平台推广及宣传，公开公示监督事项800余项，办结答复反馈问题18条。

【理论武装】 2023年，迎水桥镇组织开展党委理论学习中心组学习13次、党委会学习21次，干部理论学习41次，开展交流研讨48人次，领导干部撰写心得体会150余篇。开展“感恩总书记，奋进新征程”“沿着总书记足迹　感悟思想伟力”等各类专题宣讲150余场次，“三会一课”200余次，党支部书记讲党课40余次，活用“现场＋领学＋答疑”形式，开展上门送学80余次，发挥“立足岗位作贡献”党员先锋模范作用110余次，深入推动盛会精神学习“热”在基层。及时做好重要节点和敏感时期党的舆论宣传引导，充分利用微信公众号等新媒体平台发布信息273篇、视频32条，组织开展意识形态专题培训3次。

【项目建设】 2023年，迎水桥镇投资1600余万元，实施农村公益事业财政奖补、土地改良、高质量美丽宜居村庄建设、高效节水灌溉等项目14个，乡村发展基础设施不断完善。高标准编制沙坡鸣钟田园综合体提档升级、长流水生态旅游、夹道村渔乐项目、黑山峡水库移民搬迁安置及后续产业发展规划。完成沙坡头区“1+X”农副产品产业园现状调查和一期248亩土地征收。做好中卫下河沿黄河公路大桥工程、沙漠主题度假中心（野奢酒店）等项目协调服务工作。

【产业发展】 2023年，迎水桥镇坚持农文旅融合发展，提档升级沙坡鸣钟田园综合体，推进鸣钟星空在野民宿运营，创新打造何滩村乡村流水席、鸣沙村骑士马术俱乐部。成功举办“5·19中国旅游日”暨鸣钟村乡村亲子文化旅游节等节事活动5场次，承办自治区群众广场舞大赛、第三届宁夏美丽乡村休闲旅游精品线路推介活动，累计接待游客177万人次，旅游收入3.4亿元。

【党支部领办合作社】 2023年，迎水桥镇新成立党支部领办合作社8个，全镇累计成立党支部领办合作社11个，覆盖率68.8%。码头田园综合体、营盘水水稻种植、迎水大米加工等合作社亮点纷呈，累计带动1890余户农民入社，村集体经济增收540余万元，群众增收490余万元。何滩村被评为自治区乡村振兴示范村。

【特色农业】 2023年，迎水桥镇完成粮食作物播种3.4万亩、经济作物0.8万亩、蔬菜种植0.6万亩，亩产值平均增长6%；发放873户实际种粮农民一次性补贴10.5万元、7202户农户耕地地力保护补贴322万元；培育大型奶牛养殖企业5家，全镇奶牛存栏2.1万头，同比增长3%；发展规模养殖场（户）36家，各类牲畜存栏2.5万头；高位推进高标准农田水利基本建设3.2万亩，奠定增产增收坚实基础。

【乡村振兴】 2023年，迎水桥镇聚焦“两不愁三保障”，扎实推进“四查四补”和“八必访”。转移劳动力6891人次，落实产业奖补政策资金262户85万元、各类社会救助2100余人751万元。申报雨露计划67人11.5万元,发放小额贷款贴息12.65万元,坚决守住不发生规模性返贫的底线。

【生态环境】 2023年,迎水桥镇建立健全农户门前“三包”、积分奖励等长效机制,扎实开展农村人居环境整治。常态化开展“两禁”巡查工作,进一步加强“小散乱污”企业排查整治,实施清洁能源改造1036户。完成植树造林665.9亩7.3万株,卫生改厕271户,“美丽庭院”建设率达90%,群众生活品质全面提升。

【深化改革】 2023年,迎水桥镇深入推进土地权改革,摸排统计全镇宅基地面积3539.89亩,闲置宅基地面积861.89亩,闲置房屋2000余套,目前盘活闲置农房300余套。引进吾特特等8家公司,在何滩、长流水、鸣钟等村盘活闲置农房25套,打造原舍依田亲子体验教育基地、小小骑士、乡村流水席等特色乡村旅游品牌。深入推进用水权改革,切实履行农业用水管理主体责任,不断健全完善农民用水合作组织机制。严格规范用水管理,精准核算水量水费,规范水费收缴程序。2023年农业实际用水量为1801万立方米,年内节水32万立方米。

【基层治理】 2023年,迎水桥镇打造社会治理中心,建立健全信访工作联席会议机制,持续开展风险隐患大排查、大化解、大整治行动。加大预防网络电信诈骗和养老诈骗宣传力度,持续推进法治政府建设,开展普法宣传活动70余次,常态化推进扫黑除恶斗争,大力开展禁毒铲毒工作,年内无重大特大安全事故和重大刑事案件,法治乡村建设水平明显提升。鸣钟村被评为自治区乡村治理示范村,何滩村被评为自治区民主法治示范村。

【文化体育】 2023年,迎水桥镇实施何滩、牛滩、迎水、码头等四个村综合文化服务中心提升项目,进一步完善村级公共文化设施;组织开展百姓大舞台广场等文艺演出、爱国卫生志愿服务等活动70余场次,组织参加沙坡头区第六届农民篮球争霸赛、“喜迎十六运”2023年中卫市沙坡头区社区群众毽绳比赛,群众文体活动丰富多彩、生活环境健康舒适。迎水桥镇被评为自治区健康机关。

【人口发展】 2023年,迎水桥镇办理育龄夫妻办理生育服务单123对,完成孕前优生健康检查90对,发放独生子女保健费86户,完成特扶、奖扶、“少生快富”工程年度审核519人;完成居家适老化改造14户,民生服务水平进一步提升。

【政务公开】 2023年,迎水桥镇认真执行政府信息公开保密审查制度,明确审查工作程序和责任,确保政府信息依法、及时、准确、全面公开。全年主动公开财政预决算及“三公:经费、农业农村信息、综合政务、社会救助、乡镇动态等各类信息733条,其中:沙坡头区人民政府网站发布信息87条,微信公众号发布信息287条,微博发布信息359条。及时受理答复依申请公开件1件。

【人才培养】 2023年,迎水桥镇通过“1+1+N”导师帮带机制培育后备力量61名,发展党员16名,培养入党积极分子30余名,为乡村治理奠定人才基础。依托沙坡头区乡村振兴体验中心带动人气聚集,把讲堂搬到乡村振兴一线,累计举办培训30期,培训学员2700余人,培育致富带头人191名、新型职业农民19名。

东园镇

【概　况】 东园镇地处沙坡头区东北部,南接中卫市区、东临柔远镇和镇罗镇、西靠迎水桥镇、北连内蒙古左旗孪井开发区。镇域总面积271平方公里,耕地面积6.88万亩,下辖20个行政村138个村民小组3.79万人。2023年,农村居民人均可支配收入 1.8139 万元，同比增速 7.1%。

【党的建设】 2023 年，东园镇扎实开展学习贯彻习近平新时代中国特色社会主义思想主题教育，理论基础不断夯实。严格落实重大事项“四议两公开”和“三会一课”制度，召开党建工作例会 12 次，发展党员 19 名，高标准落实基层党组织建设提质增效重点任务，指导黑山、新星、郑口等 8 个村升星定级，打造党建品牌、党建示范点等 10 个。举办“党员进党校”培训班 6 期，培育后备力量 66 名、致富带头人 244 名，党组织政治、组织功能不断增强。统筹用好“和谐东园”等新媒体平台，持续强化政策、典型等内容宣传，发布信息 200 余篇，被各级媒体采用转载 40 余篇，为高质量发展营造良好氛围。深入推进移风易俗、新时代文明实践等群众性精神文明创建工作，组建党员突击队 20 支，评选各类模范、身边好人 176 名，在白桥村家风馆循环展示，选任模范人物担任“巷长”等，带动文明乡风、淳朴民风向善向好。谢滩村荣获自治区优秀村规民约示范村。

【党风廉政建设】 2023 年，东园镇扎实开展纠治形式主义官僚主义专项整治、乡村振兴领域腐败和作风问题专项治理、耕地保护专项监督，共整改完成乡村振兴领域腐败和作风问题 32 个、形式主义官僚主义问题 12 个，以整改实效改进工作作风。坚持以严的基调强化正风肃纪，年内党纪处分 3 人，提醒谈话 35 人次，党员干部纪律意识不断强化。

【农业产业】 2023 年，东园镇立足近郊型农业大镇定位，依托自身资源禀赋，全力促进农业发展。聚焦稳粮保供需求，打造高标准农田，形成了中沟路沿线 0.7 万亩优质水稻种植区和 4.1 万亩精品玉米大豆耕作区。大力扶持养殖业和奶产业发展，牛羊等牲畜存栏 13.1 万头（只），基本实现稳中有增。持续擦亮富硒蔬菜“农”字招牌，瓜菜种植规模 4 万余亩。充分挖掘韭菜种植及品牌优势，高标准打造千亩韭菜种植示范区，农业产业规模显现。

【乡村振兴】 2023 年，东园镇严格落实“四个不摘”要求，常态化开展防返贫动态监测帮扶和“四查四补”工作，消除“三类监测对象”风险 6 户 23 人，完成各类问题整改 117 个，外出务工就业 1394 人，申报“雨露计划”116 人次，累计发放产业奖补、小额信贷贴息等扶持资金 330 余万元，脱贫人口、监测对象人均纯收入同比增长分别为 14.79%、19.1%，群众生活水平持续改善。金沙村确定为国家级巩固拓展脱贫攻坚成果村级实践交流基地。

【项目建设】 2023 年，东园镇坚持把重大项目建设作为扩投资、增后劲的主抓手，全力保障宁国运 100MW、爱康 50MW 复合光伏等招商引资项目落地前的草原征占等手续。先后到武威、天水等周边地区考察学习 4 批次，进一步开阔视野、打开发展思路。积极争取财政奖补资金 1400 余万元建成金沙村优质玉米烘干塔、瑞应村菌菇保存冷库等项目 4 个，实施曹闸村、双渠村等村农村公益事业财政奖补项目 9 个，开展一排水沟综合治理、中沟盐碱化治理工程，基础设施建设更加完善。把握发展壮大村集体经济契机，结合特色产业优势，指导成立村党支部领办合作社 15 个，重点打造黑山、瑞应、新星等农民专业合作社 5 个，吸纳 331 名困难群众以资金、土地入股分红，建成培育瑞应菌菇车间、新星“四方墩”食醋加工厂、黑山滴灌带生产线等产业融合项目，村集体收益达到 347 万元，带动周边群众务工增收 120 余万元。

【环境整治】 2023 年，东园镇聚焦村容村貌提升、“厕所革命”等精准发力，清运垃圾 4000 余吨，清理畜禽粪污等农业生产废弃物 1100 余吨，清理沟渠 1330 千米，整改违法图斑 28 个，拆除“小散乱污”企业10家，修剪苗木16万余株，新建卫生户厕200户，农村人居环境整治再上新台阶。常态化开展“双禁”、大气污染、河(沟)道、林田巡查工作2700余次，完成“煤改电”清洁取暖改造868户，生态环境质量持续改善。

【社会治理】 2023年，东园镇大力推广新时代“枫桥经验”，返聘退休老干部、村党支部书记等4名人民调解员发挥余热，成立“老侯调解工作室”，秉承“矛盾不上交，平安不出事、服务不缺位”宗旨，把矛盾纠纷化解在萌芽状态，牢牢守住社会稳定“第一道防线”。安全防线筑牢筑实。聘请第三方安全检查公司对辖区23家企业及227家九小场所开展安全生产检查2000余次，发动镇村干部及志愿者600余名，摸排整改燃气、“九小”场所等领域隐患257条，回收废旧液化气瓶1887个，常态化开展食品药品安全自查及检查，督促食品生产经营企业落实管理责任，从严从实保障辖区群众生产生活安全。组织各领域防灾减灾应急培训演练36场1000余人次，干部队伍应对风险隐患能力有效提升。曹闸村成功创建国家级综合减灾示范村。

【民生保障】 2023年，东园镇持续深化为民服务举措，群众生活质量大幅提升。累计发放低保、残疾、高龄津贴等救助资金1611.66万元，新增低保512人、临时救助311人，落实医保缴费30698人，完成残疾人无障碍改造27户、适老化改造45户，全力兜底困难群众基本生活。办理史湖、双渠村棚户区安置房不动产权证569套，申请乡村治理专项经费200万元实施砌护渠道、硬化路面、安装路灯等基础设施改造，解决群众反映强烈的突出问题。常态化举办群众文化活动，开展移风易俗、社会主义核心价值观、“讲文明、树新风”等宣讲活动50余场次，组织“文化大篷车”等惠民演出80余次，更换八字渠、史湖等6村公共文化体育设施，群众文化生活更加丰富。

柔远镇

【概　况】 柔远镇地处中卫市沙坡头区腹地，东邻镇罗镇，西靠文昌镇，南与黄河相邻，北邻东园镇，距城区6公里，面积40平方公里，耕地面积3.5万亩，是中卫市区向东发展的要塞。下辖13个行政村、1个自然村(柔远林场)，116个村民小组，总人口2.9万人。2023年全镇农村居民人均可支配收入达到18709元。

【党的建设】 2023年，柔远镇坚持围绕党建引领高质量发展为主线，全面落实抓基层党建和全面从严治党和党风廉政建设的主体责任，带头认真学习贯彻习近平新时代中国特色社会主义思想和党的二十大精神等。全年召开党委会研究解决党建问题60余项，组织班子成员指导各支部开展主题教育等380余场次。主动认领、整改、销号巡察、督查反馈及党建述职评议问题20余条。开展村党组织书记抓党建促乡村振兴和村党支部领办合作社“擂台比武”，镇靖村荣获区级三等奖；组织干部能力提升培训86次；镇党校开展培训3期；培育致富带头人215名、产业振兴带头人28名，后备力量55名；选优调整班子3个；慰问困难党员146名15.7万元，发展党员11名；以“瓜香镇靖”和“三村共渔”创建“柔远不远”党建共同体；整顿提升村党组织1个，培树党建示范点6个，优化村级活动场两个。实施惠民项目43个；各村“民生实事清单”完成99%以上；以范庙、高营、沙渠等村为试点领题破题“村事民议”乡村治理新模式，创建自治区级法治示范村1个；推选乡村振兴“担当作为好支书”等“身边榜样”94名；常态化开展志愿服务活动700余次；结合检视整改解决群众急难愁盼问题

29个。村党支部领办合作社注册率100%，探索实施以水产养殖等为主的发展项目13个，收入96.5万元，累计带动500余名群众增收43万元。创建区级农民合作示范社2个。利用“美丽柔远”公众号宣传党建特色等48次，与10余家超市、餐厅等平台合作，高营人参果、镇靖香瓜和鲈鱼、渡口芽苗菜等“一村一品”已初具影响力。完成村级集体经济任务487.4万元。

【党风廉政建设】 2023年，柔远镇纪委在区委、区纪委和柔远镇党委的坚强领导下，以习近平新时代中国特色社会主义思想为指导，深入贯彻党的二十大精神，中央、自治区、中卫市及沙坡头区纪委全会精神，紧紧围绕重点工作和目标任务，严格落实党风廉政建设监督责任。扎实开展乡村振兴领域腐败和作风问题专项治理和纠治形式主义官僚主义专项整治，查找并整改问题26条。坚持有案必查、有腐必究，年内受理举报案件4起，立案1件、初核了结3件；不断提升小微权力监督“一点通”平台知晓率，群众访问量60.8万余次，按期答复投诉件3件。正确把握和运用监督执纪“四种形态”，年内，开展提醒谈话156人次，责令书面检查2人，给予党内严重警告1人，累计开展专项工作督查35次，印发通报15期。

【项目建设】 2023年，柔远镇坚持把抓项目、抓产业作为推动各项工作高质量发展的重要任务。完成招商引资2.63亿元，争取项目资金2000余万元，负责实施了柔远、施庙、镇靖三村联合水产养殖项目、柔远镇设施蔬菜园区基础设施配套工程及沙渠村分拣中心项目、以工代赈示范项目、沙渠村产业发展项目、冯庄村2023年高质量美丽宜居村庄建设项目、夹渠村人居环境整治建设项目和刘台村3、4队污水处理等一批重点项目。同时，指导各村实施乡村治理经费项目13个、商贸中心改造项目1个、农村公益事业财政奖补项目6个，农村道路、沟渠、电网、通信等基础设施进一步提升。

【农业经济】 2023年，柔远镇牢固树立“大粮食安全观”，粮食种植2.7万亩，高质量完成麦后复种及大豆玉米带状复合种植任务。持续推进设施产业提质增效，改造老旧日光温室537座，蔬菜累计种植1.7万亩。大力扶持畜牧业发展，饲养各类牲畜5.3万只（头），完成动物检疫两万头次。高标准农田建设高效推进，清淤渠道1113条828.1公里，春季农田林网村庄绿化46.2亩，植树3450株。全力推进农业产业高质量发展，新建移动式大拱棚43座，打造沙渠村1000亩高质量设施蔬菜生产基地，三芳果蔬100亩高标准蔬菜产业示范园。抢抓机遇，强化发展特色产业，以党支部领办合作社培育发展了高营人参果、柔远五彩椒、镇靖香瓜、范庙蜜光葡萄等“一村一品”特色产品，进一步夯实农业产业发展基础，累计增收89万元，带动群众增收22.6万元。

【安全生产】 2023年，柔远镇将安全生产工作列入党政主要议事日程，组织镇村干部集中学习自治区党委十三届四次全会、“1+37+8”文件精神12次，扎实开展安全生产专项整治行动，检查各类生产经营单位300余家，发现问题隐患357个，已全部完成整改。自治区“四防”督查反馈4个问题、中卫市、沙坡头区两级共督查反馈问题54个，全部完成整改。大力开展“小散乱污”企业突出问题专项整治活动，自查企业30家，已关停取缔中信废品收购站和小张再生资源回收站2家。组织镇村干部、河沟道巡查保洁员70余人开展隐患排查6次，检查蓄水池6个，各类防洪设施30余处，排查整治一般隐患8条，均已整改完毕。不断加强两站两员建设，开展交通劝导30余次。联合各村摸排道路交通隐患两次，及时上报19处隐患风险协调相关职能部门解决。建立镇应急物资储备库，配备防护服、应急手电筒、铁锹、牵引绳等20多种应急救援物资。广泛宣传安全知识，发放告知书3000余份，张贴横幅海报50余条，播放标语30余条。全年组织各村围绕消防、农机安全、防汛等重点内容积极组织开展培训、演练等活动4次。

【环境整治】 2023年，柔远镇以解决影响农村人居环境的突出问题为着力点，制定印发《柔远镇2023年农村人居环境整治提升村庄清洁行动实施方案》《柔远镇村庄清洁长效管护机制实施方案》，组织召开专题推进会、现场会、调度会、评促会50余次；建立完善"日督查、周通报、月整治、季观摩、半年评促""五个一"人居环境整治工作机制，制发通报30期、兑付以奖代补资金35.9万元，有序推进"村庄清洁及垃圾清零"行动；将环保突出问题与环境卫生综合整治紧密结合，累计清理图斑、砂石场4个，清理复垦8处；建立柔远镇农村人居环境整治微信"曝光台"，推行主干道路、各村巷道、公共区域垃圾"随手拍、立即改、跟踪问"等措施，力促全镇人居环境整治工作提质增效。全年累计动用机械2000余台次，人力14000余人次，清理巷道"三堆"2000余处，清运各类垃圾16000余吨，打造示范村1个，提升村2个，取得了人居环境整治考核排名位居全市第四的好成绩。

【民生保障】 2023年，柔远镇坚持把保障民生作为首要目标，全面落实低保扩围增效政策，持续加大低保、残疾等特殊群体救助力度，顺利完成2023年低保扩围增效任务，新增城乡低保301人，退出77人；新增分散供养特困人员2人，领取高龄津贴老人196人；受理临时救助申请199人次，审核通过并发放临时救助131人，累计发放各类社会救助保障金734万余元。现有持证残疾人1197人，享受残疾人"两项补贴"共计1182人，完成年度残疾人基本状况调查录入1051人。审核上报被征地农民养老保险15户18人。办理各类资格待遇认证2125人，受理个人查询业务7048人次，办理就业困难人员身份认定、失业登记、灵活就业人员登记等事项共1427条；办理新生儿医保参保缴费86人，2024年医疗保险参保率96.35%。

【社会治理】 2023年，柔远镇始终坚持"保平安、促发展"的理念，深入推进法治政府建设和"八五"法治宣传教育工作，镇靖村被评为自治区"民主法治示范村"。坚持和发展新时代"枫桥经验"，探索创新"人民调解＋仲裁＋司法确认"工作模式。围绕创建"平安柔远"这条主线，开展扫黑除恶、国家安全、防范养老诈骗等各类学习宣传40余次，发放宣传彩页5000余份；有序推进吸毒、社区矫正、刑满释放人员等重点人员管控帮扶工作，155名吸毒人员跟踪帮教管控到位，接收矫正对象7名、衔接刑满释放人员30人。

【乡村振兴】 2023年，柔远镇坚持巩固拓展脱贫攻坚成果同乡村振兴有效衔接，不断优化防返贫动态监测机制，完成各部门反馈预警及自治区精准扶贫系统一键预警人员核查652人；开展防止返贫监测帮扶集中排查工作，排查13个行政村常住人口5254户，新纳入监测对象3户7人；常态化开展"四查四补"工作，累计排查问题94个，并全部完成整改。全面落实各项帮扶政策提升群众收入，核实发放扶贫小额贴息贷款6户15923元；申报春季雨露计划3人，补贴金额4500元，申报秋季雨露计划4人，补贴金额8000元；宣传购买乡村振兴健康保114人；发放种植业、养殖业、劳务产业奖补10户20502元；申请小额贴息贷款6户。

【民族团结进步创建】 2023年，柔远镇深入学习贯彻习近平新时代中国特色社会主义思想，把铸牢中华民族共同体意识作为各项工作的主线，紧紧围绕“中华民族一家亲，同心共筑中国梦”总目标，聚焦“555”创建思路，以“抓产业、办实事、强治理、转作风”专项行动为抓手，探索形成“12446”创建机制（围绕1条主线，发挥便民服务中心和综治中心2个直接服务各族群众的窗口，突出“4个坚持”，聚力建好各民族“4个家园”，努力实现柔远镇乡村全面振兴“5大目标”），巩固深化中卫市民族团结进步示范镇及渡口、夹渠村铸牢中华民族共同体意识市级示范村创建成果，创建打造冯庄村“中华民族一家亲，宜居冯庄聚人心”，镇靖村“浇灌团结花，筑梦镇靖堡”示范品牌，努力争创自治区级铸牢中华民族共同体意识示范乡镇。

【精神文明建设】 2023年，柔远镇以习近平新时代中国特色社会主义思想为指导，紧紧围绕全镇中心工作，立足发展全局，自觉承担起举旗帜、聚民心、育新人、兴文化、展形象的使命任务，群众的幸福感、获得感和满意度不断提升。以“我们的节日”活动为载体，辖区内文艺团体自编自演音乐快板《俺把移风易俗谈》和小品《高价彩礼要不得》表演4场，用家乡话“谈”出移风易俗新风尚，让移风易俗深入人心。充分整合乡镇现有资源，积极拓展优势资源，打造“1+13”新时代文明实践平台，常态化开展义诊体检、文明餐桌等活动800余次，全力推进志愿服务常态化、长效化。

镇罗镇

【概　况】 镇罗镇位于沙坡头区最东侧，处于“一带两廊”沿黄生态经济带，东邻中宁县、南靠黄河、西接柔远镇、北临照壁山，包兰铁路、308省道东西贯穿全境，乌玛高速南北横穿全境，宝中铁路与包兰铁路在此南北交会，区位优越，交通便利，边界清晰。下辖胜金、凯歌、河沟、李嘴、镇西、镇罗、镇北、九塘、李园、关庄、观音、沈桥12个行政村116个村民小组7923户32849人（常住人口3374户9110人），区域面积348平方公里，辖区农业、畜牧业、工业三大产业俱全。2023年，农村居民人均可支配收入达19646元，同比增长4.1%。

【党的建设】 2023年，镇罗镇有基层党组织25个，其中五星级基层党组织1个、四星级基层党组织9个、三星级7个。建成投运党支部领办合作社10个，村集体经济年收入突破713万元，同比增长227%。组织村党支部书记赴甘肃天水、山东寿光等省外观摩学习2批次150余人次，举办村党支部领办合作社“擂台比武”1次。不断优化干部队伍建设，大胆起用2名年轻干部担任村党支部书记。创建沙坡头区农村党建示范点5个，“三新”领域党建示范点1个，“建强红色堡垒　筑梦金色家园”等党建品牌12个。充实乡村人才信息库，摸排农业领域优秀人才28名，省外优秀人才56名；储备村级后备力量36名，致富带头人178名。推动主题教育走深走实，开展专题党课和宣讲23场次，送学上门100余人次。先后解决了九塘村3~8队村民生活污水处理难，关庄、河沟村沟（渠）淤堵冬灌不畅、农村公交开通等多个问题。扎实开展纠治形式主义官僚主义专项整治和乡村振兴领域腐败和作风问题专项治理，认真对照检查，制定整改措施，确保真改实改、应改尽改。

【特色产业】 2023年，镇罗镇有耕地面积4.63万亩，其中设施蔬菜种植面积2.37万亩，粮食作物面积2.26万亩。日光温室大棚2040座（改造老旧日光温室大棚933座），越冬式大拱棚730座。培育市级及以上农业产业化龙头企业5家、市区级农民专业合作社示范社两家、家庭农场示范社1家。注册“平顺发”“稀果姑娘”“兄弟红”“塞上江南”等多个蔬菜产品商标，产品远销广东、甘肃、青海等地。

建成投运党支部领办合作社10个，累计带动村集体经济增收129万元，带动200余名群众就近就业创收77万元。培育规模养殖企业11家，规模养殖户83户。全镇生猪饲养量20.1万头，肉牛1.23万头，奶牛0.39万头，羊5.12万头，家禽51.2万只。

【设施农业】 2023年，镇罗镇投资2300余万元建设占地70亩的智能化数字化大型集约化育苗中心1个，配套催芽室、育苗床等设施，搭建智能控制平台，实现数智赋能产业发展，打造沙坡头区种苗行业标杆。采取“跨村联建”方式，推动新品种试验示范，“订单式”引进种植圆生菜、口感西红柿、贝贝南瓜414亩。创建沙坡头区普天瑞农“四好”示范园区1个，平顺发新品种新技术试验示范基地1个，红星家庭农场产业示范基地1个，逐步推动特色农产品生产标准化、经营规模化、发展产业化、方式绿色化、产品品牌化。

【项目建设】 2023年，镇罗镇申报实施自治区乡村振兴示范点项目，认真谋划项目30个，其中镇罗镇以工代赈示范等4个项目已竣工。争取项目资金8090.8万元，实施新(续)建项目10个，已全部完工，基础设施水平进一步提升。扎实做好“麦垛山养殖园区”“宁电入湘”等项目的服务保障工作。完成招商引资到位资金5.2亿元，任务完成率达130%。

【民生保障】 2023年，镇罗镇新增城乡低保1326人，特困供养66人。发放各类救助43.07万元，转移农村劳动力6456人。累计办理民生保障服务事项3400余件，办结率100%。利用乡村治理资金120万元维修、安装路灯300余盏，埋设下水管道250米，检查井4个，化粪池两个。开展“暖心煤”排查行动，为98户困难群众运送煤炭98吨。加快医养结合养老服务中心项目落地建设，实现“医养康养+老年饭桌”一体融合发展。

【乡村振兴】 2023年，镇罗镇聚焦“两不愁三保障”，扎实推进脱贫攻坚与乡村振兴有效衔接，发放防止返贫监测对象申报“明白纸”4302份、帮扶政策“明白纸”320份，集中排查重点人群2239户，新识别监测对象2户8人。强化政策落实，申报种植业等产业奖补38户9.52万元，申请“小额贷”“富民贷”18户165万元，落实雨露计划补助19人3.4万元。全面落实2022年自治区考核评估反馈4个方面30个问题44条措施，整改销号自治区督导调研和中国乡村振兴杂志社暗访反馈问题41个。

【基层治理】 2023年，镇罗镇纵深推进安全隐患排查整治工作，开展各类安全生产宣传培训20次，累计排查企业、商铺等重点场所478家(处)，整改各类安全隐患604条。修订完善《镇罗镇“一本通”》等“1+17”系列应急预案，防灾减灾能力进一步提升。持续巩固“一核三圈四体系”治理模式，创新“五抓五到位”矛盾纠纷化解工作法。深入推进禁毒、电信网络诈骗和养老诈骗专项工作，治安案件发案率、刑事案件发案率同比下降28.6%、69.23%。

【生态环境】 2023年，镇罗镇聚焦减污治污、植绿增绿、降碳减碳，推动农业节水增效、工业节水减排、农村节水降损，实施入河排污口、黑臭水体、污水处理设施排查整治。统筹做好控尘、控煤、控排、控烧，加快推进煤炭消费减量替代和转型升级。建成高标准农田2.1万亩，完成“煤改电”项目末端改造880户，关停取缔“小散乱污”企业6家。

【精神文明】 2023年，镇罗镇发挥新时代文明实践所(站)宣传思想文化“主阵地”作用，成立“8+12+N”支志愿服务队，培育“暖心同行+”等志愿服务品牌13个，举办“文化大篷车”惠民文艺演出活动10场次，开展“破除婚丧陋习·倡树文明新风”等主题宣讲活动73场次，开展移风易俗、禁毒禁赌主题活动320次，评选身边好人、“好婆婆、好媳妇”等模范10户10人，推动精神文明建设向更高标准、更高层次、更深内涵迈进。充分利用媒体报道、宣传栏、政务微博、微信公众号、视频号等载体，审核发布报送信息1081篇，其中被中央新闻媒体刊登26篇、自治区级新闻媒体刊登51篇、“学习强国”学习平台刊登22篇。制作“镇罗镇党建示范品牌展示”“镇罗青年说”等视频号11期，浏览量达18612次。持续擦亮全国文明村“金名片”，巩固国家级、自治区文明村1个，中卫市文明村1个，沙坡头区文明村6个。

宣和镇

【概　况】 宣和镇位于中卫市沙坡头区东部，东邻中宁县，西与沙坡头区永康镇为邻，南依香山，北靠黄河。镇域面积488.9平方公里，耕地面积15.01万亩。下辖24个行政村和中卫山羊场，共有村民小组215个，户籍人口51259人。2023年农民人均可支配收入19058元，村集体经济收入1702.4万元。

【党的建设】 2023年，宣和镇党委下辖基层党支部28个，其中机关党支部1个、村党支部24个、企业党支部3个，共有党员1456人，共创建五星级党组织3个、四星级党组织5个、三星级党组织18个、二星级党组织2个。深入开展学习贯彻习近平新时代中国特色社会主义思想主题教育，认真学习党的二十大精神和自治区党委第十三届四次、五次全会精神及中卫市、沙坡头区贯彻落实意见，积极推进区委巡察反馈意见问题的整改落实。开展党委会会前学习37次、中心组理论学习12次、干部理论学习53次。完成宣和镇党校实体化建设，实施基层党组织建设提质增效工程，完成华和村软弱涣散和羚羊村重点难点村整顿提升工作，申报党建引领乡村治理试点6个，创评农村党建示范点7个，巩固深化党建品牌8个。依法依规新发展党员20名，申报党内关怀帮扶22名。补选村“两委”27人，招聘村级事务管理员5人。推动全镇18个党支部领办合作社产业转型，实现经营性收入2678.44万元，创评沙坡头区农民合作社示范社5家。

【党风廉政建设】 2023年，宣和镇党委坚持全面从严治党主体责任落实，扎实推动党风廉政建设，听取班子成员履行党风廉政建设“一岗双责”及纪委监督工作情况汇报2次，开展纠治形式主义、官僚主义专项整治，组织防范政治骗子和政治掮客调查问卷并开展集中提醒谈话205人。精准运用第一种形态处理干部14人，集中谈话3次，开展提醒谈话29人。处置问题线索9件，了结8件，立案1件1人，给予党内警告处分1人，责令作出书面检查2人。

【项目建设】 2023年，宣和镇完成政府投资项目24个，总投资8356.23万元，其中农村公益事业财政奖补项目12个（三营村、旧营村、福兴村等11个村道路硬化工程项目及丹阳村文化广场修建项目）、少数民族发展项目1个（草台村自发移民点道路硬化二期项目）、乡村振兴项目3个（海和村、兴海村羊肚菌种植大棚建设项目及草台村自发移民点道路硬化项目），重点实施宣和镇2023年重点小城镇项目、宣和镇美丽宜居村庄建设项目（基础设施工程、人居环境整治工程、集污管网工程、植绿增绿工程）、丹阳村村级活动场所改扩建项目、海和村肉羊养殖园区牧光互补示范项目、海和村植绿增绿项目（二期）项目建设。大抓招商引资，推动宁夏京能宣和150MW/300MWh储能电站续建、中卫胜金北拓建材厂区智慧集控管理平台建设、中卫绿能新能源餐厨垃圾处理项目3个招商引资项目落地实施。

【农业经济】 2023年,宣和镇种植各类粮食作物97101亩,其中小麦3031亩、玉米83701亩、玉米大豆带状复合种植3484亩、水稻3782亩、大豆3089亩、薯类14亩;发展各类瓜菜种植28971.6亩,其中:露地蔬菜14036亩、日光温室97.4亩、大中拱棚瓜菜166.2亩、露地西瓜14672亩;种植青储18524亩,完成苹果园增施有机肥5972.3亩8986吨,粮食作物"一喷三防"专业化统防统治率超90%,开工建设7305亩高标准农田和高效节水灌溉项目。全镇鸡、猪、牛、羊、奶牛存栏分别为302万羽、7.7万头、1.56万头、7万只、1.3万头,畜禽免疫密度达到100%。完成汪园村蛋鸡养殖园区扩容提质,成功申报万头肉牛标准化养殖示范乡镇、海和村肉羊"出户入园"示范村。

【乡村振兴】 2023年,宣和镇新识别纳入监测对象8户38人,消除风险11户32人,对未消除风险80户282人精准制定增收帮扶措施。严格落实帮扶政策,审核发放种植产业奖补442户187.76万元、养殖产业奖补760户280.13万元、劳务产业奖补576户88.09万元;发放脱贫人口小额信贷312户1564.42万元;申请富民贷13户172万元;申报雨露计划补助349人次61.05万元;向三类监测对象发放平价煤256户739吨;安置公益性岗位71人、输出劳务1783人,开展农村劳动力"短平快"专业培训3期100余人次,发放跨省务工交通补助68户4.56万元。2023年度宣和镇脱贫户人均纯收入17293元,同比增长17.9%;三类监测对象人均纯收入14879元,同比增长15.05%。

【民生保障】 2023年,宣和镇新增城乡低保人员344户418人,其中低保扩围增效392人;新增高龄老人津贴122人;审核办理重度残疾人护理补贴80人、生活补贴114人;发放临时救助296户556人;为272名农村妇女创业提供小额担保贷款4065万元;办理"铁杆庄稼保"4684人;办理退役军人优待证25张,为216名重点优抚对象发放优抚金4.6万元;完成2024年度医保缴费41963人。

【安全生产】 2023年,宣和镇深入开展重点领域安全生产排查整治专项行动,挂牌成立镇应急管理办公室,累计检查13个重点领域主体1949家,排查整改隐患1872处;检查规下企业22家,责令停产停业6家;完成各级督查反馈27批98条隐患问题的整改工作,年内未发生较大以上生产安全事故。加强"七下八上"关键时期水域巡查,在蓄水池、河道等安装警示牌2236个、护栏3600米,劝返垂钓、戏水等各类涉水危险行为402人次。

【生态文明建设】 2023年,宣和镇积极推进环境卫生整治,累计调用机车160余台,拉运清理"三堆"2.65万吨、生活垃圾3.56万吨,秋季农田水利基本建设和农村人居环境综合整治"两大工程"建设取得区级观摩评促第一名。安装冬季清洁取暖"煤改电"设备1368户、"煤改气"设备522户。新建卫生厕所340户,实施海和村卫生改厕"整村推进"工作。加强对非煤矿山巡查监督,限期拆除1家矿山开采设备,打击非法采砂12起,罚款3.8万元。排查辖区"小散乱污"企业40家,取缔"小散乱污"企业18家、整改提升22家。设置耕地保护宣传监督牌156个,完成违法占用耕地图斑整改761处,提前干预制止违法占地建设行为73起。推进"用水权"改革,实现灌溉节水170万立方米。开展河道"清四乱""清漂"专项行动,清扫河岸线6.55公里,清运垃圾60余吨,处理"四乱"问题15件,"河长制"有效巡河率达2535次。全年植绿增绿4.5万株,"林长制"巡林完成率达100%。

【基层治理】 2023年,宣和镇深入推进平安建设,开展矛盾纠纷调解，排查各类矛盾纠纷258件，其中化解214件、引导起诉44件，化解调处率达100%。受理办结“12345”热线401条，办结率达100%。强化平安法治宣传，开展“送法上门”活动24次，组织各类法治宣传活动22场，举办相关法治讲座16次。

【政务公开】 2023年，宣和镇通过政府网站公开发布信息64条，其中政府公开发布文件、社会救助42条、工程领域10条、财政预决算2条、法治政府建设2条、政府工作报告3条、意见征集及反馈2条、乡镇动态3条；微信公众号发布信息729条、政务微博发布信息901条、村务公开微信小程序发布信息228条。

【精神文明】 2023年，宣和镇持续加强精神文明建设，开展“我们的节日·精神的家园”等系列活动70余次，组织“文化大篷车·送戏下乡”惠民文艺演出活动25场次，开展“拒绝高额彩礼·推动移风易俗”活动4次，举行新时代文明实践赶集活动两次。创建市级文明村1个、区级文明村11个，宣和村被授予自治区铸牢中华民族共同体意识示范村，宣和美丽宜居村庄被评为沙坡头区美丽庭院示范区。

永康镇

【概　况】 永康镇位于沙坡头区黄河南岸，东邻宣和，西接常乐，南靠中宁县，北依黄河，东西跨度17公里，南北跨度80公里，由自流灌区、扬黄灌区和山区三个板块构成，山川共济，地形复杂。定武高速、乌玛高速、吴中城际铁路、卫宁路、滨河路贯穿其中，交通便利。下辖21个行政村128个村民小组，全镇户籍人口11508户31690人，常住人口约1.6万人，区域面积515平方公里，耕地面积11.3万亩。镇党委下辖基层党支部24个，其中机关党支部1个，农村党支部21个，企业党支部2个，共有党员1094名。

【党的建设】 2023年，永康镇扎实开展学习贯彻习近平新时代中国特色社会主义思想主题教育，镇党委及下辖支部共检视查摆问题65个，制定整改措施72项，已全部完成整改。镇党委围绕居民收入、移民致富提升等10个方面为民办实事6件，党支部解决群众反映“关键小事”60余件，党员开展“立足岗位作贡献”活动54场次600人次。持续推进“三大三强”行动和“两个带头人”工程，举办2023年村党组织书记和党务干部能力素质培训班2期，梳理备案村党组织书记带头人33名、致富带头人344名、村级后备力量66名。选优配强村“两委”班子，年内调整村党支部书记6人，补选“两委”成员17人。圆满完成第五轮驻村工作队交接，做好新一轮36名驻村工作队员的到岗管理工作，年内争取派驻单位帮扶资金50余万元，为村民办实事办好事70余件。对照星级创建标准，实现三星级以上党组织全覆盖，新增四星级党组织两个、五星级党组织1个，扎实推动软弱涣散基层党组织和重点难点党组织转化提升。持续强化党建品牌创建，打造杨滩村“‘杨’帆起航，‘滩’出新路”、永乐村“‘五彩’永乐，助力振兴”等8个党建品牌，搭建沙坡头区苹果产业人才工作站1个。坚持全面从严治党，对影响落实的“中梗阻”问题“动真格”，开展集体谈心谈话1次14人，提醒谈话9人，责任约谈两人，回访教育受处分党员两人，处置上级纪委转办问题线索7件，查办5件，初核了结3件，立案审查两人。发送履责提醒单48份，提醒事项269项，收到回告38份。自查乡村振兴领域腐败和作风问题方面存在问题16条，形式主义、官僚主义专项整治问题13条，均已完成整改。

【经济发展】 2023年，永康镇实现社会生产总值13.146亿元，同比增长8.4%，农民人均可支配收入达到17391元，同比增长8%；农村集体经济收入实现344.69万元，同比增长12.5%。

【特色产业】 2023年，永康镇以发展特色经果林种植为主导产业，苹果种植面积为5.9万亩，产值3.36亿元。实施苹果园高效节灌试点项目5500亩，苹果园地力培肥6万余吨，改善果农生产条件；实施乡村旅游基础设施项目，推动农文旅商融合发展。有序完成5.1万亩苹果花期防霜冻工作，试点开展3.84万亩人工辅助授粉项目，减少霜冻灾害影响，确保果农稳产稳收。成立沙坡头苹果产业人才工作站，汇聚各类人才51名，召开人才沙龙活动10余次，开展电商直播、果树种植管理培训310次，培训果农及电商人才2000余人次。组织领导干部外出考察学习苹果、小茴香、朝天椒、大球盖菇种植管理经验6次，为农业产业发展积累经验。

【乡村振兴】 2023年，永康镇落实防止返贫致贫监测预警和动态帮扶机制，在“四查四补”常态化工作中对“两不愁三保障”开展全面排查，做好未消除风险63户211人的动态监测帮扶工作。落实各项帮扶惠民政策，发放“雨露计划”补助82人次12.1万元，小额贴息贷款173户1051.7万元，小额贷款贴息432户37.4万元，富民增收种植业奖补402户185.2万元，养殖、劳务、个体奖补259户103.8万元，落实乡村振兴健康保补贴1509人4.5万元。接收上级反馈问题83个，已整改83个；四查四补排查问题253条，已整改253条。

【项目建设】 2023年，永康镇围绕乡村振兴、美丽乡村建设、完善农村基础设施配套建设和环境综合整治等工作，投资7002万元实施项目18个，其中产业发展项目3个，基础设施项目15个，促进全镇经济增长，推动农业产业升级。全力配合做好香山风电“以大代小”更新试点(一期)、西气东输三线、宁电入湘等重大项目征地协调、补偿资金兑付、账务核算等工作，助推国民经济发展。

【生态文明建设】 2023年，永康镇践行“绿水青山就是金山银山”理念，常态化开展“两禁”巡查工作，全年查处焚烧秸秆12起罚款2000元，非法偷牧20起罚款29600元；盗采砂石5起罚款175000元；非法倾倒垃圾5起罚款12070元，非法开荒6起，制止违法占地建设17起，拆除违建13起，拆除禁牧区羊圈8处。有序推进压砂地退出种植和生态修复，积极探索1.5万亩退出压砂地发展方向，为小茴香、辣椒种植做足准备。严格落实河长制巡河制度和水域岸线巡查、保洁责任，全年开展镇级河长有效巡河226余次，村级河长有效巡河1584余次，有效巡河率达到111%。共出动机械40多台次、人员600余人次，拆除拦河渔网20余处，清理沟道生活垃圾共1600余方，清除河沟道种植物100余亩，清理整治“四乱”问题21处。持续做好辖区污染防治工作，坚持每月开展一次企业环保检查，对中央历年环保转办件多次进行“回头看”，发现问题3条，均已完成整改，坚决杜绝粪污问题反弹。督促辖区2家再生资源回收站按照环保要求规范运行，清理“小散乱污企业”3家。

【美丽乡村建设】 2023年，永康镇围绕205省道、卫宁路、迎大线、南干渠、338国道等主干道路及村庄巷道等重点区域开展人居环境整治，清理清运门前三堆、柴草杂物、生活垃圾和建筑垃圾，平整林带等。全年组织开展观摩评促活动1次，累计环境卫生集中整治12次，调用机车1510余车次，人工5200余次，拆除残垣断壁16处，清运生产生活及建筑垃圾4230余吨，评选“最美庭院”8户。投资750万元打造永乐村乡村旅游配套基础设施；投资151.51万元建设永新村生产路2390米，完善苹果产业基础设施；投资200万元建设杨滩村新型农村集体经济农用物资及机械仓储建设项目，助力村集体经济快速发展。不断完善联农带农机制，农村“煤改电”清洁取暖改造缴费1005户，已完成设备安装828户；卫生改厕意向户120户，已施工81户，农村人居质量不断提升。

【安全生产】 2023年，永康镇紧盯安全生产隐患问题排查整改，2023年累计开展安全生产检查16次，排查各类场所670家，摸底排查安全隐患503条，均已完成整改。积极开展燃气、水域、道路等行业领域安全隐患大排查大整治活动，制定印发《永康镇农村道路交通安全管理“两站两员”建设及规范化运行实施方案》，成立交通安全劝导站21个，明确专职交管员63人；各村设置安全劝导员对河沟道水面垂钓、农用车非法载人等现象进行劝导及疏散；加强蓄水池安全监管，制作并安装“警示牌”“公示牌”1574个；地毯式排查燃气用户，摸排液化气罐1784瓶，回收1656瓶；动员160户液化石油气用户完成“三件套”安装，组织开展清明节文明祭扫、全国防灾减灾日及消防安全培训等各类宣传活动，发放各类宣传手册、彩页共6000余份，悬挂横幅120条，组织培训8次400余人，有效提高了群众安全生产和防灾减灾救灾意识和能力，为建设平安永康奠定了良好群众基础。

【基层治理】 2023年，永康镇坚持和发展新时代“枫桥经验”，积极创新探索“一核二体三治四化”治理模式，乡村治理体系和治理能力现代化水平持续提升。累计接收矫正对象160名，解除矫正149名，现有11名社区矫正对象，其中一级管理3名，二级管理8名。在册安置帮教人员103人，第四季度新衔接3人。走访本辖区吸毒人员69人，进一步加强涉毒人员的管控工作。累计开展《信访工作条例》、防范电信诈骗、扫黑除恶、安全生产等各类宣传活动30余次，悬挂横幅140余条，张贴通告200余份，发放宣传品3.1万份。打造“铸牢中华民族共同体意识”示范点2个，构筑共有精神家园；开展民族文化展览、文艺表演、体育比赛等系列活动22次，促进各族群众从多元凝聚为一体。

【民生保障】 2023年，永康镇高质量完成社会保障、社会救助、残联、计划生育等工作，累计新增城乡低保272户306人，新增享受高龄老年人津贴44人、高龄低收入老年人津贴32人。落实临时救助资金345户发放临时救助资金74.49万元。为242名年满60岁的老年人办理新增养老保险待遇领取；为598名老人办理养老保险待遇资格认证；为2名老人办理养老保险待遇资格恢复，确保老年人基础养老金足额按时发放到人，上报享受养老待遇已死亡人员150名，确保及时停发养老金。发布就业招聘信息500余条，新增安置公益性岗位人员40名。

【文化体育】 2023年，永康镇公共文化服务基础设施运行有序，积极与沙坡头区旅游文体局协调，对各村健身器材及时维修、更新和补充，为杨滩村、永乐村等村配备健身器材、篮球架、乒乓球台等。积极参加沙坡头区农家书屋百姓线上点单选书活动，为21个村农家书屋线上点单选书90种2070册，价值66240元，实现村级文体工作站及农家书屋全覆盖。坚持开展“文化惠民三下乡”活动，接待配合上级部门“文化惠民工程”下基层文艺演出46场次，包括接待自治区秦腔演艺公司“送戏下乡”演出2场次、组织群众观看中卫文化馆中卫道情下基层公益演出，非遗传承“严家皮影戏”演出3场次。中卫市“戏曲进乡村”下基层文艺演出4场次；中卫市歌舞团演出18场次、沙坡头区“文化大篷车”下基层文艺演出17场次；成功举办了永康镇2023年“礼赞新时代　奋进新征程”百姓大舞台广场文艺演出等活动2场次。

【精神文明建设】 2023年，永康镇坚持以习近平新时代中国特色社会主义思想为指导，组织镇村两级干部深入学习党的二十大和党的二十届二中全会精神，深刻领会习近平总书记视察宁夏重要讲话指示批示精神和自治区第十三次党代会精神等内容。全年开展党委中心组理论学习12次，干部理论学习46次，专题宣讲会65次；开展学习贯彻习近平新时代中国特色社会主义思想主题教育理论学习11次，专题研讨70次，“感恩总书记　奋进新征程”习近平新时代中国特色社会主义思想专题宣讲23次。将意识形态工作纳入党委重点工作，纳入领导班子民主生活会和年度述职重要内容。全年紧盯“关键人”“关键时”“关键事”，共排查梳理相关风险点15个，召开分析研判会4次。

【党支部领办合作社】 2023年，永康镇坚持以“支部有作为、党员起作用、群众得实惠、集体增收入”为目标导向，以党支部领办合作社为抓手，推动村集体经济和群众“双增收”。2023年扬黄灌区10村成立中卫市初心为民农业专业合作社联合社1个，各村成立村党支部领办合作社22个，累计吸收股金916.8万元，其中农户入股557户296.8万元，全年经营总产值1857.5万元，年底可分配盈余264.34万元，带动群众务工增收204万元。其中中卫市初心为民农业专业合作社联合社完成辖区1.9万亩苹果园花期防霜冻托管服务，完成苹果园地力培肥项目，供应腐熟羊粪6万余吨，年底总收入1340万元，可分配盈余204.5万元；永乐村生产销售手工烤馍1.7万斤，营收20.4万元，带动群众增收25万余元；永新村全年输送劳务6000余人次，带动群众增收140余万元；杨滩村开展病媒消杀、机械租赁等业务，营收37万余元；丰台村、城农村开展农资销售，营收4万元；景台村种植大棚果蔬，带动群众增收7万元；永南、永丰等村种植经济作物1600亩，营收26万元，带动农户增收8万元。

常乐镇

【概　况】 常乐镇位于中卫市城区西南部，北临黄河，南靠香山，山川共济，距市区10千米，总面积约918平方千米，辖16个行政村，1个社区，共有1.07万户3.17万人，其中回族6700人，“十二五”生态移民7232人。辖区共有学校3所、村卫生室14所、休闲健身广场9个、健身点17个。2023年农民人均可支配收入为1.74万元，同比增长6.4%，村集体经济收入1724.18万元，同比增长549%。先后荣获“自治区文明村镇”“自治区移风易俗工作先进村镇”“自治区级民族团结进步示范镇”“全国文明村镇”等荣誉称号。

【基层组织建设】 2023年，常乐镇有基层党支部22个，村党支部16个，社区党支部1个，机关党支部1个，非公企业党支部4个，党员1020名，五星级基层党组织2个、四星级基层党组织4个、三星级13个。扎实开展“三大三强”行动和“两个带头人”工程，规范资金使用、工资保障、干部培养、人才储备等各个环节，现有村党组织带头人22人、致富带头人213人，后备力量49人。将党建示范点创建与“党支部领办合作社”有机结合，成功创建刘营村、大路街村、海乐村、枣林村、科豪陶瓷5个沙坡头区基层党建示范点，探索打造“党群就业服务矩阵”“槐香枣林”等党建品牌9个，成功承办全市抓党建促乡村振兴现场推进会和沙坡头区村党支部领办合作社分红大会，积极开展“抓党建促乡村振兴擂台比武”等活动10余场次。巩固提升“党建+志愿服务”模式，组建志愿服务队102支，培育形成“暖心15日”“爱在枣林”基金等志愿服务项目，党员模范作用得到有效发挥。颁发“光荣在党50”纪念章13枚，发放党内关怀帮扶资金3.5万元、“七一”慰问金6.3万元，年内新发展党员17名，转正党员12名。

【特色产业】 2023年，常乐镇共有耕地面积123139亩，永久基本农田保护面积51309亩，农作物总播种面积79706亩，其中粮食作物播种面积20501亩，产量11327吨；经济作物播种总面积59205亩，总产量132744吨。2023年，在罗泉村、熊水村成功试验示范种植小茴香3000亩，解决压砂地退出后续产业发展难题，走出党建引领致富新路径。西片灌区党建共同体（融合发展区）积极探索“小田并大田”模式，规模化种植青贮玉米5000亩，为村集体增收145万余元，切实推动现代农业提档升级。推动规模养殖场健康绿色发展，全镇肉牛饲养量8978头，其中存栏6293头，年育肥出栏2685头，奶牛存栏17523头，年鲜牛奶产量76431吨；羊饲养量76624只，其中存栏57470只，年出栏19154只；生猪饲养量18189头，其中存栏10216头，年育肥出栏7973头；家禽饲养量50.197万羽，其中存栏42.25万羽，年出栏7.947万羽，建造并正式投入使用粪污处理池、晾粪场32处，粪污处理及综合化利用率达总规模场户的97%。

【乡村旅游产业】 2023年，常乐镇深挖黄河流域文明和黄河古瓷文化，以百年枣林为载体，在保持村落原貌的基础上，打造中卫市·黄河常乐胜境农文旅项目，规划面积698.9亩，其中建设用地面积为183.7亩，项目分三期建设，建筑内容主要包括罐罐市集、古树院落、黄河“隐舍”高端酒店、乡愁民宿等。2023年，完成枣林村测绘、红线图、地勘、土地征收等前期资料筹备，征收10处院落作为项目样板间建设用地，1号项目样板间完工验收，编制完成项目可行性研究报告，与地平线文化有限公司达成投资意向。加快推进“渔”你一起，乐在河沿田园综合体项目，发展垂钓、种养、餐饮一体化的产业模式，打造占地面积90亩的垂钓中心，建设钓台51个，销售林下散养鸡5000只，带动村集体经济收益11万元。

【项目建设】 2023年，常乐镇坚持把重大项目建设作为牵动经济发展的“火车头”，全年实施农村公路改造提升、污水治理等各类项目19个，招商引资到位资金4.40554亿元，完成目标任务的110.14%，西气东输、下河沿黄河大桥、国电投香山风电场“以大代小”等重大项目高效推进。聚焦群众生产生活实际困难和急、难、愁、盼问题，积极争取资金581万元，谋划实施“一村一年一事”16件，争取公益事业财政奖补资金581.9万元，实施道路硬化、排水工程及农渠砌护等项目8个，基础设施建设更加完善。坚持项目创新再提升、盘活资源再扩容、村企联动再提速，指导成立党支部领办合作社18个，全镇16个村村集体经济收入全部达到5万元以上，3个村集体经济收入突破50万元，村级集体经济收益同比上涨20%以上，带动群众务工5400余人次，群众增收530余万元，村集体经济增收500余万元。

【农村环境综合整治】 2023年，常乐镇紧盯和美宜居目标，聚焦村容村貌提升、污水治理、“厕所革命”“主战场”，发动群众5600人次，清理各类生活建筑垃圾4500吨，农业生产废弃物2500吨，拆除残垣断壁80处，改造危旧房屋6户；严格落实“河长制”，镇村两级26名河湖长完成有效巡查比例达100%，对镇域108个蓄水池全部配备救生设备，加固蓄水池围网20余处，全面提高防洪行洪能力。坚持排污控污治污并重，积极引导村民树立节水意识，完成李营村、常乐村、刘营村、大路街村、枣林村五村生活污水管网并网项目，建设污水处理站3处，完成户厕任务649户，农村人居环境整治再上新台阶。对康乐移民区、枣林村、李营村等一批示范点持续提升优化，推动提升村向示范村迈进，示范村向精品村看齐，确保提升有成效，示范能带动。

【民生保障】 2023年，常乐镇扎实推进低保扩围增效工作，新增低保对象500人，核销205人，为1324名残疾人发放“两项补贴”161万余元，严格落实各项惠民政策，年内累计办理为民服务事项1728件，发放临时救助资金532人100.43万元。强化就业创业工作，建立3个村级就业服务指导站，认定就业困难群众238名，审核就业困难人员社保补贴申请146人。强化城乡居民养老保险参保服务工作，审核养老保险定期领取待遇申报236人，领取死亡待遇申报188人，社会保险资格待遇认证1152人。

【乡村振兴】 2023年，常乐镇持续巩固拓展脱贫攻坚成果同乡村振兴有效衔接，严格落实“四个不摘”要求，采取产业带动、帮扶车间安置、公益性岗位兜底等“六个一批”举措转移安置就业1300余人，脱贫人口人均纯收入达到15030元，同比增长17.34%。多渠道助推脱贫人口及监测对象持续增收，审核发放各项惠农惠民帮扶政策资金312.2万元，新识别纳入“三类人群”监测对象9户42人，更新完善“一户一策”帮扶措施41份，统筹防止返贫致贫风险预警监测与动态帮扶一体化推进。纵深推进“六大提升行动”，投资40余万元改造帮扶车间，建设海乐村吨袋加工车间，发展标准化、订单式吨袋加工产业，新增移民群众就业岗位30余个，人均增收3万余元。

【安全生产】 2023年，常乐镇扎实推进重点领域安全生产风险隐患排查整治专项行动，协同工信、环保、市场监管等部门“四查”联动，排查、整改、销号各类安全隐患146个，摸排液化石油气瓶1802个，回收转运报废、过期气瓶1664个。广泛宣传安全生产相关方针政策和法律法规160余次，开展消防安全知识培训、应急演练等活动10场次，辖区居民安全防护意识和自救能力明显提高。

【基层治理】 2023年，常乐镇坚持和发展新时代“枫桥经验”，年内排查调处各类矛盾纠纷70件。常态化开展扫黑除恶斗争，严厉打击电信网络诈骗，纵深推进禁毒和反诈人民战争，群众安全感和满意度不断提升。深化“八五”普法行动，举办集中宣传活动6次，发放宣传资料5000余份，受众群众5000余人，举办法治培训班培训人民调解员、“法律明白人”170人，农村学法用法示范户50户。高标准开展第五次全国经济普查工作，系统培训“两员”队伍，严格把好各类普查数据“质量关”，摸清摸实经济“家底”，做好经济“大体检”，采集上报法人及产业活动单位414个、个体经营户467个。枣林村获评自治区乡村治理示范村。

【精神文明建设】 2023年，常乐镇以习近平新时代中国特色社会主义思想“飞入寻常百姓家”为目标，组织开展党委中心组理论学习9次、干部理论学习34次，开展学习贯彻自治区党委十三届四次全会精神暨安全生产“1+37+8”系列文件专题培训班7次，交流研讨8次。“走进常乐”微信公众号发布稿件410篇、视频33个、政务微博216条、常乐快讯190篇、悬挂各类宣传条幅600余条，“走进常乐”视频号发布的视频获得20万+阅读量，切实讲好常乐故事，传播常乐声音。充分挖掘身边典型，持续做好各类道德模范先进典型选树工作，上报中国好人两名，持续巩固我镇全国文明镇，枣林村、李营村自治区级文明村，马路滩、刘营、大路街村市级文明村，高滩、河沿等6个沙坡头区级文明村创建成果，指导其他村争创沙坡头区级及以上文明村。

香山乡

【概　况】 香山乡地处宁夏中部干旱带西端，位于中卫市西南部，沙坡头区南部山区。东与沙坡头区兴仁镇、常乐镇相邻，南与甘肃省靖远县接壤，西、北分别与常乐镇、永康镇毗邻。自然条件恶劣。乡域面积956.7平方公里，平均海拔1740米。油三公路穿境而过，"一横六纵"道路交通网络初步形成。全乡辖8个行政村（其中：米粮川村为生态移民村）39个自然队，常住户3561户11033人，设立党支部9个（其中：村党支部8个，乡机关党支部1个）384名党员。辖区有小学1所，卫生院1所，农村商业银行网点1处，村卫生室7个。

【党的建设】 2023年，香山乡坚持以习近平新时代中国特色社会主义思想为指导，深入学习贯彻落实党的二十大精神，持续深化"抓产业　办实事　强治理　转作风"专项行动，以"十定工作模式"为抓手，踔厉奋发、勇毅前行，奋力谱写香山乡高质量发展新篇章。严格按照"学思想、强党性、重实践、建新功"总要求，认真组织开展主题教育，集中学习43次，检视整改问题17个，主题教育取得实效；严格落实"三会一课"、主题党日、理论学习中心组学习等制度，组织开展党委理论学习中心组学习12次，交流研讨6次。始终履行全面从严治党主体责任，党委主要负责人带好班子、抓好队伍，班子成员管好自己、管好分管领域党风廉政和反腐败工作，切实履行"一岗双责"，召开党风廉政建设专题会议6次，开展谈心谈话42人次，确保落实党风廉政建设责任制不走形式、不走过场，真正取得实效。持续深入学习贯彻落实习近平总书记视察宁夏重要讲话指示批示精神和党的二十大精神，唱响主旋律，弘扬正能量。打造米粮川村为铸牢中华民族共同体意识示范村，精心组织开展"民族团结进步宣传月"活动。

【精神文明建设】 2023年，香山乡完善乡文化活动中心、村文化活动室、新时代文明实践所（站）、农家书屋等基层文化阵地建设。坚持以"文化铸魂、文化育人"为导向，积极开展多形式文化体育活动，提振群众凝聚力。开展景庄村农民趣味运动会暨"巾帼建功创伟业，创先争优化和谐"庆"三八"国际妇女节活动，200余名村民享受体育盛事。组织三眼井村广场舞蹈队参加沙坡头区广场舞大赛，取得较好成绩。安排香山秦剧团参与中卫市沙坡头区2023年"送戏下乡"惠民文艺演出两场，弘扬传统戏曲文化。

【压砂地退出及生态修复】 2023年，香山乡作为中卫市压砂地退出"主阵地"，真正落实退出政策，严格按照"三防四控"工作要求，压实工作责任，落实工作措施，积极采取设立卡口、包片巡查、监管种苗等方法，保证"压砂地退出政策不变、压砂地退出面积不变、种植面积不变、退出土地属于国有土地性质不变"，切实做到"退得出、守得住"，巩固退出成果，压砂地退出工作大局稳定。

【压砂地后续产业】 2023年，香山乡组织农户科学种植，强化田间管理，严格落实控水控肥措施，高质高效种植压砂瓜12.36万亩，总产值达1.44亿元。配合宁夏农林科院、宁夏大学在深井村实施赛马制科研项目，种植覆膜西瓜100亩。坚决把压砂地退出后续产业发展作为乡村振兴、调整产业结构的有力抓手，全乡共种植覆膜西瓜1555亩、玉米3240亩、小麦2920亩、油葵1000亩、贝贝南瓜300亩、西蓝花650亩、中药材罗布麻60亩。同时，扩大朝天椒种植规模，引进企业，在红圈、新水、三眼井等村种植朝天椒7058亩。按照"谋划一个、成熟一个、打造一个”的要求，结合各村实际，指导红圈等5个村成立党支部领办合作社，主要经营为种植业，2023年各合作社种植玉米、朝天椒、小麦、油葵等作物共9900余亩，村集体经济增收170万余元，带动300余名群众就业，推动村集体经济不断壮大。

【乡村振兴】 2023年，香山乡坚持做好防返贫实时动态监测，全乡脱贫户人均纯收入20488元。组织乡村两级干部和帮扶干部对脱贫户365户1089人进行集中大排查，纳入监测对象4户18人，并及时制定帮扶措施。新增安置公益性岗位22名，发放富民增收产业奖补种植业奖补资金189户111.9671万元，对符合条件的34名中高职学生发放雨露计划补助5.1万元，为乡脱贫户与监测户缴费金额2.9955万元，为乡脱贫户与监测户缴纳乡村振兴健康保2.9955万元，确保了脱贫户、监测户全覆盖。

【民生保障】 2023年，香山乡持续优化工作举措，惠民福祉不断增进。加大困难群众救助力度，解决后顾之忧。共发放临时救助资金17.1万元，救助90人次，实物救助0.28万元，救助10户。组织各村组建暖心配送服务小分队，走村入户为辖区内孤寡老人、低保户等重点人群发放药品“暖心包”220份。新增农村低保对象206户258人，新增80岁农村高龄困难老年人27人，新增城乡居民养老保险人数41人，参加医疗保险人数9501人，发放临时救助110人次26.15万元，实物救助2800元，为辖区内孤寡老人等重点人群发放药品“暖心包”220份，创新开展景庄村首届农民趣味运动会，200余名村民享受体育盛事。组织香山秦剧团参与中卫市沙坡头区2023年“送戏下乡”惠民文艺演出9场，弘扬传统戏曲文化。

【基层治理】 2023年，香山乡共排查矛盾纠纷47起，调处45起，化解率95.7%，按期办理答复“12345政务服务热线”平台件125件，陈水矿区修复项目矛盾纠纷、硒砂瓜用水灌溉等重难点纠纷成功化解。发放禁毒防邪宣传资料200余份、法律知识宣传资料400余份、森林防灭火宣传资料200余份。扎实开展安全生产大检查、大整改，排查“九小”场所91家，农户1962户，蓄水池162座，发现安全隐患144个，清理过期黑罐335个，安全隐患全部完成整改。

【法治宣传】 2023年，香山乡深入贯彻落实习近平法治思想，将法治建设贯穿经济社会发展的全过程。通过集中学习和个人自学相结合的方式，带头组织党员干部会前学法29场次，邀请专职律师举办专题讲座两次，主持召开法治建设工作专题会议两次，组织机关干部法律知识测试3次。利用法律宣传“八进”开展法律宣传、法律培训、法律顾问值班等活动，做到学校、企业全覆盖。全年共组织法律宣传10余次，印发宣传单、宣传手册3000余份，受教群众达到2000多人，开展法律咨询进农村活动4次，为辖区群众普及法律知识，接受法律咨询50余人次。

【项目建设】 2023年，香山乡积极配合实施香山兴仁片区一期供水工程、红油路改建项目、陈水矿区生态恢复项目、大坝除险加固消缺改造工程，安装“煤改电”设备481户，让群众生活更便利、让香山生态更优美、让中部干旱带供水难问题逐步得到解决。申报各类项目16个，概算总投资2.4亿元。实施项目5个，其中财政奖补道路硬化项目3个，壮大村集体项目1个，概算投资478.17万元，实际完成投资431万元，项目完工率90%。

【生态保护】 2023年，香山乡以人居环境整治、矿山治理等工作为抓手，强力推进生态环保工作。网格化压实责任，村干部、包村干部实行“定员、定岗、定责”，明确责任，形成上下同心、各司其职、齐抓共管的工作格局，开展常态化保洁作业，加大日常环卫保洁力度，确保日产日清。乡村干部每周走访入户，对发现清理不及时的区域人性化提醒，通过多形式宣传激发群众主人翁精神，维护门前屋后环境卫生。制作悬挂横幅10余条，发放《一封信》300余份，以多种方式、多种渠道去转变群众的生活习惯。开展禁牧封育，成立香山乡打击偷牧专项行动执法专班，与自然资源局及林技中心紧密衔接，组织护林员每日对自己的巡护区域进行巡护，实地查看毁林毁草图斑，共核查45处非法占用草地图斑，出动巡查偷牧车辆40车次，人力120人次，依法处罚21起，罚款10460元。开展残膜回收，设置8个残膜集中回收点对残膜进行集中处置，组织群众250多人次，捡拾残膜12.83万亩，共计962吨。

兴仁镇

【概　况】 兴仁镇位于中卫市沙坡头区最南端，地处两省（宁夏、甘肃）三县（海原、中宁、靖远）一区（沙坡头区）交会处，东邻中宁县徐套乡，西接靖远县五合乡，南抵海原县西安镇，北倚本区香山乡。地形为山盆地，地貌多属黄土丘陵沟壑地带，东有陈家洼山，南为黄家洼山，北为高泉山和油井山，主峰高泉山海拔2248米。主要矿产资源有煤、页岩、白云岩、陶土等。域内地形平坦，京藏高速、109国道、205省道在集镇交会，交通相对较为便利。属温带大陆性季风气候，日照时间较长，年平均气温6.4℃，年平均降雨量280毫米，无霜期150天。自然灾害主要有干旱、风沙、洪水、地震、霜冻等，以干旱最为严重，素有“十年九旱”之说。全镇总面积727.7平方公里（兴仁辖区318.7平方公里、嵩川林场409平方公里），其中耕地总面积32.8万亩，常用耕地面积18.9万亩，退耕还林还草8.28万亩，其他用地5.62万亩。建有中学1所，小学5所，幼儿园4所。现有餐饮、家具、宾馆、小商品流通等各类商户885家，各类农产品专业合作社121家。2023年社会总产值12.1亿元，人均纯收入达到1.52万元，同比增长12.8%，其中工资性收入占20%，经营性收入占70%、财产性收入占5%，政策性收入占5%。

【人口发展】 2023年，兴仁镇已婚育龄妇女5229人，出生人口166人，出生性别比100%，对计划生育“少生快富”工程独生子女户纯女户提前享受奖励扶助对象172人，独生子女保健费享受对象46人，计划生育特殊家庭3人等其他工作，发放一次性育儿补贴金（二孩）62人、一次性育儿补贴金（三孩）18人，惠民政策落实率和资金发放到位率均达到100%。开展计生政策法律法规、单独二孩政策、孕前免费优生检查知识、宁夏计生协会“5·19会员活动日”等宣传活动。发放计划生育法律法规、药具服务、计划生育奖励扶助政策、生殖健康、孕前优生检查等宣传资料320多份。进一步做好孕前优生健康检查、结扎、终止妊娠、生殖健康检查等各类技术服务措施和随访服务工作。

【种植业】 2023年，兴仁镇持续巩固压砂地退出种植和生态修复成果，在守好859.56亩禁种区的基础上，高质量发展农业特色产业。种植硒砂瓜9.23万亩，产量24万吨，产值3.03亿元；种植枸杞5.81万亩，产量（干果）1.3万吨，产值6.01亿元；种植朝天椒8919.7亩，产值1亿元；牢守粮食安全底线，种植玉米1.2万亩、小麦1043.2亩，马铃薯220亩，其他杂粮221亩。完成高标准农田建设4.27万亩，整修生产路9.46公里，残膜回收460吨，机深松整地1.45万亩，增施有机肥9.2万亩。核查处置农村乱占耕地建房六起，落实非法占用耕地私搭乱建复垦复耕80.71亩，填埋违规建设蓄水池23个，审核办理设施农业用地备案手续85个122.8151亩；发放耕地保护宣传彩页9000余份，设立耕地保护监管责任牌12个。

【养殖业】 2023年，兴仁镇加大力度鼓励发展现代养殖业，在王团村投资建设一座集基础母羊繁育和肉羊养殖于一体的现代化养殖场，推动规模养殖业健康绿色发展，全镇年内饲养羊112754只、肉牛1282头、生猪16410头、鸡10100只；牛肉产量5.04吨、羊肉产量131.73吨、猪肉产量274.56吨、鸡肉产量5.25吨、禽蛋产量24.75吨，养殖业产值超2500万元。结合动物春、秋季防疫工作，对辖区内牛羊屠宰场、活畜交易市场等重点区域进行消毒及健康养殖工作。共发放消毒药品11件，累计消毒圈舍1.1万座，面积149万平方米，签订非洲猪瘟防控承诺书、发放告知书172份，各种宣传材料900余份，产地检疫生猪1429头、检疫牛羊3378头（只）；屠宰检疫牛羊3378头（只）；瘦肉精检测牛羊202头（只），检疫各种肉产品157.92吨。无害化处理深埋各种病死畜禽509头（只）。

【环境卫生整治】 2023年，兴仁镇持续推进农村人居环境卫生整治，成立巡查小组在辖区实行常态化巡逻和网格化管理。开展全面排查，坚决杜绝重点监护养殖对象在夜间或白天伺机进山放牧毁林事件的发生，先后整治全镇100多起违法放牧行为，拆除羊圈118个。对109国道、205省道及各村庄主要道路两侧林带中白色飘挂物、残膜等进行集中清理，对农户房前屋后的“三堆”垃圾进行集中整治，组织集中整治行动10次38天，发动群众6900人次，共清理农村生活垃圾5841吨，清理建筑垃圾13200吨，清理畜禽粪污等农业生产废弃物数量1419吨，回收残膜713吨，拆除残垣断壁数量13处，发放宣传资料数量8093份，规划设立建筑垃圾集中堆放定点33个并制作区域牌。完成卫生改厕150户，完成金叶榆种植1404株，修枝树木6000余株。

【乡村振兴】 2023年，兴仁镇建立健全防返贫监测机制，组织召开乡村振兴工作专题会、推进会共计19次，研究制定相关文件7个，开展镇村干部各类业务培训7次，开展全镇业务督导70余次，核实47人次资助申请及621条行业部门预警信息，年度动态纳入监测户17户85人，风险消除25户95人；走访了解2711户“八必访”人群生活生产状况，把准纳入标准，杜绝体外循环；针对2022年国家考核评估反馈问题涉及4个方面33个具体问题，制定72条整改措施并印发整改方案，已完成33个问题整改，整改率为100%。完成“乡村振兴健康保”参保4199人16.907万元，审核发放“雨露计划”346人，发放补助60.1万元。狠抓产业扶贫，积极推进产业帮扶工程建设，以产业优化升级带动贫困人口不断增收。审核发放种植产业奖补561户319.5511万元，审核发放养殖、务工及个体经营产业奖补575户412.5703万元；发放一次性交通补贴69人4.24万元。

【安全生产】 2023年，兴仁镇开展“重大事故隐患专项排查整治2023行动”，印发《兴仁镇重大事故隐患专项排查整治2023行动实施方案》，制定完善总体应急预案和森林草原火灾事故、地质灾害、防汛抗旱、地震灾害、气象灾害、公共卫生事件、燃气突发事故、火灾事故、生产安全事故、危险化学品事故、矿山生产安全事故、冶金工贸行业安全生产事故等14个专项应急预案，建立应急救援队伍12支，共243人，应急志愿者队伍12支，共177人，灾害信息员队伍1支，共36人，网格员队伍1支，共13人，志愿消防救援队伍1支，共100人，组织开展各类应急培训5次；入户排查问题隐患商铺732家，问题隐患数1262条；摸排家庭居民用户使用燃气、液化石油气共123户，发现安全隐患用户77户，已全部整改完毕；摸排回收不合格液化气瓶503个，摸排整改使用醇基燃料商铺37家。加强防汛工作检查巡查，排查排水沟5条、蓄水池15个，洪涝地质灾害点位12个，排查隐患5处6条，全部整改完成。开展交通安全整治工作，组织发放《致全区农机驾驶员的一封公开信》，严禁任何农用车辆机具违法载人，联合兴仁派出所、市场监督管理所、兴仁交警队等单位对辖区农业生产用工密集型场所开展常态化巡查检查，在人员流量较大的道路设置警示牌6处、临时检查点2处。确定12名食品药品安全员，99个包保主体，24名包保干部，完成616户包保主体督导工作，对存在销售过期食品、发酵乳制品常温下放置未按产品贮存要求进行冷藏、生熟食材混放等食品安全隐患的6户商户进行立案检查。辖区全年未发生重特大安全事故。

【民生保障】 2023年，兴仁镇严格落实城乡低保、高龄津贴等社会救助政策动态监测管理，全年共审核发放低保金1075.3万元、特困供养补贴81.18万元、残疾人两项补贴130.6万元、临时救助资金667人141.6万元；开展城乡低保、高龄津贴扩围增效工作，受理核查救助对象1600余户，共新增低保待遇577人、新增享受城乡养老待遇252人，高龄老人待遇166人、特困供养待遇5人、孤儿津贴1人；对各村独居老人、孕产妇、残疾人、行动不便、精神病患者、慢特病患者等作为重点救助帮扶人员，通过电话、入户等方式及时摸排，结合沙坡头区开展的"暖冬行动"，发放无烟煤18户，对公建单位公共建筑、农户农宅、居民小区进行清洁取暖改造，现已动员意向改造户2001户，已改造完成1080户（含试点8户），完成6个共建单位、3所学校清洁取暖改造，改造面积14.91万平方米。年内录用农村60名公益性岗位人员，4名城镇公益性岗位人员。实现农村劳动力转移6862人，动员外出务工就业人员购买铁杆庄稼保4538人。办理4050就业困难人员灵活就业社会保险补贴34人。举办就业培训班8期，参加培训人员400余人。举办招聘活动3场，线下推送就业岗位36次，通过微信举办就业政策周课堂活动数51次。完成辖区内重点优抚对象及60岁及以上农村籍退役士兵核查工作，全年审核发放各类优抚金59.4万元。走访慰问参战、参核、烈士遗属、残疾等退役军人49人，发放慰问金3.3万元；为获得三等军功送喜报5人。

【社会治理】 2023年，兴仁镇全面推进平安兴仁建设，坚持发展新时代"枫桥经验"，完善矛盾纠纷多元化解机制。2023年排查化解的各类矛盾纠纷57件，化解率100%；办结市长信箱、人民网留言、督导组转交件、"12345"转办件共272件。扎实开展普法宣传教育活动，共开展习近平法治思想、国家安全、宪法、保密法、民法典、人民调解、法律援助、反邪反诈反非法集资、扫黑除恶、《信访工作条例》、禁毒等关系国家安全和政法工作等方面法治宣传11场次，到小学开展法治讲座4场次，发放各类宣传资料5000余份，发布法治宣传信息200余条。全力推进禁毒工作，开展毒品原植物集中清理整治行动2次，签订沙坡头区行业场所禁毒责任书16份、禁种毒品原植物承诺书550份、禁毒宣传入户情况登记表550份、张贴禁毒宣传通告16份，社区康复执行率100％。加强非法盗采砂石资源巡查，制止非法取沙、水利工程挖沙修路等破坏生态环境10起，全年共计巡查144次，立案查处2起，罚款5000元。开展兴仁镇"小散乱污"企业整顿工作，共排查27家企业，关停取缔5家企业，对9家废品收购站以改促取，按期未整改的一律取缔关停。严抓禁牧封育，对封山禁牧区域的主要出入口、羊只活动频繁区域等设立界桩、围栏和标牌，年内处理违法放牧案件23起，罚款5800元。

【项目建设】 2023年，兴仁镇积极推进沙坡头区兴仁镇污水处理厂项目落地实施，完成总工程量的78%，完成固定资产投资3665万元。完成2022年下半年公益事业财政奖补项目7项，分别在高庄村、东滩村、郝集村、兴仁村硬化村内巷道8.5公里，铺设沙石路2.7公里，实施资金达542.73万元。谋划实施沙坡头区兴仁镇高庄村主干道路硬化及破损路面修复项目，总投资318.67万元，新建硬化道路4.341公里，铺设沙石生产路1.559公里，彻底解决兴仁镇高庄村、泰和村800亩硒砂瓜运输难问题。实施了沙坡头区兴仁镇枸杞产业园建设项目，项目总投资956.97万元，进一步完善枸杞示范种植区、枸杞深加工产业链，提升枸杞种植基地作业效率和枸杞产品竞争力。2023年外出招商引资3次，走访贵州省、四川省、上海市，以及深圳市企业11家；与中国大唐集团有限公司宁夏分公司、国家能源集团宁夏电力有限公司洽谈合作，与宁夏信农农业科技有限公司签订川裕村枸杞烘干项目合作协议，合作资金达1200万元，其中企业投资1000万元；全年完成招商引资额度2431万元。

【法治政府建设】 2023年，兴仁镇研究部署法治建设工作2次，制定《兴仁镇2023年法治政府建设工作要点》和《沙坡头区兴仁镇2023年全面依法治镇工作要点》，全面落实“法律八进”，巩固和完善基层自治组织自我管理、自我服务、自我教育、自我监督的各项功能，研究制定2023年度领导干部学法计划，组织领导干部学习法律法规24次，开展各类法治讲座及宣传活动10场次，发放各类法治宣传彩页1300余份，接受群众咨询160余人次，推送各类法律知识、典型案例、政策解读等343条。更新政府网站信息24篇，发布动态信息24篇，工作文件8篇，按要求发布其他各类需要公示的信息66条，公开村务信息100余条。劝停违法违规建筑21起，查处农民自建房违建7起，拆除乱占耕地建房5起。制止非法取沙、水利工程挖沙修路等破坏生态环境10起，全年共计巡查144次，立案查处两起，罚款5000元。上报矛盾纠纷42件，均已化解。开展安全生产“一法两条例”执法大检查1次。办理区扫黑办反馈的扫黑除恶案件1件，接收社区矫正对象5人，解除5人；开展社会调查评估7次，开展教育学习36人次，入户走访17人次；衔接安置帮教人员19名，解除22人，走访联系400余人次，全年未发生社区矫正对象脱管漏管、再犯罪情况及因违反相关规定被训诫、警告情况，未发生安置帮教人员恶性犯罪情况。收集办理人大代表建议17件。严格落实党风廉政建设责任制，坚决执行中央八项规定及其实施细则精神，发扬“严细深实勤俭廉+快”的工作作风，务实担当、干事创业的氛围更加浓厚，政府执行力和公信力不断增强。

人物 荣誉

先进个人名表

【国家部委表彰的先进个人名表】

姓　名	所在单位	奖项名称	授奖单位
王生信	沙坡头区自然资源局	打击“洗洞”盗采金矿专项整治行动表现突出个人	自然资源部、生态环境部、公安部、应急管理部、国家市场监督管理总局、国家能源局、国家矿山安全监察局
李　东	沙坡头区自然资源局	全国自然资源信访工作业绩突出个人	自然资源部
汪淑玲	宣和镇人民调解委员会	全国模范人民调解员	司法部
陈红霞	沙坡头区宣和镇	全国维护妇女儿童权益先进个人	中华全国妇女联合会
寇明洲	沙坡头区人民检察院	全国行政检察业务能手	最高人民检察院
马志强	沙坡头区人民法院	党建工作先进个人	最高人民法院
王　静	沙坡头区人民法院	2022 年打击治理洗钱违法犯罪工作成绩突出个人	中国人民银行、公安部、最高人民法院、最高人民检察院、国家安全部、海关总署、国家税务总局、金融监管总局、中国证监会、国家外汇局
李永斌	沙坡头区公安分局	2023 年全国公安机关五四青年节通报表扬	公安部
郭美玉	沙坡头区人民检察院	2023 年第二季度“中国好人榜”	中央精神文明建设办公室

【自治区表彰的先进个人名表】

姓　名	所在单位	奖项名称	授奖单位
马小东	沙坡头区委办公室	全区信息工作先进个人	自治区党委办公厅、人民政府办公厅
张银其	沙坡头区水务局	全区全面深化改革工作先进个人	自治区党委办公厅、人民政府办公厅
邹媛媛	沙坡头区委统战部	全区民族团结进步模范个人	自治区党委、自治区人民政府
段永军	沙坡头区教育局	全区民族团结进步模范个人	自治区党委、自治区人民政府

续 表

姓 名	所在单位	奖项名称	授奖单位
黄振全	沙坡头区宣和镇	全区民族团结进步模范个人	自治区党委、自治区人民政府
杨生宝	迎水桥镇鸣沙村	全区民族团结进步模范个人	自治区党委、自治区人民政府
黄 莉	滨河镇新墩花园社区	全区民族团结进步模范个人	自治区党委、自治区人民政府
党晓伟	沙坡头区公安分局	“全区最美基层民警	自治区党委宣传部、自治区公安厅
郭 瑶	沙坡头区人民检察院	全区未成年人保护工作先进个人	自治区未成年人保护工作委员会
王 芳	沙坡头区司法局	全区关心下一代工作先进个人	自治区关心下一代工作委员会
刘 斌	沙坡头区应急管理局应急救援中心	应急先锋·2023”抗震救灾联合应急演练优秀个人	自治区应急管理指挥部办公室
丁艳林	沙坡头区旅游和文化体育广电局	全区文化和旅游工作先进个人	自治区文旅厅
陆宇航	沙坡头区自然资源局生态修复办公室工作人员	自治区第一次全国自然灾害综合风险普查工作成绩突出个人	自治区第一次全国自然灾害综合风险普查领导小组
王 敏	沙坡头区自然资源局生态修复办公室工作人员	自治区第一次全国自然灾害综合风险普查先进个人	自治区第一次全国自然灾害综合风险普查领导小组
黄兴彦	滨河镇	自治区第一次全国自然灾害综合风险普查先进个人	自治区第一次全国自然灾害综合风险普查领导小组
杨海东	沙坡头区应急管理局	自治区第一次全国自然灾害综合风险普查工作成绩突出个人	自治区第一次全国自然灾害综合风险普查领导小组
张立平	沙坡头区水务局	自治区第一次全国自然灾害综合风险普查工作成绩突出个人	自治区第一次全国自然灾害综合风险普查领导小组
宝 亮	沙坡头区人民法院	全区法院先进个人	自治区高级人民法院
段旭东	沙坡头区人民法院	全区法院先进个人	自治区高级人民法院
周海峰	沙坡头区人民法院	全区驻村帮扶工作优秀驻村第一书记	自治区党委组织部、农村工作领导小组办公室、自治区农业农村厅、自治区乡村振兴局
冯宇星	沙坡头区人民法院	“人人话保密”微视频作品《中卫话·话保密》优秀作品奖	自治区党委保密委员会办公室、自治区国家保密局
杨智涛	沙坡头区公安分局	全区公安机关“昆仑2022”专项行动成绩突出个人通报表扬	自治区公安厅
雍志恒	沙坡头区公安分局	全区公安机关夏季治安打击整治行动成绩突出个人	自治区公安厅
李晓锋	沙坡头区公安分局	全区公安机关“夏季行动”和第六届中阿博览会安保工作先进个人	自治区公安厅
徐 娜	沙坡头区公安分局	全区青少年普法教育工作表现突出辅导员	宁夏青少年普法教育活动领导小组
周立鹏	沙坡头区住房城乡建设和交通局	2022年度城乡建设绿色发展成绩突出个人	自治区推进新型城镇化工作领导小组办公室
孙江云	沙坡头区住房城乡建设和交通局	2022年度城乡建设绿色发展成绩突出个人	自治区推进新型城镇化工作领导小组办公室
路 洁	沙坡头区审计局机关政策法规办公室	全区审计工作先进个人	自治区党委审计委员会办公室、自治区人力资源和社会保障厅、自治区审计厅
徐怀孝	沙坡头区水利技术服务和水库沟道管理中心	全区水利工作先进个人	自治区人社厅、自治区水利厅

续 表

姓 名	所在单位	奖项名称	授奖单位
梁 楠	沙坡头区水利技术服务和水库沟道管理中心	全区水利工作先进个人	自治区人社厅、自治区水利厅
姚国强	东园镇人大	全区水利工作先进个人	自治区人社厅、自治区水利厅
王 浩	柔远镇人民政府	全区水利工作先进个人	自治区人社厅、自治区水利厅
绽珍珍	沙坡头区司法局	第59期驻京信访工作组优秀队员	自治区人民政府驻北京办事处
杨瑞祥	沙坡头区青年志愿者协会	表现突出志愿服务个人	自治区团委
张 蒙	宁夏普天瑞农农业有限公司	宁夏乡村振兴青年先锋	自治区团委
杨彦梅	沙坡头区司法局	全区法治暨司法行政工作先进个人	自治区人力资源和社会保障厅、自治区司法厅
刘晓翠	沙坡头区司法局	全区法治暨司法行政工作先进个人	自治区人力资源和社会保障厅、自治区司法厅
李惠敏	沙坡头区司法局	全区法治暨司法行政工作先进个人	自治区人力资源和社会保障厅、自治区司法厅
余 芳	沙坡头区司法局	全区信访工作先进个人	自治区信访工作联席会议办公室、自治区信访局
绽珍珍	沙坡头区司法局	全区信访工作优秀信息联络员	自治区信访局
刘晓东	沙坡头区卫生健康局	宁夏红十字人道博爱奉献奖	自治区红十字会
龚小影	沙坡头区卫生健康局	第三届护理品管圈暨护理科研成果展示交流优秀奖	宁夏护理学会
仇小娟	沙坡头区卫生健康局	《首届健康科普大赛》二等奖	宁夏护理学会
张翠森	沙坡头区卫生健康局	《首届健康科普大赛》二等奖	宁夏护理学会
陆 睿	沙坡头区卫生健康局	《首届健康科普大赛》二等奖	宁夏护理学会
武芳云	沙坡头区卫生健康局	《首届健康科普大赛》二等奖	宁夏护理学会

【中卫市表彰的先进个人名表】

姓 名	所在单位	奖项名称	授奖单位
梁金凤	沙坡头区人民检察院	第二届“沙坡头区精品微党课”优秀奖	沙坡头区委组织部
拓万竹	沙坡头区人民检察院	全市刑事检察业务竞赛“优秀公诉人”	中卫市人民检察院
梁金凤	沙坡头区人民检察院	全市刑事检察业务竞赛“最佳辩手”	中卫市人民检察院
李晓娜	沙坡头区人民法院	全市法院先进个人	中卫市中级人民法院
靳 涛	沙坡头区人民法院	全市法院先进个人	中卫市中级人民法院
刘嘉琪	沙坡头区人民法院	全市法院办案标兵	中卫市中级人民法院
王岩彬	沙坡头区公安分局	个人三等功	中卫市公安局
陆文学	沙坡头区公安分局	个人三等功	中卫市公安局
李凯骅	沙坡头区公安分局	个人三等功	中卫市公安局
刘 丽	沙坡头区公安分局	个人三等功	中卫市公安局
李嘉豪	沙坡头区公安分局	个人三等功	中卫市公安局
房学明	沙坡头区公安分局	个人三等功	中卫市公安局

续 表

<table>
<tr><th>姓　名</th><th>所在单位</th><th>奖项名称</th><th>授奖单位</th></tr>
<tr><td>王　珊</td><td>沙坡头区公安分局</td><td>个人三等功</td><td>中卫市公安局</td></tr>
<tr><td>高云龙</td><td>沙坡头区公安分局</td><td>个人三等功</td><td>中卫市公安局</td></tr>
<tr><td>魏志远</td><td>沙坡头区公安分局</td><td>个人三等功</td><td>中卫市公安局</td></tr>
<tr><td>陶鸿鹏</td><td>沙坡头区公安分局</td><td>个人三等功</td><td>中卫市公安局</td></tr>
<tr><td>倪中信</td><td>沙坡头区公安分局</td><td>个人三等功</td><td>中卫市公安局</td></tr>
<tr><td>梁占财</td><td>永康镇永乐村驻村第一书记，自治区人民医院原饮食科科长</td><td rowspan="4">全市驻村帮扶工作优秀驻村第一书记</td><td rowspan="7">中卫市委组织部、中卫市农村工作领导小组办公室、中卫市农业农村局、中卫市乡村振兴局</td></tr>
<tr><td>沈彦兆</td><td>宣和镇永和村驻村第一书记，中卫市政务服务中心服务科科长</td></tr>
<tr><td>陈　丁</td><td>永康镇党家水村驻村第一书记，中卫工业园区管委会经济发展局四级主任科员</td></tr>
<tr><td>焦茂泉</td><td>香山乡景庄村驻村第一书记，沙坡头区住房城乡建设和交通局公路管理段七级职员</td></tr>
<tr><td>武　恺</td><td>宣和镇海和村驻村工作队员，自治区党委组织部党建研究所三级主任科员</td><td>全市驻村帮扶工作优秀驻村工作队员</td></tr>
<tr><td>赵一凡</td><td>宣和镇海和村驻村工作队员，自治区党委组织部党员教育中心三级主任科员</td><td>全市驻村帮扶工作优秀驻村工作队员</td></tr>
<tr><td>谢咏斟</td><td>东园镇新星村驻村工作队员，东园镇郭滩学校专技七级</td><td>全市驻村帮扶工作优秀驻村工作队员</td></tr>
<tr><td>刘晓翠</td><td>沙坡头区司法局</td><td>2023 年度中卫市“最美家庭”</td><td>中卫市文明办、中卫市妇联</td></tr>
<tr><td>廉　怡</td><td>沙坡头区司法局</td><td>2023 年度中卫市“最美家庭”</td><td>中卫市文明办、中卫市妇联</td></tr>
</table>

【沙坡头区表彰的先进个人名表】

姓　名	所在单位	奖项名称	授奖单位
冯玉带	永康镇	沙坡头区首批“最美法律明白人”	沙坡头区委全面依法治区委员会守法普法协调小组
黑晓燕	永康镇	沙坡头区二届区委第五轮巡察表现优秀的干部	沙坡头区委巡察工作领导小组
黄新燕	永康镇	沙坡头区二届区委第六轮巡察表现优秀的干部	沙坡头区委巡察工作领导小组
刘　月	永康镇	2023 年沙坡头区新时代文明实践讲解大赛优秀奖	沙坡头区委宣传部
毛玉莎	沙坡头区综合执法局	第四届沙坡头区“学习强国”达人挑战赛二等奖	沙坡头区委宣传部
李朝阳	永康镇	2023 年沙坡头区新时代文明实践（所、站）宣传讲解礼仪技能培训“优秀学员”	沙坡头区委宣传部

续 表

姓　名	所在单位	奖项名称	授奖单位
徐志薇	永康镇	“四有”优秀民兵干部	沙坡头区人民武装部
李天宇	永康镇	“四有”优秀民兵干部	沙坡头区人民武装部
汪奕彤	沙坡头区司法局	沙坡头区禁毒工作先进个人	沙坡头区禁毒委员会
周文军	沙坡头区综合执法局	禁毒形象大使	沙坡头区禁毒委员会
尹　婷	沙坡头区卫生健康局	中卫妇幼联盟竞赛二等奖	中卫市总工会

先进集体名表

【国家部委表彰的先进集体名表】

获奖单位名称	奖项名称	授奖单位
滨河镇	“红色物业联盟”化解物业纠纷工作法获评全国新时代“枫桥经验”先进典型	中共中央政法委员会
镇罗派出所	全国第三批“枫桥式公安派出所”	公安部
滨河镇新墩花园社区	全国民主法治示范社区	中央宣传部、司法部、全国普及法律常识办公室
沙坡头区司法局	全国法律援助工作先进集体	司法部
文昌镇黄河花园社区	全国民族团结进步示范社区	国家民族事务委员会
文昌镇黄河花园社区	全国文明实践巾帼志愿阳光站	全国妇联宣传部、中央宣传部志愿服务促进中心
文昌镇文昌阁社区	全国示范性老年友好型社区	国家卫生健康委老龄司
东园镇金沙村	全国巩固拓展脱贫攻坚成果村级实践交流基地	国家乡村振兴局
滨河镇宁夏平原引黄灌溉农业系统	第七批中国重要农业文化遗产	农业农村部
沙坡头区农业综合行政执法大队	第五批全国农业综合行政执法示范窗口	农业农村部
滨河镇	第二批全国农作物病虫害专业化“统防统治百强县”	农业农村部种植业管理司
滨河镇中山社区	全国老年大学电子键盘大赛二等奖（银奖）	中国老年大学协会
沙坡头区	2023中国高质量发展乡村振兴十大示范县(区)	乡村振兴局
滨河镇向阳步行街	国家级夜间文化和旅游消费集聚区	文化和旅游部
滨河镇向阳步行街	国家级旅游休闲街区	文化和旅游部
滨河镇槐树北巷社区	2023年全国“扫黄打非”进基层示范点	全国“扫黄打非”工作小组办公室
沙坡头区林业和草原局	全国防沙治沙先进集体	全国绿化委员会、人力资源和社会保障部、国家林业和草原局
沙坡头区林木检疫站	先进国家级中心测报点	国家林业和草原局生物灾害防控中心
沙坡头区水务局	水利安全生产应急演练成果评选展示活动鼓励奖	水利部办公厅

续 表

获奖单位名称	奖项名称	授奖单位
永康镇民生服务中心	全国青年文明号	共青团中央
沙坡头区司法局	组织宣传人民调解工作先进集体	中华全国人民调解员协会
镇罗镇	国家农业产业强镇	农业农村部办公厅、财政部办公厅
滨河镇中山社区	2020—2025 年度全国文明单位	中央精神文明建设指导委员会
镇罗镇胜金村	国家级文明村	中央精神文明建设指导委员会
沙坡头区综合执法局	节约型机关	国家机关事务管理局、中共中央直属机关事务管理局、国家发改委、财政部
文昌阁社区	2023 年全国示范性老年友好型社区	国家卫生健康委、全国老龄办
沙坡头区卫生健康局	"人才是第一资源"基层医疗卫生队伍建设典型案例	国家卫生健康委、健康报社
沙坡头区卫生健康局	"中国居民心血管病及其危险因素监测 2020"项目先进单位	国家心血管病中心
沙坡头区人民医院住院部党支部	公立医院临床科室标杆党支部	全国医院党建工作指导委员会
沙坡头区公安分局	2023 年度空军招飞政治考核工作先进单位	中国人民解放军空军招飞局兰州选拔中心

【自治区表彰的先进集体名表】

获奖单位名称	奖项名称	授奖单位
文昌镇委员会	第十二批全区民族团结进步模范集体	自治区党委、自治区人民政府
沙坡头区水务局	自治区第一次全国自然灾害综合风险普查工作成绩突出集体	自治区第一次全国自然灾害综合风险普查领导小组
	全区"四防"工作先进集体	自治区党委办公厅、人民政府办公厅
沙坡头区委办公室	全区督查和信息工作先进集体	自治区党委办公厅、人民政府办公厅
沙坡头区应急管理局	"应急先锋·2023"抗震救灾联合应急演练优秀组织单位	自治区应急管理指挥部办公室
沙坡头区应急管理局	自治区第一次全国自然灾害综合风险普查工作成绩突出集体	自治区第一次全国自然灾害综合风险普查领导小组
沙坡头区住房城乡建设和交通局	自治区第一次全国自然灾害综合风险普查工作成绩突出集体	自治区第一次全国自然灾害综合风险普查领导小组
沙坡头区旅游和文化体育广电局	全区文化和旅游工作先进集体	自治区文旅厅
沙坡头区司法局	宁夏司法行政系统"贯彻全会精神　提升法治能力"法律知识竞赛团体赛第二名	自治区司法厅
柔远镇镇靖村	自治区民主法治示范村	自治区司法厅、自治区民政厅
镇罗镇凯歌村	自治区民主法治示范村	自治区司法厅、自治区民政厅
柔远镇镇靖村	自治区民主法治示范村	自治区司法厅、自治区民政厅
文昌镇黄湾村	自治区民主法治示范村	自治区司法厅、自治区民政厅
文昌镇双桥村	自治区第一批议事协商示范村	自治区司法厅、自治区民政厅
镇罗镇凯歌村	自治区健康细胞示范点	
沙坡头区黄河法治文化带综合阵地	宁夏黄河法治文化带示范阵地	自治区党委全面依法治区委员会守法普法协调小组

续 表

获奖单位名称	奖项名称	授奖单位
沙坡头区司法局	全区法治暨司法行政工作先进集体	自治区人力资源和社会保障厅、自治区司法厅
坡头区人民政府	沙创建宁夏第三批法治政府建设示范地区	自治区党委全面依法治区委员会
沙坡头区人民检察院	“党徽耀检·生态检察”党建品牌荣获宁夏检察机关第二届优秀检察文化品牌	自治区人民检察院
沙坡头区人民检察院	微电影《爱在路上》荣获宁夏检察机关第一届微电影微视频动漫征集展播活动优秀奖	自治区人民检察院
沙坡头区人民检察院第三检察部	沙水兴源”黄河流域(中卫段)水资源综合保护法律监督模型获全区第一届检察机关大数据法律监督模型竞赛优秀奖	自治区人民检察院
沙坡头区乡村振兴局	全区驻村帮扶工作先进单位	自治区党委组织部、党委农办、农业农村厅、乡村振兴局
沙坡头区住房城乡建设和交通局	自治区第一次全国自然灾害综合风险普查工作成绩突出集体	自治区第一次全国自然灾害综合风险普查领导小组
沙坡头区委政法委	全区未成年人保护工作先进集体	自治区未成年人保护工作委员会
沙坡头区人民检察院	全区未成年人保护工作先进集体	自治区未成年人保护工作委员会
沙坡头区综合执法局	2023 年自治区健康机关示范点	自治区爱国卫生运动委员会办公室
沙坡头区人民检察院	全区青少年普法教育工作突出集体	自治区关工委等部门
沙坡头区灌溉管理所	自治区水利工作先进集体	自治区人力资源和社会保障厅、自治区水利厅
沙坡头区人民法院刑事审判庭	全区法院先进集体	自治区高级人民法院
迎水桥法庭	塞上枫桥人民法庭	自治区高级人民法院
兴仁法庭	塞上枫桥人民法庭	自治区高级人民法院
沙坡头区公安分局刑事侦查大队	全区公安机关夏季治安打击整治行动成绩突出集体	自治区公安厅
沙坡头区公安分局巡逻警察大队	全区公安机关“夏季行动”和第六届中阿博览会安保工作先进集体	自治区公安厅
沙坡头区审计局机关政策法规办公室	全区审计工作先进集体	自治区党委审计委员会办公室、自治区人力资源和社会保障厅、自治区审计厅
永康镇“护花使者”青年突击队	2023 年全区优秀青年突击队	自治区团委、发改委、工信厅、农业农村厅
永康镇永乐村	全区第二批村治理示范村	自治区党委农村工作领导小组办公室
迎水桥镇	全区第二批村治理示范村	自治区党委农村工作领导小组办公室
文昌镇杞香苑社区	全区民族团结进步示范社区	自治区党委统一战线工作领导小组
文昌镇福兴苑社区	全区民族团结进步示范社区	自治区党委统一战线工作领导小组
滨河镇	全区民族团结进步示范乡(镇、街道)	自治区党委统一战略工作领导小组
文昌镇黄湾村	2023—2025 年度“自治区文明村”	自治区精神文明建设指导委员会
滨河镇中山社区	2023—2025 年度自治区精神文明单位	自治区精神文明建设指导委员会
滨河镇南关村	2023—2025 年度自治区精神文明单位	自治区精神文明建设指导委员会
文昌镇雍楼村	自治区文明村	自治区精神文明建设指导委员会

续 表

获奖单位名称	奖项名称	授奖单位
镇罗镇胜金村	自治区文明村	自治区精神文明建设指导委员会
柔远镇雍湖村	自治区文明村	自治区精神文明建设指导委员会
文昌镇黄河花园社区	2022—2024 年度自治区级文明村	自治区精神文明建设指导委员会
文昌镇东园村	2022—2024 年度自治区级文明村	自治区精神文明建设指导委员会
滨河镇瑞丰社区	自治区健康社区示范点	自治区健康水平提升行动领导小组办公室、自治区爱国卫生运动委员会办公室
文昌镇东花园社区	自治区级示范性爱心托管班	自治区总工会
文昌镇黄河花园社区	自治区健康细胞示范点	自治区爱国卫生运动委员会
迎水桥镇	自治区健康机关示范点	自治区爱国卫生运动委员会
柔远镇	自治区健康机关示范点	自治区爱国卫生运动委员会
柔远镇雍湖村	自治区健康机关示范点	自治区爱国卫生运动委员会
文昌镇恒祥社区	自治区健康细胞示范点	自治区爱国卫生运动委员会
文昌镇民族巷社区	全区示范型退役军人服务站	自治区党委退役军人事务工作领导小组办公室
文昌镇西花园社区	全区示范型退役军人服务站	自治区党委退役军人事务工作领导小组办公室
文昌镇蔡桥路社区	全区示范型退役军人服务站	自治区党委退役军人事务工作领导小组办公室
文昌镇文昌阁社区	全区示范型退役军人服务站	自治区党委退役军人事务工作领导小组办公室
文昌镇世纪花园社区	全区示范型退役军人服务站	自治区党委退役军人事务工作领导小组办公室
文昌镇东花园社区	全区示范型退役军人服务站	自治区党委退役军人事务工作领导小组办公室
文昌镇东花园社区	2023 年自治区级示范性工会爱心托管班	自治区总工会女职工委员会
文昌镇和润社区	2022 年度健康社区示范点	自治区健康水平提升行动领导小组办公室、自治区爱国卫生运动委员会办公室
滨河镇长安社区	第六届宁夏志愿服务项目大赛优秀奖	自治区团委、自治区文明办、自治区民政厅、自治区司法厅、自治区生态环境厅、自治区水利厅、自治区文旅办、自治区卫生健康委、自治区残联、自治区禁毒办
滨河镇光明社区	第六届宁夏志愿服务项目大赛优秀奖	自治区团委、自治区文明办、自治区民政厅、自治区司法厅、自治区生态环境厅、自治区水利厅、自治区文旅办、自治区卫生健康委、自治区残联、自治区禁毒办
文昌镇五里村	示范性农村集体经济组织	自治区农业农村厅
文昌镇和润社区	优秀消防志愿服务项目	自治区消防救援总队
永康镇永乐村	宁夏“村 BA”大赛“体育道德风尚奖”	自治区体育局
永康镇永乐村	宁夏文艺志愿服务实践基地	自治区文学艺术界联合会
永康镇永丰村	全区第一批议事协商示范村	自治区民政厅

续 表

获奖单位名称	奖项名称	授奖单位
滨河镇光明社区	中卫市第一批议事协商示范村	自治区民政厅
滨河镇瑞丰社区	“与您相约　共创美好”优秀村规民约（居民公约）	自治区民政厅
沙坡头区人民法院	档案工作规范化管理单位	自治区档案局
中国石油天然气股份有限公司宁夏中卫销售分公司兴仁西加油站	青年安全生产示范岗	自治区团委
永康镇“护花使者”青年突击队	青年突击队	自治区团委
中卫市卫民科技有限公司（中卫市沙坡头区饿了么运营中心）“‘卫民’红先锋蓝骑士”青年理论学习小组	青年理论学习“标杆小组”	自治区团委
滨河镇向阳社区“雏鹰”青年理论学习小组	青年理论学习“标杆小组”	自治区团委
文昌镇东花园社区	“社区青春行动”项目优秀社区	自治区团委
沙坡头区青年志愿者协会	表现突出志愿服务组织	自治区团委
蔡桥路社区青春护航志愿服务队	表现突出志愿服务组织	自治区团委
沙坡头区卫生健康局	2022 年度健康宁夏建设考核二等奖	自治区健康宁夏建设领导小组
沙坡头区卫生健康局	2022 年度全区基本公共卫生服务项目绩效评价排名第一	自治区卫生健康委
沙坡头区卫生健康局	2022—2023 年度全区“千名医师下基层”对口支援活动绩效评价中获得优秀等次	自治区卫生健康委
滨河镇西关村	自治区级示范性农村集体经济组织	自治区农业农村厅
滨河镇南关村	自治区级示范性农村集体经济组织	自治区农业农村厅
镇罗镇	2023 年自治区乡村振兴示范乡镇	自治区农业农村厅

【中卫市表彰的先进集体名表】

获奖单位名称	奖项名称	授奖单位
镇罗镇	万亩设施农业示范镇	中卫市
沙坡头区综合执法局	优秀基层立法联系点	中卫市人民政府
沙坡头区水务局	全市驻村帮扶工作先进单位	中卫市委组织部、中卫市委农村工作领导小组办公室、中卫市农业农村局、中卫市乡村振兴局
沙坡头区卫生健康局	全市驻村帮扶工作先进单位	中卫市委组织部、中卫市委农村工作领导小组办公室、中卫市农业农村局、中卫市乡村振兴局
沙坡头区综合执法局	全市驻村帮扶工作先进单位	中卫市委组织部、中卫市委农村工作领导小组办公室、中卫市农业农村局、中卫市乡村振兴局
滨河派出所	集体三等功	中卫市公安局
沙坡头区公安分局法制大队	集体三等功	中卫市公安局
沙坡头区公安分局巡警大队	集体嘉奖	中卫市公安局
兴仁派出所	集体嘉奖	中卫市公安局

续 表

获奖单位名称	奖项名称	授奖单位
沙坡头区人民法院执行局	全市法院先进集体	中卫市中级人民法院
永康镇	中卫市社火展演大赛二等奖	中卫市旅游和文化体育广电局
永康镇景台村	中卫市舞狮表演暨舞龙大赛一等奖	中卫市旅游和文化体育广电局
永康镇阳沟村	中卫市舞狮表演暨舞龙大赛一等奖	中卫市旅游和文化体育广电局
滨河镇城北村	2020—2023 年度市级文明村	中卫市精神文明建设指导委员会
滨河镇东方红社区	2020—2023 年度市级文明村	中卫市精神文明建设指导委员会
沙坡头区卫生健康局	2022 年健康中卫建设暨健康水平提升行动考核一等奖	中卫市健康中卫建设领导小组
沙坡头区人民医院	2023 年度“科普健康知识　共享健康生活”主题健康科普节目比赛一等奖	中卫市卫生健康委员会
沙坡头区人民医院	2023 年度“科普健康知识　共享健康生活”主题健康科普节目比赛优秀奖	中卫市卫生健康委员会
沙坡头区人民医院	中卫市城市医疗集团总院“急救大赛”一等奖	中卫市城市医疗集团总院

【沙坡头区表彰的先进集体名表】

获奖单位名称	奖项名称	授奖单位
沙坡头区综合执法局	“学习强国”学习平台宣传推广先进集体	沙坡头区委宣传部
柔远镇党委	五星级党委	沙坡头区委员会
柔远镇冯庄村党支部	五星级村党组织	沙坡头区委员会
柔远镇渡口村党支部	五星级村党组织	沙坡头区委员会
沙坡头区应急管理局	《别让我以为变成我后悔》被评为“2023 年沙坡头区禁毒短视频大赛作品”流量组二等奖	沙坡头区禁毒委员会
文昌镇蔡桥村	2022—2025 年度沙坡头区文明村	沙坡头区精神文明建设指导委员会
滨河镇西关村	2021—2024 年度文明村	沙坡头区精神文明建设指导委员会
滨河镇南元村	2021—2024 年度文明村	沙坡头区精神文明建设指导委员会
沙坡头区司法局支部委员会	沙坡头区 2023 年基层党建示范点	沙坡头区委员会党的建设领导小组
镇罗镇人民武装部	2023 年“先进基层人民武装部”	沙坡头区
镇罗镇镇罗村	2023 年度民兵整组先进单位	沙坡头区
镇罗镇镇西村	2023 年度民兵整组先进单位	沙坡头区

附　录

组织机构和领导成员

中国共产党中卫市沙坡头区委员会

书　记　　宗立冬
副书记　　丁志军(回族)
　　　　　张振宇(任至 2023 年 3 月)
　　　　　马立明(2023 年 3 月任职)
常　委　　穆怀中(回族,任至 2023 年 12 月)
　　　　　李华锋　宋传江　祁　洋
　　　　　沈红菊(女)　龚　涛　张赞军
　　　　　徐郑应

中卫市沙坡头区人民代表大会常务委员会

主　任　　张冠华
副主任　　赵艳忠　马晓东(女,回族)
　　　　　韩进军　武建国

中卫市沙坡头区人民政府

区　长　　丁志军(回族)
副区长　　马立明(任至 2023 年 3 月)
　　　　　龚　涛　徐郑应　张海涛
　　　　　周晓梅(女,回族,任至 2023 年 2 月)
　　　　　高怀雷　王文忠

中国人民政治协商会议中卫市沙坡头区委员会

主　席　　冯玉森
副主席　　梁清江　何建忠　张艳霞(女)

中国共产党中卫市沙坡头区纪律检查委员会

书　记　　李华锋
副书记　　吴全旺(任至 2023 年 3 月)

张　翔
唐燕妮(女,2023 年 3 月任职)
常　委　王　欢(女)
杨　茗(女,任至 2023 年 3 月)
唐燕妮(女,任至 2023 年 3 月)
严建农(2023 年 3 月任职)
杨璐畅(女,任至 2023 年 11 月)

监察委员会

主　任　李华锋
副主任　吴全旺(任至 2023 年 3 月)
张　翔
唐燕妮(女,2023 年 3 月任职)
委　员　王宇鹏
唐燕妮(女,任至 2023 年 3 月)
杨　茗(女,任至 2023 年 3 月)
严建农(2023 年 3 月任职)
杨璐畅(女,任至 2023 年 11 月)

沙坡头区人民法院

院　长　刘　伟
副院长　罗满仓(任至 2023 年 3 月)
马博文　吴晓利
王小勇(2023 年 5 月任职)
纪检组长　李云飞

沙坡头区人民检察院

检察长　张　斌
副检察长　王志华　徐家全　郭美玉(女)
纪检组长　莫吉海

沙坡头区党委工作部门及直属事业单位

沙坡头区委办公室
主　任　房英俊
副主任兼区委督查室主任
李万忠(任至 2023 年 3 月)
张积达(2023 年 3 月任职)
副主任兼区委国家安全委员会办公室专职副主任
吕明杰
副主任兼区档案局局长　马小东
副主任兼区委保密办主任、机要局局长
吴　娜(女)
沙坡头区委组织部
部　长　祁　洋
副部长兼区直机关工委副书记
王建军
副部长兼非公有制经济组织和社会组织工作委员会书记　马千笑(回族,任至 2023 年 3 月)
金文平(2023 年 3 月任职)
副部长兼区委老干部局局长、区公务员局局长
赵嘉鑫(任至 2023 年 3 月)
刘淑萍(女,2023 年 3 月任职)
非公有制经济组织和社会组织工作委员会专职副书记　李　娜(女,2023 年 3 月任职)
区离退休干部党工委专职副书记
金文平(任至 2023 年 3 月)
沙坡头区委宣传部
部　长　沈红菊(女)
副部长　万自强
副部长兼区新闻出版局局长
范红艳(女)
副部长　冯瑛瑾(女,任至 2023 年 11 月)

沙坡头区委统战部(民宗局)

部　长　　　穆怀中(回族)

副部长兼民族宗教局局长

刘彦录(回族,任至2023年3月)

张志斌(2023年3月任职)

副部长兼区委港澳台工作办公室(区港澳台事务办公室)主任、区政府侨务办公室主任

王　薇(女)

副部长　　　邹媛媛(女)

沙坡头区委政法委

书　记　　　张赞军

副书记　　　刘文祥　王　芳(女)

沙坡头区委政策研究室

主　任　　　万　静(女,任至2023年3月)

王金萍(女,2023年3月任职)

副主任　　　马淑洁(女,任至2023年11月)

沙坡头区委网络安全和信息化委员会办公室

主　任　　　罗华盛

副主任　　　马进琴(女,回族)

沙坡头区委机构编制委员会办公室

主　任　　　张睿华(女)

副主任兼区事业单位登记管理局局长

王丽娟(女)

沙坡头区委巡察工作领导小组办公室

主　任　　　王　欢(女)

副主任　　　林晓梅(女,回族)

巡察组副组长　　韩　娟(女,任至2023年3月)

史　进(2023年3月任职)

张　圆(女)

沙坡头区档案馆

副馆长　　　段　欣(女)

沙坡头区党委工作部门所属事业单位

沙坡头区廉政教育和案件信息管理中心

主　任　　　严建农(任至2023年3月)

刘　怡(女,2023年3月任职)

沙坡头区党员宣传教育中心

主　任　　　刘淑萍(女,任至2023年3月)

高文鑫(2023年3月任职)

沙坡头区人力资源服务中心

主　任　　　顾佳宝(女,2022年6月任职)

沙坡头区新时代文明实践志愿服务指导中心

主　任　　　赵　磊(任至2023年11月)

沙坡头区政府工作部门及直属事业单位

沙坡头区政府办公室

主　任　　　吴佳伟(任至2023年3月)

孙金鑫(2023年3月任职)

副主任　　　白　龙　刘志强

副主任兼区审批服务管理局局长

张明晖(任至2023年3月)

董　倩(女,2023年3月任职)

副主任兼政务公开办公室主任

白　杨(任至2023年3月)

拓万爵(2023年3月任职)

沙坡头区发展和改革局

局　长　　　马小辉(回族)

副局长　　　韩　鹏

副局长兼区粮食和物资储备局局长

何　婷(女)

国防动员办公室专职副主任

高家瑶(女,2023 年 3 月任职)

沙坡头区教育局

教育工委书记、教育局党组书记　冯学渊

教育工委副书记　徐吉平

局　长　段永军(任至 2023 年 10 月)

副局长　杨　莉(女,任至 2023 年 3 月)

张　宁

李　正(2023 年 3 月任职)

沙坡头区科学技术局

局　长　张守戈(任至 2023 年 3 月)

朱政祖(2023 年 3 月任职)

副局长　邢志杰　景梅玲(女)

沙坡头区工业信息化和商务局

局　长　宋　扬(女,回族)

副局长　王婷婷(女)

沙坡头区民政和社会保障局

局　长　马海轮

副局长　王　静(女)　雍立黎(女)

沙坡头区司法局(信访局)

局　长　白　龙

副局长　曾令冲

王瑞萍(女,任至 2023 年 3 月)

王　静(女,2023 年 3 月任至 2023 年 11 月)

李　娜(女)

沙坡头区财政局

局　长　赵爱东

副局长　刘　懿(女)

王立红(女,2023 年 3 月任职)

沙坡头区自然资源局

副局长　王生信

副局长兼区林业和草原局副局长　蒙彦晓(女)

沙坡头区住房城乡建设和交通局

局　长　周重南

副局长　薛文政

冯　涛(任至 2023 年 3 月)

韩　娟(女,2023 年 3 月任职)

沙坡头区水务局

局　长　张红涛

副局长　雍学茂

史　进(任至 2023 年 3 月)

汪爱科(2023 年 3 月任职)

沙坡头区农业农村局

局　长　赵　峰(任至 2023 年 3 月)

张守戈(2023 年 3 月任职)

副局长　周　凤(女)

陈江波(任至 2023 年 3 月)

孟庆涛

沙坡头区旅游和文化体育广电局

党组书记　王金萍(女,任至 2023 年 3 月)

局　长　阿　莲(女,任至 2023 年 3 月)

万　静(女,2023 年 3 月任职)

副局长　杨天鹏　刘　权

沙坡头区卫生健康局

局　长　黄宗玺

副局长　李　凡(女,任至 2023 年 3 月)

刘　芳(女,任至 2023 年 3 月)

张艳玲(女,2023 年 3 月任职)

吕　彤(女,2023 年 3 月任职)

沙坡头区退役军人事务局

局　长　李卫民

副局长　张　雁　刘甜甜(女)

沙坡头区应急管理局

局　长　杨海东

副局长　王君炜

王　杰（任至 2023 年 7 月）
张海军（回族，2023 年 7 月任职）

沙坡头区审计局

局　长　秦　玲（女）
副局长　史　佳（女）　詹海燕（女）

沙坡头区统计局

局　长　何佳风（女，回族）
副局长　王　淼（女）　王学艳（女）

沙坡头区乡村振兴局

局　长　白海宝
副局长　薄　娟（女）
罗建忠（任至 2023 年 3 月）
谢勇强（2023 年 3 月任职）

沙坡头区综合执法局

局　长　张永生
副局长　陈治平　李玉英（女）

沙坡头区医疗保障局

局　长　卢　珊（女）
副局长　张艳玲（女，任至 2023 年 3 月）
施文学
徐　婷（女，2023 年 3 月任职）

沙坡头区政务服务中心

党组书记　戴志鹏
主　任　王　硕（女，回族）
副主任　李世娟（女）　张晓静（女）

沙坡头区政府工作部门所属事业单位

沙坡头区机关事务服务中心

主　任　拓万爵（任至 2023 年 3 月）
俞　琦（2023 年 3 月任职）

沙坡头区教学研究室

副主任　崔文祥　冯承志

沙坡头区工业和信息化服务中心

主　任　王宁望（任至 2023 年 3 月）
王红伟（2023 年 3 月任职）

沙坡头区农业综合行政执法大队

副大队长　冯建军　王腊梅（女，回族）　赵　斌

沙坡头区农业技术推广服务中心

主　任　蒋　利

沙坡头区社会救助和殡葬管理中心

主　任　谢怡婷（女）

沙坡头区文化旅游体育服务中心

主　任　丁艳林（女）

沙坡头区国库集中支付中心

主　任　王立红（女，任至 2023 年 3 月）
叶文青（女，2023 年 3 月任职）

沙坡头区退役军人服务中心

主　任　俞　兵（任至 2023 年 3 月）
李梦瑶（女，2023 年 3 月任职）

沙坡头区建设工程质量安全监督站

站　长　柳春沣

沙坡头区公路管理段

段　长　王永红（女）
副段长　赵建礼　谢　荣

沙坡头区南山台电灌站

站　长　雍学茂

沙坡头区林业技术推广服务中心（挂沙坡头区林木检疫站牌子）

主任（站长）　张翠红（女）

沙坡头区综合行政执法大队

大队长　张永生
副大队长　周　华（回族）
施中元（任至 2023 年 7 月）

中队长　　王　峰　陈　昕(女)
王学梅(女,2023 年 3 月任职)
马　强(2023 年 3 月任职)
摆文亮(回族,2023 年 3 月任职)

沙坡头区城市公用事业管理所

所　长　　胡学智
副所长　　秦占君　陈晓安　周兆娜(女)

沙坡头区人民医院(市第二人民医院)

院　长　　石雨时
副院长　　林　英(女)　张文玉　焦　涛
总会计师　陈德建(任至 2023 年 9 月)

文昌社区卫生服务中心

主　任　　高　洁(女,2023 年 3 月任职)
副主任　　赵　斌(2023 年 3 月任职)

滨河社区卫生服务中心

主　任　　丁生麟(回族,2023 年 3 月任职)
副主任　　高　鹏(2023 年 3 月任职)
罗　丽(女,2023 年 3 月任职)

镇罗镇中心卫生院

院　长　　宋　瑜(任至 2023 年 3 月)
张　峰(2023 年 3 月任职)

宣和镇中心卫生院

院　长　　竺建新(任至 2023 年 3 月)
王志科(2023 年 3 月任职)

永康镇中心卫生院

院　长　　丁生麟(回族,任至 2023 年 3 月)

兴仁镇中心卫生院

院　长　　王裕魁(任至 2023 年 3 月)
张　虎(2023 年 3 月任职)

中卫市第二中学

校　长　　汪金平
副校长　　王廷洪　李　正(任至 2023 年 3 月)
胡启龙　李彬弘(2023 年 3 月任职)

中卫市第四中学

校　长　　贾　钢
副校长　　李学信　万志军(满族)　李　莉(女)

中卫市第五中学

校　长　　李　波
副校长　　吴建军　杨银国　李维刚

中卫市第六中学

校　长　　余红梅(女)
副校长　　靳保军　安国英　鲍晓凤(女)

中卫市第九中学

校　长　　刘成业

中卫市镇罗中学

校　长　　景学文

中卫市宣和中学

校　长　　秦军岐

中卫市宣和镇东台学校

校　长　　薛　辉

中卫市永康中学

校　长　　田兴贵(回族)

中卫市常乐中学

校　长　　沈其华

中卫市兴仁中学

校　长　　刘　宏

沙坡头区群团机构

原沙坡头区群团工作委员会

主　任　　马　丽(女,任至 2023 年 3 月)
副主任　　马兴龙(任至 2023 年 3 月)
徐凤玲(女,任至 2023 年 3 月)
狄天文(任至 2023 年 3 月)

沙坡头区总工会

主　席　　武建国

常务副主席　马千笑(回族,2023 年 3 月任职)
副主席　刘　云(女,2023 年 3 月任职)

共青团沙坡头区委员会

书　记　朱　菁(女,2023 年 3 月任职)
马兴龙(2023 年 3 月任职)

沙坡头区妇女联合会

主　席　徐雅芬(女,2023 年 3 月任职)
副主席　张　玲(女,2023 年 3 月任职)

乡镇领导班子成员

文昌镇

党委书记　刘吉祥
党委副书记、镇长
马晓莉(女,回族,任至 2023 年 3 月)
马　丽(女,2023 年 3 月任职)
党委委员、人大主席　高源君
党委副书记　姚国强(任至 2023 年 3 月)
冯　涛(2023 年 3 月任职)
党委委员、纪委书记兼监察办公室主任
刘　燕(女)
党委委员、组织委员　王晓华(女)
党委委员、副镇长　刘渊鑫　孙秀丽(女)
党委委员、武装部部长　高学海
副镇长　王　佳
民生服务中心主任　石祎琦(女)
公用事业服务中心主任　张晓鹏
综治中心主任　刘永辉
农业综合服务中心主任　裴文硕

滨河镇

党委书记　黄兴彦
党委副书记、镇长　梁舜杰
党委委员、人大主席　潘秀芳(女)
党委副书记　徐雅芬(女,任至 2023 年 3 月)
卢　雪(女,2023 年 3 月任职)
党委委员、纪委书记兼监察办公室主任
马　芳(女,回族)
党委委员、组织委员　苏　鹏
党委委员、副镇长　刘柏冬　马智勇
党委委员、武装部部长　周　茜(女)
副镇长　马　群(任至 2023 年 3 月)
刘　萍(女,2023 年 3 月任职)
公用事业服务中心主任　袁　茹(女)
综治中心主任　马蓉芳(女,回族)
农业综合服务中心主任　景晓芬(女)
民生服务中心主任　乔翠萍(女)

迎水桥镇

党委书记　李学亮
党委副书记、镇长
徐宏亮(任至 2023 年 3 月)
刘彦录(回族,2023 年 3 月任职)
党委委员、人大主席　柳　军
党委副书记　王　静(女,任至 2023 年 3 月)
王瑞萍(女,2023 年 3 月任职)
党委委员、纪委书记兼监察办公室主任
孙耀义(女)
党委委员、组织委员　江　静(女)

党委委员、副镇长
李海滨
谢勇强(任至 2023 年 3 月)
黄　辉(女,2023 年 3 月任职)
副镇长　黄　辉(女,任至 2023 年 3 月)
陈碧瀚(2023 年 3 月任职)
党委委员、武装部部长
张海军(回族,任至 2023 年 7 月)
王　杰(2023 年 7 月任职)
民生服务中心主任　张丽娟(女)
农业综合服务中心主任　曹学祥
财经服务中心主任　何玉艳(女)
综治中心主任　席科勋(2023 年 3 月任职)

东园镇

党委书记　白春霞(女,任至 2023 年 10 月)
党委副书记、镇长　徐　超
党委委员、人大主席
周　瑾(任至 2023 年 3 月)
姚国强(2023 年 3 月任职)
党委副书记　景志达
党委委员、纪委书记兼监察办公室主任
张俊杰
党委委员、组织委员
王　煜(女,回族,任至 2023 年 11 月)
党委委员、副镇长
李　倩(女,回族,任至 2023 年 11 月)
副镇长　王丽娟(女)　谭一品(女)
党委委员、武装部部长　田玉平
民生服务中心主任　刘　静(女)
财经服务中心主任　刘亚娟(女)
综治中心主任　杨国君

农业综合服务中心主任
李楚童(女,2023 年 3 月任职)

柔远镇

党委书记　武　勇
党委副书记、镇长
孙金鑫(任至 2023 年 3 月)
景兆满(2023 年 3 月任职)
党委委员、人大主席　崔小凤(女)
党委副书记　田彦虎(回族,任至 2023 年 3 月)
赵嘉鑫(2023 年 3 月任职)
党委委员、纪委书记兼监察办公室主任　孙建云
党委委员、组织委员　陈　静(女)
党委委员、副镇长
李嘉欣(女,回族,任至 2023 年 3 月)
卢　雪(女,任至 2023 年 3 月)
白　杨(2023 年 3 月任职)
杨　林(2023年3月任至2023年11月)
副镇长　杨　波(回族)
党委委员、武装部部长
杨　林(任至 2023 年 3 月)
陈静新(2023 年 3 月任职)
财经服务中心主任　林　莎(女)
综治中心主任　贺玉蓉(女)
民生服务中心主任　张　茹(女)
农业综合服务中心主任
袁　伟(2023 年 3 月任职)

镇罗镇

党委书记　朱政祖(任至 2023 年 3 月)
周　瑾(2023 年 3 月任职)

党委副书记、镇长　　王　健
党委委员、人大主席
　　景兆满(任至2023年3月)
　　刘　芳(女,2023年3月任职)
党委副书记　孙宏瑞(女)
党委委员、纪委书记兼监察办公室主任　　樊永平
党委委员、组织委员
　　李　娜(女,任至2023年3月)
　　刘　茹(女,2023年3月任职)
党委委员、副镇长　　蒋雯倩(女)　李鸿飞(回族)
副镇长　　俊　超
党委委员、武装部部长
　　张积达(任至2023年3月)
　　王宁望(2023年3月任职)
财经服务中心主任
　　刘昭霞(女,任至2023年11月)
综治中心主任　　王　静(女)
农业综合服务中心主任　　陈德彪
民生服务中心主任　宋颖娟(女,2023年3月任职)

宣和镇

党委书记　　黄振全
党委副书记、镇长
　　张志斌(任至2023年3月)
　　徐宏亮(2023年3月任职)
党委委员、人大主席　　黄振华
党委副书记　董　倩(女,任至2023年3月)
　　陈江波(2023年3月任职)
党委委员、纪委书记兼监察办公室主任
　　陶淑华(女)
党委委员、组织委员　　张　妍(女)
党委委员、副镇长
　　赵建全(任至2023年3月)
　　陈红霞(女)
　　狄天文(2023年3月任职)
副镇长　　罗　坪(女)
党委委员、武装部部长　　蔡贺程(满族)
民生服务中心主任　　贾云治
财经服务中心主任　　陈庆龙
综治中心主任　　贾宜思(女,满族)
农业综合服务中心主任　　李亮亮

永康镇

党委书记　　罗永乐(任至2023年3月)
　　段立武(2023年3月任职)
党委副书记、镇长
　　段立武(任至2023年3月)
　　孙守宏(2023年3月任职)
党委委员、人大主席　　李　鹏(回族)
党委副书记　朱　菁(女,任至2023年3月)
　　罗建忠(2023年3月任职)
党委委员、纪委书记兼监察办公室主任
　　李彦刚(任至2023年3月)
　　李　凡(女,2023年3月任职)
党委委员、组织委员　　黄新燕(女)
党委委员、副镇长　　乌清宝　郭　亮
副镇长　　范瑞娟(女)
党委委员、武装部部长
　　梁伟华(任至2023年3月)
　　俞　兵(2023年3月任职)
民生服务中心主任　　雍丽娟(女)
财经服务中心主任　　景明月(女)
农业综合服务中心主任　　张二苗(女)

综治中心主任　　张宝刚

常乐镇

党委书记　王宏涛
党委副书记、镇长
　　王怀勇(任至 2023 年 3 月)
　　张明晖(2023 年 3 月任职)
党委委员、人大主席　马彦荣(回族)
党委副书记　李　岩
党委委员、纪委书记兼监察办公室主任
　　刘　姣(女)
党委委员、组织委员
　　徐　婷(女,任至 2023 年 3 月)
　　徐凤玲(女,2023 年 3 月任职)
党委委员、副镇长　王　茜(女)　田　甜(女)
副镇长　刘　昊
党委委员、武装部部长　张　皓
民生服务中心主任　王　芳(女)
综治中心主任　狄彩凤(女)
财经服务中心主任　孙治彪
农业综合服务中心主任　李　宁(回族)

兴仁镇

党委书记　韩进军(任至 2023 年 3 月)
　　严学武(2023 年 3 月任职)
党委副书记、镇长
　　严学武(任至 2023 年 3 月)
　　王怀勇(2023 年 3 月任职)
党委委员、人大主席　李学成
党委副书记　李秉杰(任至 2023 年 3 月)
　　赵建全(2023 年 3 月任职)
党委委员、纪委书记兼监察办公室主任
　　马忠礼(回族)
党委委员、组织委员　徐　涛
党委委员、副镇长　杜　虹(女)
　　魏广瑜(2023 年 3 月任职)
副镇长　魏广瑜(任至 2023 年 3 月)
　　杨　旭(回族)
党委委员、武装部部长
　　禹宝宏(回族,任至 2023 年 3 月)
　　黄　帅(2023 年 3 月任职)
民生服务中心主任　李　霄
综治中心主任　姬晓伟
农业综合服务中心主任　黎福宝

香山乡

党委书记　冯伟明
党委副书记、乡长　杜新宏
党委委员、人大主席　吴岳山
党委副书记　朱　鹏
党委委员、纪委书记兼监察办公室主任
　　陈金贵(回族)
党委委员、组织委员　艾玉洁(女)
党委委员、副乡长
　　陈静新(任至 2023 年 3 月)
　　马　飞(回族)
　　田进城(回族,2023 年 3 月任职)
党委委员、武装部部长
　　杨子良(任至 2023 年 11 月)
农业综合服务中心主任　孙　浩
综治中心主任　黄占帅
财经服务中心主任　谢立祥
民生服务中心主任　张文书

在中国共产党中卫市沙坡头区第二届委员会第七次全体会议上的报告

沙坡头区委书记　宗立冬

（2023 年 12 月 15 日）

各位委员、同志们：

受区委常委会委托，我向全会报告一年来的工作。

2023 年，区委常委会坚持以习近平新时代中国特色社会主义思想为指导，深入学习贯彻党的二十大和习近平总书记视察宁夏重要讲话指示批示精神，坚决落实党中央决策部署和区、市党委工作要求，主动融入“三区”建设大局，聚焦“五个示范市”建设目标，团结带领全区广大干部群众真抓实干、锐意进取，凝心聚力抓产业办实事强治理转作风，干成了一系列标志性、开创性的大事要事，办成了一大批群众难、百姓盼的急事难事，经济社会发展和党的建设各项事业取得新进展。预计实现地区生产总值 254.8 亿元、同比增长 3%；规模以上工业增加值同比增长 2%；社会消费品零售总额同比增长 1%；地方公共预算收入同比增长 13%；城乡居民人均可支配收入分别增长 6.5%、7.5%。

这一年，我们高举伟大旗帜，坚定拥护核心，不断筑牢总书记怎么说我们就怎么做的政治忠诚。

区委常委会坚定不移加强政治建设，以“总书记有号令、中央有部署、我们见行动”的政治担当，推动各级党组织深刻领悟“两个确立”的决定性意义，坚决把“两个维护”落实到行动中。政治上主动对标。区委常委会坚决维护习近平同志党中央的核心、全党的核心地位，不折不扣贯彻落实党的二十大和习近平总书记视察宁夏重要讲话指示批示精神，及时召开区委二届四次、五次、六次全会，审视分析优势短板，标定完善思路举措，提出了“五大战略”“六个一百”工程的奋斗目标，深化拓展了“抓产业、办实事、强治理、转作风”专项行动的现实路径，在对标看齐中提高站位、找准方位、落实到位，确保各项任务举措同党的二十大精神和区、市党委工作要求高度契合。坚决贯彻落实自治区党委巡视工作安排，积极配合、主动接受巡视监督。思想上主动对表。坚持不懈用习近平新时代中国特色社会主义思想凝心铸魂，扎实开展学习贯彻习近平新时代中国特色社会主义思想主题教育及党的二十大和习近平总书记视察宁夏重要讲话指示批示精神“四大”活动，严格落实区委常委会“第一议题”制度，先后开展区委理论学习中心组学习 15 次，专题辅导讲座 8 场次，示范带动各级党委(党组)理论学习中心组学习 540 余次，宣讲620余场次、受众6万余人，切实凝聚起建设社会主义现代化美丽新沙坡头区的强大合力。行动上主动对照。区委常委会在贯彻执行党中央决策部署上从不打折扣、做选择、搞变通，定期逐项梳理党中央决策部署和区、市党委工作要求，制定印发《2023年全面推进乡村振兴重点工作实施方案》《“十四五”平安沙坡头区建设规划》等文件50余份，细化任务分工、压实工作责任，一条一条抓措施、一件一件抓落实，确保改革发展始终沿着总书记指引的方向和党中央确定的路线阔步前进。健全完善重大决策事项落实情况“回头看”机制，开展重点工作落实等专项监督检查70余次，高标准推动各级各类督查反馈问题整改销号，确保各项工作任务落地落实。

这一年，我们坚持稳中求进，奋力攻坚克难，不断夯实经济社会高质量发展根基。

坚持稳中求进工作总基调，大抓发展、抓大发展、抓高质量发展，推动经济实现量的合理增长和质的有效提升，稳定经济大盘成效明显。经济基础扎实稳固。全面落实稳增长、稳就业、稳物价系列政策措施，持续深化“政银企”金融改革运行机制，成立中卫市银和融资担保有限公司，累计发放担保贷款900余户2.46亿元，平均担保费率低于5‰，新增退税减税降费3.38亿元。深入开展“消费需求促进年”活动，筹措各类消费奖补资金2000余万元，发放各类政府消费券7.8万余张，组织开展“油”惠万家等促销活动60余场次，带动消费2.5亿元。牢固树立“项目为王”理念，扎实开展“扩大有效投资巩固提升年”和项目“五比”活动，开工建设中部干旱带引水上山等项目116个，完成固定资产投资60亿元，累计外出招商引资107次，签约落地中能建牛奶全产业链+新能源一体化示范等项目7个，到位资金151亿元，向上争取各类资金42.89亿元，同比增长22.54%。特色产业蓬勃发展。大力实施产业振兴战略，制定出台了苹果等特色产业发展扶持政策，改造日光温室大棚1057座，种植蔬菜12.65万亩、硒砂瓜25.93万亩，苹果面积达10万亩。严格落实耕地保护和粮食安全党政同责，粮食产量较上年增长15.99%。积极探索中部干旱带压砂地退出后续产业发展，培育种植朝天椒1.8万亩、小茴香0.32万亩，全力推进麦垛山15万头现代化奶牛养殖示范园区建设，奶牛存栏达到7.5万头，沙坡头梭鲈荣膺“全国名特优新农产品”，镇罗镇荣获全国农业产业强镇。深入实施“四大改造”，实施胜金北拓循环水改造等17个工业技改项目，天祥建材等12家企业成功入规，积极争取自治区分散式风电项目指标211.8MW，力印（宁夏）智能板材生产、宁国运100MW复合光伏等一批新材料、新能源项目落地建设，新能源总装机容量达460万千瓦，储能规模达到35万千瓦。持续巩固全域旅游示范区创建成果，实施沙漠主题度假中心、钻石酒店等项目，策划推介乡村“四时好风光”特色旅游线路18条，构建了“A级景区+旅游拳头产品+乡村旅游”发展格局，隆重举办“星星的故乡·宁夏沙坡头金蛙国际艺术节”、全国大漠毽球邀请赛等知名品牌活动，我区成功入选国家首批文化产业赋能乡村振兴试点，“大漠味集·向阳街”入选国家级旅游休闲街区、自治区级夜间文化和旅游消费集聚区，累计接待游客1054万人次，实现旅游收入67.3亿元。改革创新全面深化。扎实推进高标准市场体系建设，企业开办工作日缩短0.5天，网上可办率达86.76%、不见面率达81%。全力抓好全国农业社会化服务创新试点县等10余项“国字号”“宁字号”试点改革任务，持续深化国资国企和社会保障体制改革。纵深推进“六权”改革，建成水资源监测预警平台，收储闲置用水指标120

万立方米，收缴工业企业用水权有偿使用费1553万元；修订完善国有农用地管理办法，盘活农村承包地18.84万亩，探索推进国有土地租赁，收取土地租赁费2.02亿元；排污许可证、林权类不动产证发放取得新进展，培育林下经济经营主体60家，办理林权抵押贷款58笔9761万元，完成全区首笔排污权租赁交易。深入实施创新驱动发展战略，加强创新主体培育，新增自治区创新型中小企业18家、“专精特新”中小企业5家，R&D经费投入达到5.53亿元，全社会R&D投入强度达到2.19%。

这一年，我们坚持生态优先，推动绿色转型，不断践行绿水青山就是金山银山的发展理念。

深入贯彻习近平生态文明思想，全面落实自治区党委十三届五次全会精神，协同推进降碳、减污、扩绿、增长，统筹推进山水林田湖草沙系统治理，加快建设天蓝、地绿、水美的美丽沙坡头区。污染防治取得新成效。有序推进各级环保督察反馈问题整改销号，深入推进秸秆禁烧管控和综合利用、“小散乱污”企业专项整治及重点行业污染物排放综合治理，完成农村冬季清洁取暖改造70万平方米，公共建筑节能改造5.9万平方米，环境空气质量不断改善。严格落实河（湖）长制，常态化开展清“四乱”行动，实施入黄排水沟（中沟）水环境综合治理等项目11个，农村污水处理智慧管理平台建成运行，国控断面水质稳定达到Ⅱ类优。扎实推进农业面源污染防治，加强农药等用品管控力度，畜禽规模养殖场粪污处理设施配套率达99%，粪污综合利用率达94%，残膜回收利用率达88%以上。生态治理实现新突破。顺利完成86个问题矿山生态修复治理，接续推进黄河上游风沙区（中卫）历史遗留废弃矿山生态修复示范工程等6个项目。扎实推进环香山中部干旱带治理，实施峡门供水工程泵站管线消缺改造等6项水利工程，全力保障香山兴仁片区生产生活生态用水，着力改善中部干旱带生态环境面貌。持续开展规模化国土绿化和水土保持行动，实施乌玛高速东段沿线绿化等项目13个，栽植各类乔灌木24.5万株，有效治理水土流失20平方公里，森林覆盖率达9.62%，区林业和草原局荣获“全国防沙治沙先进集体”称号。绿色转型跃上新台阶。严格落实能耗“双控”制度，积极稳妥推进碳达峰碳中和，实施大有冶炼15MW余热发电等一批节能改造项目，加快构建固废回收利用等循环经济体系，持续开展节水节地节能行动，完成测土配方施肥农田93万亩，化肥使用量减少5%以上，大幅提升资源集约节约利用效率，不断夯实绿色转型发展基础。全面倡导绿色生活方式，培育绿色消费新模式，成功创建国家级节约型机关10个，绿色低碳逐渐成为社会新风尚。

这一年，我们坚持人民至上，牢记为民初心，不断满足人民对美好生活的向往。

坚持在发展中保障和改善民生，聚合财力的85%用于民生支出，承诺的10件民生实事全部办结，推动“六大提升行动”落地见效，人民群众获得感幸福感不断增强。居民就业收入渠道更宽。大力实施就业优先战略，持续开展“就业创业促进年”活动，扎实做好高校毕业生、退役军人、农民工等重点群体就业，开展职业技能培训4000余人次，举办线上线下招聘活动30余场次，靶向提供岗位1万个，新增城镇就业4300人，农村劳动力转移就业5.6万人。强化就业兜底帮扶工作，开发安置公益性岗位395个，“铁杆庄稼保”参保3.88万人，鼓励龙头企业、合作社等市场经营主体就近吸纳就业，返还稳岗资金1052万元，城镇调查失业率控制在5.5%以内。社会事业服务水平更高。实施七幼、十中等新改扩建项目17个，试点推行集团化办学模式，持续优化教育教学资源布局，学前3年毛入园率达97.72%，九年义务教育巩固率达100%。全面推进健康沙坡头区建设，挂牌成立沙坡头区疾病预防控制局、疾病预防控制中心和妇幼保健院，稳步推进沙坡头区人民医院迁建项目，顺利承接文昌、滨河社区卫生服务中心，建成自治区级重点专科3个，县域内住院量占比及基层诊疗率分别达到72.57%、52.71%。大力推动文化体育事业繁荣发展，持续加强基层文化体育阵地建设，开展各类文化惠民活动300余场次，群众性体育活动参与人数达30万人。兜底保障体系覆盖更广。不断完善城乡社会保障体系，医保参保实现“应保尽保”，社会救助实现“应救尽救”，累计核发社会救助资金1.37亿元，切实兜牢困难群众基本生活底线。持续关注“一老一小”群体，2家养老机构实现公建民营模式运营，积极创建自治区优质服务托育机构，文昌镇文昌阁社区荣获“全国示范性老年友好型社区”称号。持续完善未成年人、残疾人等特殊群体社会福利政策，用心用情保护妇女、儿童和残疾人权益，社会整体福利水平不断提升。

这一年，我们坚持农村优先，着眼普惠共享，不断构建融合互补协调发展的城乡关系。

始终坚持高标准规划、高质量建设、高水平管理，统筹推进乡村振兴与城市更新，强化以城带乡、城乡互补、全面融合，促进城乡规划布局、要素配置、产业振兴、公共服务协同发展。乡村振兴大跨步前进。坚决扛起巩固拓展脱贫攻坚成果同乡村振兴有效衔接的重大政治责任，全面完成第五轮45个村135名驻村第一书记和工作队员选派，整合资金1.98亿元实施移民致富提升项目25个，实现移民群众就业2.4万人，脱贫人口人均工资性收入同比增长13.26%，国家、自治区考核反馈问题全部整改到位。大力实施乡村建设行动，高标准建设宣和镇重点小城镇及何滩、冯庄2个高质量美丽宜居村庄，新（改）建农村卫生厕所2020户，农村自来水入户率达98.6%，柔远镇莫楼村入选自治区传统村落名录，我区荣获2023中国高质量发展乡村振兴十大示范县（区）称号。城市品质大幅度提升。以创建全国文明城市为抓手，大力实施城市更新改造行动，对金河一期、新花园2个老旧小区和新墩花园、福兴苑等5个社区基础设施进行改造提升，棚户区住宅房不动产权证办理率达60%以上。实施中博山水大院三期等房地产项目13个，新（改）建城市公共卫生间25座，建设提升小微公园、体育公园等3个，高标准建成沙坡头区档案馆，城市主次干道亮灯率达95%以上，公共停车场节假日免费开放，城市功能更加齐全、服务更加完善、环境更加宜居。城乡融合大力度推进。坚持以城带乡、以工促农，统筹规划布局道路、供水、供电、垃圾处理等城乡基础设施，接续完成14个“多规合一”村庄规划编制，改造提升农村公路168.3公里，优化升级30个村（社区）综合文化服务中心，实施城乡商贸物流配送体系项目11个，成功申报自治区电子商务示范基地2个，城乡环卫市场化服务覆盖率达100%，城乡功能互补、产业互融、发展互促的格局更加完善。稳妥推进南北长滩古村落搬迁复制工作，加快农业转移人口市民化，城镇化率达到63.7%。

这一年，我们坚持底线思维，防风险保安全，不断巩固社会和谐人民安宁的大好局面。

坚持党的领导、人民当家作主、依法治国有机统一，持续加强和创新基层社会治理，加快构建共建共治共享的社会治理新格局。民主法治不断加强。大力发展全过程人民民主，全面发展协商民主、基层民主，稳步推进国防动员、后备力量和“双拥”共建等工作，不断发展壮大新时代爱国统一战线力量，沙坡头区工商联荣获全国工商联2022

年度民营企业劳动关系监测调查工作示范基层单位。顺利召开工代会、团代会和妇代会，工青妇等群团组织桥梁纽带作用有效发挥。一体推进法治沙坡头区、法治政府、法治社会建设，扎实开展“八五”普法，成功打造自治区级民主法治示范村4个、法治社会实践站1个，实现198个村（社区）法律顾问全覆盖。安全底线不断筑牢。严格落实自治区党委十三届四次全会精神和“1+37+8”系列文件，累计排查整治燃气、危化、工贸等重点领域各类安全隐患1.8万余条，回收报废钢瓶3.05万支，天然气用户“三件套”安装率达100%，立案查处安全生产违法案件40起，年内未发生较大及以上生产安全事故。深入实施“安全基层基础年”活动，调整组建乡镇产业基地服务中心，建成兴仁镇消防救援站、沙坡头区应急救援指挥中心，累计完成公共场所二楼逃生通道设置270余个，全国综合减灾示范县创建工作顺利通过国家验收。治理效能不断提升。统筹推进七大领域治理，常态化开展扫黑除恶斗争，纵深推进禁毒和反诈人民战争，依法严厉打击各类违法犯罪，刑事发案、电诈发案分别同比下降14.6%、27.6%，社会治安形势持续向好。坚持和发展新时代“枫桥经验”，建成区、镇（乡）两级标准化综治中心，排查化解各类矛盾纠纷3900余件，信访“三率”均达98%以上，滨河镇“红色物业联盟”管理新模式入选全国“枫桥式工作法”，镇罗派出所被公安部命名为“枫桥式公安派出所”。扎实推进铸牢中华民族共同体意识示范区建设，依法规范管理宗教事务，成功创建全国民族团结进步示范单位2个、自治区级民族团结进步模范集体2个、全国宗教界先进集体1个，切实维护宗教和顺、民族和睦、社会和谐的良好局面。

这一年，我们坚持党的领导，全面从严治党，不断巩固风清气正海晏河清的政治生态。

全面贯彻落实新时代党的建设总要求和新时代党的组织路线，以永远在路上的韧劲全面加强党的建设，推进全面从严治党向纵深发展、向基层延伸，为全区经济社会高质量发展提供坚强政治保证。基层党建工作全面进步。持续深化“一抓两整”示范县乡创建，整顿提升软弱涣散和重点难点村16个，打造提升基层党建示范点100个，组建党建共同体（融合发展区）8个，三星级及以上示范村党组织达100%，基层党组织政治功能和组织功能不断增强。全面推行村党支部领办合作社发展模式，成立合作社132个，162个村集体经济收入达到1.26亿元，带动群众增收4313万元，党在基层的执政根基不断夯实。深化党建引领城市治理，统筹推进机关、国企、非公企业和社会组织等领域党建，成立4个新业态党支部，打造18个党建引领基层治理品牌，各领域党建工作全面进步、全面提升。意识形态领域平稳向好。牢牢把握意识形态工作主动权，持续开展“清朗”“剑网”等专项行动，及时妥善处置舆论热点问题，在全区范围内率先成立网络主播党支部和自媒体协会，意识形态领域总体安全可控。持续壮大主流思想舆论，在各级主流媒体推出主题宣传报道3500余篇，深刻阐释党中央重大决策和区、市党委工作部署，生动反映干部群众的火热实践和精神风貌，正能量更加强劲，主旋律更加高昂。持续深化精神文明创建活动，组织开展传统节日系列活动500余场次，滨河镇槐树北巷社区获评全国“扫黄打非”进基层示范点、官桥村入选“全国最美农家书屋”名单。干部人才队伍活力涌现。树立正确选人用人导向，健全完善领导干部能上能下机制，调整优化容错纠错、交流轮岗等各项制度，择优储备年轻干部150人，乡镇、部门领导班子配备35岁以下干部149名、占比36.69%，先后调整重用乡村振兴、信访维稳等一线干部67人，晋升职级54人，干部队伍结构不断优化。持续开展干部教育培训，16名选调生到基层一线“揭榜领题”开展国情调研，举办优秀年轻干部集中轮训等各类培训班40余场次，全面提升领导干部工作能力水平。健全完善人才引进培养机制，打造特色产业人才工作站3个，柔性引进各类人才67名，不断厚植人才“沃土”。执纪监督更加精准有力。圆满完成三轮2个乡镇党委及8个部门党组织的巡察任务，巡察反馈问题整改率达到90%。坚决贯彻落实中央八项规定及其实施细则精神和自治区“八条禁令”，持续加强“一把手”和领导班子监督，扎实开展纪检监察干部队伍教育整顿，有力推进形式主义官僚主义、乡村振兴等8个领域专项治理，处置问题线索227件，处分43人，反腐败斗争压倒性态势更加巩固，风清气正的政治生态逐步形成。

各位委员、同志们，回首过去的一年，成绩来之不易，奋斗充满艰辛。这些成绩的取得，是以习近平同志为核心的党中央正确指引的结果，是区、市党委坚强领导的结果，是二届区委班子和人大、政府、政协班子精诚团结的结果，是各级领导、党员干部和广大群众接续奋斗的结果，是各民主党派和社会各界携手共进的结果，是驻沙单位、驻地部队鼎力相助的结果。在此，我代表区委常委会向广大党员、干部、人民群众和社会各界人士，向所有为沙坡头区经济社会发展作出贡献的同志们、朋友们表示衷心感谢并致以崇高的敬意！

在肯定成绩的同时，应当清醒地看到，区委常委会的工作与党中央和区、市党委的要求相比，与人民群众的期盼相比，还存在不少差距和不足，主要表现在：谋划推动发展的全局性视野和前瞻性思维仍需加强，经济发展总量不大、产业结构不优，经济重点支撑指标增长乏力；城乡发展不够均衡，历史遗留问题较多，民生领域仍存在不少短板；干部作风有待优化，从严治党仍需常抓不懈，等等。对这些问题，我们已经采取一系列措施加以解决，今后必须加大工作力度。

请同志们对区委常委会的工作提出意见建议。

附件：名词解释

附件：

名词解释

1.“三区”建设：黄河流域生态保护和高质量发展先行区、乡村全面振兴样板区、铸牢中华民族共同体意识示范区建设。

2.“五个示范市”：大数据产业中心市和产业升级示范市、铸牢中华民族共同体意识示范市、生态环境保护示范市、宜居宜业宜游示范市、乡村全面振兴示范市。

3.“五大战略”：创新驱动发展战略、产业振兴战略、共同富裕战略、生态优先战略、依法治区战略。

4.“六个一百”工程：实施优质项目100个、落实招商引资到位资金100亿元，新增大中新型经营主体和示范性党支部领办合作社100个，解决群众急难愁盼的民生问题、信访矛盾问题等各类民生实事100件，招引培养各类创新技能型人才和优秀干部100名，锻造各领域党建示范品牌100个。

5.“四大”活动：党的二十大和习近平总书记视察宁夏重要讲话指示批示精神“大学习、大讨论、大宣传、大实践”活动。

6. 项目“五比”活动：春比开工、夏比进度、秋比成果、冬比储备、全年比质效。

7.“四大改造”：结构改造、智能改造、技术改造、绿色改造。

8.“六权”改革：用水权、土地权、排污权、山林权、用能权、碳排放权改革。

9. 清“四乱”行动：清理河湖乱占、乱建、乱采、乱堆行动。

10.“六大提升行动”：居民收入提升、移民致富提升、教育质量提升、健康水平提升、文明素养提升、城乡面貌提升行动。

11.“多规合一”：将国民经济和社会发展规划、城乡规划、土地利用规划、生态环境保护规划等多个规划融合到一个区域上，实现一个市县一本规划、一张蓝图，解决现有各类规划自成体系、内容冲突、缺乏衔接等问题。

12. 天然气用户“三件套”：燃气报警器、切断装置、金属波纹管。

13. 信访“三率”：信访案件受理率、按期办结率、息诉罢访率。

14.“一抓两整”示范县乡创建：“抓乡促村、整乡推进、整县提升”创建行动。

中卫市沙坡头区人大常委会工作报告

——2023 年 12 月 21 日在中卫市沙坡头区第二届人民代表大会第四次会议上

沙坡头区人大常委会主任　张冠华

各位代表：

我受沙坡头区第二届人民代表大会常务委员会委托，向大会报告工作，请予审议，并请政协委员和列席人员提出意见。

2023 年工作回顾

2023 年是全面贯彻落实党的二十大精神的开局之年，也是实施“十四五”规划承上启下之年。一年来，在区委的坚强领导下，区人大常委会坚持以习近平新时代中国特色社会主义思想为指导，深入贯彻落实习近平总书记关于坚持和完善人民代表大会制度的重要思想、党的二十大、中央、自治区党委和市委人大工作会议精神，坚持党的领导、人民当家作主、依法治国有机统一，聚焦发展主题，突出法治主业，践行为民主旨，忠实履行宪法和法律赋予的各项职责，深入践行全过程人民民主，圆满完成了区二届人大三次会议确定的目标任务，展现了新时代人大的新担当、新作为、新形象，书写了社会主义民主政治的新篇章。

一年来，我们准确把握政治机关定位，坚持政治原则，站稳政治立场，在加强党的全面领导中体现人大忠诚

牢牢把握中国共产党领导的政治机关定位，真信笃行习近平新时代中国特色社会主义思想，坚定不移做“两个确立”忠诚拥护者、“两个维护”示范引领者，确保中央、自治区、市党委和区委决策部署在人大得到全面贯彻落实。

强化理论武装，筑牢政治忠诚。坚持用习近平新时代中国特色社会主义思想凝心铸魂，把学习贯彻习近平法治思想、习近平总书记关于坚持和完善人民代表大会制度的重要思想作为政治必修课，结合开展学习贯彻习近平新时代中国特色社会主义思想主题教育和习近平总书记视察宁夏重要讲话指示批示精神“大学习、大讨论、大宣传、大实践”活动，学思践悟党的二十大、中央、自治区党委、市委人大工作会议及自治区第十三次党代会精神，筑牢“总书记怎么说、我们就怎么做，不仅要做到、而且要做好”的政治忠诚，确保人大工作始终方向正、定位准、目标明。先后组织常委会党组和党组理论学习中心组学习 29 次、机关干部集中学习 40 次，组织开展交流研讨 10 次、主题教育党课 9 场次，开展“感恩总书记　奋进新征程”习近平

新时代中国特色社会主义思想、学习贯彻习近平生态文明思想加快建设美丽宁夏等宣讲31场次，深刻领悟党的创新理论，深化人民代表大会制度、发展全过程人民民主新理念认识，持续增强做好新时代人大工作的内生动力。

坚持最高原则，永葆政治本色。始终坚持党对人大工作的全面领导这一最高政治原则，自觉扛起常委会党组把方向、管大局、保落实的领导责任，研究重大事项17次，及时向区委请示报告召开代表大会、补选人大代表、常委会“一要点三计划”等重要会议、重要工作、重大决议决定、重点监督事项22次，确保在依法履职中全面贯彻党的主张和意图。坚持依法讨论决定重大事项，听取、审议“一府一委两院”工作报告41项，依法作出关于批准调整财政预算等决议决定8项，确保区委决策部署通过法定程序转化为沙坡头区人民的共同意志。坚持党管干部原则与人大依法选举任免有机统一，任免国家机关工作人员46人次，确保区委人事安排通过法定程序顺利实现。区委的工作部署到哪里，人大工作就跟进到哪里，人大职能作用就发挥到哪里成为人大最坚定的政治自觉、最鲜明的政治底色。

坚持固本强基，提高政治能力。按照“政治坚定、业务精通、务实高效、作风过硬”的要求，不断加强思想、组织、制度、作风建设。落实新时代党的建设总要求，压紧压实全面从严治党主体责任，严格落实党风廉政建设、意识形态和法治工作责任制。进一步健全常委会履职、代表工作、机关内部管理机制，修订完善常委会会议事规则等7项制度，提高人大工作制度化、程序化、规范化水平。健全完善党组理论学习中心组集体学、常委会组成人员专题学、人大代表履职学、机关干部经常学的“四级联动”学习机制，举办“人大大讲堂”25次，教育引导人大工作者筑牢思想防线，做到政治过硬、思想过硬、作风过硬、责任过硬。加强人大理论研究和宣传，通过《宁夏人大》《中卫日报》等媒介刊登工作经验、人大信息等28篇；通过自治区“代表履职通”App、区人大微信公众号发布信息125条，宣传人大代表风采，展示人大工作成效，提升人大工作影响力。加强对外宣传交流，接待广西、安徽、浙江等省市县（区）人大常委会来沙考察学习18次，以人大方式、人大途径展示沙坡头区亮点，传递沙坡头区声音，宣介沙坡头区发展成果，提高沙坡头区知名度、美誉度。

主动融入大局，彰显政治担当。始终把贯彻党中央决策部署、自治区、市党委和区委工作要求作为大事要事，建立常委会领导与委室负责人共同包抓区委重点工作机制，主动参与区委中心工作。包抓文明城市创建社区8个，杞香苑社区被自治区命名为民族团结进步示范社区；包抓联系重点项目6个，胜金北拓、大有冶炼余热发电等项目投入运行，引进西安晶易能源公司，投资1.26亿元的电子半导体级化学品生产项目落户中卫工业园区；银川市兴庆区富洋烧烤店“6·21”特别重大燃气爆炸事故发生后，包抓兴仁镇和四季鲜市场、商城、光明社区等14个重点乡镇、社区及人群密集场所安全生产大排查大整治工作，督促解决安全风险隐患536个；区委出题、人大答题，围绕基层社会治理、信访矛盾化解，开展专题调研5项，为区委决策建言献策。

一年来，我们认真落实权力机关要求，坚持人民至上，深化工作实践，在发展全过程人民民主中凝聚发展合力

深入学习贯彻习近平总书记关于发展全过程人民民主的重要论述，全面建设保证人民当家作主的国家权力机关。

搭建民主民意表达平台。不断健全完善人大民主民意表达平台和载体，建成滨河镇人大代表之家、镇罗镇镇北村代表联络站等7个示范点，指导四级人大代表通过自治区人大代表网络履职平台反映社情民意25条。依托11个人大代表之家、89个代表活动室，直接联系群众3700多人次，收集整理各类意见建议281条，推动解决问题98个。依托文昌镇明珠社区等5个市人大基层立法联系点广泛联系群众，征集立法意见建议28条，筑牢立法群众基础。"芳姐"代表工作室联系人民群众、收集民情民意、直播宣传党的方针政策、服务中心工作的做法，得到自治区党委督查组现场肯定。

健全民主民意表达机制。健全吸纳民意、汇集民智的工作机制，保障人民群众依法通过各种途径和形式管理国家事务。贯彻自治区人大常委会讨论决定重大事项办法等制度，将全过程人民民主具体地、现实地融入人大会议、报告审议、决定事项公开等各环节、全链条，让人民群众有序参与、表达意愿、行使权力。健全完善密切联系代表和群众工作机制，印发《关于深入开展区人大常委会组成人员联系区人大代表和区人大代表联系人民群众活动的通知》，组织代表"月进站、季回家、年述职"，广泛听取选民意见和建议，察民情、聚民智、惠民生。健全完善代表建议汇集民意工作机制，征集自治区、中卫市及沙坡头区人代会代表建议72条，推动办理工作从"答复满意"向"过程满意""结果满意"转变，解决了一批群众急难愁盼的问题，办成了一批群众看得见、摸得着的实事，增强了群众的获得感和幸福感。

拓宽民主民意表达渠道。坚持监督立项问需于民、监督过程问政于民、监督整改问效于民，扩大代表对监督工作的参与。邀请36名基层人大代表列席人大常委会会议、95名人大代表参加"三查（察）"活动、评议政府部门工作，使人大选举、协商、决定、监督、执行和代表工作都能听到群众的意见。落实自治区人大常委会有关办法，邀请人民群众旁听区人大常委会会议4次，通过法定和有序途径、方式、程序保障人民群众参与人大工作，尽可能吸纳民意、汇集民智、凝聚民心。尊重和保障人民群众的选举权和被选举权，严格选民登记、提名推荐、组织投票等程序，6.6万名选民直接补选产生区二届人大代表15名、乡镇人大代表35名，诠释了发展全过程人民民主的生动实践。探索扩大基层人民民主新途径，考察学习浙江省、江西省基层人大工作经验，丰富人大代表联系人民群众的内容和形式，打造富有沙坡头区特色的人大工作品牌。

一年来，我们依法履行工作机关职责，坚持围绕中心，服务发展大局，在助力经济社会发展中彰显人大作为

认真贯彻实施宪法、组织法、监督法，改进监督形式，增强监督实效，确保法律法规有效实施，推动区"一府一委两院"依法行政、公正司法、改进工作，支持经济社会高质量发展。

服务发展监督。始终紧盯区委重大决策和工作部署，紧扣人民群众对美好生活的向往，实施正确监督、有效监督、依法监督。围绕促进经济健康平稳发展，听取和审议国民经济和社会发展计划执行、预算执行、财政决算、审计查出问题整改、政府债务管理和风险防范等报告9项，针对落实主要指标、重点任务和提高资金使用绩效等方面提出意见建议43条，督促有关部门整改落实，促进经济平稳运行。围绕国有资产管理，审议国有自然资源资产管理情况专项报告、听取国有资产管理情况综合报告，支持政府加强国有资产管理，确保国有资产保值增值。围绕产业转型升级，专题调研沙坡头区农业重点产业发展情况，视察重点项目建

设情况，为高质量发展建言献策。围绕加强生态环境保护，听取沙坡头区环境状况和环境保护目标任务完成情况、“林长制”落实情况报告，推动生态环境质量持续改善。围绕增进民生福祉，听取代表建议办理情况报告，视察基础教育质量提升行动实施情况，促使发展成果惠及更多群众。围绕加强基层社会治理，听取和审议“法检”两院工作报告，开展沙坡头区贯彻实施安全生产“一法两条例”、“八五”普法决议情况执法检查，专题调研沙坡头区基层社会治理情况，推进沙坡头区治理体系和治理能力现代化。

完善监督方式。多措并举，统筹运用听取审议工作报告、执法检查、专题调研、视察、评议、满意度测评、意见反馈报告等多种监督方式进行监督。评议区农业农村局、民社局、工信和商务局、自然资源局、水务局5个政府组成部门，对被评议部门工作情况和整改情况开展满意度双测评，全过程追踪部门履职。常委会评议提出的“举办招商引资业务培训班”“进一步深化殡葬改革工作”等26条意见建议得到落实，获得人民群众好评。常委会听取政府组成部门半年和年度工作情况报告，现场审议、现场满意度测评，使政府组成部门现场听取代表意见、现场感受代表态度，自觉接受人民监督、人大监督。

增强监督实效。坚持“事前介入、事中监督、事后跟踪问效”有机统一，建立视察检查调研前培训、听取专项工作报告前视察、主任会议预审“一府一委两院”专项工作报告及意见建议整改落实情况报告机制，增强监督实效。两次听取2022年环境状况和环境保护目标任务完成情况报告，落实《中华人民共和国地方各级人民代表大会和地方各级人民政府组织法》要求，合理安排常委会会期，常委会会议期间增加分组审议，召开主任会议听取审议情况，提高会议审议质效。建立审议意见“清单制”、整改落实“销号制”，听取区“一府一委两院”落实区人大常委会审议、调研、检查、视察提出意见建议研究落实情况报告8项，37条意见建议已整改落实，做实监督“后半篇”文章。

一年来，我们注重发挥代表机关优势，坚持优化服务，提高业务素质，在促进代表作用发挥中树立人大形象

始终尊重代表主体地位，搭建履职平台，强化服务保障，完善履职机制，激发履职热情。沙坡头区人大代表家站建设和发挥代表作用的工作经验在全区人大代表家站规范化建设推进会上现场交流。

深化拓宽代表履职渠道。建立健全代表工作“11231”机制，辖区内五级人大代表混编代表活动小组100个，组织代表开展“主题学习日”活动10期600场次、“两代表一委员”联合接待日活动5期55场次、代表联系群众活动120场次、集中走访联系代表活动11场次。开展“护安全促发展”主题实践系列活动，组织四级人大代表开展安全生产“一法两条例”执法大检查，发现7大类180多个问题，汇聚了抓安全生产的人大力量。首次开展代表述职活动，271名县乡两级代表向选民述职，进一步密切了代表与选民的联系，增强了代表的履职意识，强化了“人民选我当代表，我当代表为人民”的服务意识。

强化代表履职服务保障。突出素质提升，组织人大代表、乡镇人大主席和人大工作者外出参加履职培训、实地考察观摩学习4次280余人。为人大代表征订《中国人大》《宁夏人大》等人大业务书刊1000余份，发放交通通信补贴22.56万元，为54名无固定收入代表购买100万元的人身意外伤害保险，及时向代表提供区人大常委会公报，充分运用微信工作群、人大微信公众号向人大代表传递工

作信息、制度法规、人大工作动态，夯实人大代表履职基础。积极推荐人大代表参加区委和政府有关活动，畅通人大代表知情知政、督政建言渠道，为代表充分履职创造良好条件。表彰先进人大代表活动小组 11 个、优秀人大代表 23 名、提出高质量建议人大代表 9 名，激励代表主动履职、发挥主体作用。

问效代表意见建议办理。把高质量办理代表建议作为增强代表履职实效的重要抓手，围绕代表建议“办结率”和“满意率”双提升目标，采取会议集中交办、领导重点督办、听取办理报告、回访办理成效等有效措施，加大对区二届人大三次会议期间代表建议的督办力度。组织开展代表建议视察活动 2 次，召开代表建议督办会议 2 次，紧盯产业发展、乡村振兴、民生热点等关键领域，将“沙坡头区人民医院迁建项目”“实施城乡公益性公墓建设”等 10 件建议作为常委会领导重点督办的建议，以点带面推动人大代表建议办理工作，解决了一批代表关注、群众关心的实际问题，建议办结率 94.12%，代表满意率 100%。表彰高质量办理代表建议部门和乡镇 5 个。

各位代表，过去的一年，区人大常委会取得的成绩，是以习近平新时代中国特色社会主义思想为指导，牢牢把握正确政治方向的结果，是自治区、中卫市人大常委会关心指导的结果，是区委高度重视、坚强领导、鼎力支持的结果，是区“一府一委两院”密切配合、大力支持的结果，是全体人大代表和常委会组成人员依法履职、勤勉工作的结果，是全区人民群众和社会各界积极参与、充分信任的结果。在此，我谨代表沙坡头区人大常委会表示衷心的感谢和崇高的敬意！

在总结成绩的同时，我们也清醒地认识到，常委会工作还存在一些问题和不足，主要是：围绕中心服务大局的工作实效还需进一步提升；践行全过程人民民主的方法还需进一步拓展；联系代表和人民群众的广度和深度还不够；人大代表作用发挥还不够充分；常委会及机关自身建设有待进一步加强。这些问题，我们将高度重视、认真解决，努力开创新时代人大工作新局面。

2024 年主要任务

2024 年是学习贯彻党的二十大精神承上启下的关键之年，也是实施“十四五”规划的攻坚之年。区人大常委会工作的总体要求是：坚持以习近平新时代中国特色社会主义思想为指导，深入贯彻落实习近平法治思想、习近平总书记关于坚持和完善人民代表大会制度的重要思想，全面贯彻落实党的二十大、自治区第十三次党代会、中卫市第五次党代会及沙坡头区第二次党代会精神，认真贯彻落实中央、自治区党委和市委人大工作会议精神，坚持党的领导、人民当家作主、依法治国有机统一，紧紧围绕区委二届五次、六次、七次全会精神谋划人大工作，不断发展全过程人民民主，依法履行监督、重大事项决议决定、人事任免职责，充分发挥代表主体作用，丰富沙坡头区社会主义民主政治的生动实践，汇聚人民群众磅礴伟力，为奋力谱写全面建设社会主义现代化美丽新宁夏沙坡头区篇章贡献人大力量。

一、坚持党的领导，以更高站位筑牢政治忠诚

坚持以党的政治建设为统领，巩固拓展学习贯彻习近平新时代中国特色社会主义思想主题教育成果，持续深入学习习近平法治思想、习近平总书记关于坚持和完善人民代表大会制度的重要思想，认真贯彻中央、自治区党委和市委人大工作会议精神，深刻领会坚持和完善人民代表大会制度、加强和改进新时代人大工作的丰富内涵和实践要求，不断提升政治判断力、政治领悟力、政治执行力，坚定捍卫“两个确立”、坚决做到“两个维护”。充分发挥常委会党组把方向、管大局、保落实的领导作用，着力提高议事决策和贯彻执行能力。坚持党管干部原则与人大依法选举任免相统一，严格任免程序，使党组织推荐的人选通过法定程序成为国家机关工作人员，坚持和实现党对人大工作的全面领导。提请召开区委人大工作会议，制定区委关于新时代坚持和完善人民代表大会制度、加强和改进人大工作的实施意见，制定区委人大工作会议精神重点任务分工方案，确保人大工作始终沿着正确政治方向前进。

二、突出主体主动，以更实举措践行人民民主

始终坚持以人民为中心这一价值追求，发挥代表主体作用，主动深入践行全过程人民民主新理念、新要求，使人大工作成为汇聚民意民智、推动惠民利民的过程。密切国家机关和人大代表的联系。严格落实常委会组成人员联系代表、代表列席常委会会议机制，持续扩大代表对常委会工作的参与，更好发挥代表在了解民情、反映民意、集中民智方面的独特作用。组织开展职务代表进站活动，推动国家机关主动向代表通报重要工作，为代表了解发展大局、提出意见建议、依法履行职责创造良好条件。密切人大代表同人民群众的联系。丰富代表联系人民群众的内容和形式，不断增进接地气的广度、察民情的深度、聚民智的精度、惠民生的力度。探索建立人大代表参与化解矛盾纠纷机制，组织人大代表入驻代表家站和乡镇综治中心，了解社情民意，用心用情用力解决好群众的操心事、烦心事、揪心事。健全人大代表向原选举单位或选民述职制度，自觉接受人民群众监督。扩大人民有序政治参与。持续推动人大议题和代表履职“双下沉”，创新打造人大代表议事站，拓展“开门监督”路径。完善民意征集、论证听证、群众旁听等工作方式，深化代表督事、群众议事等制度，拓宽利益诉求表达途径和渠道，推动解决群众身边急难愁盼问题，让人民群众的获得感成色更足、幸福感更可持续、安全感更有保障。

三、强化监督实效，以更优质效服务经济发展

围绕区委中心工作、群众关注热点，寓支持于监督之中，正确监督、有效监督、依法监督，推动解决制约经济社会发展的突出矛盾，推动法律法规全面有效实施。突出监督重点。对沙坡头区2024年重点项目建设情况、民生实事办理情况、《中华人民共和国环境保护法》《中华人民共和国未成年人保护法》等工作和法律法规落实情况进行视察和执法检查，依法听取和审议“法检”两院专项工作报告及政府计划预算执行、决算、债务管理、国有资产管理等专项工作报告；完善规范性文件备案审查机制，提高备案审查能力，维护国家法制统一。完善监督机制。建立健全人大代表向选民、常委会组成人员向人大常委会、人大及其常委会选举任命干部向人大常委会述职评议制度，对区发改局等4个政府组成部门开展工作评议，听取政府组成部门工作报告，保障人民的知情权、参与权、表达权、监督权落实到人大工作各方面各环节全过程。提升监督实效。进一步规范人大及其常委会审议、调研、视察、检查等提出意见建议的审定、交办、办理、督办、报告、反馈、公开等工作程序，完善闭环监督全链条，做实监督“后半篇”文章。

四、创优服务管理，以更大力度促进代表履职

尊重代表主体地位，支持和保障代表依法履职，更好发挥代表主体作用。规范建设代表活动阵地。按照自治区“1+5+N”标准化、特色化品牌创建目标，开展代表活动家站示范点创建活动，争创四级示范点41个，把代表活动家站建设成为学习交流的好阵地、履行职责的好平台、联系群众的好桥梁、宣传政策法律的好窗口、推动中心工作的好场所。扎实开展代表履职活动。创新开展代表小组活动，根据代表特长创建功能型代表小组，组织代表施展专长，精准服务群众；探索开展主任会议组成人员接待代表活动，提请区委建立区级领导调研工作邀请代表参加机制，面对面听取代表意见和建议；常态化组织人大代表“进家入站”接待人民群众，开展安全生产、生态环保等主题实践活动，引导代表当好人民群众的知心人、贴心人和代言人。做好代表履职服务保障。完善代表常态化学习培训机制，狠抓代表学习培训，提升代表履职能力；继续为代表订阅人大业务书刊，为无固定收入的代表购买人身意外伤害保险并发放误工补贴，及时向代表提供区人大常委会公报，向代表通报有关工作，为代表依法履职提供保障。加强代表履职管理监督。推动代表联系选民亮身份、履职档案信息化、述职考评全覆盖，完善代表履职激励约束机制，支持选举单位依法加强代表履职监督、通报代表履职情况，规范代表履职行为，激发代表履职活力，增强代表履职成效。提高代表建议办理质效。把好代表建议提出、交办、督办、表彰等重要关口，着力提高建议办理的“办结率”和“满意率”，把建议从“纸面”落到“地面”，让群众期盼变成看得见的好事，让问题变成摸得着的实事。

五、加强自身建设，以更严要求打造“四个机关”

坚持内强素质、外树形象，全面提升区人大及其常委会履职能力和工作质效，努力打造让党和人民满意的政治机关、国家权力机关、工作机关、代表机关。强学习提能力。着力推动人大干部学习制度化、常态化，通过专题培训、机关讲堂、考察学习等方式，深刻领悟党的创新理论、方针政策，熟练掌握法律法规和人大业务知识，用新思想、新理念、新知识指导实践、推动工作。抓制度促规范。结合新时代人大工作新要求，总结提升工作实践中行之有效的经验做法，进一步完善区人大及其常委会意见办理、人事任免和任后监督等制度，规范会议组织、审议表决等程序，努力构建精准高效的工作运行体系。加强对乡镇人大的联系指导，提升基层人大工作整体水平。严作风树形象。严格落实中央八项规定及其实施细则精神，大兴调查研究和求真务实之风，深入基层察民情，服务群众暖民心，使各项工作更加符合群众意愿、更好回应社会关切，努力打造政治坚定、服务人民、尊崇法治、发扬民主、勤勉尽责的人大工作队伍。

各位代表，新时代呼唤新担当，新作为谱写新篇章。让我们更加紧密地团结在以习近平同志为核心的党中央周围，高举习近平新时代中国特色社会主义思想伟大旗帜，在区委的坚强领导下，不忘初心、牢记使命，凝心聚力、砥砺前行，为奋力谱写全面建设社会主义现代化美丽新宁夏沙坡头区篇章作出更大贡献！

政府工作报告

——2023年12月21日在中卫市沙坡头区第二届人民代表大会第四次会议上

沙坡头区区长　丁志军

各位代表：

现在，我代表沙坡头区人民政府向大会报告工作，请予审议，并请区政协委员和列席同志提出意见。

2023年工作回顾

即将过去的2023年，是三年新冠疫情防控转段后经济恢复发展的一年，也是沙坡头区守正创新、踔厉奋发、蓄势赋能的一年，更是二届政府着力构建格局化、制度化工作体系的开局之年。

一年来，全区上下坚持以习近平新时代中国特色社会主义思想为指导，深入学习贯彻党的二十大和习近平总书记视察宁夏重要讲话指示批示精神，坚决落实自治区、市党委和政府及区委各项决策部署，坚持稳中求进工作总基调，完整准确全面贯彻新发展理念，统筹发展和安全、发展和环保、发展和民生，全力以赴稳经济、保增长、促发展，实施了一批事关长远的重大项目，提升示范了一批优势明显的特色产业，办成了一批增进民生福祉的实事好事，全面建设社会主义现代化美丽新沙坡头区迈上新台阶。

——经济发展活力更加强劲。连续打出“三稳”政策组合拳，出台5.14亿元的特色产业扶持政策，新增退税减税降费3.38亿元，政策红利持续转化为经济发展的质效显著增强。坚持项目建设和招商引资双轮驱动，实施中部干旱带引水上山、区人民医院迁建等项目116个，完成固定资产投资60亿元，签约落地中能建牛奶全产业链+新能源一体化示范等项目7个，招商引资到位资金151亿元；向上争取各类项目资金42.89亿元，同比增长22.54%；新增国有土地有偿使用收入1.6亿元。预计实现地区生产总值254.8亿元，同比增长3%；规模以上工业增加值同比增长2%；社会消费品零售总额同比增长1%；地方公共预算收入同比增长13%；城乡居民人均可支配收入分别增长6.5%、7.5%，经济运行稳中见韧、进中提质。

——产业转型步伐更加坚实。特色农业加快发展。聚焦“六特”产业，立足品种化、品质化、品牌化、全产业链化，投资40亿元实施红圈子205万立方米调蓄水池、苹果产业高效节灌试点等项目33个，改造日光温室1057座，新建高标准农田和现代高效节水农业1.76万亩，农业产业发展基础更加稳固。种植硒砂瓜25.93万亩、蔬菜12.65万亩、苹果10万亩、枸杞8.7万亩，粮食产量较上年增长15.99%。以前所未有的力度和超常规的举措推进中部干旱带产业高质量发展，培育种植朝天椒、小茴香、藜麦2.12万亩，建成朝天椒初深加工厂3个，宁藜藜麦饲草绿色循环产业示范园加快建设，环香山地区产业发展结构不断优化。聚焦“三融合三提升”，投资148.8亿元，高起点高标准规划建设麦垛山15万头现代化奶牛养殖示范园区，特别是引进中能建投资135亿元实施12万头牛奶全产业链+新能源一体化示范项目，麦垛山正在由“干沙滩”蜕变为“金沙滩”。新型工业集聚发展。聚焦“六新”产业，3个风光储项目建成并网，6个风光储项目开工建设，新能源总装机规模达460万千瓦，储能规模达35万千瓦；加快延链补链强链壮链，引进投资10亿元的力印（宁夏）智能板材、投资29亿元的协合新型储能智能制造、投资15亿元的林源全钒液流储能电池等一批新材料、新能源项目落地建设，持续壮大产业集群，着力打造中西部地区“风光水储一体化”的新能源产业集群和国家沙漠光伏大基地。大力实施“四大改造”，完成工业技改项目10个，成功培育入规企业12家、自治区创新型及“专精特新”中小企业23家，全社会R&D经费投入强度达到2.19%。现代服务业提质发展。聚焦“六优”产业，持续巩固拓展全域旅游示范区创建成果，实施沙漠主题度假中心、沙坡鸣钟田园综合体提档升级等项目5个，沙漠传奇、钻石酒店建成投运，“大漠味集·向阳街”获评国家级旅游休闲街区、自治区级夜间文化和旅游消费集聚区，沙坡头区成功入选国家首批文化产业赋能乡村振兴试点，文化和旅游市场服务质量提升经验在全国、全区推广交流；成功举办金蛙国际艺术节、沙漠传奇音乐节、南北长滩梨花节、“坡好吃”美食大赛等特色品牌活动60余场次，打响“有头有尾”文旅品牌，全年接待游客1054万人次，实现旅游收入67.3亿元，有效释放了“以节促游、以节促销、以节促购”乘数效应。加快数字信息产业发展，引进美团、金山等5家超算、智算中心，建成投运亚马逊、美利云、三大运营商等14个数据中心，加快推进广电一期、特加森一期等10个数据中心建设，建成全国首个“万卡级”智算基地。

——深化改革质效更加凸显。纵深推进“放管服”改革，全面加快高标准市场体系建设，企业开办时间压缩至0.5个工作日，47项审批事项“零材料”办理，35项事项“一证（照）通办”，网上可办率达86.76%、不见面率达81%。持续推进“六权”改革，建成水资源监测预警平台，收储闲置用水指标120万立方米，有偿配置118.74万立方米，收缴工业企业用水权有偿使用费1553万元；盘活农村承包地18.84万亩，培育林下经济经营主体60家，办理林权抵押贷款9761万元；完成中卫首笔排污权租赁和抵押贷款，碳排放权和用能权交易管理机制不断完善。“国字号”“宁字号”等10余项试点改革任务全面落实，国资国企和社会保障体制改革持续深化。

——城乡融合发展更加协调。积极争创全国文明城市，实施房地产开发项目13个，改造提升新花园、金河一期2个老旧小区，棚户区住宅房不动产权证办理率达60%以上，完成长城街等3条街道雨污分流和排水主管网改造，新（改）建城市公共卫生间25座，城市基础设施不断完善，居民生活品质大幅提升。实行多元化投入机制，打造宣和镇重点小城镇及何滩村、冯庄村高质量美丽宜居村庄，柔远镇莫楼村成功入选自治区传统村落名录，新（改）建农村卫生户厕2020座。实施中卫黄河大桥旧桥交通导改，改建（造）红油公路等农村公路

168.3公里，城乡环卫市场化服务实现全覆盖。沙坡头区荣膺全区农田水利基本建设“黄河杯”竞赛一等奖，荣获“2023中国高质量发展乡村振兴十大示范县”称号。

——生态治理成效更加显著。聚焦“双碳”“双控”目标，实施环保技改项目8个，完成农村冬季清洁取暖改造70万平方米、公共建筑节能改造5.9万平方米，环境空气质量不断改善。压紧压实河(湖)长制责任，实施中沟水环境综合治理等工程11个，开工建设兴仁镇污水处理厂，完成沙坡头区第四污水处理厂扩建改造，建成投运永康镇徐庄村等农村污水处理项目4个，农村污水治理率达42.6%，重点入黄排水沟、黄河过境段水质全部稳定达标。强化土壤污染源头管控，扎实做好农业面源、工业固废、生活垃圾污染防治，第二轮中央环保督察反馈信访件全部办结。系统推动生态修复治理，投资2.3亿元实施历史遗留废弃矿山生态修复示范项目6个，86个问题矿山完成生态修复并通过自治区验收。大力实施城乡增绿扩绿工程，全面完成造林绿化项目13个，栽植乔灌木24.5万株，森林面积达77.64万亩，沙坡头区林业和草原局被授予“全国防沙治沙先进集体”。

——社会民生福祉更加殷实。坚持在发展中保障和改善民生，聚合财力的85%用于民生支出，承诺的10件民生实事高质量办结。深入实施“六大提升行动”，严格落实“四个不摘”要求，消除返贫致贫风险80户284人，整合资金1.98亿元实施兴仁镇枸杞示范园、海和村肉羊养殖园区牧光互补等移民致富提升项目25个，实现移民就业2.4万人，带动劳务创收2.65亿元，人均工资性收入同比增长17.27%。织密兜牢民生保障网，新增城镇就业4300人，农村劳动力转移就业5.6万人，城镇调查失业率控制在5.5%以内。深入推进教育高质量发展，实施九小综合楼、十中等新(改)扩建项目17个，新增学位1620个，学前三年毛入园率、九年义务教育巩固率分别达到97.72%、100%。全面推进健康沙坡头区建设，挂牌成立沙坡头区疾病预防控制局、疾病预防控制中心、妇幼保健院，顺利承接文昌、滨河社区卫生服务中心，实施区人民医院迁建、兴仁卫生院医养结合等项目3个，建成自治区、市级重点专科4个，县域内住院量占比达到52.71%，基层诊疗量占比达到62%，居民健康素养水平达到30%以上，顺利通过国家卫生城市全面复审。着力提升公共文化服务水平，开展各类文化惠民活动300余场次，精心承办自治区十六运暨首届残特奥运动会赛事11项，揽获金银铜牌37枚，荣膺自治区十六运优秀赛区、体育道德风尚奖。

——基层社会治理更加高效。牢固树立底线思维和红线意识，深入开展安全隐患排查整治专项行动，聚焦“五个重点”“六个环节”，累计排查整治燃气领域各类安全隐患1.12万个，完成燃气“三件套”加装11万户，回收、报废钢瓶3.05万支，立案查处40起；全面开展危化品、工贸、矿山、自建房等领域安全排查整治，年内未发生较大及以上生产安全事故，成功创建全国首批综合减灾示范县。坚持和发展新时代“枫桥经验”，化解各类矛盾纠纷3945件，信访“三率”均达98%以上，创建自治区民主法治示范村4个，滨河镇“红色物业联盟”管理新模式入选全国“枫桥式工作法”，镇罗派出所获评全国第三批“枫桥式公安派出所”。持续巩固提升民族团结进步示范县创建成果，依法管理宗教事务，文昌镇黄河花园社区、中卫九小被评为“全国民族团结进步示范单位”。常态化开展扫黑除恶斗争，严打突出违法犯罪，纵深推进禁毒和反诈人民战争，刑事、电诈发案率实现“双下降”，平安沙坡头区建设迈上新台阶。

——政府自身建设更加规范。扎实开展学习贯彻习近平新时代中国特色社会主义思想主题教育，深入推进“抓产业、办实事、强治理、转作风”专项行动，持续深化政府格局化、制度化工作体系，建立“红”“黄”旗考评机制，“干与不干、干多干少、干好干坏”不一样的工作导向更加鲜明。深入开展法治政府建设“八大提升行动”，顺利通过“八五”普法规划中期评估验收。严格执行民主集中制，自觉接受人大及其常委会法律监督、政协民主监督和社会舆论监督，办理人大代表建议34件、政协委员提案48件，政府系统务实担当、干事创业的氛围更加浓厚。严格落实中央八项规定及其实施细则精神，深入开展纠治形式主义官僚主义专项整治，清廉沙坡头区建设持续引领清廉政府建设。

国防动员、人民防空、双拥共建、地震、气象、审计、统计、税务、地方志等工作取得新进展，工会、共青团、妇联等群团组织在经济社会发展中发挥了重要作用！

栉风沐雨，方得春华秋实；跃蹄扬鞭，更知任重道远。一年来的生动实践，让我们深切体会到，做好政府工作，务必坚持党的领导。始终把党的全面领导贯穿政府工作各领域、全过程，在推动产业高质量发展、构建本质安全新格局、保障和改善民生、防范化解重大风险等急难险重任务中躬身实践，不断强化“总书记怎么说、我们就怎么做，不仅要做到、而且要做好”的政治自觉。务必坚持以人民为中心的发展思想。笃定心系群众所需所盼的价值取向，把人力、物力、财力、智力、精力优先向民生保障倾斜，在幼有所育、学有所教、劳有所得、病有所医、老有所养、住有所居、弱有所扶上持续用力，不断完善民生服务体系，共享发展成果。务必坚持新发展理念。把新发展理念作为攻坚克难的制胜法宝，统筹兼顾、一体贯彻、全面落实，构建制度衔接、资源统筹、部门联动、责任匹配的工作体系，推动质量变革、效率变革、动力变革，实现“1+1 ＞ 2”的效果。务必坚持高质量发展。紧紧扭住高质量发展首要任务和第一要务不放松，严格落实“大抓发展、抓大发展、抓高质量发展”的工作要求，坚持质量第一和效益优先，千方百计挖存量、扩增量、寻变量，推动单链发展向产业融合转变。务必坚持实事求是。始终以“实”字为先，做到思想认识“唯实”、决策部署“求实”、具体行动“务实”，以钉钉子精神抓好工作落实，坚决杜绝空化、虚化、泛化、概念化、形式主义化。务必坚持问题导向。聚焦实践遇到的新问题、改革发展稳定存在的深层次问题、人民群众的急难愁盼问题，科学认识、准确把握、正确解决区域发展中的难题，在实践中找到解决问题的新理念新思路新办法。务必坚持规划引领。强化系统思维和前瞻性思考、全局性谋划和科学性布局，统筹兼顾规划背景下的发展与安全，持续增强规划的科学性、指导性、引领性和可落地性，以高质量规划引领高质量发展。务必坚持改革破题。以供给侧结构性改革为主线，充分发挥改革的突破和先导作用，推动理念、方法、举措、机制全方位、系统性、重塑性变革，用改革破解高质量发展瓶颈制约，使改革成为经济发展、产业振兴、社会治理、群众增收的动力源泉。务必坚持“十定”工作模式。严格落实“三个推进机制”和“三个责任理念”，按照“重大任务指标化、具体工作责任化、时限要求节点化”原则，坚持一线实体化办公、实体化推进、实体化落实，确保既定目标、工作举措落到实处，实现工作作风与经济社会发展高度匹配、深度融合。务必坚持有为政府与有效市场相结合。充分尊重市场客观规律，用政策引导市场预期，用规划明确投资方向，用法治规范市场行为，建立多元化投入机制，实现利益联结下的多方共赢。

各位代表！回顾一年来的工作，我们深感成绩来之不易、成之唯艰。这些成绩的取得，是习近平新时代中国特色社会主义思想科学指引的结果，是自治区、市党委和政府坚强领导、深切关怀的结果，是区委统揽全局、把脉定向的结果，是区人大、区政协有力监督、大力支持的结果，更是全区广大干部群众务实苦干、奋勇拼搏的结果。这些成绩凝聚着广大干部群众的心血与汗水，汇集了方方面面的智慧和力量。在此，我代表沙坡头区人民政府，向全区广大干部群众，向各位人大代表、政协委员，向驻沙单位、武警官兵、公安干警和消防救援队伍指战员，向各民主党派、工商联、无党派人士、人民团体和离退休老干部，向所有参与、关心和支持沙坡头区经济社会高质量发展的各界人士，向所有付出辛勤劳动、作出积极贡献的同志们、朋友们，表示衷心的感谢并致以崇高的敬意！

各位代表！博观而约取，厚积而薄发。在肯定成绩的同时，我们必须清醒地看到，发展过程中还有很多不容忽视的困难和问题，主要表现在：经济总量不大与质量不高并存，重大项目和有效投资不足，农业稳而不强、工业产业链条短、服务业增长乏力；重点税源企业较少，刚性支出逐年增加，财政收支矛盾凸显；基层社会治理还存在短板弱项，教育、医疗等领域公共服务供给不足，服务能力亟待增强；少数干部干事创业劲头不足，缺乏大破大立、敢干敢为的创新意识和奋斗精神。对于这些问题，我们不绕道、不回避、不拖延，将广泛听取各方意见建议，厘清思路、精准发力，切实加以解决。

2024年工作思路

2024年是实施“十四五”规划的攻坚之年，也是沙坡头区坚持稳中求进、以进促稳、先立后破的关键之年，我们必须站高一层、看远一步、想深一招，认真做好打基础、利长远、惠民生的实事好事要事，努力创造不负历史、不负时代、不负人民的崭新业绩。

政府工作总体要求是：坚持以习近平新时代中国特色社会主义思想为指导，全面贯彻落实党的二十大精神、中央经济工作会议精神，深入贯彻落实习近平总书记视察宁夏重要讲话指示批示精神，坚决落实自治区、市党委和政府及区委各项决策部署，坚持稳中求进工作总基调，完整、准确、全面贯彻新发展理念，加快构建新发展格局，着力推动高质量发展，持续兜牢“三保”底线，科学把握“三个统筹”，始终坚持“七个必须”，重点围绕“七个聚焦”，着力实现“七个新突破”，凝心聚力抓产业、办实事、强治理、转作风，奋力谱写全面建设社会主义现代化美丽新宁夏沙坡头区篇章！

全面建设社会主义现代化美丽新沙坡头区，必须强化顶层设计、高位谋篇布局。坚持不懈用党的创新理论统一思想、统一意志、统一行动，完整准确全面贯彻新发展理念，积极主动融入新发展格局，牢牢把握高质量发展主题主线和核心任务，从体系中定目标、领任务、找方法、列清单、强措施，做到高起点谋划、高标准推进、高质量落实，努力实现“一年成一事、十年富沙区”。

全面建设社会主义现代化美丽新沙坡头区，必须着力解决“两头”问题。坚持“问政于民、问需于民、问计于民”，深入基层一线了解民意，深化“第一现场”走访调研，用脚板丈量民情，与人民群众“以心换心”，让群众“敞开心扉说亮话”，向群众取得“真经”，打通融通连通贯通工作推进落实中的难点痛点堵点，畅通社情民意的源头、政令落地的“最后一公里”，着力解决好干部坐老百姓炕头和下老百姓田头的“两头”问题。

全面建设社会主义现代化美丽新沙坡头区，必须实现“两有”目标任务。聚焦“六新六特六优”产业，立足园区“顶天立地”、基地“铺天盖地”产业布局和差异性错位发展定位，坚持“一产抓特色、二产抓转型、三产抓融合、整体抓提升”，着力构建现代产业体系，培育一批新的增长点，打造一批新的增长极，形成一批新的动力源，不断壮大产业集群、做大经济总量、增强发展底气，持续放大经济高质量发展的“乘数效应”，走出一条“从无到有、从有到优”的沙坡头区特色高质量发展之路。

全面建设社会主义现代化美丽新沙坡头区，必须坚持“三精”工作定向。坚持精准谋划、精细管理、精致发展，进一步认清形势、突出重点，压实责任、落实措施，抓主抓重、以点带面，集中力量抓好重大项目的引进实施、重点产业的培育发展、重点工作的推进落实，在科学判断“时”与“势”、辩证把握“危”与“机”的基础上，真正做到全力以赴抓落实、心无旁骛干事业，持续推动沙坡头区经济高质量发展提速增效。

全面建设社会主义现代化美丽新沙坡头区，必须突出“四全”保障措施。坚持全领域、全环节、全要素、全链条保障措施，紧盯重点项目建设、重点工作推进，持续推行“五个一”机制，做优存量、壮大体量、提升质量，全力保障政策、土地、资金、技术等要素，通过“红”“黄”旗、“曝光台”等机制倒逼责任落实，积极营造比学赶超、干事创业的浓厚氛围。

全面建设社会主义现代化美丽新沙坡头区，必须紧盯“四新”产业发展。立足资源禀赋实际和产业发展基础，围绕新材料、新能源、新基建、新业态“四新”产业，着眼资金拼盘一体化、项目建设同步化、经济效益显著化，高位谋划“建链”、产能提升“稳链”、龙头培育“强链”、融合发展“延链”，力争产业发展呈现“高开稳走、量质齐升”的态势。

全面建设社会主义现代化美丽新沙坡头区，必须构建产业高质量发展“十大体系”。坚持产业标准化、规模化、集约化、数字化、智慧化发展定位，积极构建沙坡头区产业高质量发展“十大体系”，着力规范生产秩序、壮大产业集群，推动“园区＋基地”提质扩能、绿色循环发展，张贴现代化全产业链标签，形成多点支撑、多业并举、多元投入的现代化产业高质量发展新格局。

2024 年重点工作

主要预期目标是：地区生产总值增长 6% 左右；固定资产投资同比增长 7% 左右；规上工业增加值增长 6% 左右；社会消费品零售总额增长 3% 左右；地方一般公共预算收入增长 3%；城乡居民人均可支配收入分别增长 6%、8%；城镇调查失业率控制在 5.5% 以内。实现上述目标，重点抓好以下工作：

（一）聚焦质量提升，着力推动经济发展实现新突破。坚持需求牵引供给、供给创造需求双向发力，强化系统推进，加快塑造转型发展的引领态势和竞争新优势。

大力实施项目建设提速行动。牢固树立“项目为王”理念，充分发挥重大项目服务“专班专抓”机制，落实项目全生命周期管理，全年计划实施项目 108 个，重点实施中能建牛奶全产业链＋新能源一体化示范等产业项目 44 个，中卫黄河大桥旧桥加固改造等基础设施项目 43 个，区人民医院迁建等社会民生项目 19 个，兴仁镇污水处理厂等生态环保项目2个。实施项目建设提速行动，常态化开展项目“五比”活动，确保一季度开工建设项目42个，力争上半年时序进度达到60%、三季度达到85%、四季度达到100%，年度重大项目投资完成率达到80%以上。

大力实施特色农业提质行动。严格落实粮食安全党政同责，坚决遏制耕地“非农化”、基本农田“非粮化”，粮食种植面积稳定在29万亩。聚焦“2+2+2+2”产业发展思路，持续优化产业布局、延伸产业链条、壮大产业集群，实施高标准农田和现代高效节水农业等项目38个，建设高标准农田2.3万亩，改造老旧日光温室1000座，建成现代化超级数字温室，设施蔬菜种植面积达到3.6万亩。扎实推进中部干旱带产业高质量发展，积极构建朝天椒、小茴香全产业链现代产业体系，推广种植朝天椒、小茴香各6万亩，硒砂瓜、苹果面积稳定在25万亩和10万亩以上，打造朝天椒、小茴香、枸杞、苹果、硒砂瓜等特色产业基地26个。开工建设农副产品“1+X”加工园区，引进农副产品深加工企业3家，积极争创国家级现代农业产业园。紧盯牛奶全产业链现代产业体系建设，加快推进麦垛山现代化奶牛养殖示范园区建设，新建“智慧牧场”万头奶牛养殖场4个、千头奶牛养殖场3个，力争年底奶牛存栏达到10万头以上，奶牛产值突破20亿元大关。

大力实施工业转型升级行动。加快推进工业强区计划，推动工业高端化、智能化、绿色化发展，实施沙漠光伏大基地二期200万千瓦光伏等新能源项目19个，加快建设“宁电入湘”800千伏特高压直流工程，打通新能源内联外送通道。全力推进协合新型储能智能制造、林源全钒液流储能电池等21个重点工业项目建设，力促力印（宁夏）智能板材项目投产达效，推动现代制造业、新型材料、清洁能源等产业集群建设取得新突破。大力实施“四大改造”，加快铁合金、电石等传统工业整合，实施茂烨冶金烟气收尘等技改项目5个，工业技术改造投资增长15%以上，全年新增规上工业企业5家。扎实推进“小散乱污”企业突出问题专项整治，问题整治率达80%以上。

大力实施服务业扩容提升行动。持续巩固拓展全域旅游示范区创建成果，立足“产业发展+乡村旅游+田园社区”的发展思路，加快推进沙坡鸣钟田园综合体（二期）、黄河生态田园综合体等一批乡村旅游项目建设，实施沙坡头南岸生态康养旅居中心、黄河宿集（二期）项目，打造鸣钟、长流水等乡村旅游示范点，争创全国乡村旅游重点村、宁夏特色旅游村3个以上，“星级旅游景区—旅游拳头产品—乡村旅游业态”三级旅游体系更加健全完善。精心筹办金蛙国际艺术节、沙漠音乐节及第二届“坡好吃”美食大赛等品牌赛事活动，打造金蛙穿越之路等特色产品，打响“青春漠漠搭”沙漠主题品牌，力争旅游人次突破1200万，旅游收入达到70亿元以上。以创建国家级夜间文旅消费集聚区为目标，推动“大漠时光”特色文化旅游消费街区改造提升，差异化打造多条中卫风情故事IP步行街，持续扩大“夜经济”消费圈。

大力实施招商引资增效行动。积极构建大招商工作格局，立足资源禀赋和产业优势，围绕特色农业、新型工业、文旅康养、农副产品加工等重点领域，进一步延链补链强链，强化精准招商、以商招商、产业链招商、全民招商，加强与东方希望、现代牧业、华润电力等意向企业对接，着力引进农产品冷链物流、现代纺织产业园等一批新企业大项目，力争新签约项目总投资200亿元以上，全年招商引资到位资金突破100亿元。持续加大向上资金争取力度，积极争取预算内投资、专项债券、政策性开发性金融工具支持,实现上争资金同比增长10%。

(二)聚焦深化改革,着力推动开放引领实现新突破。坚持以改革为先导,向改革要动力,着力破解高质量发展瓶颈,不断激发市场发展活力。

持续深化“放管服”改革。扎实推进“放管服”改革迭代升级,加快“互联网+政务服务”“互联网+监管”两张网建设,落实“一件事一次办”“一窗受理、集成服务”“一网通办”等改革举措,政务服务网上可办率达90%以上。积极推行相对集中行政许可权、“一业一证”改革,深化“证照分离”、企业登记全程电子化等一系列商事制度改革,增强“双随机、一公开”部门联合监管,提升行政执法效能,力争营商环境进入全区“第一方阵”。全面落实减税降费、援企稳岗等纾困解难政策举措,毫不动摇鼓励支持民营企业、中小微企业和个体工商户健康发展,促进金融更好服务实体经济。高质量做好第五次全国经济普查工作。

持续深化“六权”改革。积极探索建立用水权收储调控机制和市场化收储交易机制,鼓励引导用水户将“节余”闲置用水权交易出售,全面激发用水权交易市场活力。稳步推进“一块田”改革,完成试点改革1800亩,不断提高土地综合利用率和规模效益。积极盘活农村闲置房地,对闲置率达到70%以上的自然队,通过开展农村闲置房地自愿退出整治利用,有效盘活集体资产资源,年内完成改革试点2个。健全完善土地二级市场交易平台功能,集体经营性建设用地实现入市交易。深化用能权和碳排放权改革,积极推进环评审批与排污权改革相衔接,率先完成用能权试点交易,实现环境有价、使用有偿、交易有市。健全山林权交易服务体系,大力推行“山林+”经济发展模式,打造自治区林下经济示范基地,实现山林生态价值转化增值、生态效益优化提升。

持续深化改革开放。坚持市区一体、上下共创,充分发挥沙坡头区大交通、大旅游、大农业、大水利、大数据“五大”特色优势,主动融入服务共建“一带一路”、西部陆海新通道,加快推进迎水桥保税物流中心、宝中铁路沙坡头区段扩能改造、沙坡头机场二期等项目建设,力促宁钢热电铁路专用线、迎水桥铁路专用线建成投运;优化和开辟中卫至杭州、昆明等空中快线,旅客吞吐量突破30万人次,航空货运吞吐量突破1000吨,高标准打造西部区域性综合枢纽。

(三)聚焦科教兴沙,着力推动创新提质实现新突破。始终把创新作为引领发展的第一动力,强化科教在现代化建设中的基础性、战略性支撑,努力把沙坡头区打造成产业创新发展的高地、人才发展的宝地。

坚持创新引领。深入实施创新驱动发展战略,持续推进产业链、创新链、资本链、人才链、政策链深度融合,着力推动创新型企业和各类创新中心建设,全面促进传统工业、农产品加工等产业迭代升级,全力打造高新技术发展区、创新创业活力区。大力实施人才优先发展战略,积极推进“才聚宁夏1134行动”,培育引进各领域创新人才70人、创新团队25个,持续增强人才在高质量发展中的引领力、支撑力,让创新成为引领沙坡头区经济社会高质量发展的第一动力。

坚持科技兴沙。全力推进科技双倍增行动,深入实施科技创新“四大工程”,加快县域科技成果转化等一批重点项目建设,培育国家及自治区级高新技术、科技小巨人、科技型中小企业(创新平台)14家以上。全面落实“科创贷”“科技金融补助”等惠企利企政策,持续激发企业创新活力,登记科技成果14项以上,财政R&D经费投入增长10%,

全社会 R&D 投入强度达到 2.2%，技术合同成交额占 GDP 比重达到 0.37% 以上。

坚持教育强区。加快推进教育质量提升行动，统筹规划教育资源布局，争取实施中卫十四小、八幼新建项目，建成中卫市第十中学、第七幼儿园，稳步推进小规模学校撤合并，不断优化教育资源供给。大力推行集团化办学，推动薄弱学校信息化能力提升、学生食堂改造等项目建设，扎实开展“银卫联盟”跟岗研修活动，常态化开展走教帮扶，促进义务教育优质均衡发展。全面推进“五育并举”，打造自治区民族团结进步示范校、铸牢中华民族共同体意识教育基地、劳动教育示范校 3 所以上，全心全意办好人民满意的教育。

（四）聚焦协同发展，着力推动城乡融合实现新突破。坚持高标准建设、高效能管理、高质量提升，完善城市功能，丰富乡村内涵，聚力打造宜居宜业宜游的高品位城市。

全面增强城市韧性。牢固树立“宜居、韧性、智慧”城市建设理念，建成山水大院三期等商业住宅小区 4 个，综合改造上游新村等老旧小区 5 个，建设“完整社区”5 个，新建文昌阁等社区服务站 2 个，不断完善社区养老托育、家政便民、健康服务等功能，构建城市“15 分钟便民生活圈”。全力创建全国文明城市，深入实施城市“疏堵提畅”“市容靓化”工程，加快推进十里水街安全提升项目建设，全方位推进城市停车场智慧化、精细化管理，加速提升城市环境卫生治理能力和治理水平，城市道路机械清扫率达到 84% 以上，城区生活垃圾和餐厨垃圾收运率、无害化处理和资源化利用率均达到 100%，不断提升城市品质品位。

加快建设宜居宜业和美乡村。全面落实乡村建设行动计划，持续强化村庄建设规划约束，建设高质量美丽宜居村庄 2 个。加快推进柔远镇莫楼村传统村落保护、农村公路路况提升等项目建设，提升改造农村公路 220 公里以上。深入开展农村人居环境综合整治行动，建成投运兴仁镇污水处理厂，农村生活污水治理率达到 45%，农村垃圾资源化利用率达 95% 以上，争创全区农村人居环境整治示范县。优化乡村治理体系，加快“四治融合”，积极构建乡村善治格局，创建全区乡村治理示范县。

扎实推进乡村振兴有效衔接。严格落实“四个不摘”要求，抓紧抓实常态化防返贫动态监测帮扶和“四查四补”工作，坚决守住不发生规模性返贫底线。全面落实富民增收产业奖补、小额信贷、乡村公益岗等开发式帮扶措施，充分发挥帮扶车间、“合作社 +”等联农带农作用，多渠道增加农民经营性、工资性、财产性、转移性收入，确保脱贫群众收入“稳中有增”。整合乡村振兴衔接资金，大力实施镇罗镇乡村振兴示范点、香山乡压砂地退出产业结构调整配套等一批乡村振兴示范项目，持续巩固拓展脱贫攻坚成果同乡村振兴有效衔接，推动乡村振兴样板区建设取得新成效。

（五）聚焦民生改善，着力推动社会事业实现新突破。坚持人民至上，千方百计解决好群众关心的“头等大事”和“关键小事”，全力办好 10 件民生实事。

以充分就业增加居民收入。坚持把就业作为最大的民生工程、民心工程，实施更加积极的就业创业政策，做好高校毕业生、退役军人、农民工等重点群体就业，加强困难群体就业兜底帮扶，“零就业”家庭实现动态清零。深入推进就业能力提升行动，实施公共就业服务能力提升示范项目，打造零工市场、零工驿站 8 个，村（社区）就业服务平台建设实现全覆盖。完成职业技能培训 4300 人次，实现新增城镇就业 4500 人，农村劳动力有序转移就业 5.8 万人。深化产业工人队伍建设改革，构建适应发展需求的产业工人大军。

以坚实保障筑牢幸福基石。完善城乡社会保障体系，医保全民参保实现“应保尽保、量质齐升”。落实城乡居民最低生活保障制度，加大困难群众精准帮扶力度，全力筑牢民生保障底线。严格落实未成年人、残疾人等特殊群体社会福利政策，全面落实好退役军人保障、二孩和三孩生育政策，持续推动新时代国防动员、双拥共建、退役军人服务保障工作走深走实。更加关注“一老一小”群体，大力发展普惠性养老和托育服务，努力让“夕阳”更红、“朝阳”更艳。

以普惠医疗守护百姓安康。深化公立医院改革与高质量发展，加快推进区人民医院迁建项目建设，推动创伤中心、胸痛中心、卒中中心实体化运行，建成投运兴仁、宣和等5个农村地区急救分站。推动优质医疗资源扩容下沉和区域均衡布局，优化“互联网+”医疗服务，完善分级诊疗体系，群众就医满意度不断提升。深化健康沙坡头区建设暨全民健康水平提升行动，深入开展爱国卫生运动，城乡居民健康素养水平提升不少于1个百分点，每千人拥有托位数达到3.5个。

以文体建设提升居民素养。持续巩固文化产业赋能乡村振兴试点成果，举办文化大篷车、送戏下乡、广场文艺演出等群众文化活动300场次以上，持续擦亮“非遗文化周”“四季村晚”系列文化活动品牌。实施沙坡头区体育公园、镇罗镇广场改造提升等一批文体项目，着力补齐体育基础设施短板弱项。办好全国大漠毽球邀请赛、全国徒步大赛等“国字号”品牌体育赛事，持续开展农民篮球争霸赛、全民健身运动会、“奔跑吧·少年”等体育赛事活动，不断推动群众性体育活动蓬勃发展。

（六）聚焦生态治理，着力推动绿色发展实现新突破。坚持生态优先、绿色发展，深入打好新时代生态文明建设“九大战”，促进生态环境质量持续改善、人与自然和谐共生。

加快环保综合治理。全力打好“蓝天、碧水、净土”保卫战，紧盯臭氧污染防治，积极做好重污染天气应对，持续推进工业炉窑大气污染综合治理，加快实施冬季清洁取暖工程，完成“煤改电”3.09万户，主要污染物减排和优良天数比例达到自治区考核标准。全面落实“河长+警长+检察长”工作联动机制，有序推进“清四乱”工作常态化规范化，实施涩井沟治理等工程15个，重点入黄排水沟水质稳定达标，黄河过境段水质保持在Ⅱ类以上。全面配合推进黑山峡水利枢纽工程前期工作。加强土壤污染源头防控，健全完善科学化规范化监管体系，深入推进固体废物源头减量、资源化利用和安全处置，固废综合利用率达到80%。

加快绿色转型发展。严守生态保护红线、环境治理底线、资源利用上线，严格落实国家产业结构调整指导目录，严把产业项目准入关，坚决遏制“两高一低”项目盲目上马。加快淘汰落后产能，推进产业基础再造，引进培育一批新兴产业，持续优化调整产业结构和布局。完善生态环境损害赔偿制度，推进黄河上游风沙区（中卫）历史遗留废弃矿山生态修复示范工程建设，有序淘汰环境问题突出的非煤矿山，全面规范砂石料开采行业，打造自治区级绿色矿山1座以上。倡导绿色消费、绿色出行，培育一批绿色机关、绿色学校、绿色社区，推动群众生产生活绿色化、低碳化。

加快生态优先发展。统筹推进山水林田湖草沙综合治理、系统治理、源头治理，打好黄河“几字弯”攻坚战，实施中央财政国土绿化试点、中卫腾格里荒漠化综合防范等示范项目，全面提升生态治理成果。深入开展国土绿化行动，加快推进产业园区、农田林网、乡村绿化等植绿增绿工程，加大苗木抚育管护力度，完成人工造林、森林抚育、退化林修复2万亩，全力争创科学绿化试点示范区。

（七）聚焦风险防范，着力推动安全发展实现新突破。坚定不移贯彻总体国家安全观，强化系统治理、源头治理、依法治理、综合治理，防范和化解各类风险隐患，加快建设更高水平的平安沙坡头区。

守牢生产安全底线。坚决贯彻落实自治区党委十三届四次全会精神及"1+37+8"系列文件要求，全面落实安全生产"一台账三清单"，健全完善安全生产责任体系和"1+40+10+N"的应急预案体系，实施自然灾害综合防治体系建设、防汛排涝能力提升等项目20个，不断巩固拓展全国综合减灾示范县创建成果。全面推进安全生产治本攻坚三年行动，紧盯非煤矿山、交通运输、建筑工地等重点领域，持续巩固专项整治成果，坚决防范和遏制重特大安全生产事故发生，年内事故起数和死亡人数实现"双下降"。

守牢金融安全底线。牢固树立过"紧日子"思想，严格落实"保工资、保运转、保基本民生"要求，不断调整优化财政支出结构，持续合理压减非刚需、非重点项目、"三公"经费和"三项"费用支出，统筹资金保障经济发展和社会民生，确保财政运行平稳。严格规范政府举债融资行为，强化政府债券"借、用、管、还"全过程管理，加强财政资金安全管理和国有资产、集体资产监管，严守不发生系统性、区域性风险底线。持续推进金融放贷领域突出问题整治，不断净化沙坡头区金融市场环境，坚决筑牢防范金融风险"防火墙"。

守牢社会安全底线。坚持和发展新时代"枫桥经验"，全面推进信访法治化进程，加大"人民调解+仲裁+信访"推行力度，力争信访积案和涉法涉诉案件存量"双减半"，初信初访办结率达100%、信访工作群众满意率达96%以上。深入推进法治政府建设，扎实开展提升行政执法质量三年行动，持续深化"八五"普法，全力创建"全国守法普法示范区"。加快推进"国家食品安全示范城市"创建，全面提升市场秩序治理水平，切实保障人民群众饮食用药安全。加强社会治安防控体系建设，重拳打击盗抢骗、黄赌毒等违法犯罪行为，全力预防和治理电信网络诈骗，守护好人民群众幸福安宁。以铸牢中华民族共同体意识为主线，加快推进铸牢中华民族共同体意识示范区建设，持续巩固民族和睦、宗教和顺、社会和谐的良好局面。

全力建设人民满意的服务型政府

各位代表！使命呼唤担当，实干成就未来。新征程对政府治理体系和治理能力现代化提出了新的更高要求，政府系统要持续强化自身建设，坚持依法行政、务实施政、廉洁从政，发扬"严细深实勤俭廉+快"的工作作风，知重负重、苦干实干，努力营造风清气正的"政风"、蒸蒸日上的"社风"、勤劳朴实的"民风"、真抓实干的"作风"，全力建设人民满意的服务型政府。

坚定政治信仰，建设引领力更强的服务政府。深学细悟习近平新时代中国特色社会主义思想，更加深刻领悟"两个确立"的决定性意义，进一步增强"四个意识"、坚定"四个自信"、做到"两个维护"，不断提高政治"三力"。充分发挥"头雁效应"，深化"专班专抓"责任体系，下好"先手棋"、打好主动仗，以实际成效展现"上级有部署、区委有号召、政府有落实"的政治担当。

坚持依法行政，建设公信力更强的法治政府。深入学习贯彻习近平法治思想，自觉运用法治思维和法治方式推动工作，促进政府治理规范化、程序化、法治化。严格执行人大及其常委会决议决定，大力支持政协履行职责，认真做好人大代表建议及政协委员提案办理工作。加大政务公开力度，严格规范行政决策程序，推动科学决策、依法用权，确保行政权力始终在阳光下运行。

坚决狠抓落实，建设执行力更强的效能政府。持续深化政府格局化、制度化工作体系和“红”“黄”旗考评机制结果运用，始终把“干与不干、干多干少、干好干坏”不一样的鲜明工作导向贯穿政府工作全过程。树牢正确政绩观，坚持实事求是、勤俭办事、节用裕民，促进公共资源向基层延伸、向生活困难群众倾斜，以政府的“紧日子”换取市场主体的“稳日子”、人民群众的“好日子”。

坚守廉政底线，建设约束力更强的廉洁政府。严格落实全面从严治党主体责任，坚决执行中央八项规定及其实施细则精神，扎实推进政府系统党风廉政建设和反腐败斗争，严明政治纪律和政治规矩。持续深化招投标、国资国企、公共资源交易等重点领域廉政风险防控，不断加强重点岗位权力运行监督，持续巩固提升政府系统风清气正的良好政治生态。

各位代表！我们生逢其时，欣逢盛世。当前，全区上下正意气风发朝着实现第二个百年奋斗目标奋勇前行，机遇和挑战并存，唯有百倍努力才能赢得先机、赢得未来。让我们更加紧密地团结在以习近平同志为核心的党中央周围，在自治区、市党委和政府及区委的坚强领导下，以永不懈怠的精神状态、一往无前的奋斗姿态，守正创新、笃定前行，奋力谱写沙坡头区经济社会高质量发展新篇章，为继续建设经济繁荣民族团结环境优美人民富裕的美丽新宁夏作出新的更大贡献！

附件：1. 2024 年 10 件民生实事

2. 名词解释

附件 1

沙坡头区 2024 年 10 件民生实事

1. 实施环香山地区朝天椒、小茴香产业培育项目。出台朝天椒、小茴香产业扶持政策，通过政策撬动，加大对种子种苗、基础设施配套、社会化服务等支持力度，发展朝天椒、小茴香各 6 万亩，着力推动压砂地产业高质量发展。

2. 实施压砂地退出产业结构调整配套一期项目。概算投资 3057 万元，新建调蓄水池 5 座、首部枢纽（配电室）5 座，配套各类建筑物 36 座、变压器 5 套，配水管道 4.16 公里，架设高压输电线路 4.23 公里，全力保障产业结构调整项目区灌溉用水需求。

3. 实施老旧小区改造提升项目。投资 6500 余万元，对上游新村等 5 个老旧小区进行改造提升，主要改造供排水管网、外墙保温、屋面防水、路面硬化等设施，大幅提升居民生活品质。

4. 实施中卫黄河大桥旧桥加固改造工程。投资 1.1 亿元，采用矮塔斜拉组合体系 + 更换挂梁方式，对中卫黄河大桥主桥进行加固改造，对引桥技术状况等级为 4 类及以下的 T 梁施加预应力碳纤维板进行加固，切实消除桥梁安全隐患。

5. 实施农村公路路况提升工程。投资 1.52 亿元，实施卫宁路、红油路、李姚路等 42 条 222 公里农村公路路况提升工程，通过治理道路病害、修复养护路面、补充完善附属设施等措施，全面提升农村公路通行条件。

6. 实施文昌阁、东方红社区服务站新建项目。投资 797 万元，新建文昌阁、东方红社区服务站，配套建设给排水、供暖、供电、道路、绿化等室外工程，解决社区阵地不足问题。

7. 实施冬季清洁取暖项目。投资 7100 余万元，实施农村“煤改电”“煤改气”及住宅建筑节能改造项目，完成农村“煤改电”3.09万户、“煤改气”3913户、公共建筑节能改造15.3万平方米。

8. 实施文化惠民工程。开展文化大篷车、送戏下乡、广场文艺演出等群众文化活动300场次以上，持续推进基层文体阵地补短板工程，更换超过质保期且损坏严重的健身路径，进一步提升公共文体服务水平。

9. 实施公共就业服务能力提升示范项目。投资3676万元，通过开展产业培训、重点群体培训、打造零工市场、培育劳务经纪人、安置公益性岗位、完善村（社区）就业服务平台等措施，促进劳动者高质量充分就业，推动公共就业服务能力再提升。

10. 实施基本公共卫生服务项目。建成沙坡头区慢病诊疗中心并延伸至5个基层医疗机构，免费为辖区65岁以上老年人进行健康体检、为35—64岁适龄妇女进行“两癌”筛查，对慢性病进行精细化管理，全面提升公共卫生服务水平。

附件2

名词解释

1.“六新六特六优”：“六新”即新型材料、清洁能源、装备制造、数字信息、现代化工、轻工纺织；“六特”即葡萄酒、枸杞、牛奶、肉牛、滩羊、冷凉蔬菜；“六优”即文化旅游、现代物流、现代金融、健康养老、电子商务、会展博览。

2.“三融合三提升”：奶产业和新能源产业深度融合的价值提升、实体经济与数字经济深度融合的价值提升、奶牛养殖与乳制品深加工全产业链深度融合的价值提升。

3.“四大改造”：结构改造、技术改造、智能改造、绿色改造。

4.“六大提升行动”：居民收入提升行动、移民致富提升行动、教育质量提升行动、健康水平提升行动、文明素养提升行动、城乡面貌提升行动。

5.“五个重点”：全覆盖、零容忍、突出重点、无缝衔接、举一反三。

6.“六个环节”：排查、建档、整治、销号、回头看、建章立制。

7.“三率”：及时受理率、按期办结率、参评满意率。

8.“八大提升行动”：法治政府建设示范创建提升行动、政府立法质量提升行动、法治化营商环境提升行动、合法性审查能力提升行动、行政执法能力提升行动、行政争议化解质效提升行动、乡镇（街道）法治政府建设提升行动、行政机关工作人员法治素养提升行动。

9.“十定”：定方向、定指标、定标准、定责任、定时限、定措施、定方法、定机制、定协调、定合力。

10.“三个推进机制”：专班专抓、压茬推进、闭合管理。

11.“三个责任理念”：开会+不落实=零、布置工作+不检查=零、抓住不落实的事+追究不落实的人=落实。

12.“三个统筹”：统筹扩大内需和深化供给侧结构性改革，统筹新型城镇化和乡村全面振兴，统筹高质量发展和高水平安全。

13.“五个一”：一个项目、一位领导、一套专班、一个方案、一抓到底。

14.“十大体系”：产业高质量发展政策体系、“园区+基地”体系、经营管理主体体系、“人才+技术+服务”体系、全产业链体系、现代产业体系、“品牌+市场销售”体系、利益联结体系、多元化投入体系、一二三产融合体系。

15.“2+2+2+2”：第一个“2”是麦垛山现代化奶牛养殖示范园区 + 农副产品“1+X”加工园区；第二个“2”是牛奶全产业链现代产业体系 + 朝天椒、小茴香全产业链现代产业体系；第三个“2”是沙坡鸣钟田园综合体 + 黄河生态田园综合体；第四个“2”是“一块田”改革 + 农村闲置房地改革。

16.“四大工程”：创新力量厚植工程、创新主体培育工程、创新协同联动工程、创新生态涵养工程。

17.“五育并举”：德育、智育、体育、美育和劳动教育五个方面的全面发展。

18.“四治融合”：自治、法治、德治、智治“四治”融合的乡村治理体系。

19.“九大战”：绿色转型整体战、污染防治攻坚战、防沙治沙阵地战、保护修复系统战、稳妥降碳持久战、体制创新突破战、生态安全守护战、环境保护人民战、基础支撑协同战。

20.“两高一低”项目：高能耗、高污染、低水平项目。

21.“一台账三清单”：提高安全生产工作水平工作台账，年度任务、配套措施、责任分工三个清单。

政协中卫市沙坡头区第二届委员会常务委员会工作报告

——在政协中卫市沙坡头区第二届委员会第三次全体会议上

沙坡头区政协主席　冯玉森

（2023年12月20日）

各位委员：

我代表政协中卫市沙坡头区第二届委员会常务委员会向大会报告工作，请各位委员审议，并请与会领导和列席同志提出意见。

2023年工作回顾

2023年是奋进新征程、贯彻党的二十大精神的开局年，是大疫之后经济恢复发展的关键年，也是推进现代化美丽新沙坡头区建设的第一年。在区委的坚强领导下，沙坡头区政协常委会坚持以习近平新时代中国特色社会主义思想为指导，深入贯彻落实中央政协工作会议和习近平总书记视察宁夏重要讲话指示批示精神，坚持党的领导、统一战线、协商民主有机结合，在服务大局中找准坐标，在推动发展中主动作为，以良好精神面貌、饱满履职热情、务实工作作风，全力以赴在“抓产业办实事强治理转作风”的火热实践中履职尽责、贡献力量。

一、聚焦新理论，坚持在学深悟透中感悟思想伟力、凝聚政协之智

一年来，区政协常委会坚持以政治建设为统领，以主题教育为契机，用党的创新理论武装头脑、指导实践，更好担起“落实下去”和“凝聚起来”的政治责任。

高举思想之旗凝心铸魂。把强化理论与凝心铸魂结合起来，把学习贯彻习近平新时代中国特色社会主义思想的深化、内化、转化工作作为重大政治任务，制定开展“四大活动”①工作计划，落实理论学习“第一议题”制度，采取参加主题教育读书班系统学，研学必读书目原原本本学，关注最新理论及时跟进学，参加“沿着总书记足迹　感悟思想伟力”实践活动学用结合研讨学，围绕最新重要论述联系实际专题学，并结合区情实际，开展“树立正确政绩观　践行‘四下基层’②高质量发展中如何作为”等专题大讨论，举办“感恩总书记　奋进新征程”理论大宣讲和“牢记总书记嘱托　铸牢中华民族共同体意识”政协委员“大讲堂”活动，实现理论宣讲辅导学。通过“六学”方式，高举思想之旗，让时代真理深入人心，奋进力量更加凝聚。

高扬信仰之帆奋楫笃行。始终把政治建设摆在首位，把对党忠诚作为最重要的政治品格，团结教育引导各族各界代表人士在政治立场、政治方向、政治原则、政治道路上始终同党中央保持高度一致，切实筑牢信仰之基、把准前行之舵、高扬信仰之帆。把学习宣传贯彻党的二十大精神作为统揽各项工作的总纲，通过政协党组中心组学习、主席会议集体学习、常委会法制讲座、专题学习研讨、专题党课和党支部“三会一课”、主题党日等形式，开展“学习贯彻习近平总书记关于加强和改进人民政协工作的重要思想”宣讲活动，深入学习贯彻中央和各级党委政协工作会议精神。认真贯彻落实自治区政协主席陈雍来沙调研精神，注重深层调研，推进协商计划，切实把履职重点放在党委重大事项的对策研究上，放在改革发展稳定深层次问题破解上，放在人民群众关心关注的热点难点问题解决上，真正把“为群众做了多少好事实事作为检验政绩重要标准”的要求落实到协商工作之中。

高擎规矩之盾担当作为。坚决贯彻各级党代会重大部署，做到政协的一切工作在党的领导下开展，一切重要活动围绕党的中心任务进行，一切重要安排报区委审批后实施。扎实落实自治区党委十三届四次、五次全会精神，印发了“安全生产年”活动方案，倡议委员参与安全生产工作，开展安全生产常态化民主监督，举办消防安全和生态环保政策解读专题讲座，班子成员指导包抓镇村(居)开展安全生产大排查、生态环境大整治、生态修复大推进、文明城市大创建，在为期4个月的安全生产和生态环保大排查、大整治中，共排查整改各类问题隐患900余条，此项工作被自治区政协办公厅通报表扬，呈送的“加强餐饮油烟管理”和“盘活利用闲置校产”民情专报获自治区党委主要领导批示。通过服务中心、落实部署和有效工作，体现了政协在急难险重、关键时刻的担当作为。

二、奋斗新征程，坚持在参准议实中服务中心大局、奉献政协之力

一年来，区政协聚焦新发展理念，助推高质量发展，围绕中心提利民之策、关注民生建惠民之言，在服务中心工作中奉献政协之力。

紧扣区之大局谋篇布局。立足“党政所想、形势所需、群众所盼、政协所能”，紧盯沙坡头区高质量发展规划，从大局着眼、小事着手，围绕促企业发展、强教育医疗、抓民生保障等关注点协商确定了六大协商议题，精准选好课题，精心制定协商活动方案，既对标中央精神，又结合我区实际，走好履职“最先一步”。同时，在“专”出特色、“专”出质量、“专”出水平上下功夫，充分发挥专门协商机构作用，打造符合实际的协商议政载体，构建形成以全委会协商为龙头，以专题议政性常委会、调研协商座谈会、对口协商恳谈会、有事好商量等为常态的协商议政格局，以“解民之所需、政之所困”的情怀，把脉问诊找症结，对症下药开良方，为助推区委和政府各项重大决策的落实搭好协商平台。

紧扣区之要事精准建言。围绕区委二届四次全会作出的重点部署，对标“五大战略”，紧盯“六个一百”，围绕“促进中小企业健康发展”和“加强农村医疗卫生体系建设”召开专题议政性常委会会议，委员们提出破解发展瓶颈、推动民营经济和医疗卫生事业高质量发展的7个方面24条意见建议；围绕“推进环香山地区高效节水农业设施建设 助推产业发展”深入协商，提出加快高效节水灌溉示范工程建设、科学配置水资源、优化种植结构、着力培育后续产业等建议，报送的“对银行不合理规定应予及时规范和纠治的建议”被全国政协采纳，“在中部干旱带推广软体集雨水窖技术的建议”获自治区政协主要领导和自治区政府分管领导批示；围绕“盘活利用农村闲置宅基地和闲置农房”召开调研协商会，就健全机制、搭建平台，强化服务、统筹推进，立足优势、试点先行等提出意见建议；围绕“振兴苹果产业”开展监督性视察，全力促进苹果产业提质增效。通过深入调研和广泛协商，形成了一批富有真知灼见、散发泥土芬芳的调研协商成果。

紧扣民之关切务实监督。坚持把协商民主贯穿于民主监督全过程，邀请区委和政府分管领导通报全区经济发展形势、医疗卫生事业发展情况，搭建知情明政平台，引导委员进一步把握经济走势、增强发展信心，助推民生保障有力、经济回升向好；组织委员依法参加区委和政府组织的调查、检查、听证等活动，依章听取组织、发改、卫健等21个部门工作推进情况通报，依规民主评议区司法局效能及行风建设，帮助查找短板、解决问题、改进工作；走访联系民营企业，组织开展重点项目建设、社会治理成效及“数字宁夏　美丽中国”等季度观摩活动；探索“课题式”民主监督，聚焦衣食住行、文教医旅、“抓办强转”等群众关心关注的要事，以政协提案、社情民意、大会发言等形式及时反映群众诉求，推进成果转化。着力推动提案质量、办理质量、服务质量同向发力，力促50件“民生清单”提案取得办理成效。通过深度调研，“有效解决国道G338线部分路段车辆通行缓慢问题”和“关于调整规模养殖辅助设施用地相关政策的建议”等关乎民生及经济社会发展的意见建议搭上“直通车”，通过自治区“12345”平台转相关厅局办理，跑出了社情民意“加速度”。坚持民心所向、政协所往，坚持说得对、议得准、讲得透，瞄准“小区停车难”“规范流动商贩经营”“加快农村电商发展”等适时发生的热点话题，用好话语权，做到言为民所建、策为政所献、利为民所谋，用心用情推动解决群众牵肠挂肚的事。

三、融入新格局，坚持在广交深结中增进团结民主、释放政协之能

人心是最大的政治，共识是奋进的动力。区政协常委会始终坚持大团结大联合，把加强思想政治引领、广泛凝聚共识作为中心环节，努力在为民办事、促进发展中释放政协之能。

注重为民办事，广联各界群众。坚持把健全委员联系界别群众工作机制列为年度重点，研究制定界别委员工作室和委员会客室工作计划，为发挥界别优势作用、密切联系群众提供载体和制度支撑。一年来，先后建成了民革界别、张翠燕委员等7个委员会客室，赵建军、王朝武、曹慧萍等委员会客室的特色活动深得自治区政协领导的肯定。组织医药卫生界别委员赴帮扶村（社区）开展“义诊送健康”“情暖重阳节”活动，提供诊疗服务150余人次，发动委员为滨河镇瑞丰、阳光、新墩花园社区“老饭桌”和慈爱康复中心、长友敬老院等8家单位捐助米面油菜4.5万元；广泛发动经济界、工商界委员帮助兴仁镇、香山乡和永康镇销售硒砂瓜、辣椒、蔬菜等农产品。深化拓展委员“大讲堂”功能，发挥委员桥梁纽带作用，用群众听得懂的语言、记得住的方式，春风化雨、润物无声地把党的好政策、好声音传遍沙漠水城。做实做细对口协商、有事多商量等“微协商”品牌，引导委员下沉一线、走进村企，围绕群众思想认识的困惑点、利益冲突的交织点、现实矛盾的多发点，与群众面对面畅所欲言，更好地解疑释惑、协调关系，理顺情绪、化解矛盾，推动政协协商与基层协商有效衔接，促进社会更加和谐稳定。

注重文史工作，打造书香政协。深学细研习近平文化思想内涵实质，深究文史工作薄弱根源，拜访看望老专家、老学者和文史收藏者，征集到行业志手稿5卷110万字、地方文史资料70余万字、学校史料10卷30余万字，征集各行各业老照片4万余张。举政协机关全体之力，获区政府50万元经费之资，借“外脑”襄助之智，编撰出版了50万字的《沙坡头区政协志》和15万字的《沙坡头区文史资料》第二辑（文旅专辑），用好文化遗产，辑录历史点滴，让文史资源重焕荣光“活”起来，让历史文化更好传承下去。加强与宁夏电视台的合作，制定了《口述中卫》策划实施方案，以文、物、景为类别，通过3大主题、25集选题，对“老中卫”的人文历史、物产风物、多元文化进行讲述宣介，着力提升沙坡头区知名度和美誉度。倾力打造“书香政协”履职品牌，建成兼具“思想引领、凝聚共识、协商议政、沟通联络、委员履职、读书分享”六大功能的“政协书苑”新阵地，切实强化阵地功能，着力唱响沙坡头区好声音，弘扬克难奋进正能量，汇聚团结拼搏大合力。

注重内引外联，全力招商引资。坚持以商招商、出门招商、请商来访等方式，积极主动牵线搭桥助力招商引资，先后到山东、河南、内蒙古等地开展招商活动，邀请西安西电集团、北京山海文旅、内蒙古古道农业公司、浙江正泰数字能源、宁夏红山河食品公司、佛山微宿科技有限公司等企业来沙考察，并召开古村落开发与保护、农业特色产品种植与加工、新能源项目投资座谈会，力促3.5亿元分散式风力发电项目、农村屋顶光伏项目、太空舱制造项目落地我区。一年来，累计开展招商引资活动17次，收集招商信息线索30余条，为下步大力开展招商引资活动奠定了基础。

四、担当新使命，坚持在固本培元中提振干事劲头、彰显政协之为

区政协全面贯彻新时代党的建设总要求，着力强基固本，加强委员管理，锻造过硬队伍，引导委员和机关干部自觉增强纪律意识、规矩意识，彰显政协机关新风貌、委员队伍新风采。

深入调查研究。把“四下基层”作为破茧成蝶、打通服务群众“最后一公里”的突破口，依托11个三级委员联络站，认真落实委员下访制度，围绕“六大提升行动”、压砂地生态修复、农文旅融合发展、信访矛盾纠纷等难题，深入村队社区、田间地头、企业车间，访农家、听民声，手握真情、脚沾泥土，开展联动调研、蹲点调研，直插现场“解剖麻雀”，把情况摸细、把问题找准、把建议提实，做到调查不深不协商、研究不透不议政。一年来，班子成员共下基层175次、蹲点调研12天，帮助解决问题42个，为民办实事好事18件。先后组织各类调研、视察18次，观摩4次，通过有效协商，既摸清综合情况又挖掘典型案例，在深度协商互动、意见充分表达中把好建言的政治关、质量关，以小切口反映大民生，做到解决一个问题、总结一类规律、助力一个领域，真正为党政决策提供务实可行的参考，提升了政协协商服务基层社会治理的效能。

聚力能力建设。发扬政协读书学习的优良传统，把提高思想理论素养作为“两支队伍”建设的主要抓手，举办为期21天的“乡村振兴与产业发展”和“传承红色精神　助力乡村振兴”专题培训班，开展“抓产业　办实事　强治理　转作风”和“推进生态文明　建设美丽沙坡头区”等4期主题读书分享活动，持之以恒做好常委会前“讲法”、一线履职中“普法”和委员线上每日“学法”、每月“考法”活动，目前连续推送委员学法卡片640期2150条、比赛竞答1660人次。组织委员和机关干部赴廉政教育基地和黄湾村党员教育课堂开展“沿着总书记足迹　感悟思想伟力”活动，持续加强理论武装，提高委员们在政治上全局上审视、思考、分析问题的素养和能力。坚持激励约束并重、服务管理并行，修订委员履职赋分考核办法(试行)，向委员及其所在单位通报履职情况3次，并将委员全部编入专委会，增强委员的组织归属感和履职责任感。压实委员投身“四个第一线”③实践要求，让委员们沉到基层深入开展协商议事、政策宣讲、读书学习、服务界别群众等活动，把政协委员的专业能力融入履职实践，着力提高“四种能力”④，努力做到建言资政更有用、凝聚共识更有效、增进团结更有力。

打造模范机关。加强专委会与党政职能部门、党派团体、界别群众的联系交流，充分发挥专委会在重点课题调研、重点提案督办、社情民意收集、界别委员联系中的基础性作用，推动专委会工作专出特色、专出成效。坚持以“书香政协　健康机关”为抓手，认真落实“年要点”“季考核”“月记事”和“周计划”工作要求，优化调整机关内设机构工作职责，修订《沙坡头区政协常委会工作规则》等制度，强化时间节点逐项落实。扎实开展“以学促行”铸魂行动、“服务大局”扬帆行动、“履职为民”纾困行动、“强基固本”夯基行动，着力打造学习型、协商型、服务型、创新型模范机关，推动工作提标、服务提质、干部提能、运转提效，以高水平机关建设服务保障委员高质量履职。

全面从严治党。坚决扛起管党治党政治责任，落实全国政协党的建设工作座谈会精神，突出抓好党组成员这个“关键少数”，班子成员带头讲党课，领衔开展课题调研，认真落实“两立两入”⑤“一负责双联系”⑥等工作制度，把理论学习、调查研究、推动发展、检视整改、建章立制贯通起来，通过主题教育推动思想大解放、能力大提升、作风大转变、工作大落实。着力打造“党建引领促履职”机关党建品牌；按时召开党的建设、党风廉政建设和意识形态工作会议，研究推进机关党组、机关党支部、功能型党支部建设，构建上下贯通、执行有力的组织体系，实现党的组织对党员委员的全覆盖、党的工作对政协工作的全覆盖。严格落实中央八项规定及其实施细则精神，配合做好巡视工作，大力开展纠治形式主义官僚主义专项整治活动，持续巩固和深化作风建设成果，推动严的基调、严的措施、严的氛围在政协牢固树立起来、长期坚持下去。

各位委员，一年来，一项项深入细致的调查研究，一场场别开生面的协商议政，一条条科学精准的协商建言，展现出广大委员围绕中心、服务大局的政治担当，也展示了推进全过程人民民主的生动写照。这些成绩的取得，是区委坚强有力领导和重视关怀的结果，是区人大、区政府及区直各部门鼎力支持的结果，是政协各参加单位和全体政协委员共同奋斗的结果。在此，我代表区政协常委会，向关心、支持政协工作的各级党政组织和社会各界人士，向政协各参加单位和广大政协委员表示衷心的感谢和崇高的敬意！

在肯定成绩的同时，我们也清醒地认识到，政协工作与中国式现代化建设的要求相比，与区委和政府工作部署相比，与社会各界群众的殷切期盼相比，还存在诸多不足和薄弱环节，主要表现为：建言资政的质量仍需提高，凝聚共识的举措有待强化，政协工作信息化水平特别是网络议政工作还有待深化，政协协商与基层协商有效衔接的渠道还需拓展，委员的履职主体作用还有待加强，等等。这些问题，必须高度重视，在今后的工作中不断强化措施，切实加以改进解决。

2024 年工作思路

2024 年是全面落实"十四五"规划的攻坚之年，也是沙坡头区承前启后、抢抓机遇、迎难而上、奋力发展的关键之年。在新的一年里，沙坡头区政协工作总的目标是：高举中国特色社会主义伟大旗帜，以习近平新时代中国特色社会主义思想为指导，深入学习贯彻党的二十大和中央经济工作会议精神，认真贯彻落实习近平总书记视察宁夏重要讲话指示批示精神，持续深入贯彻党中央和各级党委政协工作会议精神，紧扣中共沙坡头区委二届七次全会确定的年度目标任务，以政治协商聚共识，以民主监督促落实，以参政议政助发展，坚持建言资政与凝聚共识双向发力，深入践行全过程人民民主，为全面推进中国式现代化的美丽新沙坡头区实践贡献智慧、集聚合力。

一、坚持以学习贯彻党的二十大精神为重任，凝聚向心力画好同心圆

锚定党的二十大对人民政协工作的战略部署，按照中央经济工作会议提出的"坚持不懈抓好'三农'工作""深入推进生态文明建设"和"切实保障和改善民生"等工作要求，广泛协商议政，以改革创新精神推进党委要求落地落实，不断开创政协工作新局面。要深学笃行强信念。坚决贯彻习近平总书记"五个牢牢把握"和"全面学习、全面把握、全面落实"的重要讲话指示精神，用好用活政协丰富的学习制度，拓展办好"政协大讲堂""主席讲堂""委员讲堂""党员讲堂"，通过多种形式，引导政协各参加单位和政协委员持续学深悟透党的二十大精神的丰富内涵，活学活用好党的创新理论，不断提升政治判断力、政治领悟力、政治执行力，以实际行动当好"两个确立"的坚定捍卫者、忠实践行者，更加准确把握党的二十大对人民政协工作的部署要求，始终做到在思想上政治上行动上与以习近平同志为核心的党中央保持高度一致。要勠力同心强合力。把加强党的全面领导、全面落实区委各项决策部署作为根本准则，建好凝聚共识工作链条，引导委员"走下去""融进去"，通过各种协商民主形式，把区委决策转化为社会各界的共同意志，聚力"抓办强转"专项行动，聚焦建设黄河流域生态保护和高质量发展先行区、乡村振兴、安全生产和"四下基层"等党委重视、政府发力、群众关注的问题，减阻力、添动力、增活力，齐众心、汇众力、聚众智，勠力同心共促发展。要用好人脉强招商。突出政协平台优势，深挖政协委员亲缘、商缘、乡缘、学缘等人脉资源，充分运用好"人脉网络"，对外紧盯西安、浙江、内蒙古等重点招商地，通过亲缘招商、委员招商、以商招商，倾力招商引资，吸引更多客商来沙投资兴业；对内紧盯银川、吴忠等地，引老乡、回故乡、建家乡，引导更多的客商"进军"沙漠核心区，丰富、做足"沙漠特色奇观线"，争取更多项目早日落地。同时，切实加强项目落地要素保障，推动解决集体建设用地入市问题，并利用冬闲季节，扎实做好项目前期各项准备工作，力促招商项目由"线描"转为"着墨"，力推项目早日"着陆"，助力沙坡头区乡村振兴和经济社会高质量发展。

二、坚持以服务经济社会高质量发展为目标，用好话语权发出好声音

充分发挥人民政协的政治、组织、智力优势，围绕推进中国式现代化沙坡头区新实践的各项目标任务，主动担当作为，认真履职尽责。聚焦大事提升建言精准度。对标高质量发展指标体系，立足区委和政府中心工作，围绕"粮食安全战略实施情况""工业企业安全生产与发展""奶产业全链条发展""盐碱地改造改良""历史遗留矿山生态修复治理”等大事要事，精心组织各类调研视察协商活动，努力为区委和政府科学决策建真言、谋良策、出实招。立足难事搭建协商新平台。积极探索新形势下政协协商与基层协商互融共促，推进协商民主广泛多层制度化发展，打造集党委政府“好帮手”、人民群众“连心桥”、委员履职“新平台”为一体，具有鲜明辨识度和广泛影响力的委员履职新载体，通过构建“能协商”机制，突出“应协商”标准，体现“广商量”特色，落实“会商量”要求，延伸履职工作链条，取得良好协商成效。关注要事增强监督实效性。围绕影响高质量发展的重点领域改革、重大工作推进及重点职能部门，有计划开展民主监督活动，拓展民主评议监督、专项工作监督、政策落实监督和“课题式”监督等形式，完善组织领导、要素保障、知情反馈、沟通协调等机制，以高质量民主监督为高质量发展加油鼓劲。紧盯实事提高协商含金量。瞄准科技特派员服务“三农”、辣椒初加工车间建设、“一老一小”饭桌运行、农村“煤改电”清洁取暖项目实施等社会发展中的热点难点，以及基层反映较多的空白点、薄弱点，发挥“有事好商量”协商议事平台作用，开展多层次、广角度的协商议事活动，凝聚各方智慧，找准制约因素，寻求破解良方，切实发挥好反映诉求、汇聚民智、凝聚共识的桥梁纽带作用。

三、坚持以助力人民对美好生活追求为宗旨，架好连心桥弘扬正能量

坚持以铸牢中华民族共同体意识为主线，深化“人民政协为人民”理念，牢固树立为民宗旨，维护群众利益，增进民生福祉。要真情助推民生改善。树牢“协商于民、协商为民”理念，围绕群众普遍关心的社会保障、教育医疗、食品安全、生态环保等重大民生问题，充分用好委员会客室和界别委员工作室，组织实施“乡村振兴　委员行动”实践活动，引导委员扛着职责使命、带着真心诚意，深入群众听实话、涉足基层察实情，在助推乡村产业振兴、人才振兴、文化振兴、生态振兴和组织振兴等方面，更多更好地为群众办实事、做好事、解难事。要真诚反映群众关切。不断提升提案、社情民意信息提办质效，落实好区委、政府、政协主要领导领衔督办、跟踪督办重点提案、重要提案协同联办、提案办理效果集中宣传等工作机制；探索建立政协委员入驻综治中心工作机制，主动了解社情民意，积极参与化解矛盾纠纷；打造政协微信公众号“微协商”平台，鼓励委员“随手拍”反映社情民意，及时反映不同界别、不同群体的意见和诉求，更好维护群众利益，让民生“微诉求”提得上来、办得下去，更好协助党委和政府做好协调关系、理顺情绪、化解矛盾的工作。要真心关爱困难群体。“心系万家灯火，情牵柴米油盐”，加强三级委员联络站工作，广泛动员政协委员和社会各界力量，多谋民生之利，多解民生之忧，多做扶危济困、捐资助学、养老敬老、关爱幼童等慈善工作，努力推动由能解决“一件事”向办好“一类事”的延伸；紧盯“岗位、学位、车位”等群众急难愁盼问题，引导委员发挥专长优势，踊跃开展送医送教、法律援助、非遗下乡、文明城市创建等志愿服务活动，让人民群众真切感受到党和政府的关爱，感受到社会的温暖。

四、坚持以强基铸魂固本壮体为根本，释放新动能增添新活力

加强自身建设是政协事业蓬勃发展的基础。要持之以恒强责任。坚持思想政治引领，优化委员履职考核，完善委员履职评价及激励机制，引导委员当好“责任委员”、交好“履职作业”。突出抓好常委队伍建设，探索推行常委履职述职制度，打造引领政协履职的“领头雁”。要坚持不懈强效能。

探索“智慧政协”建设，搭建“互联网+”网络议政机制，引导委员用好网上建言空间，不断提高全媒体时代政协工作的传播力、感染力和影响力。深化“书香政协”建设和委员读书活动，引导委员切实把读书成果转化为建言资政的“金点子”；坚守魂脉根脉，不遗余力做好政协文史资料工作和信息工作，辑录出版《沙坡头区文史资料》第三辑，指导相关部门企业完成行业志编撰；尝试搭建线上“委员会客室”，组织委员聚焦高质量发展主题和民生热点，轮值线上与网友互动交流，征集网上社情民意，助力引导预期、增进团结工作，巩固壮大思想舆论主流。要狠抓党建强引领。发挥政协党组把方向、管大局、保落实作用，落实以政协党组中心组学习为引领的学习制度体系，大力开展“走在前、做示范”和“学思想、重履职、勤协商、惠民生”实践活动，全面推进区政协机关党建工作，切实加强党风廉政建设和意识形态工作，推动功能型党支部开展具有政协特色的拓展型组织生活。落实党组成员联系界别、党员委员联系党外委员等制度机制。做深做实机关党建工作，探索建立“政协党组+机关党组+机关党支部+功能型党支部”四位一体组织体系，推动“两个全覆盖”从有形覆盖向有效覆盖转变，切实增强机关干部服务意识、服务能力，努力营造担当作为、干事创业的浓厚氛围。

各位委员，守正创新者进，团结奋斗者强。让我们更加紧密地团结在以习近平同志为核心的党中央周围，在沙坡头区委的坚强领导下，用汗水浇灌梦想，以实干笃定前行，以更加饱满的状态、更加务实的作风、更加有力的举措、更加有效的工作，积极发挥政协的优势作用，努力交出不负时代、不负人民的新答卷，为奋力谱写中国式现代化美丽新沙坡头区篇章作出新的更大贡献。

名词解释

①“四大活动”：开展习近平总书记视察宁夏重要讲话指示批示精神“大学习、大讨论、大宣传、大实践”活动。

②“四下基层”：指“宣传党的路线、方针、政策下基层，调查研究下基层，信访接待下基层，现场办公下基层”。

③“四个第一线”：凝心聚力第一线、决策咨询第一线、协商民主第一线、国家治理第一线。

④“四种能力”：政治把握能力、调查研究能力、联系群众能力、合作共事能力。

⑤“两立两入”：成立界别委员小组，建立委员联系制度，将委员纳入专委会，将党员委员纳入功能型党支部。

⑥“一负责双联系”：以“党组成员+党员委员+功能型党支部”为纽带，每名党组成员负责1个功能型党支部，功能型党支部联系党员委员，每名党员委员联系若干名党外委员。

中卫市沙坡头区2023年国民经济和社会发展统计公报

中卫市沙坡头区统计局

2023年是全面贯彻落实党的二十大精神的开局之年，是三年新冠疫情防控转段后经济恢复发展的一年。面对复杂严峻的外部环境和艰巨繁重的改革发展稳定任务，沙坡头区坚持以习近平新时代中国特色社会主义思想为指导，全面贯彻落实习近平总书记视察宁夏重要讲话精神，坚持稳中求进工作总基调，完整准确全面贯彻新发展理念，加快构建新发展格局，精准发力，克难攻坚，全力推动经济承压恢复持续回升，经济运行呈现出“低开稳走、逐步向好”态势，展现了较强的经济韧性和恢复能力，高质量发展态势持续巩固，全面建设社会主义现代化美丽新沙坡头区迈上新台阶。

一、综　合

根据地区生产总值统一核算结果，2023年沙坡头区实现地区生产总值254.22亿元，按不变价格计算，比上年增长4.0%。其中，第一产业增加值36.39亿元，增长6.4%；第二产业增加值114.35亿元，增长2.8%；第三产业增加值103.48亿元，增长4.2%。三次产业结构占比调整为14.3:45.0:40.7。按常住人口计算，人均地区生产总值63153元，比上年增长4.0%。

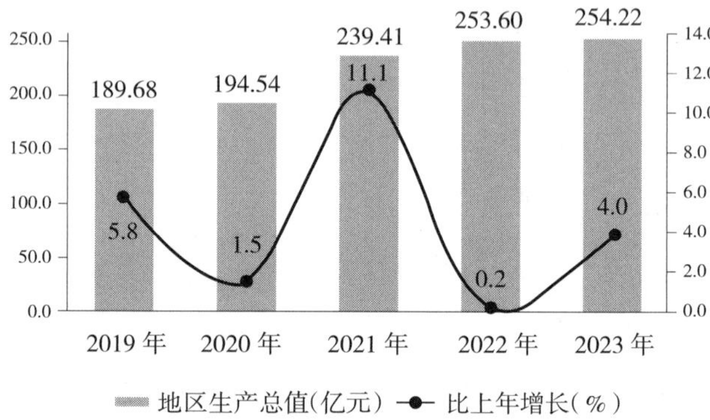

图1　2019—2023年沙坡头区地区生产总值及增速

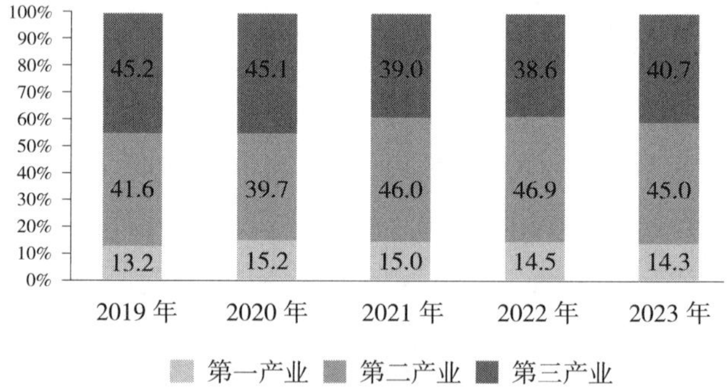

图2　2019—2023年沙坡头区三次产业增加值占地区生产总值比重

年末沙坡头区常住人口40.21万人，其中，城镇常住人口25.90万人，乡村常住人口14.31万人，常住人口城镇化率为64.41%。全年出生人口0.40万人，人口出生率为9.94‰；死亡人口0.29万人，人口死亡率为7.20‰；自然增长人口0.11万人，自然增长率为 2.74‰。

表 1 2023 年年末沙坡头区常住人口数及构成

指标	年末数 / 万人	比重 /%
常住人口	40.21	100.00
其中：城镇	25.90	64.41
农村	14.31	35.59
其中：回族	2.79	6.94
其中：男性	20.91	52.00
女性	19.30	48.00

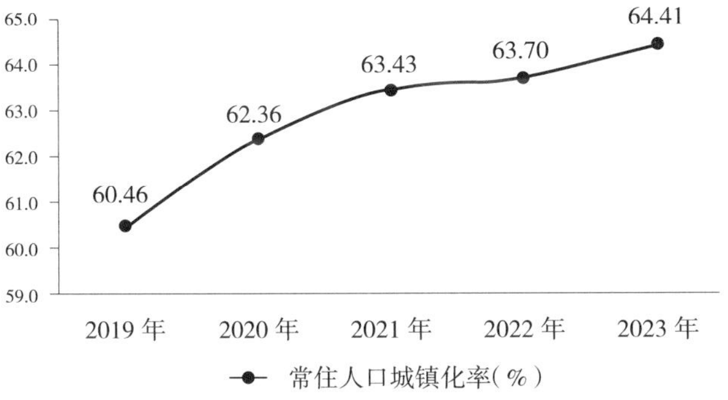

图 3 2019—2023 年年末沙坡头区常住人口城镇化率

表 2 2023 年年末沙坡头区户籍人口数及构成

指标	年末数 / 万人	比重 /%
户籍总人口	41.67	100.00
其中：城镇	18.53	44.47
农村	23.14	55.53
其中：男性	21.31	51.14
女性	20.36	48.86
其中：0—17 岁	8.06	19.33
18—34 岁	10.11	24.27
35—59 岁	16.48	39.55
60 岁以上	7.02	16.84

据公安年报，年末沙坡头区户籍总户数 15.08 万户，户籍总人口 41.67 万人，其中城镇人口 18.53 万人，户籍人口城镇化率 44.47%。

全年沙坡头区新增城镇就业 5813 人，城镇失业再就业人员 2052 人，困难人员实现再就业 241 人。农村劳动力转移就业 6.50 万人，比上年增加 2375 人。

全年沙坡头区居民消费价格比上年上涨 0.6%。服务项目价格比上年上涨 1.1%。

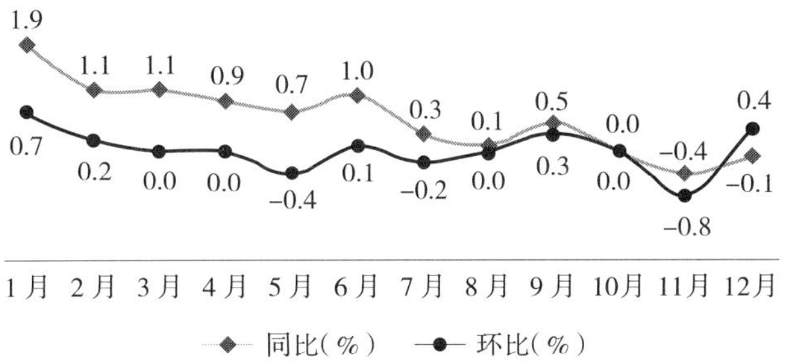

图 4 2023 年沙坡头区居民消费价格环比、同比涨跌图

表 3 2023 年沙坡头区居民消费价格比上年涨跌幅度

指标	上年价格 =100
居民消费价格总指数	100.6
其中：服务项目价格指数	101.1
# 食品烟酒	100.9
衣着	100.7
居住	99.9
生活用品及服务	99.8
交通和通信	98.5
教育文化和娱乐	102.2
医疗保健	101.1
其他用品和服务	105.0

新兴动能茁壮成长。2023 年沙坡头区信息传输、软件和信息技术服务业增加值增长 18.6%，拉动地区生产总值增长 0.5 个百分点。新能源汽车零售额占限上汽车零售额比重达 25.2%，是上年同期零售额的 48.1 倍。全年新登记市场主体 5782 户，日均新登记企业 16 户。年末在业市场主体总数达 36215 户，增长 0.3%，其中个体工商户 25817 户，增长 2.2%。

城乡区域协调发展稳步推进。年末沙坡头区常住人口城镇化率为 64.41%，比上年末提高 0.71

个百分点；城乡居民人均可支配收入比为2.10，比上年缩小0.01个百分点。

二、农 业

全年沙坡头区实现农林牧渔业总产值73.77亿元，比上年增长6.6%（按可比价计算）。其中，农业产值42.52亿元，增长2%；林业产值0.24亿元，下降41%；牧业产值26.46亿元，增长17.2%；渔业产值2.63亿元，增长19.8%；农林牧渔服务业产值1.91亿元，增长6.9%。

全年粮食种植面积27.58万亩，比上年下降0.3%；总产量15.79万吨，比上年增长1.3%。其中秋粮种植面积25.57万亩，增长4.6%；产量15.30万吨，增长2.0%；夏粮种植面积2.01万亩，下降37.2%；产量0.48万吨，下降15.8%。分品种看，水稻种植面积1.50万亩，下降25.7%；产量0.92万吨，下降25.7%；小麦种植面积2.01万亩，下降37.2%；产量0.48万吨，下降15.8%；玉米种植面积22.10万亩，增长3.8%；产量14.14万吨，增长3.8%。

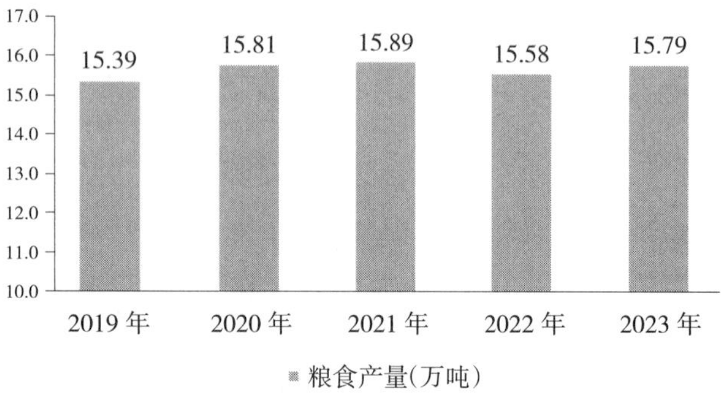

图5 2019—2023年沙坡头区粮食产量

全年蔬菜种植面积13.9万亩，增长11.7%；产量27.7万吨，增长19.3%。枸杞种植面积8.7万亩，下降2.5%；产量1.8万吨，增长4.8%。瓜果种植面积30.9万亩，下降2.1%；产量87.7万吨，增长1%，其中，西瓜种植面积30.6万亩，下降0.7%；产量86.9吨，增长2.4%。

全年肉类总产量3.86万吨，比上年增长7.3%。其中，牛肉产量0.46万吨，增长28.5%；羊肉产量0.44万吨，增长35%；猪肉产量2.53万吨，下降1.7%；禽肉产量0.42万吨，增长27.5%。禽蛋产量3.24万吨，增长6.1%。牛奶产量34.28万吨，增长30.9%。

年末生猪、牛、羊存栏25.2万头、11.26万头和27.04万只，比上年分别增长7%、8.9%和0.5%；家禽存栏323.15万只，比上年下降8.6%。全年，牛、羊、家禽出栏2.77万头、24.97万只和201.38万只，比上年分别增长28%、27.7%和增长25.8%；生猪出栏30万头，比上年下降2.8%。全年牛奶产量34.28万吨，增长30.9%；蛋产量3.24万吨，增长6.1%。

表4 2023年沙坡头区主要农林牧渔业产品产量及其增长速度

指标	产量/万吨	比上年增长/%
粮食	15.79	1.3
小麦	0.48	–15.8
水稻	0.92	–25.7
玉米	14.14	3.8
油料	0.23	3.3
蔬菜	27.72	19.2
瓜果	87.67	1.0
枸杞	1.78	4.8
肉类总产量	3.86	7.3
其中：猪、牛、羊肉产量	3.44	5.3
禽蛋	3.24	6.1
牛奶	34.28	30.9
水产品	1.78	3.5

三、工业和建筑业

全年沙坡头区全部工业增加值98.54亿元，比上年增长3.8%，占地区生产总值比重为38.8%。规模以上工业增加值比上年增长5.2%。

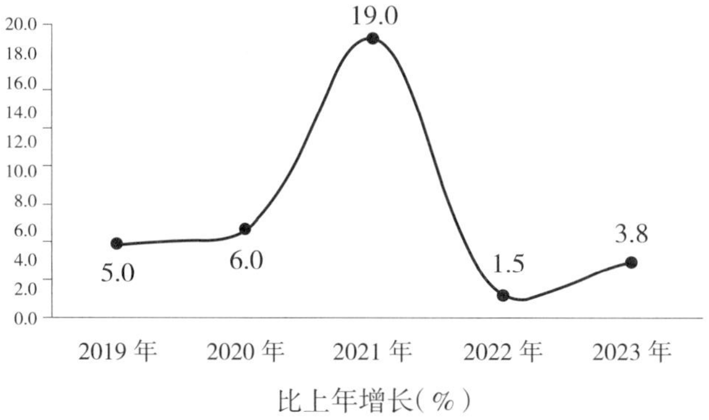

图 6　2019—2023 年沙坡头区工业增加值及其增长速度

规模以上工业中，分轻重工业看，重工业增加值比上年增长 5.5%，占规上工业增加值的比重为 94.6%；轻工业增加值比上年下降 0.5%，占规上工业增加值的比重为 5.4%。分经济类型看，国有控股企业增加值比上年增长 5.9%，股份制企业增长 5.4%，外商及港澳台商投资企业下降 14.2%，私有企业增长 9.3%。分门类看，制造业增加值比上年增长 5.9%，电力、热力、燃气及水的生产和供应业增长 9.1%，采矿业下降 10.6%。

规模以上工业中，分行业看，化学原料和化学制品制造业比上年增长 12.7%，电力、热力生产和供应业增长 11.8%，计算机、通信和其他电子设备制造业增长 25.0%，非金属矿物制品业增长 14.3%，农副食品加工业增长 13.9%，黑色金属冶炼和压延加工业增长 1.0%。

表 5　2023 年沙坡头区主要工业产品产量及增长速度

主要产品名称	单位	产量	比上年增长 / %
饲料	万吨	6.4	24.2
碳化钙（电石）	万吨	19.3	7.9
单晶硅	万千克	1359.7	62.0
商品混凝土	万立方米	76.6	−13.3
钢材	万吨	157.4	−3.9
铁合金	万吨	101.4	18.0

全年 112 户规模以上工业企业实现营业收入 399.7 亿元，比上年下降 12.5%；实现利润总额 4.7 亿元，比上年下降 63.5%。规上工业企业每百元营业收入中的成本为 90.96 元，比上年增加 1.23 元；每百元资产实现的营业收入为 108 元，比上年下降 22.8%。

年末沙坡头区发电装机容量 569.29 万千瓦，增长 9.1%。其中，火电装机容量 91.10 万千瓦，增长 4.6%；水电装机容量 12.03 万千瓦，与上年持平；并网风电装机容量 148.63 万千瓦，下降 6.9%；并网太阳能发电装机容量 371.53 万千瓦，增长 20.6%。

全年沙坡头区建筑业实现增加值 15.83 亿元，比上年下降 2.0%。具有资质等级的总承包和专业承包建筑业企业完成建筑业总产值 22.45 亿元，比上年下降 3.8%。

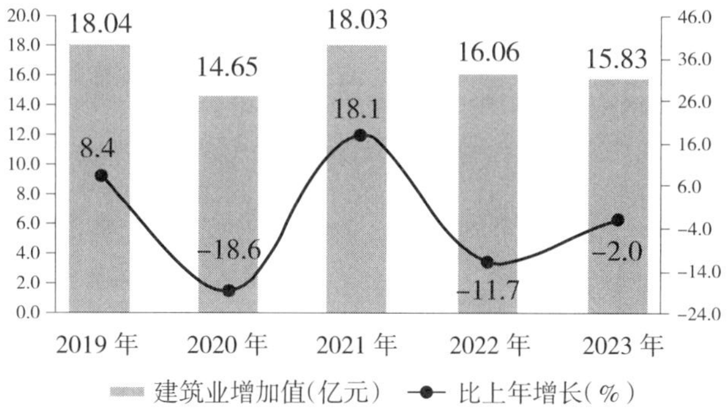

图 7　2019—2023 年沙坡头区建筑业增加值及其增长速度

四、服务业

全年沙坡头区服务业实现增加值 103.48 亿元，比上年增长 4.2%，占地区生产总值比重为 40.7%。其中，批发和零售业实现增加值 10.99 亿元，增长 4.3%；交通运输、仓储和邮政业实现增加值 11.39 亿元，增长 11.6%；住宿和餐饮业实现增加值 3.97 亿元，增长 11.1%；金融业实现增加值 13.79 亿元，增长 5.5%；房地产业实现增加值 10.27 亿元，增长 4.8%；营利性服务业实现增加值 16.54 亿元，增长 8.6%；非营利性服务业实现增加值 35.29 亿元，下降 1.0%。全年规模以上服务业企业实现营业收入 60.76 亿元，比上年增长 8.1%。

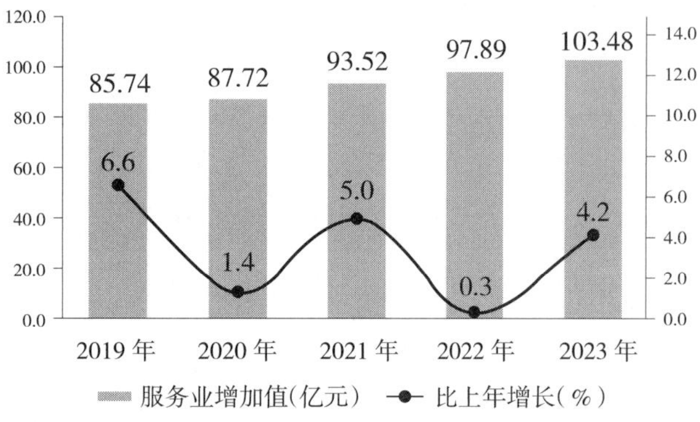

图 8　2019—2023 年沙坡头区服务业增加值及其增长速度

五、贸　易

全年沙坡头区社会消费品零售总额 60.53 亿元，比上年增长 2.9%。从地域看，城镇实现消费品零售额 51.59 亿元，占比 85.2%，同比增长 3.4%；乡村实现消费品零售额 8.94 亿元，占比 14.8%，同比增长 0.1%。从四大行业看，批发业实现零售额 16.61 亿元，下降 2.1%；零售业实现零售额 34.19 亿元，增长 3.3%；住宿业实现零售额 0.44 亿元，增长 14.3%；餐饮业实现零售额 9.28 亿元，增长 11.2%。分规模看，限上实现消费品零售额 18.57 亿元，占比 30.7%，增长 12%。限下实现消费品零售额 41.95 亿元，占比 69.3%，下降 0.6%。

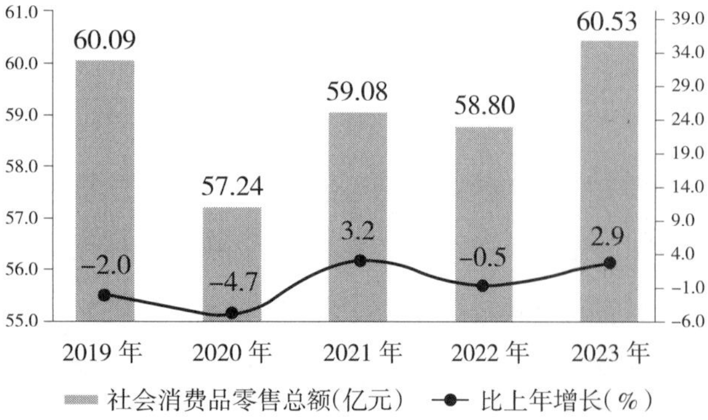

图 9　2019—2023 年沙坡头区社会消费品零售总额及其增速

六、固定资产投资

全年沙坡头区固定资产投资（不含农户）比上年下降 13.9%。其中县属固定资产投资下降 17.8%。分投资主体看，国有投资下降 10.7%，民间投资下降 17.0%。

在县属固定资产投资中，第一产业投资下降 79.4%，其中畜牧业投资下降 87.1%。第二产业投资下降 25%，随着光伏、风电市场的逐步饱和，依靠新能源投资带动增长的优势已弱化。第三产业投资增长 3.9%，拉动县属投资增长 1.3 个百分点。三次产业投资占比为 1.1∶57.3∶41.6。

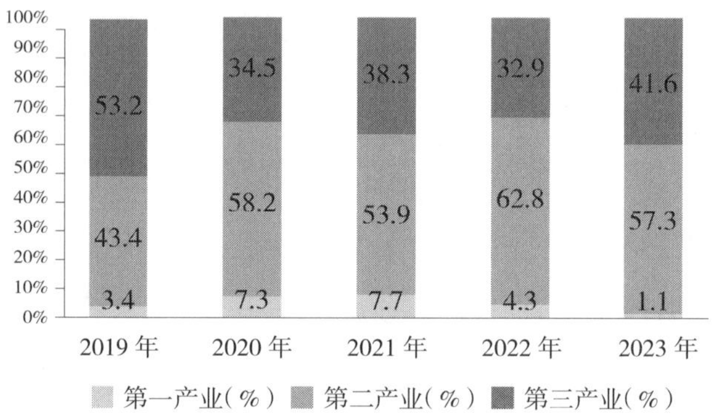

图 10　2019—2023 年县属固定资产投资（不含农户）三次产业比重

表 6　2023 年沙坡头区分行业县属固定资产投资（不含农户）增长速度

行业	比上年增长 / %
总计	−17.8
农、林、牧、渔业	−64.2
采矿业	−
制造业	−43.4
电力、热力、燃气及水生产和供应业	−17.9
建筑业	−100.0
批发和零售业	−67.9
交通运输、仓储和邮政业	0.8
住宿和餐饮业	279.1
信息传输、软件和信息技术服务业	27.5
金融业	−

续表

行业	比上年增长 / %
房地产业	-7.2
租赁和商务服务业	-22.5
科学研究和技术服务业	-62.4
水利、环境和公共设施管理业	-10.1
居民服务、修理和其他服务业	-
教育	-1.6
卫生和社会工作	214.2
文化、体育和娱乐业	39.1
公共管理、社会保障和社会组织	38.8

全年房地产开发投资17.35亿元，比上年下降7.2%。房屋施工面积196.40万平方米，增长1.8%；房屋竣工面积55.96万平方米，增长182.8%；商品房销售面积33.03万平方米，增长13.7%；全年商品房销售额19.34亿元，增长15.0%；商品房待售面积39.12万平方米，下降11.8%。

表7　2023年沙坡头区房地产开发和销售主要指标及增长速度

指标	单位	绝对值	比上年增长 / %
投资额	亿元	17.35	-7.2
#住宅	亿元	12.81	-3.6
商业营业用房	亿元	1.04	-44.9
其他	亿元	3.50	-0.5
房屋施工面积	万平方米	196.40	1.8
其中：住宅	万平方米	149.81	4.6
房屋竣工面积	万平方米	55.96	182.8
其中：住宅	万平方米	47.29	200.4
商品房销售面积	万平方米	33.03	13.7
其中：住宅	万平方米	28.22	6.9
商品房销售额	亿元	19.34	15.0
其中：住宅	亿元	16.72	10.1
商品房待售面积	万平方米	39.12	-11.8
其中：住宅	万平方米	16.90	25.0

七、交通和邮电

年末沙坡头区民用汽车保有量11.88万辆，比上年末增长5.0%，其中私人汽车保有量10.31万辆，增长5.9%。全年民用航空航线8条，通航里程2.04万公里，年旅客吞吐量17.54万人次。

全年完成邮政行业业务总量0.73亿元，比上年增长29.2%。完成邮政业务收入0.92亿元，增长34.1%。全年邮政业完成函件业务7.63万件，完成邮政包裹业务0.27万件；快递业务量370.61万件，增长46.5%。

全年沙坡头区电信业务总量5.56亿元，比上年增长14.7%。年末电话用户总数57.41万户，比上年增长3.7%，其中，固定电话用户3.41万户，移动电话用户53.99万户。年末固定互联网宽带接入用户21.50万户，比上年增加1.35万户。

八、财政和金融

全年沙坡头区完成本级一般公共预算收入3.71亿元，比上年增长14.4%。其中税收收入2.66亿元，增长6.0%，占地方一般公共预算收入的71.8%。主体税种中，增值税1.45亿元，增长88.3%；企业所得税0.26亿元，下降36.0%；个人所得税0.10亿元，下降9.7%。全年本级一般公共预算支出35.74亿元，增长9.2%。其中，一般公共服务支出1.75亿元，增长8.6%；教育支出5.68亿元，增长0.1%；社会保障和就业支出4.89亿元，增长

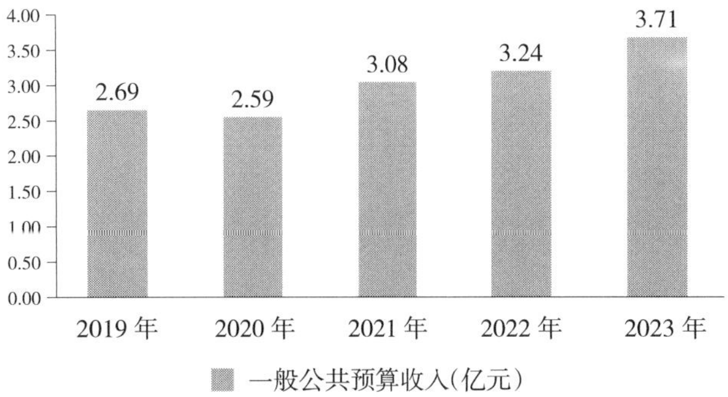

图11　2019—2023年沙坡头区一般公共预算收入

13.3%；卫生健康支出3.02亿元，增长17.4%。全年新增减税降费3.75亿元。其中，新增减税3.02亿元，新增降费0.73亿元。

年末沙坡头区金融机构人民币各项存款余额为418.36亿元，比上年增长5.6%。从存款主体看，住户存款余额291.31亿元，增长11.9%；非金融企业存款余额38.91亿元，下降13%。年末金融机构人民币各项贷款余额295.42亿元，比上年增长19.7%。从贷款主体看，住户贷款余额133.24亿元，增长7.3%；企（事）业单位贷款余额162.18亿元，增长32.3%。

表8　2023年年末沙坡头区金融机构存贷款余额及其增长速度

指标	年末数 / 亿元	增长 / %
人民币各项存款	418.36	5.6
其中：住户存款	291.31	11.9
非金融企业存款	38.91	-13.0
人民币各项贷款	295.42	19.7
其中：住户贷款	133.24	7.3
企（事）业单位贷款	162.18	32.3

九、科学技术和教育

全年共争取上级科技项目97个，比上年增长76.4%；到位资金1.21亿元，比上年增长24.0%。年末沙坡头区共有国家级高新技术企业6家，自治区科技型中小企业10家。全年沙坡头区获得授权专利448件，发明专利有效量327件，每万人有效发明专利拥有量8.11件，比上年增加1.42件。全年共签订技术合同151项，技术合同成交金额0.96亿元，各类科技获奖数3个。

年末沙坡头区有质检中心1家，全年制造业产品合格率93.5%。

沙坡头区各级各类学校122所，教职工5820人，其中专任教师4726人。学前教育毛入园率97.72%，小学学龄人口入学率100%，初中阶段毛入学率100%，高中阶段毛入学率95.27%，小学六年巩固率100%，初中三年巩固率100%。

表9　2023年沙坡头区各级教育招生、在校、毕业生人数

类别	校数 / 所	招生数 / 人	在校学生数 / 人	毕业生数 / 人
普通高等学校	1	556	2105	709
中等职业学校	1	1222	3822	1175
普通高中	3	2999	8995	3127
普通初中	23	4274	12947	4828
普通小学	32	5439	29131	4304
幼儿园	61	4977	14167	5814
特殊教育	1	19	83	30

十、文化旅游、卫生健康和体育

年末沙坡头区共有专业艺术表演团体8个，业余文艺团体80个，文化馆1个，公共图书馆1个，剧场、剧院5个。已建成大型公共文化服务场所7个，村级文化室162个，社区文化室36个。

全年接待旅游人数1289.33万人次，比上年增长67.3%。旅游总收入83.51亿元，比上年增长65.5%。

年末沙坡头区共有体育场馆数14个，体育场地面积111万平方米。全年举办体育运动竞赛17场次，举办大型职工群众运动会2次，培训二级体育指导员173人。

全年沙坡头区共有各级各类医疗卫生机构244个，其中，医院10个，基层医疗卫生机构228个，专业公共卫生机构6个，乡镇卫生院9个。医疗卫生机构实有床位2116张，其中医院实有床位1911张。卫生技术人员共计3295人，其中，执业（助理）医师1103人，注册护士1522人。疾病预防控制中心1个，健康教育所2个，妇幼保健院1个，采供血机构1个，卫生监督所1个。每千人口执业（助理）

医师 2.74 人，每千人口医院床位数 4.75 张。

十一、居民收入消费和社会保障

全年沙坡头区全体居民人均可支配收入 25720 元，比上年增长 6.9%。按常住地分，城镇居民人均可支配收入 37799 元，比上年增长 6.3%，其中，人均工资性收入 29081 元，增长 6.9%，占比 76.9%；人均经营净收入 2564 元，增长 9.1%，占比 6.8%；人均财产净收入 1181 元，增长 0.6%，占比 3.1%；人均转移净收入 4973 元，增长 3.0%，占比 13.2%。农村常住居民人均可支配收入 18003 元，比上年增长 7.0%，其中，人均工资性收入 8621 元，增长 5.8%，占比 47.9%；人均经营净收入 6687 元，增长 9.7%，占比 37.1%；人均财产净收入 253 元，增长 4.4%，占比 1.4%；人均转移净收入 2442 元，增长 4.4%，占比 13.6%。

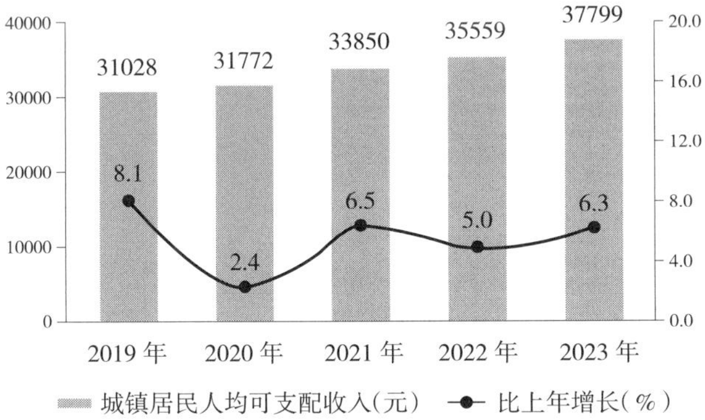

图 12　2019—2023 年沙坡头区城镇常住居民人均可支配收入及增长速度

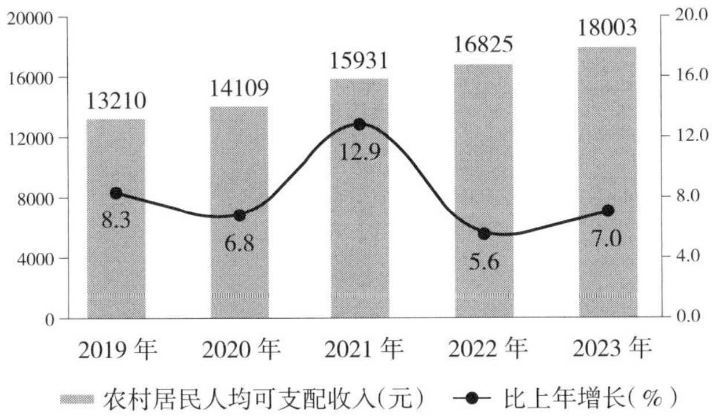

图 13　2019—2023 年沙坡头区农村常住居民人均可支配收入及增长速度

全年沙坡头区全体居民人均消费支出 17522 元，比上年增长 11%。按常住地分，城镇居民人均消费支出 21500 元，增长 11.0%，其中，食品烟酒类消费支出 5892 元，增长 7.0%，占城镇居民人均消费支出比重为 27.4%；农村居民人均消费支出 14981 元，增长 5.6%，其中，食品烟酒类消费支出 4257 元，增长 1.8%，占农村居民人均消费支出比重为 28.4%。

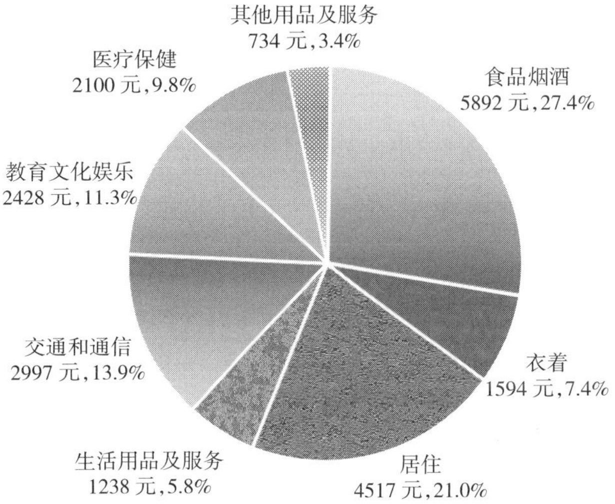

图 14　2023 年沙坡头区城镇居民人均消费支出及其构成

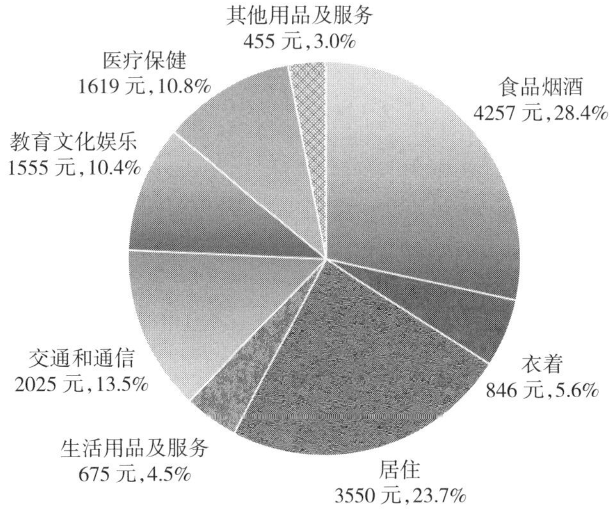

图 15　2023 年沙坡头区农村居民人均消费支出及其构成

年末沙坡头区参加基本养老保险人数17.91万人，比上年增加0.39万人，其中参保职工12.51万人，增加1499人。参加城乡居民养老保险人数15.39万人，增加405人。参加基本医疗保险参保人数38.79万人，减少0.28万人，其中参加职工基本医疗保险人数7.45万人，增加0.19万人；参加城乡居民基本医疗保险人数31.34万人，减少0.47万人。参加工伤保险人数8.80万人，减少658人。参加失业保险职工人数4.62万人，增加1602人。参加生育保险人数5.87万人，增加1037人。

年末沙坡头区共有3671人享受城市最低生活保障，发放保障金2294万元；15608人享受农村最低生活保障，发放保障金6353万元；465人享受农村特困人员救助供养。全年农村特困人员临时救助0.52万人次，全年国家抚恤、补助退役军人和其他优抚对象1562人。

年末沙坡头区共有养老机构14个（关停1家），其中，农村敬老院6个、民办养老机构8个，养老机构共有床位2191张，入住老人372人。城乡建立各种社区服务站198个。

十二、资源、环境和应急管理

全年沙坡头区城市现状建设用地24.88平方公里。其中，居住用地9.26平方公里，工业用地0.8平方公里，公共管理与公共服务用地2.97平方公里，商业服务业设施用地2.93平方公里，物流仓储用地0.22平方公里，道路交通设施用地4.69平方公里，公共设施用地0.29平方公里，绿地与广场用地3.72平方公里。沙坡头区城市道路长度171.98公里。有公园23个，公园面积596公顷，人均公园绿地面积为23.74平方米。年末沙坡头区建成区面积达到30.97平方公里。建成区绿化覆盖率达到44.01%，绿地率为40.09%。

全年沙坡头区空气质量优良天数290天，优良天数比例为79.5%，细微颗粒（PM2.5）平均浓度为28微克/立方米，可吸入颗粒物（PM10）平均浓度为66微克/立方米，环境空气质量综合指数为3.55%。全年沙坡头区降水量130毫米。全年沙坡头区平均气温为10.7℃，平均风速2.3米/秒。

全年规上工业能源消费量比上年增长14.3%，单位工业增加值能耗比上年增长8.7%。

全年沙坡头区发生各类生产安全事故14起，其中，道路交通6起，火灾事故1起，工矿商贸7起。死亡12人，其中，道路交通死亡4人，火灾事故死亡1人，工矿商贸死亡7人。经济损失1336万元。沙坡头区单位地区生产总值生产安全事故死亡率0.0315人/亿元。

注　释：

1. 本公报中数据均为初步统计数。正式数据以《中卫市沙坡头区统计年鉴—2024》为准。部分数据因四舍五入的原因，存在分项与合计不等的情况。

2. 地区生产总值、三次产业及相关行业增加值绝对数按现价计算，增长速度按不变价格计算。

3. ①规模以上工业：年主营业务收入2000万元及以上的工业法人单位。②有资质的建筑业：有总承包、专业承包资质的建筑业法人单位。③限额以上批发和零售业：年主营业务收入2000万元及以上的批发业、年主营业务收入500万元及以上的零售业法人单位。④限额以上住宿和餐饮业：年主营业务收入200万元及以上的住宿和餐饮业法人单位。⑤房地产开发经营业：有开发经营活动的全部房地产开发经营业法人单位。⑥规模以上服务业：年营业收入2000万元及以上服务业法人单位，包括：交通运输、仓储和邮政业，信息传输、软件和信息技术服务业，水利、环境和公共设施管理业三个门类和卫生行业大类;年营业收入1000万元及以上服务业法人单位,包括租赁和商务服务业,科学研究和技术服务业,教育三个门类,以及物业管理、房地产中介服务、房地产租赁经营和其他房地产业四个行业小类;年营业收入500万元及以上服务业法人单位,包括:居民服务、修理和其他服务业,文化、体育和娱乐业两个门类,以及社会工作行业大类。

4. 火电装机容量包括燃煤、燃油、燃气、余热、余压、余气、垃圾焚烧及生物质发电装机容量。

5. 邮政行业业务总量按2020年价格计算,邮政行业业务收入不包括邮政储蓄银行直接营业收入。

6. 城镇职工基本养老保险人数、收缴和发放范围为企业职工和机关事业单位人员。

7. 养老机构数和儿童福利院数包含非运营机构数。幼儿园人数包含学前班人数。

8. 体育场地调查对象不包括军队、铁路系统所属体育场地。

资料来源:

本公报中就业、养老保险、失业保险、工伤保险数据来自市人社局;户籍人口数据来自市公安局;市场主体、专利、质检中心数据来自市市场监督管理局;发电装机容量数据来自国网中卫供电公司;汽车保有量来自市车管所;民航数据来自西部机场集团宁夏机场有限公司中卫分公司;邮政数据来自市邮政管理局;电信数据来自市工信局;财政数据来自沙坡头区财政局;金融数据来自人民银行中卫分行;医疗保险、生育保险数据来自市医保局;社会福利数据来自市民政局;优抚对象数据来自市退役军人事务局;科学技术数据来自市科技局;教育数据来自市教育局和宁夏大学中卫校区;文化、体育数据来自市旅游文体广电局;旅游数据来自沙坡头区旅游和文化体育广电局;城市建设数据来自市住建局;森林、林地、自然保护区数据来自市自然资源局;环境数据来自市生态环境局;气象数据来自市气象局;生产安全数据来自市应急管理局;其余数据均来自沙坡头区统计局和国家统计局中卫调查队。